»Es gibt Verdammte nur in Gurs«

Gabriele Mittag

»Es gibt Verdammte nur in Gurs«

Literatur, Kultur und Alltag
in einem südfranzösischen Internierungslager.
1940–1942

Attempto Verlag Tübingen

Die Deutsche Bibliothek – *CIP-Einheitsaufnahme*

Mittag, Gabriele: »Es gibt Verdammte nur in Gurs« : Literatur, Kultur und Alltag in einem südfranzösischen Internierungslager. 1940–1942 / Gabriele Mittag. – Tübingen : Attempto-Verl., 1996
   Zugl.: Berlin, Freie Univ., Diss., 1994
   ISBN 3-89308-233-6

Gedruckt mit freundlicher Unterstützung
der Geschwister Böhringer Ingelheim Stiftung für Geisteswissenschaften
in Ingelheim am Rhein.

© 1996. Attempto Verlag Tübingen.
Alle Rechte vorbehalten.
Lektorat: Petra Wägenbaur, Tübingen.
Satz: Klaus Meyer, Tübingen.
Druck: Gulde, Tübingen.
Einband: Großbuchbinderei Heinrich Koch, Tübingen.

Danksagungen

Der Berliner Einrichtung NaFÖG, dem DAAD und dem Förderprogramm Frauenforschung der Berliner Senatsverwaltung für Arbeit und Frauen sei für die finanzielle Unterstützung gedankt.

Verlag und Autorin bedanken sich weiterhin bei der Boehringer Stiftung für den Druckkostenzuschuß und bei Prof. Dr. Dietger Pforte, dem Leiter des Referats Literatur- und Autorenförderung bei der Senatsverwaltung für Kulturelle Angelegenheiten in Berlin, für ein Kurzzeitstipendium.

Mein akademischer Lehrer, Prof. Dr. Horst Denkler, unterstützte das interdisziplinär angelegte Forschungsvorhaben mit großem Interesse und Engagement. Diese Offenheit und Unterstützung waren fundamental für das Gelingen der Arbeit.

Ohne die Bereitwilligkeit von Zeitzeugen und Zeitzeuginnen, Nachlaßverwalterinnen und Nachlaßverwaltern, privaten und staatlichen Archiven, mir Informationen, Dokumente und Texte zur Verfügung zu stellen, wäre dieses Buch nicht zustande gekommen. Für Unterstützung, Ratschläge, Kritik und Diskussionen danke ich außerdem Claudia Schoppmann, Beate Schmeichel-Falkenberg, Andrea Krauss, Anja Kretschmer, Rose Gauger, Claude Laharie, Fritz Hackert, Monika Lübcke, Karolina Fell und Ahlrich Meyer. Mein besonderer Dank gilt Waltraud Schwab, die mich ermutigte, in jeder Hinsicht unterstützte und die die Arbeit am Buch jahrelang kritisch begleitete.

Abb. 1: Herta Hausmann (Paris) in den 80er Jahren

Ich widme dieses Buch
Herta Hausmann

Inhalt

Einführung 11
Der historische Kontext: Exil, Internierung, Deportation 20

Schreiben hinter Stacheldraht 45
Briefe 46
Zensierte und unzensierte Nachrichten aus der Gefangenschap 46
Der Brief als Hilferuf. Briefe vom Alltag 52
»Menschheitszustand voller Erkenntnis« –
Die Briefe der Maria Krehbiel-Darmstädter 56
»Schickt mir Zeichen!« – Antworten 59

Gedichte und Lieder 61
Alltag und Menschenbild im Gedicht 66
Lagerdichtung im Spannungsfeld zwischen deutscher
und jüdischer Identität 75

*»Es rollt das Rad der Geschichte und streut Feuer,
Eisen und Tod« – Tagebücher* 87
»Die Sünde und Schande der Christenheit hat ihren
Kulminationspunkt erreicht« – Das Tagebuch der Thea Sternheim ... 93
Notizen eines »simplen Barackeninsassen« –
Das Tagebuch der Käthe Hirsch 99

Lachen – trotz Tod und Teufel: Lagerkultur zwischen
Selbstvergewisserung, Unterhaltung und Zeitkritik 103
Improvisierte Kultur in den Frauen- und Männerbaracken 103
Kultur und Zensur 108

INHALT

Die Rolle der Hilfsorganisationen 112
KünstlerInnen und Alltag 115
Theater und Kabarett 118
Das Ensemble der Truppe Nathan 119
»Lebe heute. Es ist später als du denkst.« Über Alfred Nathan 121
Exkurs: Von Berlin nach Gurs – Weimarer Kultur hinter Stacheldraht 125
Lachen trotz Tod und Teufel – Die Zeitrevuen 131
Schlager, Balladen, Kampflieder – Gesänge hinter Stacheldraht 136
Faschismuskritik 144
»Im Osten geht die Sonne auf«. Ideologiekritische Anmerkungen 151
Das Schweigen der Kultur: Die Deportationen 155

Zwischen Fiktion und Zeitzeugenschaft – Romane 157

Gertrud Isolani 159
Stadt ohne Männer 162
Gurs als Paradigma: Frauen ohne Männer 166
Adrienne Thomas und *Fahren Sie ab, Mademoiselle* 170
Thomas und Isolani im Vergleich: Die Gurs-Darstellung im Roman 175
Die Ehe: Sicherer Hafen im Exil? 179
Liebe und Widerstand 180
Helmut Lindt 182
Die Beherbergten 185
Retrospektive – Der Erzähler als Chronist 193
Schlußbemerkung 197

Ausblick 201

Anhang

Anmerkungen 207
Textsammlung: Gedichte 246
Tagebuch von Thea Sternheim (Auszug) 261
Kurzbiographien 274
Quellenverzeichnis 300
Abbildungsnachweise 305
Literaturverzeichnis 306
Abkürzungsverzeichnis und Glossar 321

Einführung

Im Mai 1940 erlosch für Tausende von Flüchtlingen aus Deutschland der letzte Funken Hoffnung, in Frankreich vor den Nationalsozialisten in Sicherheit zu sein. Bereits der Ausbruch des Zweiten Weltkrieges hatte die Situation der von 1933 an nach Frankreich emigrierten jüdischen Flüchtlinge und Nazi-Gegner radikal verschlechtert. Die französische Regierung der IIIième République reagierte nicht nur nach außen – mit der Kriegserklärung an Deutschland – sondern auch nach innen: mit der systematischen Internierung von allen männlichen »Deutschstämmigen und Österreichern«. Der Schock unter den Exilierten, von der französischen Regierung als »feindliche Ausländer« betrachtet zu werden, war groß. Das positive Frankreichbild, wie es sich in der deutschen Literatur einschließlich der Exilliteratur manifestiert,[1] stimmte spätestens im September 1939 nicht mehr mit der realen Exilerfahrung überein. Die Hochachtung der deutschen Demokraten für »die Nation, die dem Kontinent die Menschenrechte geschenkt« hatte, so Heinrich Mann, verwandelte sich in Enttäuschung und Anklage. Arthur Koestler schreibt in seiner Autobiographie *Abschaum der Erde*: »In dieser verworrenen Situation [bei Kriegsausbruch, G.M.] entdeckte die französische Bürokratie, daß eine Hexenjagd unter den verhaßten Antinazi-Emigranten eine willkommene Ablenkung bot; und wie das bei Hexenjagden ist, waren die Unschuldigen die ersten Opfer.«[2] Mit dem Einmarsch der deutschen Wehrmacht in Holland und Belgien wurden die Internierungsmaßnahmen umfassend: Männer und Frauen, Nazianhänger und Verfolgte – alle »Deutschstämmigen« und Angehörige aus den annektierten Gebieten wurden interniert. Auch in Belgien reagierte die Regierung im Frühjahr 1940 mit Internierung und Verschleppung. In dem 1948 verfaßten »Pyrenäenbericht« schreibt der Maler Karl Schwesig über seine Verhaftung in Belgien: »Es entstand ein tierisches Handgemenge um Stroh und Brot. Wie können Menschen das aushalten! Wie können Menschen sich so niederlegen, ohne sich vorher die Pulsader aufzuschneiden! Wie können Menschen sich so erniedrigen lassen!«[3] In zahlreichen autobiographischen Berichten von Schriftstellerinnen und Schriftstellern wie Heinrich Mann, Arthur Koestler, Lion Feuchtwanger und Alfred Kantorowicz, aber auch von »kleinen Leuten«, die zwischen 1939 und 1940, unmittelbar nach der Flucht aus Frankreich oder nach Kriegsende verfaßt wurden, wird diese Zeit der Internierungen und der Massenflucht vor der Deutschen Wehrmacht eindringlich beschrieben. Am bekanntesten wurde *Mein Weg über die Pyrenäen* der heute in Chicago lebenden Lisa Fittko. Viele wußten keinen anderen Ausweg, als sich das Leben zu nehmen. Erika und Klaus Manns »Who is who« des Exils, das 1991 erstmals auf deutsch erschienene Buch *Escape to life*,[4] enthält sogar ein eigenes Kapitel über »Die Toten«, jene deutschen Schriftsteller, die sich in diesem Zeitraum das Leben nahmen. Wie dramatisch die Situation im Sommer 1940 für die Flüchtlinge in den Internierungslagern war, manifestiert sich allein in Bezeichnungen dieser Lager als »Purgatorium« (Arthur Koestler über Le Vernet), als »Pyrenäenhölle« (Walter Mehring über St. Cyprien), als »Hauptquartier des Elends« (die Erzählerin in *Fahren Sie ab, Mademoiselle* von Adrienne Thomas) oder als ein »gespenstige[r] Friedhof«, auf dem »die Baracken [...] wie riesige Särge« standen (Gustav Regler über Le Vernet).

Der Kriegsausbruch bedeutete nicht nur eine Zäsur im Leben der Exilierten in Frankreich, sondern auch für die Juden in Deutschland. 1939 setzte eine neue Phase der nationalsozialistischen Politik gegen die Juden ein. Den vorangegangenen antisemitischen Maßnahmen – Enteignungen, Vertreibung und systematische Konzentrierung in Lagern – folgte ab 1941 die Vernichtung der europäischen Juden. Ein Jahr zuvor waren 6405 als Juden kategorisierte Deutsche aus Baden und der Pfalz deportiert worden: nicht nach Osten, sondern nach Westen – ins größte französische Lager der Vichy-Zeit, Gurs. Es muß hier ausdrücklich betont werden, daß weder das Lager Gurs am Fuße der Pyrenäen, das bereits im April 1939 entstanden war, noch die rund 100 anderen französischen Internierungslager des Vichy-Regimes die Funktion und den Charakter der SS-Arbeits- oder Vernichtungslager besaßen. Die Internierten wurden im allgemeinen von keiner Wachmannschaft terrorisiert, sie mußten keine Häftlingsuniform tragen und wurden nicht systematisch zur Zwangsarbeit herangezogen. Im Lager wurden die Verfolgten nicht als »Asoziale«, »Kriminelle«, Juden, Homosexuelle oder Zeugen Jehovas gekennzeichnet. Auch gab es keinen Zwang zur Ausübung von Kunst und von Kulturveranstaltungen wie in den Konzentrations- und Vernichtungslagern Theresienstadt und Auschwitz. Allerdings waren die hygienischen Verhältnisse, die medizinische Betreuung und die Ernährung in den französischen Lagern so katastrophal, daß dort mehr als 3000 Menschen starben.[5] Allein in Gurs verendeten zeitweise täglich fünfzehn Menschen – und das zu einem Zeitpunkt, als in der Südzone die nationalsozialistischen Besatzer noch nicht einmal präsent waren.

EINFÜHRUNG

Nach der Niederlage Frankreichs, seiner Aufteilung in eine besetzte und eine unbesetzte Zone und nach der Konstitution der antidemokratischen Vichy-Regierung wurden in diese Internierungslager vor allem ausländische Juden und Jüdinnen eingesperrt. Für Tausende von Internierten wurden Lager wie Gurs und Les Milles zur »Vorhölle von Auschwitz«. Denn ab 1942 wurden von hier aus Tausende über das Lager Drancy bei Paris nach Auschwitz deportiert. Wer sich nicht von Südfrankreich aus in die USA oder an einen anderen Ort retten konnte und wer nicht auf der Rettungsliste des US-amerikanischen Emergency Rescue Committee stand, war ständig von Internierung, Auslieferung und von 1942 an von Deportation bedroht.

Wer sich heute mit dem Leben und Überleben der Flüchtlinge in französischen Lagern beschäftigt, stößt in Frankreich wie in Deutschland immer noch auf Befremden. Daß allein in Gurs, dem größten Lager, zwischen 1939 und 1946 61 000 Menschen interniert waren, darunter etwa ein Drittel deutscher Flüchtlinge, und daß die unterschiedlichsten Personengruppen – Spanienkämpfer, französische Kommunisten, politische Häftlinge aus einem Pariser Gefängnis, »feindliche AusländerInnen«, jüdische Flüchtlinge, Prostituierte und ethnische Minderheiten – von diesen Internierungen betroffen waren, gehört nicht gerade zum Allgemeinwissen. Angesichts der Tatsache, daß der französische Staat nach 1945 kein Interesse daran hatte, die Geschichte dieser Internierungslager und vor allem die Mitverantwortung des Vichy-Regimes bei der Durchführung der »Endlösung der Judenfrage« aufzuarbeiten,[6] ist es nicht verwunderlich, daß jahrzehntelang nur Spezialisten von der Existenz der Lager wußten.[7] Beate Klarsfeld und ihrem Mann, dem Anwalt und Historiker Serge Klarsfeld, ist es vor allem zu verdanken, daß Vichys Kollaboration seit den 70er Jahren ins öffentliche Bewußtsein rückte. Als ich 1985 in Paris die 1937 von München nach Paris emigrierte Malerin Herta Hausmann kennenlernte, hörte ich zum ersten Mal von der Existenz französischer Lager. Je mehr ich mich mit Herta Hausmann, die von 1940 bis 1942 in Gurs interniert war, anfreundete, desto mehr erfuhr ich über das Leben, über das Kabarett und die Kunst hinter französischem Stacheldraht. Durch sie begegnete ich anderen »Gursiennes«, der Tänzerin Hella Bacmeister-Tulmann[8] (Jerusalem) und Ilse Wassermann, einer gebürtigen Berlinerin (Palo Alto). Die Befürchtung, daß sich für die Erfahrungen dieser Frauen in Zukunft kaum jemand interessieren würde und so bedeutende Zeugnisse der Zeitgeschichte verloren zu gehen drohten, veranlaßte mich in der Folgezeit, weitere Zeitzeugen aufzusuchen und schriftliche Zeugnisse über Gurs ausfindig zu machen.[9] Dieser Wunsch der Spurensicherung führte mich nach Frankreich,

Österreich, in die USA, in die Schweiz und an verschiedene Orte in Deutschland. Bei ehemaligen Internierten oder ihren Nachkommen, in Spezialbibliotheken, staatlichen und privaten Archiven fand ich mehr, als ich je vermutet hatte: Briefe, Gedichte, Tagebücher, Romane, Kabarettprogramme und Kunstwerke. Ähnlich wie bei Zeugnissen aus den Vernichtungs- und Konzentrationslagern liegt die Bedeutung dieser Lagerliteratur und -kunst weniger in ihrer ästhetischen Qualität, sondern in ihrem dokumentarischen Charakter. In fast allen Bildern und literarischen Zeugnissen wird das »Erlebnis Gurs«[10] – das heißt der Alltag, das Überleben und das Verhalten der Menschen unter den extremen Lebensbedingungen – überliefert. Sie sind ein beeindruckendes Beispiel für die Bedeutung von Kunst und Kultur für das Überleben. Kultur wurde zum Synonym für die Aufrechterhaltung der Menschenwürde, der Identitätssuche und des kollektiven Widerstehens. Vor allem das Schreiben von Tagebüchern und Briefen war ein Akt der Selbstvergewisserung. In Gurs verfaßte die fromme Protestantin Maria Krehbiel-Darmstädter mehr als 200 poetisch-religiöse Briefe, der Dichter Alfred Mombert setzte sein – größtenteils von der Lagererfahrung abstrahierendes – Alterswerk *Sfaira der Alte* fort, Adrienne Thomas schrieb an ihrem Roman *Fahren Sie ab, Mademoiselle*, die Offenburger Jüdin Sylvia Cohn verfaßte Klagegedichte und die Berliner Schriftstellerin Käthe Hirsch notierte täglich die Beobachtungen eines »simplen Barackenkameraden«. Der Berliner Kabarettist und Sänger Alfred Nathan, der sich in der DDR später Peter Pan nannte, stellte unerhört politisch-satirische »Zeitrevuen« zusammen. Ernst Busch inszenierte in Gurs den *Sommernachtstraum* und die Musikerinnen und Musiker Margot Rauch, Hans Meyerowitz und Fritz Brunner entwickelten musikalische Programme von hohem Niveau. Im New Yorker Leo Baeck Institut fand ich den bislang unveröffentlichten Gurs-Roman *Die Beherbergten* von Helmut Lindt, der in den 20er Jahren unter anderem Mitarbeiter der *Literarischen Welt* war. Die Noten des bisher ohne Autornamen überlieferten »Lied von Gurs« entdeckte ich im Nachlaß der Jüdin Clementine Neu und konnte auf diese Weise herausfinden, daß das bisher wohl bekannteste Lagerlied von dem Operettenkomponisten Leonhard K. Märker geschrieben wurde. So erfolgreich die Suche nach den literarischen Zeugnissen war, so schwierig war es, über den Lebenshintergrund der VerfasserInnen dieser Lagerliteratur etwas in Erfahrung zu bringen. Oftmals konnten lediglich das Geburtsdatum, Geburtsort und das Datum der Deportation ermittelt werden. Im Fall von Herta Steinhart-Freund, William Bessinger und Heini Walfisch war noch nicht einmal dies möglich. Aufrufe im New Yorker *Aufbau* oder im *Bulletin*

EINFÜHRUNG 15

de l'Amicale de Gurs konnten nicht weiterhelfen. Besonders groß war die Zahl von Malern und Malerinnen im Lager. Hier seien exemplarisch einige genannt: der seit 1928 in Paris lebende kommunistische Maler und Graphiker Max Lingner, Karl Schwesig sowie Gert H. Wollheim, Schwesigs Freund aus vergangenen Tagen der Künstlergruppe »Junges Rheinland«, der abstrakte Maler Hans Reichel, die Deutsch-Französin Lou Albert-Lasard und Otto Freundlich. Die anderen MalerInnen sind in Deutschland weitestgehend unbekannt geblieben, weil sie bereits in jungen Jahren emigrieren mußten: die gebürtigen Berlinerinnen Hedda Schatzki und Lili R. Andrieux;[11] Herta Hausmann, Edith Auerbach, Trudl Besag, Otto Berndt, Gertrud Koref; außerdem sind die im Lager als Graphiker und Bühnenbildner hochbeschäftigen, zumeist gemeinsam signierenden Kurt Conrad Löw und Karl Bodek sowie Leo Breuer, Fritz Schleifer und Jacob Barosin zu nennen.[12] Es ist anzunehmen, daß in keinem anderen französischen Lager so viele Künstlerinnen und Künstler aus den Bereichen Malerei, Musik, Theater, Kabarett und Literatur interniert waren. Eigenen Forschungen zufolge waren im Lager etwa 200 Künstlerinnen und Künstler sowie Intellektuelle aus fast allen europäischen und einigen außereuropäischen Ländern eingesperrt.[13] Eine umfassende Dokumentation der Kunst aus Gurs ist zur Zeit jedoch unmöglich, da der überwiegende Teil der in den Lagern entstandenen Werke der Künstlerinnen nicht auffindbar, schwer zugänglich und bis heute kaum dokumentiert ist.[14] Die Tatsache, daß die Malerinnen Lili R. Andrieux und Hedda Schatzki ihre Lagerzeichnungen retten konnten und bis heute aufbewahrt haben, zeigt wie wichtig den Künstlerinnen die Fortsetzung ihrer künstlerischen Arbeiten im Lager war. Die Tatsache, daß diese Zeichnungen auch in den einschlägigen Publikationen über »Lagerkunst« im Gegensatz zu denen ihrer männlichen Kollegen nicht vorkommen, ist vor allem auf das grundsätzlich geringere Interesse an Künstlerinnen zurückzuführen. Für Künstlerinnen dieser Generation ist es zudem wenig selbstverständlich, selbstbewußt und vehement mit dem Wunsch an die Öffentlichkeit zu treten, daß ihr Werk und Leben dokumentiert wird.

Wer fünfzig Jahre nach dem Ende des Zweiten Weltkrieges Zeugnisse aus Gurs finden will, braucht detektivisches Gespür – und viel Glück. Oft waren es bloße Vermutungen und Zufälle, die mich auf die »richtige Fährte« führten. In der Annahme, daß sich irgendwo der Nachlaß des Berliner Kabarettisten Alfred Nathans befinden müßte, hatte ich mich beispielsweise an die damalige Ostberliner Akademie der Künste gewandt und erfahren, daß ein solcher Nachlaß existierte, nach dem Tod des Kabarettisten aufgrund von Diffe-

Abb. 2:
Lili R. Andrieux,
1984 in San Diego

renzen mit der Nachlaßverwalterin jedoch nicht erworben wurde. Durch Zufall begegnete ich 1992 dem Schauspieler Michael Pan-Nathan, dem Sohn des Kabarettisten. Dieser konnte mir nicht nur wertvolle Auskünfte geben, sondern brachte mich in Kontakt mit einer früheren Freundin seines Vaters. Bei Dagmar Krüger wurde ich dann fündig: Dort fand ich sämtliche Kabarettchansons und Revueprogramme. Meine Vermutung, daß die 1962 in der DDR erschienene Sammlung mit Texten aus dem französischen Exil, *Gesänge hinter Stacheldraht*, nur einen kleinen Ausschnitt aus dem Schaffen des Kabarettisten darstellt, hatte sich bewahrheitet. Es gab noch zahlreiche andere glückliche Zufälle. Eine Berliner Juristin brachte mich 1990 mit Hedda Schatzki in Palo Alto zusammen, bei der ich zwei Dutzend Lager-Skizzen und ihre unveröffentlichten Memoiren fand. In Saarbrücken entdeckte ich bei Helene Weiler, die kurze Zeit in Gurs interniert war und später nach Ravensbrück deportiert wurde, unveröffentlichte Gedichte von Herta Steinhart-

Freund, deren Name mir aufgrund von zwei Gurs-Gedichten im New Yorker *Aufbau* bekannt war. Aufgrund einer Besprechung der von mir 1991 gemeinsam mit dem Berliner Werkbund-Archiv organisierten Ausstellung über deutsche Emigrantinnen im französischen Exil[15] in der *Süddeutschen Zeitung* kam ich in Kontakt mit der ehemaligen Berliner Malerin Lili R. Andrieux (Abb. 2) in San Diego. Diese stellte mir nicht nur einige der mehr als 100 Zeichnungen, die sie in verschiedenen Internierungslagern angefertigt hatte,[16] vorübergehend zur Verfügung, sondern gestattete mir auch den Einblick in ihre unveröffentlichten Memoiren.[17] Da sie selbst zweimal in Gurs interniert war und sich sehr genau an einzelne Künstlerinnen und Künstler erinnert, waren ihre schriftlichen Auskünfte sowie ihre Memoiren außerordentlich wertvoll. Zufällig kam ich auch in Kontakt mit der Hamburger Ärztin Dorothee Freudenberg-Hübner, die auf einem Dachboden die umfangreiche Korrespondenz von den in Gurs internierten Geschwistern Liefmann mit Adolf Freudenberg gefunden hatte und mir ein Typoskript dieses Briefwechsels zur Verfügung stellte.[18] Außerordentlich wichtig waren auch meine Begegnungen mit dem »Engel von Gurs«, wie Elsbeth Kasser von Internierten genannt wurde. Als Angehörige eines Schweizer Hilfswerks arbeitete sie drei Jahre lang im Lager und hatte für Hunderte von Kindern, Jugendlichen und Erwachsenen eine überragende Bedeutung. 1989 entschloß sie sich, die ihr in Gurs anvertrauten Bilder auszustellen.[19] Durch den Berliner Kunstförderer Detlef Gosselck, der mir für die oben genannte Ausstellung bereits die Bilder von Lou Albert-Lasard zur Verfügung gestellt hatte, lernte ich Hans Jörgen Gerlach kennen, der mir den Briefwechsel zwischen Heinrich Eduard Jacob und Gertrud Isolani überließ. Der Mauerfall verschaffte mir die Möglichkeit, nicht nur mit ehemaligen DDR-Exilforschern und Forscherinnen ins Gespräch zu kommen, sondern auch mit in Ostberlin lebenden, ehemaligen Emigrantinnen. Auch der Zugang zum ehemaligen SED-Archiv war nun problemlos.

Diese glücklichen Funde sollen jedoch nicht über die erheblichen Schwierigkeiten hinwegtäuschen. Während mir ehemalige Internierte und ihre Nachkommen bereitwillig Auskunft gaben und mir Zeugnisse zur Verfügung stellten, waren Nachlaßverwalter nicht immer zur Zusammenarbeit bereit. Von einer deutsch-französischen Wissenschaftlerin und Nachlaßverwalterin, die als Herausgeberin der Erinnerungen *Menschen in Gurs* von Hanna Schramm die deutsche und französische Öffentlichkeit Ende der 70er Jahre erstmals über die französischen Lager unterrichtete, wurde mir zwar die Lektüre des Tagebuchs von Käthe Hirsch gestattet, jedoch nicht das Zitieren längerer Passagen oder gar seine komplette Veröffentlichung. Dies ist vor allem deshalb bedauerlich, weil die nach der Entlassung aus dem Lager verfaßte »Vorrede« von Käthe Hirsch darauf hindeutet, daß sie an die Publikation ihres Tagebuchs dachte. Auch der vollständige Einblick in Karl Schwesigs *Pyrenäenbericht* wurde mir verwehrt.

Nicht zuletzt wurde die Spurensicherung dadurch erschwert, daß das Thema Vichy bis heute in Frankreich ein »heißes Eisen« ist. Die breite Aufmerksamkeit, mit der der Prozeß gegen den Nazi-Kollaborateur Paul Touvier verfolgt wurde, sowie die öffentlichen Reaktionen auf die Enthüllungen über die politische Vergangenheit des Präsidenten François Mitterands[20] zeigen, wie sehr das Thema Vichy bis heute die nationale Identität berührt. Wie wenig der französische Staat an der Aufarbeitung der Politik der Vichy-Regierung interessiert ist – eine Regierung, die legal, nicht etwa durch einen Putsch an die Macht gekommen war – wird an dem Umgang mit den Dokumenten des damaligen Innenministeriums, vor allem den Polizeiakten deutlich. Denn bis heute gelten die Vorgänge während der Zeit des Vichy-Regimes als »geheime Staatssache«:[21] Alle Akten, die die Politik des Vichy-Regimes dokumentieren – von der Überwachung der Lager, über die Verfolgung von Widerstandskämpfern und Juden – unterliegen einer Sperrfrist von 60 Jahren und sind nur mit Sondergenehmigungen zugänglich.[22] Besonders die gesetzeswidrige Veröffentlichung von Dokumenten in Zeitschriften oder Zeitungen – wie zum Beispiel über Maurice Papon im *Canard Enchaîné* im Jahr 1981 – hatte zu einem strikten Fotokopierverbot und zu einer strengeren Regelung bei der Vergabe von Genehmigungen geführt. Staatliche Organe und zum Teil auch französische HistorikerInnen befürworteten diese strenge Anwendung des Gesetzes, um »Mißbrauch« zu verhindern. Es ist jedoch nicht von der Hand zu weisen, daß die Vergabe von Genehmigungen nicht nur mit der Befürchtung zusammenhängt, historisch Unkundige könnten der Öffentlichkeit ein »falsches« Bild von dieser Zeit vermitteln. Versteht man Archive als Orte des Gedächtnisses, so gleicht der staatlich gelenkte Zugang zu den Dokumenten der Vichy-Zeit einer Steuerung der Erinnerung. Diese Verweigerung, die Verbrechen des Vichy-Regimes zu dokumentieren und somit »das nationale Gedächtnis«[23] zu korrigieren, zeigt sich auch an der Art, wie an die Opfer dieser Zeit erinnert wird: An den meisten der 400 Orte Frankreichs, wo zwischen 1939–1944 Menschen, vor allem Juden, interniert waren, erinnert heute nur in Ausnahmefällen ein Mahnmal oder eine Gedenkstätte an die, die dort starben oder die von dort in die Vernichtungslager deportiert wurden. Die ehemalige Ziegelei Les Milles in der Nähe von Aix-en-Provence und das Lager Gurs sind

EINFÜHRUNG 19

dabei große Ausnahmen. Der Friedhof in Gurs wurde 1962 neu hergerichtet. Regelmäßig finden auf dem Friedhof Gedenkfeiern statt, organisiert von der Amicale de Gurs, der Vereinigung von ehemaligen Internierten, ihren Nachkommen und Freunden.[24] Eine nationale Gedenkstätte der französischen Internierungslager wird seit Jahrzehnten von ehemaligen Internierten gefordert, ist aber bis heute politisch nicht durchgesetzt worden. Da unklar ist, wann eine solche zentrale Gedenkstätte jemals realisiert wird, stellte die Amicale de Gurs Ende Oktober 1994 eine Gedenktafel und ein dreiteiliges »Memorial« des israelischen Künstlers Dani Karavan auf.

Angesichts der jahrzehntelangen Verdrängung nationalsozialistischer Verbrechen in Deutschland kann das Urteil einer Deutschen über die Verdrängung politischer Mitverantwortung in Frankreich nur mit Vorsicht vorgenommen werden. Denn so antisemitisch das Vichy-Regime auch war – die Vernichtungspläne wurden in Deutschland konzipiert. Im Sinne einer europäischen Geschichtsaufarbeitung wäre es jedoch an der Zeit, daß auch Frankreich sich seiner Geschichte stellt. Die Äußerungen von François Mitterand, der selbst eine Zeitlang Beamter des Vichy-Regimes war und Ende 1943 sogar von Vichy eine Medaille für besondere Verdienste erhielt, haben jedoch eher einer Verharmlosung und Verdrängung das Wort geredet. Seine alljährlich vollzogene symbolische Handlung der Kranzniederlegung auf dem Grab vom Maréchal Pétain – dem von ihm verehrten »Helden« des Ersten Weltkrieges *und* französischen Staatschef von Vichy – war eine Beleidigung für die Überlebenden und Nachkommen der Shoa. Bis zum Jahr 1986 blieb er mit René Bousquet, der von 1942 bis Ende 1943 als Generalsekretär der Polizei von Vichy für die Judenverfolgung verantwortlich war, befreundet. Als er am 17. Juli 1992, dem 50. Jahrestag der berüchtigten Razzia in Paris, von einigen hundert Persönlichkeiten aufgefordert wurde anzuerkennen, »daß der französische Staat von Vichy verantwortlich ist für die Verfolgungen und für die Verbrechen an den Juden in Frankreich«,[25] wies er diesen Appell zurück. »Vichy, das war nicht die Republik«, lautet seine Geschichtsinterpretation. Die Republik habe sich nicht für die Verbrechen von Vichy zu entschuldigen. Dieser Blick auf die Geschichte ignoriert, daß zwischen 1940 und 1944 ein französischer Staat existierte, der nicht nur antisemitisch war, sondern bereitwillig bei den Judendeportationen kollaborierte. Da klingt es wenig glaubwürdig, wenn François Mitterand behauptet, er habe von den antisemitischen Gesetzen nichts gewußt. Auch hilft es wenig, daß Mitterand einerseits zwar ein Anhänger Pétains und seiner »nationalen Revolution« war, aber gleichzeitig antideutsch gesinnt, und daß er von 1942 an gegen die deutschen Besatzer arbeitete. Die jahrelangen Proteste der französischen Juden und ihrer Nachkommen angesichts dieser Verdrängung auf höchster Ebene blieben jedoch nicht ohne Wirkung. 1993 wurde der 16. Juli zum nationalen Gedenktag erklärt, was zwar nicht mit einem Eingeständnis der Mitschuld des Vichy-Regimes gleichzusetzen ist, aber immerhin einen Fortschritt gegen das Vergessen darstellt. Und 1994 wurde erstmals in der französischen Geschichte ein Kollaborateur wegen Verbrechen gegen die Menschlichkeit verurteilt: Am 21. 4. 1994 wurde der 79jährige Paul Touvier von einem Schwurgericht in Versailles zu lebenslanger Haft verurteilt. Der ehemalige Chef des Nachrichtendienstes der Miliz des Vichy-Regimes für die Region Lyon wurde schuldig erklärt, im Juni 1944 als Vergeltung für die Ermordung des Informationsministers Philippe Henriot durch Widerstandskämpfer sieben jüdische Geiseln erschossen lassen zu haben. »Nur für dieses Verfahren habe ich so lange gelebt«, sagte ein Angehöriger von Touviers Opfern während des Prozesses.[26] Für die Zukunft steht wahrscheinlich nur noch ein Prozeß bevor, der das Thema Vichy erneut in die Öffentlichkeit bringen wird: der Prozeß gegen den 85jährigen Maurice Papon. Seit 1983 wird der damalige Generalsekretär des Departements Gironde beschuldigt, für die Deportation von 1690 Juden verantwortlich zu sein. Ob der Prozeß jemals eröffnet wird oder nicht – wie im Fall von Jean Leguay, der vor seiner Verurteilung starb oder René Bousquet, der mit Hilfe von Mitterand nie vor ein Gericht kam und 1993 an seiner Haustür erschossen wurde – bleibt abzuwarten. Geschichtsaufarbeitung sollte jedoch nicht allein den Gerichten überlassen werden. Es gilt die Stimmen der Verfolgten sprechen zu lassen und zu bewahren. Sie hätten gerne noch erlebt, wie »Wahrheit in Europa waltet«.[27]

Der historische Kontext:
Exil, Internierung und Deportation

Eine halbe Million Menschen flohen zwischen 1933 bis 1941 aus Deutschland und den von Deutschland besetzten Gebieten.[28] Ende 1933 befanden sich in Frankreich, das bis 1939 einer der wichtigsten Zufluchtsorte war, annähernd 30 000 deutsche Emigranten und Emigrantinnen. 1935 erhöhte sich die Zahl aufgrund der Saarflüchtlinge auf 35 000 und blieb dann bis 1939 konstant.[29] Mit 515 Ausländern und Ausländerinnen pro 10 000 EinwohnerInnen hatte Frankreich zu diesem Zeitpunkt prozentual gesehen die höchste Immigrantenquote der Welt.[30] In den Augen vieler deutscher Intellektueller, Schriftstellerinnen und Schriftsteller galt die französische Nation aufgrund ihrer politischen Tradition als »Bethlehem der Freiheit« (Adrienne Thomas).[31] Die Ideen der Französischen Revolution, der Geburtsstunde der »droits de l'homme«, waren für die verfolgten Deutschen das Rückgrat ihres Antifaschismus.[32] Schon während der Weimarer Republik hatte Frankreich für deutsche KünstlerInnen und Intellektuelle eine starke Anziehungskraft besessen. Die MalerInnen Anne-Marie Uhde und Lou Albert-Lazard, Max Lingner und Hans Reichel, der Schriftsteller Rudolf Leonhard, die Journalistin Helen Hessel und die Ausdruckstänzerin Hella Tarnow zogen bereits in den 20er Jahren nach Frankreich. Auch Thea Sternheim, Hedda Schatzki und Käthe Hirsch waren 1932 nach Paris übergesiedelt. Für all diese vor 1933 ausgewanderten, antifaschistisch eingestellten Deutschen wurde Frankreich mit einem Schlag zum Asylland. Diejenigen, die bereits vor 1933 Kontakte zu französischen Kreisen hatten und sich der französischen Kultur verwandt fühlten – wie beispielsweise die promovierte Romanistin Susanne Bach – kamen im französischen Exil besser zurecht als andere, die die französische Kultur nur vom Hörensagen kannten. Bis zur Konstitution des Vichy-Regimes im Sommer 1940 konnten zudem Schwierigkeiten mit den französischen Behörden durch Kontakte zu französischen Intellektuellen und zu Mitgliedern der Sozialistischen oder Kommunistischen Partei Frankreichs leichter überwunden werden. In wenigen Fällen konnte sogar eine Einbürgerung erwirkt werden. Alfred Döblin erhielt mit Hilfe des Botschafters François Poncet die französische Staatsbürgerschaft. Auch Annette Kolb gehörte zu diesen Ausnahmen, ihr Fürsprecher war Jean Giraudoux.[33] Bürgschaften und Garantien, die von angesehenen französischen BürgerInnen übernommen wurden, konnten bei Kriegsausbruch auch zur Entlassung aus Lagern führen. Herta Liebknecht zum Beispiel wurde im Sommer 1939 der Spionage verdächtigt und kam mit Hilfe von Darius Milhaud wieder frei.[34] Auch nach dem »Fall von Paris« bemühten sich französische SchriftstellerInnen um die deutschen Flüchtlinge. Allerdings entstand durch den Machtwechsel eine erhebliche Verunsicherung, so daß André Gide in einem Brief an die bereits im Lager internierte Thea Sternheim schreibt, er wisse nicht, ob sein zu einem früheren Datum ausgestelltes Empfehlungsschreiben sich nun nicht eher nachteilig auswirke.[35] Mit der Okkupation Frankreichs und der »nationalen Revolution« des Vichy-Regimes endete die Zeit des deutsch-französischen Dialogs unter den Antifaschisten. Die Möglichkeiten französischer Intellektueller, die Flüchtlinge zu unterstützen, wurden minimal. Am 14. September 1940 notiert Thea

Sternheim in Nizza folgendes Gespräch mit dem pazifistischen Schriftsteller Roger Martin du Gard:

> »Er liest mir den am Morgen erhaltenen Brief Rudolf Leonards vor, der, in einem französischen Internierungslager festgehalten, den Kollegen in pathetischen Worten die furchtbare Lage der politischen Emigranten darstellt. ›Was tun?‹ fragt der durch den Brief aufgewühlte Du Gard. [...]. Aber was kann Du Gard schon tun? Wer in der neuen Regierung kümmert sich um die Todesangst eines Emigranten, der noch dazu Kommunist und Jude ist?«[36]

Die liberalen französischen Einreise- und Aufenthaltsbedingungen waren die Hauptursache für die Massenflucht von Deutschen nach Frankreich.[37] Anfang 1933 genügte ein gültiger Reisepaß sowie ein französisches Visum, das von den französischen Konsulaten in Deutschland ausgestellt wurde. Mittellose Antragsteller hatten dabei weit weniger Chancen, ein Visum zu erhalten, als bemittelte. Im April 1933 wurden diese Einreisebedingungen vorübergehend liberalisiert, so daß auch Flüchtlingen ohne (gültigen) Paß die Einreise ermöglicht wurde,[38] Ende 1933 wurden sie wieder verschärft. Unbestritten reisten jedoch Hunderte illegal nach Frankreich ein, denn nicht selten mußten gefährdete Menschen innerhalb weniger Stunden Deutschland verlassen.[39] Die Situation der Flüchtlinge war bis 1939 durch eine erhebliche Rechtsunsicherheit gekennzeichnet. Ein verfassungsmäßig verankertes Recht auf Asyl existierte nicht. Beim Beantragen der erforderlichen *carte d'identité* waren die Flüchtlinge vollkommen vom Wohlwollen der Ausländerbehörde der jeweiligen Präfektur abhängig. Bis zum Erhalt der Karte konnten Monate und Jahre vergehen. Da die für diese Übergangszeit ausgestellten Ausweise ständig verlängert werden mußten, war der Gang zur »Klagemauer« – so wurde die zuständige Pariser Behörde bezeichnet – eine Zitterpartie. Für die später in Lagern internierten Flüchtlinge sollte sich die Abhängigkeit von den französischen Behörden dramatisch verschärfen. Das Ausreisevisum konnte über Leben und Tod entscheiden. Bei »rechtswidrigem Verhalten wie Verbrechen oder Vergehen, staatsfeindlicher Betätigung, Gefährdung der öffentlichen Gesundheit oder Sittlichkeit« konnte eine Beschränkung, eine Verweigerung des Aufenthalts oder eine Auslieferung erfolgen.[40] Auch wirtschaftliche Gründe konnten zur Abschiebung führen.[41] Insgesamt blieben sowohl für die Flüchtlinge wie auch für Abgeordnete der Nationalversammlung, die die Flüchtlingspolitik des Staates kritisierten, die Gründe für die Abschiebung undurchschaubar. Offensichtlich ist jedoch, daß weibliche und männliche Flüchtlinge vom französischen Staat nicht gleichermaßen behandelt wurden. Obwohl es nicht möglich ist nachzuweisen, daß ein »Verstoß gegen die Sittlichkeit« eher Frauen als Männern unterstellt wurde, spiegeln Polizeiberichte aus dieser Zeit nicht nur die antisemitische Gesinnung, sondern auch die besondere Wahrnehmung französischer Beamter von »alleinstehenden« Emigrantinnen wider. So beschwerte sich beispielsweise ein anonymer Berichterstatter der Pariser Polizeipräfektur in einem Bericht über die »lautstarken« öffentlichen Zusammenkünfte deutscher Intellektueller, die er als »meistens semitischen Typus« und als »kleine Schieber« beschrieb. »Das weibliche Element«, heißt es weiter, »ist davon von Studentinnen und Künstlerinnen oder sogenannten geflüchteten Künstlerinnen vertreten, wobei fast sicher anzunehmen ist, daß viele leichte Personen darunter sind, die auf diese Weise ihre ehemaligen deutschen Kunden wiederfinden«.[42] Diese Wahrnehmung von weiblichen politischen Flüchtlingen als Prostituierte fand ihren juristischen Ausdruck bei Kriegsausbruch, als vermeintliche Prostitutionstätigkeit (*galanterie*) zum Internierungsgrund wurde. Auch nach der Niederlage Frankreichs führte diese Unterstellung zu Verhaftungen und Internierungen.

Beschreibungen der französischen Behörden, wie sie in späteren autobiographischen Texten, die sich auf die Situation nach der Niederlage Frankreichs beziehen, wie Feuchtwangers *Der Teufel in Frankreich*, treffen auch auf die Situation vor 1939 zu. In Hunderten von Exilzeugnissen wird das Verhalten französischer Beamter als eine Mischung aus Gleichgültigkeit, Schikane, Schlamperei und Bestechlichkeit beschrieben. Stellvertretend für viele andere Stimmen sei hier die Berliner Juristin Ruth Fabian zitiert:

> »Ich mußte alle drei Monate zur Präfektur, um meinen Ausweis verlängern zu lassen. Wissen Sie, ich behaupte immer, wenn überhaupt jemand in Frankreich überlebt hat, dann nur durch dieses wunderbare Gemisch aus Schlamperei und Bürokratie. Auf der Préfecture bekamen Sie eine Aufenthaltsgenehmigung, wenn Sie dem Beamten ein paar Briefmarken für seine Sammlung mitbrachten. Der freute sich dann, daß er seine Sammlung verbessern konnte.«[43]

Die Schwerfälligkeit und Unübersichtlichkeit des französischen Apparats sowie die Bestechlichkeit seiner Beamten hatte also auch Vorteile. Hunderte konnten sich jahrelang illegal in Frankreich aufhalten und teilweise dort auch arbeiten, ohne daß die Behörden dies bemerkt oder beanstandet hätten. Auch die politische Betätigung der Flüchtlinge wurde vom französischen Staat nicht besonders behindert. Der Druck, den der deutsche Botschafter zeitweise auf die französische Regierung ausübte, um die Aktivitäten der Flüchtlinge zu unterbinden, blieb ohne Wirkung.⁴⁴ Ruth Fabian und ihr Gefährte im Exil, der Publizist Walter Fabian, der bis zum Parteiausschluß 1937 im Vorstand der SAP arbeitete, konnten in Paris beispielsweise ein »bureau international de documentation« gründen, das französische Politiker mit Artikeln über die Situation in Deutschland versorgte.⁴⁵

Während der Volksfrontregierung unter Léon Blum von 1936 bis 1938 verbesserte sich die Situation der Emigranten und Emigrantinnen. Auf Anregung des Völkerbundes wurde Ende 1936 ein Sonderausweis für deutsche Flüchtlinge geschaffen, der allerdings nicht vor willkürlichen Maßnahmen schützte. Ein Abschiebungsbefehl, von dem 6000 Ausländer, darunter zahlreiche politische Flüchtlinge, betroffen waren, wurde Ende 1937 provisorisch aufgehoben. Der Begriff »Flüchtling aus Deutschland« wurde 1938 in einem auch von Frankreich unterzeichneten Abkommen zu einer völkerrechtlichen Norm, die jedoch weder vor noch nach dem Ausbruch des Krieges in Frankreich Anwendung fand.⁴⁶ Das Hauptproblem blieb für die Flüchtlinge die Sicherung der materiellen Existenz, denn die Vergabe einer Arbeitserlaubnis war drastisch eingeschränkt und die Unterstützung der verschiedenen Hilfsorganisationen – wenn sie denn überhaupt in Anspruch genommen werden konnte – reichte nicht zum Leben aus. Die meisten waren deswegen zu illegaler Arbeit gezwungen. Vor allem die Frauen waren bereit, schlecht bezahlte, monotone und körperlich schwere Arbeiten anzunehmen, um sich und ihre Familien zu ernähren.⁴⁷ Die in Magdeburg geborene Kauffrau Anne-Lise Eisenstadt, die 1933 allein nach Spanien emigriert war, arbeitete zum Beispiel für eine französische Familie als Putzfrau. Die Berliner Volksschullehrerin Edith Aron, die im November 1933 nach Paris emigrierte, hielt ihre Familie durch Deutschunterricht über Wasser. Hannah Arendt konnte durch ihre zeitweise Beschäftigung als Sekretärin bei der Organisation Agriculture et Artisanat, die junge Emigranten für die Übersiedlung nach Palästina landwirtschaftlich und handwerklich ausbildete, ihren Gefährten Günter Stern unterstützen. Die geschlechtsspezifische Erziehung der meisten Frauen zum »Dienst am Nächsten«, ihre so erworbenen sozialen Fähigkeiten und ihr manuelles Können wie Nähen und Kochen, deren Anwendung zum Broterwerb nicht von der Beherrschung der Landessprache abhängig war, prädestinierten sie dazu, im Exil die Rolle der Ernährerin zu übernehmen.⁴⁸ Auch die unterschiedliche psychische Reaktion von Frauen und Männern auf die Exilsituation war ein Grund für diesen Rollenwechsel. Da das Leben im Exil Statusverlust bedeutete, fiel es Männern schwerer – besonders den Intellektuellen –, sich mit der neuen Situation zurechtzufinden. Aus Männern, die einst Einfluß auf politische Entscheidungen und öffentliche Diskussionen hatten, waren über Nacht Unbekannte geworden, denen der Diskussions- und Publikationsrahmen verloren gegangen war und die niemand mehr fragte, was sie dachten und schrieben. Auch nach 1940 übernahmen die Frauen nicht nur die Verantwortung für sich selbst, sondern auch für ihre (teilweise ebenfalls internierten) Kinder. Möglicherweise führte genau dies zu einer größeren Durchhaltekraft und einem selbstauferlegten »Verbot«, zu resignieren.

Die meisten Männer und Frauen versuchten, ihre künstlerische und schriftstellerische Arbeit im französischen Exil fortzusetzen. Herta Liebknecht gelang es mit Hilfe französischer Freunde, ihre in den 20er Jahren entwickelte »rhythmische Gymnastik« weiter zu unterrichten. Herta Hausmann, die in München die Kunstgewerbeschule absolviert und aufgrund der Rassengesetze in Deutschland keine Möglichkeit mehr hatte, als Künstlerin zu arbeiten, emigrierte 1937 nach Paris, schrieb sich dort an der Ecole des Beaux Arts ein und begann so ihre Ausbildung als Malerin. Die 1899 in Berlin geborene Charlotte Jablonsky, die bereits von 1927 bis 1930 an der Ecole de la Grande Chaumière studiert hatte, mußte dagegen im französischen Exil die Malerei aufgeben, weil sie sich damit nicht ernähren konnte. Sie erlernte den Schneider- und Hutmacherberuf.[49] Schwierig war die Situation auch für Intellektuelle und SchriftstellerInnen, weil ihnen die Publikationsmöglichkeiten und das Lesepublikum zumeist verloren gegangen waren. Für sie bestanden jedoch mehr Möglichkeiten als gemeinhin bekannt ist. Immerhin erschienen zwischen 1933 und 1939 dreihundert Bücher deutschsprachiger Exilautoren in französischer Übersetzung und 1300 Beiträge von Exilautoren in französischen Zeitschriften.[50] Emigranten schufen sich auch ihre eigenen Diskussionsforen, Publikationsmöglichkeiten sowie Forschungs- und Dokumentationszentren.[51] Zu ihnen zählt der Verlag Editions du Carrefour von Willi Münzenberg, die von Alfred Kantorowicz betreute Deutsche Freiheitsbibliothek und der im Exil neugegründete Schutzverband deutscher Schriftsteller.[52] Während sich die bedeutenden belletristischen Exilverlage außerhalb Frankreichs befanden, war Paris als Standort der Exilpresse wichtig. Hier erschien das *Neue Tagebuch* von Leopold Schwarzschild und das *Pariser Tageblatt* (ab 1936 in *Pariser Tageszeitung* umbenannt), für das unter anderem Gertrud Isolani schrieb. In Paris kam der »Lutetia-Kreis« zusammen, aus dem 1936 der von Heinrich Mann präsidierte »Volksfront-Ausschuß« hervorging. Der *Deutsche Freiheitssender 29,8* wurde zum Sprachrohr der (gescheiterten) Volksfrontbemühungen. Da Paris im Laufe der 30er Jahre zum Sitz der verschiedenen Exilparteien wurde, erschienen dort auch die unterschiedlichsten

Parteiblätter, zum Beispiel der *Gegenangriff* und die *Deutsche Volkszeitung*, von 1938 an auch die *Neue Weltbühne*. Zu den bedeutendsten Ereignissen der 30er Jahre gehörte der Kongreß des Schutzverbandes deutscher Schriftsteller, der 1935 in Paris stattfand. Auch Bildende Künstlerinnen und Künstler schlossen sich in Paris zusammen. Der 1938 gegründete Freie Künstlerbund, dem unter anderen Gert Wollheim, Sabine und Eugen Spiro sowie Max Ernst angehörten und der von Karl Schwesig von Belgien aus unterstützt wurde, wurde zu »einem Sammelpunkt der in West- und Nordeuropa verstreuten deutschen Künstler«.[53] Das wichtigste Exiltheater und -kabarett in Paris war »Die Laterne«, für das auch Alfred Nathan textete.

Nach dem Scheitern der französischen Volksfront, dem »Anschluß« Österreichs und dem Münchner Abkommen verschlechterte sich die Situation der Flüchtlinge rapide. Die vor 1938 bereits spürbare Xenophobie und der latente Antisemitismus verstärkten sich durch die ökonomische und politische Krise. In *Le Jour* vom 10. September 1938 wurde erstmals die Forderung laut, Deutsche und andere Flüchtlinge zur vollständigen Überwachung in Lager zu internieren. Zwei Monate später erließ die Regierung Daladier jenes Gesetz, das im Frühjahr 1939 die juristische Grundlage zur Internierung von Ausländern und Ausländerinnen wurde. Mit dem Erlaß vom 12. November 1938 wurde im Namen der nationalen Sicherheit die »élimination rigoureuse des indésirables«,[54] der Ausschluß der Unerwünschten beschlossen. Jene Ausländer, deren Aktivitäten als für die »öffentliche Ordnung« gefährlich eingeschätzt wurden, konnten nun auf gesetzlicher Grundlage isoliert und in *centres speciaux* überführt werden. Schon wenige Wochen später, im Januar 1939, wurde das erste derartige *centre* (Rieucros) im Département Lozère errichtet. Die rund 100[55] Lager, die bis zum Sommer 1940 entstanden, sollten unerwünschte Personen – in der Anfangsphase geflüchtete Spanienkämpfer sowie seit August 1939 Kommunisten und Kommunistinnen – von der Gesellschaft isolieren, um sie besser überwachen zu können. Angesichts der Tatsache, daß diese Auffanglager nach dem »Fall von Paris« weiter genutzt, neue eröffnet – die Zahl der Internierungsorte zwischen 1939–1944 wird auf 400[56] geschätzt – und die Politik des Ausschlusses erweitert wurde, ist oft die Frage diskutiert worden, ob von einer Kontinuität der Politik der Regierung Daladier und jener des Vichy-Regimes gesprochen werden kann.[57] Tatsache ist, daß die Politik des Ausschlusses bereits in Friedenszeiten begann, aber erst während der Besatzungszeit zum konstituierenden Moment der antisemitischen und ausländerfeindlichen Politik wurde.

Jedes Lager hat seine eigene Geschichte mit wechselnden Funktionen und war auf spezifische Personengruppen zugeschnitten. Hier seien einige genannt: Im berüchtigten Straflager (*camp repressif*) Le Vernet wurden »Vorbestrafte und politische Extremisten« (das heißt: männliche Kommunisten) eingesperrt, im Lager Saliers ethnische Minderheiten (»Nomaden«), im »Familienzusammenführungslager« Rivesaltes vorwiegend Frauen und Kinder, in den »Spital-Lagern« Noé und Récébedou alte und kranke Menschen, in Les Milles jene Flüchtlinge, die ihre Ausreise vorbereiteten;[58] in Sisteron Schwarzmarkthändler und in Rieucros Kommunistinnen verschiedener Nationalitäten sowie Prostituierte oder als solche kategorisierte Frauen.[59]

Im April 1939 entstand auf einem Hochplateau, nur wenige Kilometer von Pau und 50 Kilometer von der spanischen Grenze entfernt, das Lager Gurs, benannt nach dem benachbarten Dorf. Ursprünglich sollte dieses Auffanglager nur wenige Monate existieren und der Überwachung der entwaffneten Spanienkämpfer dienen, die kurz nach Überqueren der spanischen Grenze in die Lager Argelès-sur-Mer und St. Cyprien gebracht worden waren.[60] Da die Baracken aus einfachen Brettern, mit Dachpappe verkleidet, hergestellt waren, schützten sie kaum gegen Wind und Kälte. Auf der mit einem zwei Meter hohen Stacheldraht umzäunten, 24 Hektar großen Fläche des militärisch überwachten[61] und verwalteten, für Besucher weitestgehend nicht betretbaren Lagers,[62] das durch eine zwei Kilometer lange Lagerstraße geteilt wurde, befanden sich in den 382 notdürftigen Holzbaracken schon zwei Wochen nach ihrer Errichtung 18 985 Spanienkämpfer, darunter 5000 Kämpfer der Internationalen Brigaden. Im Vergleich zu späteren Zeitpunkten, bildeten die zwischen April 1939 und April 1940 Internierten eine homogene Gruppe. Gemeinsam war allen die Erfahrung des Kampfes gegen Franco und der Wille vieler, weiter gegen den Faschismus in Europa zu kämpfen. Der Alltag und das Leben der Männer waren gleichzeitig von politischen Feindseligkeiten zwischen den ehemaligen »Kampfgenossen« geprägt. Aus zahlreichen Berichten, Briefen und Autobiographien ehemaliger Interbrigadisten sowie der Berichterstattung in der *Deutschen Volkszeitung* geht hervor, daß sich die politischen Auseinandersetzungen der 1200 Mann starken Gruppe der deutschen und österreichischen Brigadisten zuspitzten: Mitglieder der deutschen Interbrigadisten gründeten die sogenannte »9. Kompanie«.[63] Diese »Kompanie unabhängiger Antifaschisten«, die im Juni 1939 aus 170 Personen bestand (davon waren 118 Deutsche), setzte sich aus Kommunisten, Sozialisten, Parteilosen und Anarchisten zusammen. Wer der Kompanie beitreten wollte, mußte ein schriftliches Bekenntnis ablegen, daß »jede Form des Ter-

Abb. 3: Ausschnitt der ersten Seite einer Sonderausgabe der Lagerzeitung

rors« abzulehnen sei. Die Unterzeichnenden bekannten sich außerdem zur »freien Meinungsäußerung«. Die Gründung dieser Gruppe, die eine eigene Baracke im Lager bezog, wurde als Protest gegen die anderen deutschen und österreichischen Spanienkämpfer verstanden und war die Folge der Erfahrungen mit den Kommunisten im Spanienkrieg. Das Gedicht »Die Neunte« von Jan Aage setzt dieser Gruppe ein Denkmal. Es ist eine Kampferklärung »ehrlicher Antifaschisten« an »machtgierige Stalinisten« und setzt als obersten Richter »die werktätigen Massen« ein, in deren Namen sie kämpfen. Ihr Kampf galt dem »Lagerelend und [der] Parteidikatur«.[64] In Willi Münzenberg, der mit der KPD gebrochen hatte, sahen die Mitglieder dieser Gruppen einen natürlichen Verbündeten. Sie unterstützten sein Komitee »Menschen in Not«[65] und erhielten Broschüren von ihm sowie Freiexemplare seiner Zeitung *Die Zukunft* ins Lager. Von den linientreuen Kommunisten wurde »Die Neunte« als »Agent der Gestapo«[66] oder als trotzkistisch denunziert. Sie verbreiteten das Gerücht, es handle sich bei dieser Gruppe um Männer, die nach Deutschland zurückkehren wollten.[67] Tatsache ist, daß bis Juli 1939 35 von ihnen, zumeist KPD-Anhänger, zurückgingen, weil sie völlig entkräftet waren.[68]

Obwohl die Ernährungssituation sowie die sanitären Anlagen und die medizinische Versorgung schlecht waren und es gelegentlich zu Schikanen seitens der Lagerleitung kam,[69] entfalteten die Internierten zahlreiche Aktivitäten. Die Internationalen Brigaden, allen voran die Kommunisten, nutzten die Zeit der Internierung zur »theoretischen Schulung«. Eine »deutsche Hochschule« wurde gegründet, und von der *Lagerstimme. K.Z. Gurs* (Abb. 3) erschienen mindestens 100 Ausgaben. Die deutschen Kommunisten organisierten zur psychischen und physischen Stärkung »Kulturarbeit«. Sie stellten sogar einen umfangreichen Tätigkeitsbericht der »deutschen Gruppe« zusammen, der im Juni 1939 verfaßt und dem ZK der KPD in Moskau gewidmet wurde.[70] Bei der Herstellung eines Gemeinschaftsgefühls und der Vergewisserung eines »siegreichen Kampfes« spielten besonders die Musik und die Kampflieder eine Rolle. Die letzte Strophe des in Gurs verfaßten Liedes »Wir hinterm Draht« von Eberhard Schmidt, einem kommunistischen Komponisten und Liedtexter, lautet:

> »Einmal Regen, einmal die Kälte,
> Dreck und Morast uns das Leben vergällt,
> Doch wir wissen: einmal wird kommen
> der Tag, an dem der Stacheldraht fällt.«[71]

Ein Höhepunkt waren die Paraden, Sportveranstaltungen, Chorauftritte und Konzerte am 14. Juli 1939, die anläßlich des 150. Jahrestages der französischen Revolution organisiert wurden. Französische Zeitungen wie die *Dépêche de Toulouse* zeigten sich beeindruckt von den 17 000 strammstehenden, die Marseillaise singenden Männern und ihrem Bekenntnis zu den Ideen der französischen Revolution.[72] Eberhard Schmidt, der in Gurs eine Musikkapelle dirigierte (Abb. 4), schreibt über den 14. Juli 1939:

> »Am Morgen des 14. Juli zogen Vertreter des Lagers vor das Tor, wo die Garde Mobile die Trikolore hißte. Wir wollten damit demonstrieren, daß wir zu den Zielen der Französischen Revolution stehen. [...] Am Nachmittag fand ein großes Konzert statt, für das wir lange geprobt hatten. Alle Chöre des Lagers sowie jede nationale Gruppe steuerten Darbietungen bei. [...] Ich instrumentierte für unser Orchester einen Teil der Ouvertüre [des *Barbier von Sevilla*, G. M.]. An diesem Konzert nahmen außer der französischen Kommandantur auch Vertreter von Organisationen teil, die von außerhalb kamen.«[73]

Von den anfangs 19 000 Internierten befanden sich im Juni 1940 nur noch 916 im Lager, vor allem Spanier. Die in Briefen an den Präsidenten der Republik geäußerte Bereitschaft der Spanienkämpfer auf der Seite Frankreichs kämpfen zu wollen, blieb ungehört. Statt dessen kamen die Männer ins Straflager Le Vernet. 532 der Internierten erklärten sich im Laufe des Jahres 1939 unter dem massiven Druck der Lagerleitung bereit, der Fremdenlegion beizutreten. Mit Kriegsausbruch veränderte sich nicht nur die Situation der in Gurs Internierten, sondern die aller »Deutschstämmigen« in Frankreich. Mit Bekanntwerden des Hitler-Stalin-Paktes war es bereits im August 1939 zum Verbot der kommunistischen Partei Frankreichs und zu Verhaftungen von Kommunisten gekommen. Die nächste und nun umfassende Internierungswelle setzte im Mai 1940 ein. Die »feindlichen Ausländerinnen« und die zum Teil bereits entlassenen »feindlichen Ausländer« wurden erneut interniert.[74] Für rund 12 000 Frauen ohne französischen Paß endete der *drôle de guerre* mit der Überführung nach Gurs, wo die meisten von ihnen nicht länger als sechs bis acht Wochen blieben. Wenn auch die Demütigung groß war, tagelang in plombierten Zügen einer ungewissen Zukunft entgegenzufahren, im Städtchen Oloron, wo die Frauen auf Lastwagen verladen und dann ins Lager gebracht wurden, als *boches* beschimpft, bespuckt, hinter Stacheldraht gesperrt, vom männlichen Wachpersonal ständig beobachtet[75] und von den französischen Aufseherinnen[76] wie Kriminelle betrachtet zu werden, gab es bis zum Juni 1940 noch Hoffnung unter den Frauen. Die warmen Temperaturen ermöglichten es ihnen, zahlreiche Aktivitäten zu entwickeln, um die Ernährungssituation, die hygienischen Verhältnisse und die psychische Verfassung zu verbessern. Nach dem berüchtigten Händedruck von Pétain und Hitler und der Unterzeichnung des Waffenstillstandes im Juni 1940 trat dann eine völlig neue Situation ein. Das politische Vakuum führte zunächst zu einer Verunsicherung der Lagerkommandanten. Einige »öffneten« die Lager ganz und ließen die Internierten fliehen, wohin sie wollten. In Gurs wurden sämtliche Karteikarten der Lagerverwaltung auf Befehl der Militärbehörden vernichtet. Tausende verließen das Lager und versuchten Frankreich über Marseille oder die Pyrenäen zu verlassen. Marta Feuchtwanger, Friedel Kantorowicz, Gerda Misch, Toni Kesten, Anja Pfemfert, Helene Wolff sowie Hannah Arendt und Lisa Fittko – um nur einige der vielen Namen zu nennen – konnten im Laufe des Jahres 1940/1941 in die USA emigrieren. Andere wie Anne-Marie Uhde schafften es, sich die gesamte Kriegszeit über in der Südzone zu verstecken. Einige Hundert blieben im Lager, weil sie völlig mittellos waren und keine Möglichkeiten hatten, Frankreich zu verlassen. Zudem waren die Entlassenen ständig von erneuter Internierung bedroht. Viele Frauen mußten sich im Laufe des Sommers 1940 im Außenlager von Les Milles, dem »Hôtel Bompard« in Marseille, einfinden oder wurden erneut nach Gurs gebracht. Nichtjüdinnen wie Thea Sternheim und Lou-Albert Lazard gingen zurück ins besetzte Paris. Ein besonderes Kapitel stellen die 700 nichtjüdischen Frauen dar, die sich im August 1940 noch in Gurs befanden und die sich entschlossen, der Aufforderung der Nazi-Kommission Kundt nachzukommen, »heim ins Reich« zu gehen.[77] Die Motive, nach Deutschland zurückzukehren, waren unterschiedlich. Oftmals spielten familiäre Gründe oder die Existenzangst vor einem Leben in der Fremde eine Rolle. Für nationalsozialistische Frauen wie Hertha Kaim-Siemens, von der in der *Neuen Gartenlaube* eine

Abb. 4: Lagerorchester. Stehend: Eberhard Schmidt

»Fotoreportage« über ihre Gurs-Zeit 1940[78] erschien, war die Kommission Kundt eine »Befreiung«. Die Tatsache, daß im Mai 1940 zehntausend Frauen jeden Alters in Frankreich in Lagern untergebracht wurden – so die Nationalsozialistin – sei ein Beweis dafür, daß es mit der so gerühmten und angeblich so großen »Menschlichkeit« Frankreichs nicht weit her sei.

> »Im Internierungslager Gurs [...] erwartete uns ein Leben voller Entbehrungen in entsetzlicher Primitivität bei völligem Mangel an Hygiene, mit dem sich allenfalls *Frankreichs Negertruppen* [Hervorhebung G.M.] hätten abfinden können, nicht aber weiße Frauen. [...] Die härteste Strafe für uns deutsche Frauen bestand jedoch darin, daß wir [...] mit Emigrantinnen und Jüdinnen aus allen Ländern eingesperrt wurden. An Zahl uns weit überlegen, gaben sie in vielen Abteilungen sofort den Ton an und wagten es, einzelne deutsche Volksgenossinnen in übelster Weise zu schikanieren und terrorisieren. [...] Niemand konnte daher das rasche Vorrücken mit so inständigem Jubel begrüßen wie 1400 deutsche Frauen hinter Stacheldraht von Gurs, deren Schicksal davon abhing, rechtzeitig aus dieser Hölle auf Frankreichs Boden befreit zu werden.«[79]

Vom November 1940 an unterstanden die Lager (Abb. 5) – statt wie bisher der Militärverwaltung – dem französischen Innenministerium.[80] In einem

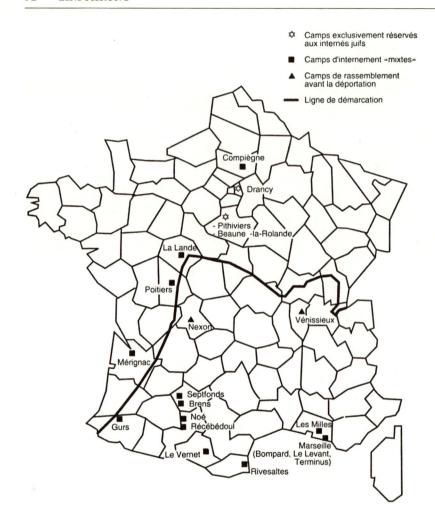

Abb. 5: Übersicht über die 1942 existierenden Lager

Schreiben des Innenministeriums vom 17. Januar 1941 wird Gurs als Unterbringzentrum (*centre d'hérbergement*) bezeichnet, in dem sich mittellose Ausländer befänden oder Ausländer, denen es zum gegenwärtigen Zeitpunkt nicht möglich sei, das Land zu verlassen. Diese Ausländer bedürften der

»Unterstützung«* durch den französischen Staat. Aufgrund dieser »Kategorie« von »Beherbergten« sei keine strikte Überwachung wie im Straflager Le Vernet vonnöten.[81] Die Rede von den »mittellosen Ausländern«, die der Unterstützung durch den französischen Staat bedürften, verschleiert selbstverständlich die systematische Verfolgung von Vichy-Gegnern und allen Personengruppen, die nicht in das neue Konzept der »nationalen Revolution« der Vichy-Regierung paßten. Das Gesetz vom 3. September 1940 – mit dem vor allem die Verfolgung der Kommunisten anvisiert wurde – war die juristische Grundlage für die Internierung von allen Personen, die als »für die nationale Verteidigung oder für die öffentliche Sicherheit« gefährlich eingestuft wurden. Im Oktober 1940 begann mit der antisemitischen Gesetzgebung die Kollaboration auf höchster Ebene. Ohne jeglichen Druck seitens der deutschen Besatzer wurde am 3. Oktober das »Judenstatut« eingeführt, das den Ausschluß der Juden von öffentlichen Ämtern und aus dem Kulturleben zur Folge hatte. In diesem Gesetz wurde »ausdrücklich der Begriff der jüdischen Rasse verwendet, während sich bis dahin die deutschen Erlasse aus der Befürchtung heraus, die öffentliche Meinung in Frankreich zu verletzen, nur auf die jüdische Religionszugehörigkeit bezogen [hatten].«[82] Auf diese Weise wurden die französischen Juden »mit einem Schlag [...] zu Parias«.[83] Einen Tag später wurde das Gesetz zur Internierung ausländischer Juden erlassen, das ausländische Juden und Staatenlose der Willkür der Präfekten auslieferte.[84] Hedda Schatzki, die im Sommer Gurs verlassen hatte und in einem Dorf untergekommen war, wurde im Herbst erneut in Gurs interniert. Ihr wurde von der französischen Polizei vorgeworfen, Holz gestohlen und sich »unter einer Brücke prostituiert« zu haben.[85] So füllte sich das Lager ständig mit den auf der Straße, in Hotels oder auf Bahnhöfen Verhafteten. Wer von der besetzten in die unbesetzte Zone floh und sich dort Schutz erhoffte, wurde bitter enttäuscht. Nachdem die damals 17jährige, aus Warschau stammende Sarah Dajez mit Hilfe einer Concièrge der berüchtigten Razzia vom 17. Juli 1942 in Paris entgangen war, gelang es ihr gemeinsam mit ihrer Mutter die Demarkationslinie zu überschreiten – daran anschließend mußte sie eine böse Überraschung erleben. Als sie mit einem Boot den Fluß Cher überquert hatte, wurde sie »in der freien Zone« von wütenden Männern, die der Wider-

---

* Die auf französisch verfaßten Erlasse sowie die zitierten französischen Archivdokumente wurden aus Lesbarkeitsgründen von mir ins Deutsche übersetzt. Das gleiche gilt für die autobiographischen englischen Texte von Internierten. In den Anmerkungen wird auf die Originalsprache des Manuskripts verwiesen.

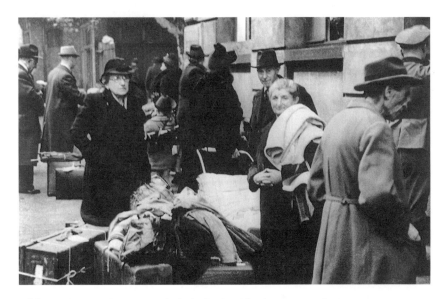

Abb. 6: Deportation von Ludwigshafen im Oktober 1940 nach Gurs

standsbewegung de Gaulles angehörten, empfangen. »Sie hatten Kriegsgefangene erwartet. Sie sagten: Wir machen das doch nicht für Frauen und Kinder! Seht zu, wie ihr zurechtkommt! Sie ließen uns einfach stehen. Kurze Zeit später wurden wir von der französischen Polizei verhaftet und ins Lager gebracht.«[86]

Ein besonders grausames Kapitel ist die Deportation von 6504 Juden und Jüdinnen aus Baden und der Pfalz (Abb. 6), die im Oktober 1940 nach Gurs verschleppt wurden, darunter ein hoher Anteil alter, kranker, auch geistig behinderter Menschen.[87] Im gleichen Monat wurden 3870 Männer aus dem Lager St. Cyprien nach Gurs gebracht, da dort ein Teil des Lagers durch ein Unwetter zerstört worden war. Insgesamt beläuft sich die Zahl der in Gurs internierten Juden auf 28 000. Schätzungsweise 910 Menschen konnten rechtzeitig vor Beginn der Deportationen fliehen. 1710 Internierten gelang es – vorwiegend im Jahr 1941 – Entlassungsscheine zu erhalten.[88]

Die Lebensbedingungen der hermetisch vom Rest der Welt isolierten[89] Internierten waren miserabel. Der erste Schock bestand in der getrennten Unterbringung von Männern und Frauen. Kinder wurden in den Frauenbaracken untergebracht,[90] für die Neugeborenen richteten Hilfsorganisationen eine Säuglingsbaracke her. Zwar lockerten sich 1941 und 1942 die Vorschriften, so daß sich Männer und Frauen in einem begrenzten Rahmen gegenseitig besuchen konnten. Aber Konzerte, Beerdigungen und religiöse Feste blieben für sie die häufigste und zeitweise einzige Möglichkeit der Begegnung. Am meisten litten die Internierten unter der Kälte, Hunger und Krankheiten. Da die Holzbaracken nicht gegen Kälte schützten, waren sie den harten Wintern schutzlos ausgeliefert. Weil das Lager auf Lehmboden errichtet worden war und keine funktionierende Entwässerung existierte, versanken die Internierten bei starken Regenfällen bis zu den Knöcheln im Dreck und im Schlamm. Aus Angst vor dem beschwerlichen Gang zu den Latrinen (»Hochburg« oder »Aussichtstribüne« genannt), die sich in katastrophalem Zustand befanden, verrichteten viele ihre Notdurft in der Baracke. Das Sterben gehörte zum Alltag. Insgesamt starben 1038 Menschen in Gurs.[91] Begraben wurden sie auf einem unter Wasser stehenden »Friedhof«, der sich am Ende des Lagers befand. Die »drei Feinde im Kampf gegen den Tod« waren die ungenügende »sanitäre Ausrüstung«, der »mittelalterliche Zustand der Lagerhygiene« und die »Hungerkost«, schrieb ein namentlich nicht bekannter deutscher Arzt, der 1940 aus Baden deportiert wurde, in einem Bericht. Die Folgen dieser Ernährung und der ungenügenden medizinischen Betreuung waren Epidemien: ansteckende Gehirnhautentzündung, Hungerödeme sowie Magen-Darm-Entzündungen (Ruhr). Die »französische Taktik des schlechten Gewissens« bestand darin, daß die Lagerverwaltung die Ruhrtodesfälle als »Herzschwäche« registrierte.[92]

Die völlig unzureichende Ernährung führte zu einem florierenden Schwarzmarkt, der – so der französische Historiker Claude Laharie – von den Lagerangestellten, den Wachmannschaften und den Mitgliedern der Arbeitsbrigaden, die im Lager für die Instandsetzung zuständig waren, dominiert wurde.[93] Obwohl Schwarzmarkthändlern Arrest in der Strafbaracke[94] drohte, wurde der Schwarzmarkt offensichtlich nicht systematisch unterbunden. Über das Verhältnis der Schwarzmarkthändler und der Lagerverwaltung schreibt Heinz Berendt, der von Mitte 1941 bis zum Januar 1942 in Gurs interniert war:

> »Die Sureté [die Polizei, G. M.] nimmt gelegentlich Verhaftungen vor. Die Leute werden schwer mißhandelt, gelingt es ein Geständnis zu erpressen, werden sie dem Gericht übergeben. Aber die eigentlichen Gewinner und Organisatoren des Schwarzen Marktes kann sie oder will sie natürlich nicht fassen, denn sie sitzen in der Lagerverwaltung oder sind mit ihr durch Geschäfte verbunden, so daß sie unangreifbar sind.«[95]

Zweifellos wurde die Ernährungssituation der Flüchtlinge ausgenutzt. Lisa Fittko berichtet von Frauen, die sich in der Hoffnung auf etwas Eßbares oder eine schnellere Entlassung prostituierten.[96] Auch außerhalb des Lagers waren die »Gursiennes« einer speziellen Situation ausgesetzt. In Arthur Koestlers autobiographischem Bericht *Abschaum der Erde* ist von einem französischen Adjuntanten die Rede, der aus Gurs entlassene polnische und deutsche Frauen zu »armseligen Orgien« mißbrauchte.[97] Insgesamt kann man davon ausgehen, daß es nur in Einzelfällen zu sexueller Gewalt kam und Prostitution im Lager keine feste Institution war. Das erzwungene und freiwillige sexuelle Verhältnis zwischen dem Wachpersonal und den Internierten konnte sogar zur Entlassung führen.[98] Zwar gab es Frauen im Lager, die vor ihrer Internierung tatsächlich als Prostituierte gearbeitet hatten, aber ob sie sich im Lager prostituierten, kann heute nicht mehr genau festgestellt werden.[99] Elsbeth Kasser vom Secours Suisse, die im November 1940 auf eigene Faust als eine der ersten Vertreterinnen von Hilfsorganisationen in Gurs zu arbeiten begann, berichtete mir, daß die Baracke, in der sie ihre Schule einrichtete, zuvor als Bordell genutzt worden war.[100] In den Erinnerungen Marta Feuchtwangers, interniert im Mai / Juni 1940, heißt es: »Oft hatte ich beobachtet, daß von der einen Seite des Lagers Soldaten hereinkamen, um sich mit den Mädchen in einem leeren Ilot zu verlustieren.«[101] Einem Lagerbericht zufolge bekamen die Frauen nicht nur von ihren männlichen Freunden und Ehemännern Besuch, sondern auch von »dem Wachpersonal, das gelegentlich der Versuchung nicht widerstehen konnte.«[102] Und Käthe Hirsch berichtet am 4. 3. 1941 von der Angst der Frauen vor einem betrunkenen Wächter, der »sich eine Frau holen« wollte.[103]

Ein Lager, in dem zeitweise bis zu 20 000 Menschen interniert waren, erforderte einen Verwaltungs- und Überwachungsapparat. Höchste Autorität des Lagers war der Kommandant, der dem Präfekten in Pau unterstellt und ihm rechenschaftspflichtig war. Im September 1941 richtete das Innenministerium eine zentrale Abteilung für die Lageraufsicht, die *Inspection Générale des Camps*, ein. Das Amt übernahm der ehemalige Präfekt des Départements Ardèche, André-Jean Faure. Seine Aufgabe bestand darin, »den schlimmen Mißständen (...) abzuhelfen« und »die Interessen der Staatskasse« zu verwalten.«[104] Faure, der sich mit Enthusiasmus zur »nationalen Revolution« bekannte, verfaßte zahlreiche Berichte über die Situation in den Lagern. Die Tatsache, daß er dem Innenministerium immer wieder »Verbesserungsvorschläge«[105] unterbreitete und die Arbeit der Hilfsorganisationen lobte, durch die sich die Lage der Internierten in Gurs vom Frühjahr 1941 merklich verbessert hatte, kann jedoch nicht darüber hinwegtäuschen, daß er als begeisterter Helfershelfer des Vichy-Regimes in erster Linie darum bemüht war, die Lager »vorzeigbar«[106] zu machen und die Ideologie des neuen Regimes auch in die Lager zu tragen. So schlug er zum Beispiel in dem Bericht vom 10. November 1941 vor, in Gurs eine Lagerzeitung herauszugeben, die der Verbreitung der französischen Propaganda dienen sollte. Besonders die internierten Intellektuellen sollten dafür gewonnen werden.[107]

Die hauptsächliche Kontrolle ging von der Lagerverwaltung und dem Kommandanten aus. Durch strenge Vorschriften wurde versucht, das Leben im Lager zu reglementieren. Ein solcher Katalog von Verhaltensregeln wurde beispielsweise im Juli 1941 an alle Baracken gehängt. Den Internierten wurde darin mitgeteilt, daß der Gesundheitszustand der meisten »Beherbergten« eigentlich gut sei. Ihnen wurden Ratschläge gegeben, wie sie sich im Krankheitsfall zu verhalten hatten und daß sie sich vor Regen und Sonne schützen sollten. Geraten wurde auch, wie mit Nahrungsmitteln umzugehen sei und daß sie aus »Liebe zum Nächsten« auf Hygiene achten und sich waschen sollten. Empfohlen wurde das Anpflanzen von Blumen, sportliche Betätigung und die Lektüre von Büchern. Außerdem wurde den Internierten nahegelegt, sich nicht ständig über Hunger zu beklagen und hart zu arbeiten, um das nötige Geld zum Kauf von Waren erwerben zu können.[108] Bei Nichtbefolgung von Vorschriften drohten Repressalien. Fluchtversuche wurden mit dreißig Tagen Strafbaracke bestraft, ein zweiter Fluchtversuch führte bei den Männern zur Transferierung nach Le Vernet. Weitere Strafmaßnahmen bestanden in Post- und Besuchssperre.[109] Daß die Strafbaracke von den Internierten gefürchtet wurde, belegt allein die Tatsache, daß Helmut Lindt bereits in der Vorrede seines Romans *Die Beherbergten* auf sie hinweist. Die Zeichnungen von Loew/Bodek sowie ein Sitzungsprotokoll des Berner Koordinationskomitees für die Hilfe in französischen Lagern[110] dokumentieren, daß es in dieser Baracke auch zu Fußtritten und Schlägen kam.

Um die Internierten besser kontrollieren zu können, möglicherweise auch, um das Lagerpersonal zu »entlasten«, ordnete die Lagerverwaltung die Ernennung von Baracken- und Ilotchefinnen und -chefs an. Sie lieferten Listen, in denen Alter, Geschlecht, Beruf, Ankunftsdatum in Frankreich, Nationalität, Religion, Arbeitsfähigkeit etc. der Internierten angegeben werden mußten. Aufgrund dieser Mittlerfunktion begegneten Internierte den Baracken- und Ilotchefinnen oftmals mißtrauisch. In den Augen einiger waren sie nichts anderes als der verlängerte Arm der Lagerverwaltung.[111] Zweifellos versuchten viele Frauen und Männer in dieser Position auch, oft im Sinne der

Interessen der Internierten mit der Lagerverwaltung zu verhandeln und Einfluß auf ihre Entscheidungen zu nehmen. Sie übernahmen Verantwortung, achteten auf gerechte Verteilung der Nahrungsmittel und versuchten, Lösungen für die verschiedensten Probleme zu finden. Die Münchner Volkswirtin Else Schönberg, die im Lager Barackenchefin war, beschreibt ihre Arbeit so:

»Es gab fast jeden Tag Versammlungen bei der Ilotchefin. Außerdem holte ich täglich mit jemandem das Essen aus der Feldküche. Ich hatte eine in der Baracke, die war prinzipiell nie da, wenn das Essen verteilt wurde. Dann mußte ich ihren Teller suchen. Wir konnten manchmal einen Wecken Brot kaufen. Diese hungrigen Augen werde ich nie vergessen, die auf dem Brot ruhten. Das mußte ich in 48 Teile schneiden! Die mußten natürlich möglichst gleich sein.«[112]

Else Schönberg und die anderen Baracken- und Ilotchefinnen mußten jedoch auch die Befehle des Lagerkommandanten befolgen und wurden als InformantInnen gebraucht.

»Eines Tages ließ mich der Kommandant kommen und zeigte mir zwei Briefe. Er fragte mich: ›Nehmen Sie an, daß es sich bei diesen Briefen um den gleichen Verfasser handelt? Es wurde in diesen Briefen furchtbar auf die Verwaltung geschimpft, auf das Personal und alles Mögliche, und zwar in einer sehr ordinären Sprache. Ich sagte ihm, daß wir einen bekannten Graphologen im Lager hätten und er ließ ihn kommen. ›Der kann Ihnen sofort sagen, ob es die gleiche Handschrift ist oder nicht.‹«[113]

Berichte, die der Lagerkommandant an den Präfekten schickte, legen die Vermutung nahe, daß manche Internierte systematisch als Spitzel arbeiteten oder sich unbewußt als Informanten mißbrauchen ließen. So heißt es über einen Internierten, er erweise dem Kommandanten große Dienste, da er viele der Internierten seit langem kenne und sich als Informant *(agent de renseignements)* gebrauchen lasse. In diesem Brief wird die Zahl der Informanten auf 20 beziffert. Ihr Tageslohn für diese Arbeit wird mit 40 Francs angegeben.[114]

Viele der Internierten arbeiteten im Lager, denn wer sich beschäftigte, vergaß zeitweilig den Hunger. Arbeitsmöglichkeiten bestanden in der Kantine (Abb. 7), in den Krankenbaracken, in den Leihbüchereien, in den von der jüdischen Organisation O.R.T. *(Organisation pour la reconstruction et le travail)* errichteten Werkstätten, in den Poststellen, in der Lagerverwaltung einschließlich der Zensurabteilung. Männer im arbeitsfähigen Zustand konnten und mußten zeitweise das Lager verlassen und wurden in Fremdarbeiterbataillonen *(Groupement de travailleurs étrangers / GTE)* eingegliedert. Durch ein bereits im September 1940 erlassenes Gesetz konnten die in der französi-

Abb. 7: Ganz rechts: Anne-Lise Eisenstadt. Ihren Erinnerungen nach sind auf dem Foto folgende Personen zu sehen (von links nach rechts): »Friedel Schloß («cantinière«); unbekannt; Carla Wolff aus Berlin; Marie Bach, Sozialarbeiterin; unbekannt; Hanna Schramm, Lehrerin aus Berlin und spätere Autorin des Buches *Menschen in Gurs*; unbekannt.

schen Wirtschaft »überzähligen Ausländer« zur Arbeit herangezogen werden. (Diese Gruppen ausländischer Arbeiter waren die Fortsetzung der paramilitärischen Hilfsdienste, die bis zur militärischen Niederlage der französischen Armee unterstellt waren.) Vor allem seit 1942 griff das Vichy-Regime auf die billigen Arbeitskräfte in den Lagern zurück. Um die Internierten gezielt einsetzen zu können, dienten die von den Baracken- und Ilotchefs und -chefinnen erstellten Listen als Informationsmaterial.[115] In einem Schreiben des Präfekten an den Lagerkommandanten vom 8. Juli 1941 wies dieser »d'une manière impérative« darauf hin, daß alle arbeitsfähigen Ausländer im Département in die GTE einzugliedern seien. Weiter heißt es in diesem Brief, daß aufgrund der Dringlichkeit der benötigten Arbeitskräfte gesundheitliche Gründe nicht berücksichtigt werden könnten. Ausgenommen waren nur die, die für die öffentliche Ordnung als gefährlich eingestuft wurden. Eingesetzt wurden die »Fremdarbeiter« unter anderem in der Landwirtschaft und im

Abb. 8: Lili R. Andrieux: Spanish Maintenance Detail at Work Sawing

Hoch- und Tiefbau. Auch zum Dienst in der NS-Organisation Todt wurden sie herangezogen und gezwungen.[116] Bei »mangelnder Disziplin« und »Arbeitsverweigerung« drohte Ausländern, die in den GTE arbeiteten, die Internierung in Lagern.

Zwei Monate nach der Berliner Wannseekonferenz begannen im März 1942 die Judendeportationen aus der besetzten, vom August an aus der »unbesetzten« Zone. Zunächst stellte sich der seit April 1942 amtierende Regierungschef Pierre Laval gegen diese Auslieferung, änderte im Juni/Juli 1942 jedoch seinen Kurs und gab bei jener Personengruppe nach, »deren Aufenthalt in Frankreich der französischen Polizei [...] lästig war und gegen die [...] Vichy noch vor den Sipo-SD Maßnahmen ergriffen hatte: die der staatenlosen und ausländischen Juden.«[117] Die Deportationen aus der Südzone wurden im Sommer 1942 von Theodor Dannecker, dem Leiter des Judenreferats der Gestapo in Frankreich, vorbereitet. Auch in Gurs ließ er die Listen für die ersten vier Deportationszüge zusammenstellen. Die Deportationen selbst wurden von der französischen Polizei durchgeführt. Als am 6. August 1942 die Deportationen aus Gurs begannen, unterstand das Lager dem elsässischen Kommandanten Kayser. Im Laufe des Herbst 1942 trat dieser jedoch von seinem Posten zurück und wurde durch einen ehemaligen Mitarbeiter der Lagerverwaltung ersetzt, der zuvor wegen Unterschlagung von Geldern entlassen worden war.[118] Es bestehen keinerlei Zweifel, daß der neue Kommandant, der nach 1945 Bürgermeister einer kleinen Stadt in den Basses-Pyrénées wurde, keinerlei Skrupel hatte, die Anweisungen der deutschen Besatzer auszuführen. Die ehemalige sozialdemokratische Münchner Abgeordnete Hedwig Kämpfer bezeichnet ihn als einen »noch größeren Bluthund« als Kayser.[119] Beim Abtransport wurden Männer und Frauen voneinander getrennt. Hinter dem Stacheldraht stehend mußten sie tatenlos zusehen, wie Kinder und Familienangehörige auf Lastwagen geladen wurden. Fehlten beim Abtransport Menschen, die auf den Listen standen, wurden sie erbarmungslos vom Wachpersonal mit ihren Hunden gesucht. Daß der Kommandant die Namen von sechzehn internierten Männern von den Deportationslisten strich, ist sicher weniger auf ein plötzlich sich einstellendes Schuldgefühl zurückzuführen als auf pragmatische Gründe. In dem Brief vom 15. April 1943, in dem er dem Präfekten erläutert, warum er zum Beispiel den Geiger Fritz Brunner und den Hamburger Komponisten und Pianisten Charles Leval von den Deportationen verschonte, heißt es:

»Die beiden Personen bieten den Beherbergten die einzig verbliebene Möglichkeit der Zerstreuung. Abgesehen von der Bibliothek des YMCA sind diese beiden seit langem internierten Männer die einzigen, die im Lager geistige Anregungen geben. Für die Aufrechterhaltung der Stimmung im Lager ist dies unabdingbar. Diese Gründe, die für ein Leben in Freiheit sekundär wären, sind in diesem Fall jedoch entscheidend. Außerdem unterrichten die beiden Künstler dreihundert Kinder im Lager.«[120]

Der erste Transport »mit unbekanntem Ziel« verließ Gurs am 6. August 1942. Weitere Deportationen über Drancy bei Paris nach Auschwitz folgten im September, im Januar und März 1943. Insgesamt wurden aus Gurs 3907 Menschen deportiert, vor allem Juden, aber auch nichtjüdische spanische Flüchtlinge und »arische« Ehegatten der Juden.[121] Obwohl es eine Liste nichttransportfähiger Menschen gab, blieben Alte, Kranke und kleine Kinder nicht verschont. Der überwiegende Teil der Deportierten war jedoch zwischen 16 und 65 Jahren alt.[122] Insgesamt wurden 76000 Menschen von Frankreich nach Auschwitz oder Sobibor deportiert. Etwa zwei Drittel von ihnen waren ausländische und staatenlose Juden.

Die Hilfsorganisationen im Lager mußten dem Geschehen hilflos zusehen. Sie verteilten Schokolade und versuchten, »Proviant« aufzutreiben. Abbé Glasberg bemühte sich weiterhin darum, Juden aus den Lagern zu holen, und die Fürsorgerin Ninon Hait von der »Equipe de l'Entr'aide et de Service Sociale« intervenierte so oft, wie dies möglich war. In bestimmten

Fällen waren die Hilfsorganisationen zu regelrechtem Menschenhandel gezwungen: Waren beispielsweise versehentlich »falsche« Namen auf die nach dem Alphabet zusammengestellte Liste geraten, so konnten diese Menschen gerettet werden, wenn sich andere bereiterklärten, für sie »einzuspringen.« Für den Kommandanten war lediglich die Erfüllung des »Kontingents« entscheidend. Ein besonderer Dorn im Auge des dienstbeflissenen Kommandanten waren die »ausländischen« Hilfsorganisationen im Lager. Am 15. April 1943 ist in einem Bericht zum Beispiel von einunddreißig Internierten die Rede, die deportiert werden sollten, aber nicht gefunden werden konnten. Er vermutet, daß daran ausländische Hilfsorganisationen, vor allem Ruth Lambert vom jüdischen Kinderhilfswerk O.S.E., schuld seien. Tatsächlich halfen die protestantische Flüchtlingsorganisation CIMADE und die O.S.E. Kindern und Erwachsenen mit der Ausstattung von falschen Papieren, versteckten sie oder schmuggelten sie in die Schweiz.[123] Beim Klerus und in Teilen der Öffentlichkeit lösten die Deportationen Proteste aus. Rita Thalmann spricht von einem »Aufstand des Gewissens,«[124] der dazu führte, daß zwei Drittel der in Frankreich lebenden Juden gerettet werden konnten. Viele überlebten, weil sie von Menschen unterschiedlichster Schichtenzugehörigkeit und religiöser Orientierung versteckt wurden. In bestimmten Fällen entschlossen sich auch Mitarbeiter der Lagerverwaltung, Menschen zu retten. Ilse Wassermann, die von 1940 bis 1942 in Gurs interniert war und im Sommer 1942 ins Lager Rivesaltes transferiert wurde, erzählt Folgendes über die Zeit der Deportationen:

> »Eines Morgens hieß es: Alle Juden müssen ihre Sachen packen. Wir kamen in eine separate Baracke, die mit Stacheldraht abgesperrt war. Das konnte nichts Gutes bedeuten. Man mußte an einem langen Tisch mit soundsovielen deutschen Offizieren und Franzosen vorbeigehen. Die hatten immer Listen und riefen Namen auf. Beim ersten Mal hieß es, daß die Frauen, deren Männer Prestataire waren, nicht weggeschickt werden. Als mein Name aufgerufen wurde, hat dieser französische Beamte, für den ich im Lager gearbeitet habe, gesagt: Ihr Mann ist Prestataire. Das stimmt natürlich nicht. Ich hatte weder einen Mann noch einen, der Prestataire war! Ich dachte mir: Wenn der für mich lügt, dann wird das schon seine Gründe haben. Und beim zweiten Mal wurden diejenigen nicht abtransportiert, die vor 1933 nach Frankreich gekommen waren. Als ich da wieder nicht aufgerufen wurde, da hat der Mann wieder für mich geantwortet. Ich habe dem natürlich zugestimmt. Ich habe nie in Frankreich gelebt, nur eine kurze Zeit in Belgien. Aber ich glaube, er wußte, was die Deportationen bedeuteten, und er hat versucht, mich zu retten. Irgendwann hat er mich zu sich gerufen, zusammen mit meiner Freundin im Lager. Es gäbe solchen Mangel an Arbeitskräften, weil die Franzosen zur Zwangsarbeit nach Deutschland geholt werden, sagte er. Er ver-

mittelte uns zwei Stellungen und so kamen wir aus dem Lager. Die Arbeit war zwar entsetzlich, denn ich arbeitete in einem Hotel, in dem vor allem deutsche Offiziere verkehrten. Das war genau das, was ich brauchte! Aber von dort aus konnten wir unsere Flucht nach Spanien organisieren.«[125]

Auch die Mannheimer Pianistin Ida Jauffron-Frank entkam den Deportationen wie durch ein Wunder. Eines Tages wurde auch sie abtransportiert, in Lyon aber aus dem Zug geladen und nach Gurs zurückgeschickt. Ihre Erklärung lautet: »Wir waren vom Schicksal bevorzugt, da wir uns durch Hilfsbereitschaft von den anderen unterschieden hatten und sowohl im Lager als auch in der Infirmerie und der Hilfsorganisation für Alte und Kranke bei den Quäkern gearbeitet hatten.«[126] Die »Personalakte« des lettischen, im Lager Gurs sehr engagierten Arztes Jakob Bachrach enthält die Beschreibung eines ähnlich erstaunlichen Vorgangs. Am 8. 9. 1942 wurde er mit den »convois d'israélites étrangers« deportiert und in Limoges aufgrund einer »intervention de faveur spéciale de Vichy«[127] aus dem Zug geholt. Unter Eskorte wurde er am 16. 9. 1942 nach Gurs zurückgebracht und sollte am 15. 12. in ein Fremdarbeiterbataillon eingegliedert werden. Am 5. 1. 1943 wurde er flüchtig gemeldet.[128] Obwohl die Fremdarbeiterbataillone nicht vor den Deportationen schützten, waren sie für den heute in Mannheim lebenden Oskar Althausen und auch für den Berliner Kabarettisten Alfred Nathan eine Möglichkeit, vorübergehend unterzutauchen.

Nach dem Überfall einer regionalen Widerstandsgruppe im September 1943 auf das Lager, wobei ein großer Teil der Waffen entwendet werden konnte, wurde Gurs am 1. November 1943 offiziell aufgelöst, aber nicht geschlossen. Im Frühjahr 1944 wurde Gurs erneut zum Internierungslager erklärt, das sich nun auf »französische Nomaden und aus dem Südosten kommende Ausländer« spezialisierte.[129] Im Juni 1944 kamen 151 bisher im Frauenlager Brens internierte Frauen nach Gurs, die als Kommunistinnen, Prostituierte oder Kriminelle in der Lagerkartei registriert wurden. Am 27. Juni 1944 drangen deutsche Truppen, die in der Region gegen die Widerstandsgruppen vorgingen, ins Lager ein, das zuvor von fast allen Insassen – sowohl von den Internierten wie auch vom Wachpersonal – panikartig verlassen worden war. Nach dem Abzug der Deutschen kehrten sie ins Lager zurück. Von da ab existierte keine Lagerordnung mehr. Die Internierten konnten das Lager verlassen oder bleiben. Das ehemalige Wachpersonal schloß sich aus Opportunismus oder aus Überzeugung der Résistance an.[130] Nach der Befreiung im August 1944 wurde das Lager zum »Sammellager« für Kriegsgefangene und Kollaborateure. Im Januar 1946 erfolgte die Auflösung.

Schreiben hinter Stacheldraht

»Bei dem riesigen und ganz plötzlichen Menschendrang die Verhältnisse sehr schwierig und primitiv; kaum etwas zu kaufen. Ganz leichte Holzbaracken bei nächtlich kalter Witterung. Jedoch gute Luft (700 m Höhe). [...] Die Zukunft ist völlig dunkel. [...] Ob Ähnliches je einem deutschen Dichter passiert ist?«[1]

War die Entstehung von Literatur im Exil durch die völlig neuen Lebensbedingungen schon erschwert, so nahmen die Schwierigkeiten zur Zeit der Internierung noch erheblich zu. Im Grunde fehlten die elementarsten Voraussetzungen zur Entstehung von Literatur. Alfred Mombert und Thea Sternheim dachten zwar unentwegt an ihre unvollendeten Werke, aber das Arbeiten im »Schweinestall ohne Fenster« (Osias Hofstätter) erschien ihnen fast unmöglich. »Wäre ich von hier fort«, schreibt Alfred Mombert am 27. November seiner – ebenfalls im Lager internierten – Schwester, »würde ich sogleich mit Energie an die Fortsetzung einer halbfertigen Dichtung gehen.«[2] Das Leben in »chaotischer Finsternis«[3] und mit »wirre[n] Geräusch[en]« ließ oftmals nur »versprengte Worte« (Krehbiel-Darmstädter) und »chaotische Ausbrüche« (Alfred Mombert) zu. Maria Krehbiel-Darmstädter entschuldigt sich für die »Mangelhaftigkeit« ihrer Briefe, die »dem Mangel an Licht u[nd] Wärme abgekämpft« seien.[4] Papier- und Lichtmangel, Kälte, fehlende Sitzmöglichkeiten, Krankheiten, Depressionen und Hunger waren nicht die einzigen Hürden. Waren die Rezeptionsbedingungen schon für die im Exil entstandenen Werke schwierig, so erschien den in Gurs internierten Schriftstellerinnen und Schriftstellern eine literarische Öffentlichkeit für ihre Texte in so weite Ferne gerückt wie die Flucht über die Pyrenäen. Für wen sollten sie schreiben? Hatten die Texte überhaupt eine Chance, überliefert und gedruckt zu werden? Dieses Verurteiltsein zum Schreiben für die nicht einmal vorhandene Schublade war ein enormes Hemmnis für die Entstehung bestimmter literarischer Genres wie Erzählung und Roman. Zudem stellte selbst beschriebenes Papier Ballast im Fluchtgepäck dar. Als Adrienne Thomas im Sommer 1940 die Möglichkeit hatte, Gurs zu verlassen, wollte sie ihren Roman verbrennen, an dem sie auch im Lager weitergeschrieben hatte, denn »zum allernotwendigsten schien [...] das Manuskript nicht mehr zu gehören«.[5] Eine Gurs-Insassin verhinderte dies und steckte den Roman mit den Worten »Um Gottes willen« wieder in das Gepäck von Adrienne Thomas. Außerdem war das Schreiben im Lager nicht ungefährlich. In dem in Gurs verfaßten autobiographischen Bericht *A la recherche du temps présent* nennt der Graphiker und Maler Max Lingner als einzige ungefährliche Zeugen seiner Schreibtätigkeit die verschneiten Gipfel der Pyrenäen.[6] An einem Ort, der per Definition Freiheitsentzug bedeutete, konnte die Freiheit des Wortes nur durch heimliches Schreiben zurückgewonnen werden. Daß in Gurs trotzdem Briefe, Gedichte, Tagebücher, Lieder, Kabarett-Chansons und Romane entstanden sind, läßt sich nur mit der Funktion erklären, die dem Schreiben in dieser extremen Lebenslage zukam: Das »Ausströmen von Gedanken und Betrachtungen« (Krehbiel-Darmstädter) entsprach dem psychischen und geistigen Bedürfnis der Gefangenen nach Aussprache. Schreiben und auch das Kunstschaffen entlastete vom Erlebten und war Ausdruck des existentiellen Wunsches, mit sich selbst, mit den »Kameraden« im Lager oder mit der Außenwelt zu kommunizieren. Die Gedichtzeile »Ich leer' mein leeres Herz euch aus« einer namentlich nicht bekannten Verfasserin[7] könnte als Motto über vielen Briefen, Tagebüchern und Gedichten stehen.

Briefe

Zensierte und unzensierte Nachrichten aus der Gefangenschaft

> »Bitte, bitte, liebe G... Sie sind wahrscheinlich die allererste, die einen Bericht über diese Schrecknisse erhält, setzen Sie alle Hebel in Bewegung, um sie bekannt zu geben: in der Schweiz, in Amerika. Es muss etwas geschehen! [...] Es kommen stündlich neue Transporte. Man weiss nicht mehr wohin mit den Leuten, die Frauen fangen an, Veronal zu schlucken. Es ist grausig!«[8]
> »Was man sieht und hört an Tragödien ist unbeschreiblich, Babies von wenigen Wochen, alte Leute bis 98 Jahre. Kranke, Sterbende, Irre, Krüppel, unbeschreiblich.« (Else Liefmann)[9]

Briefe aus Gurs sind Briefe von Bittenden, von Dankbaren, von Hoffenden und von Verzweifelten. Im Zeitalter der Masseninternierung, durch die »Menschen so entwertet werden« (Else Liefmann), haben Hunderte gegen den Verlust der Individualität angeschrieben und versucht, die »Absolutheit eingesperrten Lebens« zu durchbrechen. Obwohl »es nicht die Zeit der in Blüte stehenden Korrespondenz« (Maria Krehbiel-Darmstädter)[10] war, haben in den Jahren 1939 bis 1943 Tausende von Briefen das Lager verlassen und

Tausende adressierten ihre Briefe, Telegramme, Pakete und Postkarten an das »Camp de Gurs«. Sie geben einen Einblick in das weltweite Netz, welches das Lager mit der Außenwelt verband. Da das Abgeschnittensein von der Welt für viele Internierte schwerer zu ertragen war als »Hunger und Dreck«,[11] kam dem Brief als Mittel, mit der Welt außerhalb des Stacheldrahts zu kommunizieren, eine besondere Bedeutung zu. Allein der Vorgang des Briefeschreibens erweckte bereits das Gefühl, die Grenzen des Lagers zu überwinden.[12] Gleichzeitig schufen Briefe nicht nur eine Verbindung mit der Außenwelt, sondern auch eine illegale Kommunikationsstruktur (»Ilot-Post«) innerhalb des Lagers.[13]

Das Spezifische dieser Kommunikation zwischen Internierten und der Außenwelt war die Ungewißheit der Schreibenden, ob der Brief den Empfänger oder die Empfängerin überhaupt erreichen würde. Waren diese selbst Flüchtlinge, verringerte sich die Wahrscheinlichkeit geglückter Kommunikation. Diese besonderen Entstehungsbedingungen verhinderten nicht selten die Überlieferung von Briefen und Briefwechseln.[14] Wurden die Briefe an Einzelpersonen oder an Institutionen außerhalb des nationalsozialistischen Machtbereiches gesandt, so war die Wahrscheinlichkeit, daß die Briefe ihr Ziel erreichten, größer als bei jenen, die sich an in Frankreich oder Deutschland lebende Personen richteten, da sie oft nur über Umwege nach Deutschland gelangen konnten. Da »der Postverkehr der Internierten nach Deutschland verschlossen blieb«, wie es im Vorwort der unveröffentlichten Briefsammlung *Mortuos voco* von Alfred Schwerin heißt,[15] schickten viele ihre Briefe mit der Bitte an Schweizer Freunde, sie nach Deutschland weiterzuleiten. So wurde der in der Schweiz lebende Alfred Schwerin während des Zweiten Weltkrieges zur nachrichtenvermittelnden Institution, die den Dialog zwischen den Gurs-Insassen und den in Deutschland zurückgebliebenen Freunden und Verwandten aufrechterhielt. Allerdings unterschlugen auch die Schweizer Behörden selbst inhaltlich harmlose Briefe. Auch das Weitersenden von Briefen aus der Schweiz nach Deutschland war nicht unproblematisch. Manche Internierte thematisieren dies in ihren Briefen. »Wenn meine beigelegten Zeilen nach Stuttgart nicht zensurfähig sind«, schrieb zum Beispiel Klara Rosenfeld an Alfred Schwerin, »dann wäre ich Ihnen ebenfalls dankbar, wenn Sie in unserem Auftrag dahin schreiben würden.«[16] Schwerin schreibt in seiner Einleitung zur Briefsammlung:

> »Die deutschen Prüfstellen merkten wohl in vielen Fällen, woher die Briefe in Wirklichkeit kamen. Wenn der Zensor sich dennoch entschloss, den Brief weiter-

zugeben, dann lag meist ein gedruckter Zettel folgenden Inhalts bei: ›Die Beantwortung dieser Sendung auf dem gewöhnlichen Postwege ist nach Verordnung über den Nachrichtenverkehr vom 2. April 1940 verboten und strafbar. Die Übermittlung von Familiennachrichten ins feindliche Ausland ist – soweit es sich bei dem Empfänger nicht um einen Kriegsgefangenen oder Zivilinternierten handelt – nur durch das Deutsche Rote Kreuz [...] unter gewissen Bedingungen möglich.‹«[17]

Viele Adressaten in Deutschland antworteten deswegen aus Angst nicht. Dennoch kam es zwischen Gurs-Insassen und in Deutschland Lebenden zu Briefwechseln. Als die Sängerin Else Domberger von Hans Reinhart aus der Schweiz von der Internierung Momberts erfuhr, setzte sie sich für seine Befreiung ein. Sie kam auch Momberts Bitte nach, seine Freunde über seine Situation zu informieren. Else Liefmann hingegen, die sich als ehemaliges Mitglied des Akademikerinnen- und Ärztinnenbundes Hilfe von Gertrud Bäumer erhoffte, die sie aus der Zeit vor 1933 kannte, erhielt keine Hilfe aus Deutschland.[18]

Am meisten wurden die Briefwechsel jedoch durch die Zensur im Lager behindert. Briefe aus Gurs sind in erster Linie zensierte Nachrichten aus der Gefangenschaft, Zeugnisse erstickter Worte. Denn die Überwachung der Briefe aus Gurs sowie die Kontrolle der nach Gurs verschickten Mitteilungen bedeutete die Zerstörung des Kommunikationsmodells, das dem dialogischen Wesen des Briefes zugrundeliegt. Nicht nur Inhalt, sondern auch Länge und Anzahl der Briefe wurden zensiert.[19] Seit Errichtung des Lagers im April 1939 existierte eine – zwischen 1939 und 1943 unterschiedlich scharf gehandhabte – Briefzensur.[20] Eine ausschließlich mit der Zensur beauftragte Abteilung der Lagerverwaltung bestand seit dem Dezember 1940. Unbestritten galt die Kontrolle als eines der wirkungsvollsten Instrumente zur Überwachung,[21] wobei die Briefe der »Politischen« und anderer »Verdächtiger« einer besonders strengen Zensur unterlagen. Wurden Aktionen von »gewissen extremistischen Elementen« befürchtet, konnte es zu Durchsuchungen in den Baracken oder sogar bei Menschen kommen, die mit Gurs-Insassen in brieflichem Kontakt standen.[22] Für wie wichtig diese Zensur der Briefe und Zeitungen[23] erachtet wurde, läßt sich an dem personellen und bürokratischen Aufwand ermessen, den die Durchsicht von zwei bis drei Säcken Zeitungen und von zeitweise täglich 6000 bis 8000 Briefen bedeutete.[24] Aufgrund dieser enormen Anzahl von Briefen war es den Zensoren unmöglich, alles zu lesen. Besonders gründlich wurden diejenigen Briefe geprüft, die an »verdächtige« Internierte adressiert waren oder an »die besonders überwachten Ilots«.[25]

Um Herr der Lage zu werden, forderte der Lagerkommandant die Internierten auf, nur dann Briefe zu schreiben, wenn dies unbedingt nötig sei. Außerdem drohte er, sowohl das Schreiben wie das Empfangen von Briefen stark zu beschränken, falls die Internierten nicht aufhörten, falsche und »tendenziöse« Informationen über das Leben im Lager weiterzugeben. Der Präfekt von Pau, der das Innenministerium über »gerüchteverbreitende Briefe« informierte, teilte dem Lagerkommandanten in einem Brief vom 9. 1. 1941 mit, daß diese rigorose Zensur unbedingt aufrechterhalten werden solle. Hauptsorge war das »verminderte Ansehen Frankreichs« im Ausland. Frankreich halte trotz der gegenwärtigen Schwierigkeiten an seiner Tradition als gastfreundliches Land fest und dieser gute Ruf sei durch die Verbreitung von Lügen gefährdet.[26]

Die große Anzahl von verzweifelten Briefen, die vor allem seit der Ankunft der badischen und pfälzischen Juden das Ausland erreichten und teilweise dort veröffentlicht worden waren, hatte das Innenministerium auf den Plan gerufen und den Lagerkommandanten zu einer »unerbittlichen Kontrolle« aufgefordert. Trotzdem konnte nicht vollständig verhindert werden, daß weiterhin alarmierende Briefe ins Ausland gelangten. Besonders scharf wurde die Postzensur mit Beginn der Deportationen, was vor allem mit den Berichten im New Yorker *Aufbau* und im Schweizer *Israelitischen Wochenblatt* über die Deportationen zusammenhing.

Eine häufig eingesetzte Strategie, um die Postzensur zu umgehen, bestand darin, Briefe aus dem Lager herauszuschmuggeln.[27] Einige Internierte verzichteten aufgrund dieser erschwerten Kommunikationsbedingungen ganz auf das Briefeschreiben und wechselten zum Tagebuchschreiben. »Letter to my mother« lautet beispielsweise ein Teil des Berichtes der aus Gurs nach New York geflüchteten Musiktherapeutin Marianne Berel, der wahrscheinlich aus diesem Grund entstanden ist.[28]

Regelmäßig wurden von der Lagerverwaltung Berichte verfaßt, die dem Präfekten in Pau einen Einblick in die Stimmung im Lager geben sollten und die in einzelne Rubriken wie »projüdische Propaganda« oder »antinationale Aktivitäten« unterteilt wurden. Unter der Rubrik »Bericht über die Stimmung im Lager« (*état de l'opinion*) wurden diejenigen Briefe zitiert, die von der Lagerverwaltung zensiert wurden. Der Begriff, der bei der Begründung von Zensurmaßnahmen am häufigsten fällt, ist der der »antifranzösischen Propaganda« oder »Propaganda gegen das Lager von Gurs im Ausland«. Mit diesem Begriff wurde beispielsweise eine auf hebräisch, anläßlich des Pessach-Festes verfaßte Predigt zensiert, die der Rabbiner Leo Ansbacher[29] an die Internierten verteilt hatte und die sie an Freunde und Familienangehörige in Frankreich und im Ausland verschicken wollten. Es handle sich hier um eine besondere Form der Propaganda, heißt es in dem Bericht. Nicht der religiöse Charakter des Textes erfülle den Tatbestand der Propaganda, sondern die Tatsache, daß dieser durch eine Zeichnung eingerahmt sei, auf der das stacheldrahtumzäunte Lager und die Pyrenäen zu sehen seien. Oben auf dem Papier stand geschrieben »Ostern im Camp de Gurs«.[30] Dieser »Brieftyp« könnte aus einer Notlage heraus entstanden sein. Da jede realistische Beschreibung des Lagerlebens Gefahr lief, zensiert zu werden, verwendeten Internierte außersprachliche Zeichensysteme. Statt Worte sollten realistische Zeichnungen über das Lager aufklären. Wie aus dem letzten Satz des Zensurberichts hervorgeht, wurde diese Strategie der Zensurumgehung anläßlich jüdischer Feiertage mindestens zweimal angewandt. Zieht man zum Vergleich ähnliche Briefe hinzu, so wird deutlich, daß weder der Realismusgrad der Zeichnung noch der Inhalt des Textes von Ansbacher die Zensoren intervenieren ließ. Eine Postkarte von Elsbeth Kasser, die von Kurt Conrad Löw und Karl Bodek illustriert wurde, enthält ähnliche Motive (Stacheldraht, Pyrenäen mit schneeweißem Gipfel, im Vordergrund ein zitronengelber Schmetterling)[31] und wurde offensichtlich nicht als »Propaganda« betrachtet. »Propagandistisch« an der Predigt Ansbachers war die Illustration derselben mit Versatzstücken des Lagerlebens.[32] Denn das Pessachfest ist dem Gedenken des Auszugs der Juden aus Ägypten geweiht und Ausdruck der Freude über das Ende der Gefangenschaft. Dieses Inbezugsetzen eines Abschnitts jüdischer Geschichte, durch den an die Zeit der Befreiung erinnert wird, mit der Gefangenschaft von Juden in Gurs, gab den Ausschlag für die Zensurmaßnahme. Die Verwendung der hebräischen Sprache in Briefen stellte für die Zensur überhaupt ein Ärgernis dar. Jüdische Internierte verschlüsselten in ihren Briefen das Wort Hunger, indem sie das hebräische Wort verwendeten, so daß die Zensoren beim Lesen durch den häufigen Hinweis auf »Onkel Row« stutzig wurden. »Da fast alle Briefeschreiber einen Onkel dieses Namens hatten, verbot [die Zensur, G.M] schließlich die Anwendung hebräischer Sprache«.[33] Eine andere subversive Strategie der Internierten bestand im Schreiben von Briefen in Versen, da Internierte vermutlich die Hoffnung hatten, daß diese Texte in erster Linie als »Dichtung« behandelt und eher die Zensur passieren würden.[34] Leider blieb meine Suche nach diesen Gedichtbriefen in den Archiven in Pau nahezu erfolglos.[35]

Da die Internierten im allgemeinen von der Postzensur wußten, verzichteten sie zumeist auf Anklagen, Wutausbrüche oder auf realistische Alltagsschilderungen, um die Beförderung der Briefe nicht zu gefährden. Manche Briefe verschweigen das tatsächliche Elend, um besorgte Familienmitglieder zu beruhigen. Ein Beispiel hierfür ist der Brief der schwerkranken Martha Knapp vom 12. Juni 1940 an ihren Sohn Werner. Da ist von einer Kantine die Rede, in der sie und ihre Tochter Gisela einkaufen können.[36] In Wirklichkeit war Martha Knapp vollkommen mittellos. Den Brief verfaßte sie in einer sehr schlechten gesundheitlichen Verfassung. Sie befand sich bereits in der Krankenbaracke, dringend benötigte Nahrungsmittel und Medikamente fehlten. Der gesamte Brief liest sich wie eine einzige Vermeidung der Wahrheit. Drei Wochen später, am 5. Juli 1940, starb Martha Knapp an fehlenden Medikamenten und ungenügender Ernährung.[37] Überhaupt sind Briefe aus Gurs vor allem Dokumente des Mangels und der dringenden Bitten. Die kranke Dora Benjamin bat um Medikamente,[38] und Maria Leitner flehte den »Prinzen Loewenstein« vom American Guild for German Cultural Freedom um ein Zertifikat an, das bestätigen sollte, daß der amerikanische Hilfsfonds für SchriftstellerInnen sie mit einem Arbeitsstipendium unterstützt.[39] Momberts Briefe an seine Freunde in der Schweiz und in Deutschland sprechen hingegen nur selten von Mängeln, dafür um so häufiger von seiner großen Bibliothek, um deren Rettung er Freunde bittet, und von Literatur, einschließlich seiner eigenen Dichtung.[40]

Dem Stil der Briefe ist die psychische Verfassung der Briefeschreibenden deutlich anzumerken. Die meisten sind im Telegrammstil verfaßt oder haben den Umfang von Postkarten. Die Offenburger Jüdin Sylvia Cohn, am 22.10.1940 gemeinsam mit ihren Töchtern Eva und Myriam deportiert, schrieb an ihr früheres Dienstmädchen, Hermine Keller:

> »Liebe Mina. Schon 4 Monate Gefangenschaft! Kinder momentan wohl, ich viel krank. Bitte Fresspakete über Estherle. Bald anderen Aufenthalt Nähe Lisel am Meer. Wieder Lager! Viele Grüße.«[41]

Briefe von den deportierten Juden aus Deutschland sind oftmals »Kollektivbriefe« – verfaßt von einer Person mit dem Ziel, für eine Gruppe internierter Juden Geld, Lebensmittel oder anderes herbeizuschaffen. So wurde Berthold Wieler beispielsweise beauftragt, für »die Konstanzer« die Korrespondenz zu übernehmen. In einem Dankesschreiben an die Israelitische Gemeinde Kreuzlingen vom 28. November 1940 heißt es:

> »Sie dürfen Ihre Hilfsaktion als ein Ruhmesblatt Ihrer jungen Gemeinde buchen, sie steht mit ehernen Griffeln in deren Geschichte eingegraben [...] Alle Bedachten danken den lb. Gebern von Herzen & haben nur den einen Wunsch, Sie

mögen vor ähnlichem Unglück verschont bleiben & wir einer glücklicheren Zukunft entgegengehen, das walte Gott! Es ist wahr, wir sind ärmer als arm geworden!«[42]

Der Brief als Hilferuf. Briefe vom Alltag

Neben den jüdischen Gemeinden in der Schweiz und in Deutschland sind die Hauptadressaten die Commission des Camps,[43] französische Behörden, das amerikanische – zur Rettung von gefährdeten Künstlern, Schriftstellern, Politikern und Wissenschaftlern gegründete – Emergency Rescue Committee[44] sowie (Exil-)Zeitungen in den USA, Südamerika und in der Schweiz.[45] Am erschütterndsten sind jene Briefe, die den Wettlauf mit der Zeit antreten. Briefe aus dem Deportationsjahr 1942 sind Träger letzter Lebensäußerungen. Sie dokumentieren den Überlebenskampf von Verfolgten, die bis zum Schluß versuchten, den Kampf mit der französischen Bürokratie und den ausländischen Behörden zu gewinnen. Im Sommer 1942 schreibt Sylvia Cohn, mittlerweile in Rivesaltes, an ihre Schwester Liesel Wetzlar:

> »Liesel, Liesel, Liesel – beim Konsul in Lisboa liegen unsere Permits. Das spanische Transitvisa ist mir schon zugesagt, das portugiesische ist viel schwerer zu erreichen, der Portugalkonsul hat schwierige Bedingungen gestellt, o jeh – aber ich – mit freundlicher Hilfe des Chefs des Bureau d'Emigration du Camp habe Telegramme losgelassen (o weh Geldbeutel) nach Portugal, nach Marseille, nach London –, und mein Edelmann hat sich dahinter geklemmt, siehe da, innerhalb 8 Tagen hat der portug. Konsul mir heute schriftlich bestätigt, hat er alle Papiere erhalten, die er als Bedingung erfordert hat. Nur das ›Visa de Sortie de France‹, den ›titre de voyage‹ habe ich noch nicht. Aber die Demande ist gemacht, und liegt schon 10 Tage bei der Präfektur. Liesel, gutes, lieber Jules, helft mir beten, bitten, flehen!«[46]

Trotz der genannten Gründe existieren eine Reihe von Briefen, die auf verschiedenste Art »Alltag« thematisieren. Kennzeichnend für den Alltag war nicht nur das Leben in den Baracken, sondern auch der Anblick des »Paradieses jenseits des Schweinestalls« (Thea Sternheim). Die Pyrenäen erinnerten die Internierten an die Werke der Romantik oder an die »schönen Bilder von van Gogh und Cézanne«. Das Lagerleben wird dagegen oft mit den Bildern von Goya und Breughel in Verbindung gebracht. Die Pyrenäenlandschaft wurde als Gegengewicht und Gegenbild zur menschlichen Sphäre empfunden. »Der Sonnenaufgang hat ein noch nie geschautes Bild geboten, der ganze Himmel stand in einer feurigen Glut,« schreibt der Mannheimer Kinderarzt

Eugen Neter, der »freiwillig« in den Deportationszug stieg (er war mit einer Nichtjüdin verheiratet und war deshalb von der Deportation ausgenommen). »Tief schwarz ragte seitlich das Gebirge hoch. Ein gewaltiges Schauspiel.«[47] Auch in den Briefen von Maria Krehbiel-Darmstädter wird die Natur eindringlich beschrieben:

> »Unser seltsames Eiland ist so recht ein ›Niemandsland‹ – ohne Bäume – nur Fläche, die ehemals sumpfig gewesen sein mag. Aber wir waren im weiten Umkreis von Bergen. Und auf einer Seite, der südlichen, waren es Segantini-Höhen, zu denen man schaute; – nach Westen: Kaspar David Friedrich. Im Osten blühte Japanisches. Nur der Norden, der zog lang und gleichgültig fort. Aber die Riesenzäune der fernen Berge. Dazu die unsäglichen Himmels- und Wolken- und Farbenspiele durch das in der Luft nahe Meer – : sie ließen ertragen, was uns umstellt, gebannt, gefesselt hält. Und das ewige Grau der Camp u[nd] Ilot-Straßen, für die Sehenden wirds getönt. Für die Hörenden hat es Farbe und Klang.«[48]

Es ist auffällig, daß in den Briefen von Männern und Frauen unterschiedliche Aspekte des Alltags beschrieben werden. Obwohl auch Eugen Neter auf den jüdischen Kultus im Lager eingeht,[49] berichteten Frauen – Jüdinnen wie Christinnen – in ihren Briefen zum Beispiel häufiger vom Gottesdienst.[50] Klara Rosenfeld schreibt am 30. 9. 1941 an Alfred Schwerin:

> »Gerade an den Feiertagen alles zu entbehren, was zum Jomteff gehört, haben wir hier so bitter empfunden, d. h. mit Ausnahme der besonders schön verlaufenen Gottesdienste. Sicher haben sie schon von unserem hervorragenden [...] Rabbiner Dr. Ansbacher gehört. Seine Reden waren erschütternd; besonders beim Feldgottesdienst blieb kein Auge tränenleer.«[51]

Auch Else Liefmann berichtet über die Gottesdienste der protestantischen Lagergeistlichen Cadier und Toureille.[52] Die »Hilfsbereitschaft des französischen Protestantismus« (Adolf Freudenberg) war auch Gegenstand der Briefe Krehbiel-Darmstädters:

> »Pastor Toureille läßt uns viel hoffen, verlangt auch unser *freudiges* Durchhalten. Und das hat mir so gefallen. Die – auch kath[olischen] – Gottesdienste finden zwar weit weg u[nd] in geradezu eisiger Baracke statt, aber man erlebt doch, was innere Kraft vermag, u[nd] fühlt sich mit allen, die dabei sind, besonders verknüpft. [...] Pf[arrer] Toureille sprach es aus, daß für keinen Ort der Erde mehr *betend* u[nd] anders gewirkt wird als für das Camp de Gurs.«[53]

Oft wird in Briefen von Frauen detailliert der Tagesablauf beschrieben. Hannelore Haguenauer, geboren 1923 in Karlsruhe und gemeinsam mit ihren

Eltern und ihrem Bruder im Oktober 1940 nach Gurs deportiert, teilte einem Freund in einem Brief vom 21. 2. 1941 mit, wie sie den Tag verbringt:

> »Dann mache ich mich fertig + ziehe mit Milchkanne + Einkaufstasche bewaffnet per Fahrrad los. Du mußt nämlich wissen, ich bin in der Kantine beschäftigt, die meine Bekannte aus Karlsruhe leitet. Ich kaufe für die Kantine ein u. habe dadurch den Vorzug, ein relativ anständiges Mittagessen, allerdings für viel Geld, zu bekommen. Jedoch ich bin vor allem froh, daß ich Beschäftigung habe u. ›raus‹ komme [...] So gegen abend komme ich dann zurück u. verbringe den Rest des Abends meistens in der Kantine, wo es recht gemütlich ist. Die seelische Stimmung u. vor allem die seelische Verfassung ist sehr mieß.«[54]

Bedenkt man, daß es im Lager eine geschlechtsspezifische Arbeitsteilung gab, Frauen auch im Lager die traditionellen sozialen und pflegerischen Arbeiten übernahmen und als Krankenschwestern, Ärztinnen, Köchinnen, Wäscherinnen, Lehrerinnen, Kinderbetreuerinnen arbeiteten, ist es nicht verwunderlich, daß diese verantwortungsvollen, psychisch und physisch belastenden Tätigkeiten häufig Gegenstand ihrer Briefe waren. Hier sei nur aus einem der zahlreichen Briefe zitiert, in denen Else Liefmann die Verzweiflung über das Leid der Menschen zum Ausdruck bringt:

> »Wir haben täglich 10–15 Tote, meist alte Leute, aber auch ab und zu Jüngere und Kinder. Das ist dann besonders traurig. Aber der Dreck hier ist unbeschreiblich, daß, obgleich in meiner Infirmerie die Schwestern hervorragend arbeiten, dagegen kaum anzugehen ist. Außerdem fehlen uns ja so gut wie alle Hilfsmittel und die Wirkung ist minimal. Der Vertreter des Roten Kreuzes wird hoffentlich berichten. [...] Leider war keine Frau bei der Kommission. Ob wohl einmal eine kommen könnte?«[55]

Da die Säuglings- und Kinderbetreuung, einschließlich einer von Elsbeth Kasser improvisierten Schule, in erster Linie »Frauensache« war, wird oft auch die Situation der Kinder beschrieben.

> »Die Kinder sind nun in zwei Baracken untergebracht, die Mädchen und kleinen Knaben zusammen, die größeren Jungen sind in der zugleich als Schulbaracke dienenden Baracke, die auch Fenster bekommen soll. Es sind hier im Ilot I Lehrerinnen aus der Freiburger jüdischen Schule [...] Je zwei Aufsichtspersonen schlafen mit den Kindern zusammen. Es funktioniert recht gut. Wie's in den anderen Ilots ist, weiß ich nicht genau. [...] Im ganzen sind knapp 400 Kinder im Camp. Einzelne große Jungen schlafen bei ihren Vätern in den Männer-Baracken. Auch einige kleine Jungen, deren Väter Witwer sind. Ich hörte auch einmal, daß zwei kleine Mädchen auf Männerilots sind. Ob das abgestellt wurde, weiß ich nicht, da ich mich nicht befragt dazu sah.«[56]

Frauen fühlten sich für andere Internierte verantwortlich. Die Sorge galt nicht nur den eigenen internierten Kindern, sondern auch denen, die sich in einem anderen Exilland befanden. Ida Siesel, geb. am 31. 1. 1897 in Westfalen, die 1940 von Mannheim nach Gurs mit ihrem Mann Walter und ihrer Tochter Charlotte deportiert wurde, schreibt am 19. 1. 1941 folgenden Brief an ihre Schwester Claire und ihre Tochter Alice in England.

»Einmal wird auch diese Zeit vorübergehen, dann wird eben von vorne wieder angefangen. Deine letzten Briefe lb. Alice haben uns sehr erfreut, wenn sie auch weit zurücklagen. [...] Du lb. Alice hebst doch Charlotte deine abgelegten Sachen auf, sie hat nun nichts mehr, wenn sie mal hier herauskommt [...].«[57]

In diesen »Frauenbriefen« ist fast nie von Schuld die Rede, vom Haß auf die Nationalsozialisten oder auf die Verantwortlichen der Lager. Frankreich wird als »Gastland« bezeichnet, und die Bemühungen der französischen Behörden bzw. des Lagerkommandanten werden oft gewürdigt. Männliche Verfasser tendierten dagegen zur offenen Kritik an der Lagerverwaltung. »Doch sollen jetzt ein paar kleine Fenster kommen«, teilt Robert Liefmann, einst Professor für Nationalökonomie in Freiburg, Adolf Freudenberg mit. Bitter heißt es weiter: »Natürlich auf Kosten der Internierten«.[58] Martha Liefmann beklagt zwar das Verschwinden jeglicher Individualität im Lager, wo »der Einzelne nur eine Nummer ist«,[59] aber Kritik am »Gastland«[60] erlaubt sie sich nicht. Dies trifft auch auf Maria Krehbiel-Darmstädter zu, die dem »Gastland [...] sorgliche Bereitwilligkeit« attestiert, das die Betreuung der einzelnen jedoch »oft nicht annähernd gewähren könne«.[61]

Allerdings ist hier der Gemeinsamkeit suggerierende Begriff »Frauen« problematisch. Denn diese »Frauen-Briefe« wurden von jenen verfaßt, die mit den schon seit 1933 Emigrierten »lediglich« die Verfolgung durch die Nationalsozialisten teilten. Diese Briefe der badischen und pfälzischen Juden dokumentieren nicht nur das Elend der über Nacht Deportierten, sondern auch die großen ideologischen und sprachlichen Differenzen zwischen den seit 1933 Emigrierten und den 1940 Deportierten, die sieben Jahre lang der »Lingua Tertii Imperii« (Victor Klemperer) ausgesetzt waren. Während der rassenideologische Antisemitismus, der zwischen höherwertigen und minderwertigen Rassen (»Arier« und »Juden«) unterscheidet, für die Emigranten und Emigrantinnen Gegenstand bitterer Satire war, wurde das Begriffspaar Arier/Juden häufig Teil des Vokabulars der in Deutschland verbliebenen Juden und Jüdinnen. Diese Einteilung der Internierten in »Juden« und »Arier« ist selbstverständlich nicht gleichzusetzen mit einer völligen Verinnerlichung nationalsozialistischer Ideologie. Mit »Arier und Arierinnen« wurden vielmehr Menschen bezeichnet, die entweder der jüdischen Religion nicht angehörten oder die nicht Opfer der Judenverfolgung wurden.[62] In einem Brief der gläubigen Offenburger Jüdin Clementine Neu vom 16. November 1940 heißt es über 15 Mädchen im Lager, diese seien »Arierinnen«, die »ihr Schicksal heldenhaft tragen« würden.[63] Die Protestantin Else Liefmann berichtet in einem Brief von »einigen arischen Kindern« und »christlichen Kindern jüdischer Rasse«,[64] und selbst in Autobiographien, Jahrzehnte nach Kriegsende verfaßt, werden diese Begriffe mit Selbstverständlichkeit verwendet. »Unsere guten arischen Freunde«, erinnert sich die Mannheimer Pianistin Ida Jauffron-Frank, »hatten nicht mehr den Mut, zu uns zu kommen oder uns auf der Straße zu begrüssen.«[65] Die andere Lebensrealität und diese ideologisierte Sprache der aus Baden und der Pfalz Deportierten war einer der Gründe für die schwierige Kommunikation zwischen den Deportierten und Emigrierten. In ihren 1943/1944 verfaßten Erinnerungen gibt die gebürtige Berliner Lehrerin Hanna Schramm die Gedanken der Deportierten wieder:

> »Sie, die Badenser, waren ganz offensichtlich unschuldige Opfer; sie konnten nichts dafür, daß man sie deportiert hatte. Aber wir? Wohnt man denn freiwillig in schmutzigen Baracken, ißt man freiwillig die schlechte Kost, begnügt man sich freiwillig mit einem Strohsack und sonst nichts als Wohnungseinrichtung? Wenn wir hier schlechter als im Gefängnis lebten, so mußte das doch irgendeinen Grund haben! Und warum hatten wir überhaupt Deutschland verlassen, besonders die Nichtjuden?«[66]

Unterschwellig ist aus zahlreichen autobiographischen Texten der antifaschistisch aktiven und politisch denkenden Emigrantinnen die Kritik an den deportierten Jüdinnen und Juden spürbar; diese hätten nicht erkannt, daß der Nationalsozialismus seit der ersten Stunden nicht nur die Juden bekämpfte.[67]

»Menschheitszustand voller Erkenntnis« –
Die Briefe der Maria Krehbiel-Darmstädter

> »Was hier ist, bedeutet ein Stück Menschheitszustand voller Erkenntnis. Also voller Gnade und Wahrheit. Wir möchten ihm nur gewachsen bleiben, so nämlich, daß wir nicht – abgelöst – vergessen, so nicht, daß wir es dahinterwerfen.«[68]

Eine Besonderheit stellen die mehr als 300 erhaltenen und zum größten Teil veröffentlichten Briefe der im Alter von 21 Jahren zum Christentum konvertierten Fürsorgerin Maria Krehbiel-Darmstädter dar, die 48jährig von Mannheim nach Gurs deportiert wurde. Sie verfaßte während ihrer 14monatigen Internierungszeit mehr als 64 Briefe, adressiert an Freunde in der Schweiz, in den USA und in Deutschland. Während die bisher genannten Briefe als Nachrichtenträger im Telegrammstil, als Zeugnisse des Mangels und im begrenzten Maße des Alltagslebens analysiert wurden, sind die Briefe der frommen Protestantin und Anhängerin der Anthroposophie Rudolf Steiners poetische Texte, die durch eine unverwechselbare, die Lagererfahrung transzendierende Sprache gekennzeichnet sind. Befremdlich wirken diese Briefe zunächst durch ihre syntaktischen und semantischen Abweichungen von der Sprachnorm, durch ihre eigenwilligen Wortschöpfungen und Metaphern. Satzbildungen wie »Ach – anders. Schwebend. Frei. Ohne – ohne Wunsch«,[69] die den Prozeß des Reflektierens in Sprache übersetzen, halten sich nicht an grammatikalische Konvention. Auch durch das Weglassen von Artikeln, die Personalisierung von Substantiven (»Sonne umfunkelt alles, streichelt aus uns das Zarte heraus«[70] und Neuschöpfungen durch die Verwandlung von Substantiven in Verben[71] entsteht ein eigenwilliger Rhythmus. Die häufige Trennung von Komposita (Welten-Ernst, Welten-Mission, Liebes-Lebenszeichen, Lebens-Ordnung, Tages-Spiel) und von Substantiven mit Vorsilben (Zer-Fall, Bei-Stand) zeigen einen eigenwilligen und bewußten Umgang mit der Sprache, die Ähnlichkeit mit der Dichtung Momberts und des Expressionismus aufweist. Maria Krehbiel-Darmstädter verfügte über ein breit gefächertes Wissen; europäische Philosophie, Kunst und Literatur vom Mittelalter bis zur Gegenwart waren ihr vertraut. Daher spielen Zitate aus der deutschen Literatur, von der auch die Sprache der Schreibenden beeinflußt ist, eine bedeutende Rolle. Diese eingestreuten literarischen Zitate dienen der geistigen Standortbestimmung. Häufig verwendet sie Zitate aus der Bibel und aus der deutschsprachigen Literatur (Hölderlin, Rilke, Stifter, Goethe, Hesse):

> »Ihr Lieben. Gibt es denn etwas wie ›Trennung‹. Wir sind im gleichen Leben, gehen die Wege des Seins und Müssens, die Tage und Nächte und die Wege zum Ziel. ›Immer nach Hause‹ – nennt es Novalis.«[72]

Und an anderer Stelle, bereits nach der Entlassung, heißt es:

> »Erinnerst Du Dich, in Goethes ›Heil[ige] drei Könige‹: ›– denn wir sind ja alle – pilgernd – Könige zum Ziele.‹ Ich glaube, das will soviel heißen, daß wir das Hohe Ziel haben, dann auch pilgernde Könige sind. So adelt das Ziel, denn so leuchtet es auf den Weg, lange bevor es erreicht ist. Ging ihm doch zuvor – der Stern darüber auf.«[73]

Literatur, wie zum Beispiel Stifters *Sonnenfinsternis*, bedeutet für Krehbiel-

Darmstädter »innigste Erhebung«,[74] mit deren Hilfe sie die Zeit der Bedrohung zu ertragen versucht. Obwohl die Verfasserin ihre Briefe als »getreue Abbilder« ihres Ichs bezeichnet, wird in ihnen fast nie vom Leiden dieses Ichs berichtet. Ist von Hunger und Krankheit die Rede, so wechselt das Subjekt oftmals vom Personalpronomen Ich zum Neutrum »man«. Somit verschwindet das Ich, dessen Leiden beschwichtigt, relativiert, verschwiegen werden. Zwar heißt es hin und wieder, »die Umgebung der vielen doch so gleichen Menschen [sei] erdrückend«,[75] oder es ist von der »bitteren und schonungslosen Winterzeit«[76] die Rede, auch von ihrem schlechten Gesundheitszustand (»Verdickung der Beine«, »Rötungen«, »Kreislaufstörung«). Aber insgesamt bemüht sie sich, ihr Leiden zu minimalisieren: »Gesundheitlich bin ich etwas brüchig geworden.«[77] Auch die Schwere der – als Dienst am Nächsten verstandenen – Arbeit für die protestantische Hilfsorganisation gestand sie selten ein. Einmal klagt sie darüber, »wie herb die Aufgabe ist, den Menschen *gerecht* zu werden«.[78] Aber selbst diese Erfahrung wird als sinnstiftend interpretiert: »Aber es ist gut so. Man wird wieder bescheiden – seiner ›Leistung‹ gegenüber.«[79] Das Ausblenden des Lagerlebens ist nicht nur auf die Zensur zurückzuführen, von der die Verfasserin wußte.[80] Dieser Umgang mit der Erfahrung im »prison de Dieu«, das selbstauferlegte Verbot der Klage, ist Ausdruck einer Menschen- und Weltauffassung, der politische und geschichtliche Interpretationen fremd sind. Religiöse (protestantische) und philosophische Begriffe wie »Weltzustand«, »Kunstgeist«, »Geist-Erfülltheit«, »Da-Sein«, »Mensch«, »Erkenntnis«, »Leistung« und »Demut« bilden die Eckpfeiler eines Denkgebäudes, in dem Täter und Opfer, Verfolgungen und Unrecht nicht existieren, nicht einmal das Exil: »Denn wir sind [...] ebenso genau in der Heimat, wo immer wir auf der Erde uns finden.«[81] Jede Lebenssituation wird als Erkenntnisgewinn interpretiert, auch jene, in der das Leben des einzelnen »so tief unter dem Zeichen der Zeit« steht und sich eine »Riesenglocke [über die Menschen] wölbt«.[82] Ob Internierte in Frankreich oder deutsche Soldaten an der Front – für die Protestantin gehört jeder und jede unterschiedslos zur großen Menschengemeinschaft:

> »Walter [...] ist auch verwundet. Ich zittere. Aber er liegt geborgen u[nd] darf ausheilen. Aber die vielen überall. Wenn ich nachts die stille Klarheit des großen Himmels hier über uns betrachte, durchziehen namenlose Gebete für die Menschheit das Herz. Wie können wir's ›gut‹ haben wollen, wenn unsere Brüder es so schwer haben. Man gehört dazu. Zum großen Leiden.«[83]

Immer wieder wird solche Anteilnahme an dem Leben anderer durch eine andere Erkenntnis unterlaufen:

»Zudem, was das Wesentliche ist: Die Welt kennt ärgere Leidensstellen. Und die Schlachtfelder machen ein Ende mit so viel Leben, daß das eigene einfach an Wichtigkeit abnimmt. Die Zeit vergeht so oder so.«[84]

Je bedrohlicher die Lebenssituation für sie wird, desto offenkundiger wird der Konflikt zwischen ihrem christlich-anthroposophischen Weltbild und dem Erlebten. Der Brief wird zum Ort der Bewältigung dieses Konfliktes und zum Dokument eines inneren Prozesses. Die reale Erfahrung des Schmerzes, des Verlustes, der Angst, der Verzweiflung und Hoffnungslosigkeit kollidieren mit der moralischen Instanz, die dieses Erlebte kontrolliert, interpretiert, zum Schweigen bringt. Je länger sie sich zwangsweise in Südfrankreich, im Lager oder an anderen als »liberté de Dieu«[85] erlebten Orten aufhalten mußte, desto schwächer wird die Macht ihres geistig-moralischen Überbaus. Nach der Rückkehr ins »natürliche Leben«[86] – nach der Entlassung aus Gurs – und der Erfahrung, »wieder Individualität zu werden«,[87] verändert sich ihre Wortwahl. Die Erinnerung an das Leben »drinnen« wird nun mit dem Wort »Elend«[88] und mit »hinter Draht gefesselt«[89] beschrieben. Die Lagererfahrung ist nun »eine Wunde, die brennt«.[90] Mit dem »Wiedereinmünden in die Welt!«[91] werden die Briefe deskriptiver. Alltag in Limonest, Landschaft und Umgebung werden ausführlich beschrieben. In der Vergangenheit Erlittenes wird nicht mehr tabuisiert:

> »Ich schaue nach vorn und nach zurück. Diesmal ist das Zurückschauen schwer, das mir vor Zeit fast ›Lebenshaltung‹ war, weil Maß und Vergleich, Treue und Kraft daraus floß. Nein, in diesem Leben ist das Vorschauen leichter. Trotz seiner Verhüllung ist das Kommende möglicher als das Vergangene; nur eben vorstellbar. Dagegen ist das Letzte, das Kürzliche, wie eingebrannt. Als ein Abzeichen. Ja, wie ein – Schandfleck alter Zeit. Es läßt sich nicht so schnell abtun.«[92]

Ihr letzter, auf französisch verfaßter Brief vom 5. Februar 1943, geschrieben im Durchgangslager Drancy an ihre Freundin Toni Schwarz in Beaulieu-sur-Dordogne, endet mit einem (namentlich ungenannten) Zitat, das die Resignation, aber auch die Gewißheit kommenden Friedens ausdrückt. »›Auf Erden haben wir keinen Frieden. Aber die Zukunft wird ihn uns bringen.‹«[93]

»Schickt mir Zeichen!« – Antworten

Nicht nur Briefe zu schreiben, sondern auch welche zu erhalten, spielte im Alltag des Lagers eine Rolle. Für Alfred Mombert und Else Liefmann waren Pakete und Briefe »Liebesgaben«. Hannelore Haguenauer nannte Briefe

»eine kleine schöne Abwechslung im heutigen Einerlei«.[94] Den größten Erfindungsreichtum beim Ausdenken von Metaphern für Briefe entwickelte Krehbiel-Darmstädter. Sie vergleicht sie mit »Freudenflämmchen«,[95] bezeichnet sie als das »Zusätzliche«, das »wie Rettung ist«, denn das »Nur-Notwendige« reiche zum Leben nicht aus.[96] Sie sind »zauberische Wesen«,[97] »Liebesbeweise«, »Post-Besuche«, »erstaunliche Festlichkeiten«,[98] »das Feiertäglichste meines Lebens«.[99] Für Krehbiel-Darmstädter gab es nicht nur eine Zeit des Schreibens, sondern auch eine Zeit des Lesens von Briefen. Da Briefe etwas Kostbares darstellten, wurde ihre Lektüre für bestimmte Stunden »aufgehoben«:

> »Damit es seine Sendung erfüllt: ›Feier zu sein‹, braucht es der umgebenden Vorbereitung. Und wieder einmal ist diese Mittagsstunde der Ruhe und fast durchgeführten Schweigsamkeit das Beste auch dafür. [...] Mein Bett ist wie ein Thron, auf dem ich diesen Empfang gehalten habe.«[100]

Briefe waren Anstifter zur Hoffnung. Der Auschwitz-Überlebende Rolf Weinstock, im Oktober 1940 im Alter von 20 Jahren nach Gurs deportiert, schreibt in seinen Erinnerungen *Rolf, Kopf hoch*: »Schlechtes Wetter erstickte uns. War aber nur ein einziger Lagerinsasse durch einen erhaltenen Brief oder einen anderen glücklicheren Umstand fröhlich, hoffte gleich das ganze Lager mit.«[101] BriefeschreiberInnen aus den USA, Frankreich oder der Schweiz waren weniger »zurückhaltender« mit Haß- und Rachebekenntnissen. »Tyrannei«, Abrechnung[102] und »Sühne« sind häufig verwendete Wörter in diesen Briefen. Es mangelt auch nicht an vehementer Kritik an »den Franzosen« und ihrem »Charakter«. Folgender Auszug aus einem Brief vom 31. Januar 1943, verfaßt von Joséphine Knoll aus Nizza und adressiert an ihren Ehemann, wurde in einem Zensurbericht unter der Rubrik »antinationale Aktivitäten« zitiert: »... Du weißt ja, was das Wort Verantwortung für die Franzosen bedeutet. Allein wenn sie das Wort hören, machen sie auf dem Absatz kehrt und ergreifen die Flucht.«[103] Mit Beginn der Deportationen wird der Ton schärfer. In einem als »projüdische Propaganda« zensierten Brief vom 31. Januar 1941 an die Internierte Cilly Weill ist von dem »Judenstempel« die Rede. »So tief sind die Juden der französischen Republik gefallen«, klagt der Briefeschreiber.[104] In einem Brief aus der Schweiz von Ch. Markus vom 20.12.1942 heißt es:

> »Die Hälfte der Menschheit scheint aus Sadisten zu bestehen. Das Jahr geht zu Ende, bald ist Weihnachten. Man wagt es gar nicht mehr, frohes Fest oder schönes Neues Jahr zu wünschen. In der gegenwärtigen Situation würde das nämlich hei-

ßen: Ich hoffe, daß Du so schnell wie möglich stirbst. Leben – das bedeutet zur Zeit die Gewißheit zu haben, jetzt oder später zu sterben. Aber: ich kenne den Verlauf der Geschichte. Ich weiß, daß die Gewalt nie das letzte Wort hat und daß das Licht selbst in größter Dunkelheit leuchtet.«[105]

Gedichte und Lieder

»Hungrig bin ich geh zur Ruh
Dünne Decke deck mich zu.
Meine armen, armen Knochen
Tun mir weh seit vielen Wochen.
[...]
Lieber Gott, hör' meinen Schrei,
Mach mich endlich lagerfrei!
Amen.«   *(Herta Steinhart-Freund)*[106]

Während das Schreiben von Briefen der Versuch war, die Kommunikation mit der Welt außerhalb des Stacheldrahts aufrechtzuerhalten, kam dem Verfassen von Gedichten eine andere Aufgabe zu. Lyrik, ihrer klassischen Bestimmung nach die unmittelbar aus der Empfindung hervorgehende Gattung[107] und die »ursprünglichste, konzentrierteste Form dichterischer Aussage«,[108] war für viele Internierte eine der wenigen Möglichkeiten, jenseits der Augen der Zensoren ihrem Leiden und ihren Hoffnungen einen Ausdruck zu verleihen. Ohne den moralischen Wert und die Bedeutung des Gedichteschreibens hinter Stacheldraht im geringsten erfaßt zu haben, fällten Literaturkritiker im Nachkriegsdeutschland bzw. in der Bundesrepublik vernichtende Urteile über KZ-Gedichte. Es handle sich, so das Urteil, um »drittklassige Goldschnittlyriker [...], die ihre kleine, private Wehleidigkeit in die Welt hinausposaunt« und »sich der Sprachrequisiten des 19. Jahrhunderts«[109] bedient hätten. Aber auch die Holocaustliteraturforschung der 80er und 90er Jahre stufte die oftmals »traditionalistische oder klassizistische Lyrik über die Vernichtungslager, die nicht selten auch in ihnen entstanden ist, als künstlerisch mißlungen« ein.[110] Es ist jedoch offensichtlich, daß KZ-Lyrik nicht mit den gleichen ästhetischen Kriterien beurteilt werden kann als in Freiheit entstandene Lyrik: Denn Dichten hinter Stacheldraht war in erster Linie ein Akt des Überlebens. Auch wenn sich die Situation der Internierten von Gurs von denen der KZ-Häftlinge in den SS-Arbeits- und Vernichtungslagern erheblich unterschied, trifft folgender Satz Ruth Klügers auch auf das Dichten in Gurs zu: »Wer nur erlebt, reim- und gedankenlos, ist in Gefahr, den Verstand zu verlieren [...]. Ich habe den Verstand nicht verloren, ich habe Reime gemacht.«[111]

Gedichte aus Gurs sind Ausdruck dieses Überlebenswillens und des kulturellen Widerstandes gegen den Ausschluß von Kunst und Kultur. Sie waren ein Versuch, gegen den Verlust des Selbstwertgefühls anzuschreiben, sich selbst oder andere zu stützen und zum Durchhalten anzustiften. Besonders den Liedern – und darin sind sie Gebeten ähnlich – kam diese Aufgabe der Stärkung und der Festigung der Lagergemeinschaft zu. Auch wenn es nicht sicher ist, ob zum Beispiel »So ist es« von Herta Steinhart-Freund[112] tatsächlich gesungen wurde, ist auffällig, daß einige Gedichte Refrains enthalten und somit als Lied konzipiert waren. Andere Lieder wie »O Camp de Gurs« enthalten zwar keine Refrains, sind aber nachweisbar Kontrafakturen populärer Lieder. Sieht man einmal von jenen Gedichten ab, die das Lager verlassen konnten, war Lyrik dazu bestimmt oder verdammt, hinter Stacheldraht zu bleiben.[113] Die meisten von ihnen waren ohnehin nicht für die Außenwelt, sondern für die Lageröffentlichkeit oder aber für kein Publikum bestimmt. Zu diesem Typ zählen die Klagegedichte Sylvia Cohns, in denen selten ein Wir erscheint, sondern meist ein Ich, das hiobgleich Gott anruft. Bei einer gläubigen Jüdin wie Sylvia Cohn, für die die Religionsausübung seit ihrer Kindheit zum Alltag gehörte, mag beim Verfassen ihrer Klagen in Versform die Vertrautheit mit der hebräischen Bibel und ihren literarischen Formen eine Rolle gespielt haben. Auch wenn das Exil – und in einem noch viel stärkerem Maße Internierungs- und Konzentrationslager – kein »Ort für ästhetische Neuansätze und innovative Schreiberfahrungen war«,[114] stellt sich die Frage nach der literarischen Tradition, in der die Gurs-Gedichte stehen. Was waren die literarischen Vorbilder? Ruth Klüger, die »das Trauma der Auschwitzer Wochen in ein Versmaß zu stülpen«[115] versuchte, schrieb über ihre Kindergedichte:

> »Es sind Kindergedichte, die in ihrer Regelmäßigkeit ein Gegengewicht zum Chaos stiften wollten, ein poetischer und therapeutischer Versuch, diesem sinnlosen und destruktiven Zirkus, in dem wir untergingen, ein sprachlich Ganzes, Gereimtes entgegenzuhalten; also eigentlich das älteste ästhetische Anliegen. Darum mußten sie auch mehrere Strophen haben, zum Zeichen der Beherrschung, der Fähigkeit zu gliedern und zu objektivieren. Ich war leider belesen, hatte den Kopf voll von sechs Jahren Klassik, Romantik und Goldschnittlyrik. Und nun dieser Stoff. Meinem späteren Geschmack wären Fragmentarisches und

Unregelmäßigkeiten lieber, als Ausdruck sporadischer Verzweiflung zum Beispiel. Aber der spätere Geschmack hat es leicht. Jetzt habe ich gut reden.«[116]

Auch der »Stoff« Gurs wurde von Internierten in jenes »Versmaß gestülpt«, das zum bürgerlichen Leben des »Feinen Mannes« und der bürgerlichen Frauen gehörte wie »Bügelfalte, Schlips und Kragen«.[117] Die Dichtung der Klassik und der Romantik lieferte die Folien für ihre Gurs-Gedichte. Da die meisten VerfasserInnen ihrem Selbstverständnis nach keine DichterInnen waren, verwendeten sie keine komplizierten Formen wie den Blankvers oder die Ode, sondern beispielsweise die sogenannte Volksliedstrophe, die die Romantiker vorzugsweise benutzten und die im 19. Jahrhundert zur populärsten Versform wurde. Auch Heines *Buch der Lieder*, das vielen Internierten sicher bekannt war, wurde nach diesem Schema verfaßt.[118] Mit Ausnahme des »Sinfonikers« Alfred Mombert, der um die Jahrhundertwende als Antipode Stefan Georges vor allem Einfluß auf den Expressionismus hatte, bedeutete »Dichten« für die meisten Internierten »Reimen«. Dabei gingen sie – ähnlich wie die VerfasserInnen des »Volksliedes« – verstanden als »Gegengesang« unterdrückter Volksschichten wider die Obrigkeit, verordnete Frömmigkeit und literarische Heiligtümer[119] – auf das gesamte Gedicht-, Schlager- und Melodierepertoire zurück, das zu einer Kindheit, Jugend und dem Erwachsenenleben in Deutschland gehörte. Das Gedicht »Der Baracke Nachtgebet«[120] von Hertha Steinhart-Freund[121] ist beispielsweise eine Umdichtung des weit verbreiteten, gleichnamigen Gedichtes »Nachtgebet« von Luise Hensel.[122] Ein anderes Beispiel für Kontrafakturen sind Gertrud Schweizers Preisgedicht und das Lied »O Camp de Gurs« von Helene Süß, dem das bereits im Kaiserreich für parodistische Zwecke verwendete Weihnachtslied »O Tannenbaum« zugrunde liegt.[123] Auch Brecht hat bekanntlich protestantische Kirchenlieder mit politischem Ziel verwendet und parodiert. Insgesamt ging es den Internierten jedoch weniger um Entlarvung des politischen Gegners und das Pathos des Kampfes. Sie wollten sich wie zum Beispiel William Bessinger mit seinem Lied »Ich kann sie nicht mehr sehn die Pyrenéen« das Absurde und Bedrückende der Lagererfahrung mit Humor »vom Leib« schreiben.

Gedichten kam im Alltag eine unmittelbare soziale Bedeutung zu: Denn ähnlich wie die »Gelegenheitsdichtung« in Friedenszeiten waren sie Teil des Gemeinschaftslebens. Vor allem anläßlich von jüdischen und christlichen Feiertagen, an denen die Erinnerung an vergangene Zeiten besonders stark war, verfaßten Jüdinnen wie Tilly Rapp, Helene Süß und Trude Roth Gedichte, die den kollektiven Willen stärken und Trost spenden sollten. Zum kulturellen Rahmenprogramm von Weihnachtsfeiern gehörte oftmals auch die Rezitation von deutscher Lyrik.[124] Veranstaltungen in den Kulturbaracken, die für »Erholung«, Unterhaltung und »Zeitvertreib« sorgen sollten, waren sicher der Rahmen für das Vortragen im Lager entstandener »Gelegenheitsdichtung«. Die Tatsache, daß Krehbiel-Darmstädter und andere Internierte Gedichte in Baracken aufhängten oder auswendig lernten und laut rezitierten,[125] deutet darauf hin, daß Lyrik in besonderer Weise die Sehnsucht nach der Heimat zum Ausdruck brachte: Sie bedeutete »Rückkehr« und Verlebendigung der einzigen »Heimat«, die den Flüchtlingen geblieben war: der Sprache.

Obwohl es den Gedichten aufgrund ihrer Entstehung und Verbreitung in einem geschlossenen Raum nicht möglich war, politische »Forderungen zu artikulieren und öffentlich zu machen«,[126] sind einige von ihnen durchaus zur politischen Lyrik zu zählen. Denn mit diesem Begriff ist nicht nur jene agitatorische Gebrauchslyrik gemeint, die seit dem 18. Jahrhundert als »Begleitmusik« von Kriegen und sozialen Bewegungen entstand, sondern auch die deutsche Freiheitslyrik, die sich als »Aufbegehren gegen bestehende Herrschaftsformen und politisches oder soziales Unrecht«[127] verstand.[128] Begriffe wie Freiheit, Heimat, Vaterland, Gerechtigkeit, Menschenrechte, werktätige Massen und Kampfgenossen sind nicht nur fester Bestandteil der Freiheitslyrik des 19. Jahrhunderts, sondern gehören auch zum Wortinventar der Gedichte aus Gurs. Im Gegensatz zu einem bestimmten Typ der Exillyrik sind sie jedoch keineswegs einer »Deutschland-Metaphysik«[129] verpflichtet. Auf »das Vaterland« als positive Größe wird jedoch überall rekurriert: Es bezeichnet einen verlorenen Ort und eine verlorene Zeit. Das Heine-Zitat *Ich hatte einst ein schönes Vaterland*, das Lotte Eisner zum Titel ihrer Autobiographie wählte, ist der Grundakkord aller Gedichte. Ein Merkmal dieser politischen Lyrik ist die Abwesenheit eines lyrischen Ich. An dessen Stelle spricht ein »Wir«. Voraussetzung für das Sprechen in der ersten Person Plural ist eine identitätsstiftende Gemeinsamkeit aller Angehörigen der Gemeinschaft, in deren Namen das Gedicht spricht. In Gurs-Gedichten wird die Identität eines solchen Kollektivs auf verschiedene Weisen hergestellt. Durch die Erfahrung der Entrechtung und Verfolgung der Juden und Jüdinnen, interpretiert als die Wiederholung des Immergleichen in der Geschichte der Diaspora, entstehen jüdische Gedichte, in denen sich die Stimme des Kollektivs der »armen Juden« zu Wort meldet. In anderen Gedichten konstituiert sich das »Wir« über die Abgrenzung und Negation eines anderen Kollektivs. Ein klassisches Beispiel dafür ist Jan Aages antistalinistisches Bekenntnis- und Kampfgedicht »Die Neunte«.[130] Ein Stilmittel politischer Rhetorik verwendend, beginnt das Gedicht mit der Charakterisierung des »Wir« der »entschlossenen Kampfgenossen« durch die positiv konnotierten Adjektive »ehrlich« und »antifaschistisch«. Danach werden die Feinde – die Stalinisten und Diktatoren – mittels negativer Adjektive (»machtgierig«) verurteilt. Darauf folgt die Nennung der politischen Ziele: gegen Terror und Parteidiktatur, für die Beendigung des Lagerelends und Freiheit für alle. Im Marschlied »Wir hinterm Draht«[131] des kommunistischen Komponisten und Texters Eberhard Schmidt repräsentiert das »Wir« »Deutschlands und Österreichs Söhne«, die sich dem militärischen Auftrag verpflichtet sehn, die »Heimat zu befreien«. Auch bei Schmidt wird das Kollektiv mit positiven Eigenschaften ausgestattet. Dem kampfentschlossenen Kollektiv wird – wenn auch nur sprachlich – ein Denkmal gesetzt:[132] »Wir hinterm Draht, wir stecken voller Leben, keiner kann uns, wir sind auf Draht.« Und im Refrain wird die Furchtlosigkeit und Kampfentschlossenheit besungen: »Ob Knast, KZ, wir meistern unser Leben, bei uns gilt allein die Tat.« In geradezu klassischer Weise schließt dieses Kampfgedicht mit der Gewißheit der Befreiung: »Doch wir wissen: einmal wird kommen / der Tag, an dem der Stacheldraht fällt.«

Diese beiden Gedichte deutscher Interbrigadisten repräsentieren eine Form politischer Lyrik, die in Gurs vorwiegend von Männern verfaßt wurde: Es sind Gedichte, in denen statt Alltagsbeschreibungen politische Bekenntnisse im Vordergrund stehen, die eigene Kampfbereitschaft gepriesen und Siegesgewißheit artikuliert wird. Alltag wird nur angedeutet oder ist ganz abwesend wie in Aages »Die Neunte« oder in Westerfelds Gedicht »Unseren Vätern«.[133] Ähnlich wie ein Teil der Exillyrik, die den Faschismus in einem an Schiller anklingenden moralisierenden Pathos[134] »bekämpft«, tendieren auch diese Gedichte zur Heroisierung der Gruppe, in deren Namen gesprochen wird. Dies trifft auch auf das Gedicht »Unseren Vätern« von Westerfeld zu, das von der Lagerzensur als »projüdische Propaganda« eingestuft wurde. Im ersten Teil des Gedichts wird die brutale Vertreibung der Juden durch »vandalisierende Horden« nacherzählt. Dann ruft der Autor zum Durchhalten auf (»bleibt wachsam, bleibt wachsam / für die nach uns Kommenden / denn unsere ›Sache‹ ist heilig«) und prophezeit die »Stunde der Wachablösung«. Die (nicht vollständig zu entschlüsselnden) Schlußzeilen lauten:

»Eines Tages werden wir heimkehren
Verzehren wird die Flamme des
Wanderers zerbrochenen Stab
Die Stunde der Wachablösung
wird geschlagen haben * * *.«

Die Verfluchung und Verurteilung der Täter ist fester Bestandteil dieser politischen Lyrik. Herta Steinhart-Freund ist die einzige weibliche Internierte, die in ihren Gedichten ihrem Haß freien Lauf läßt. »Hassgesang«[135] heißt ein undatiertes Gedicht, das man zu den »Schmähgedichten«[136] der Exillyrik zählen kann. »Stimmt an mit mir den Hassgesang / Tragt ihn von Mund zu Munde! Singt dieses Lied die Welt entlang / Ein Hitler ging zugrunde!« Dieser »Hassgesang« ist eingebunden in das Bekenntnis zu »Freiheit und Menschlichkeit« und die Gewißheit, daß die Verfolgten den Sieg davontragen werden.

In anderen Gedichten artikuliert sich das »Wir« der internierten Frauen, die »seit sieben Jahren schon« im Exil leben wie in Herta Steinhart-Freunds »So ist es«, oder das zunächst nicht näher spezifizierte »Wir« der Internierten in Heini Walfischs »Theater in Gurs«. Von der dritten Strophe an wird deutlich, daß hier ein Mitglied der Theatergruppe von Gurs daran erinnern will, wie aus »Fetzen ... eine bunte Welt« gezaubert wurde. Stolz wird die Leistung der Theatertruppe aufgezählt, deren Lebenswelt mit derjenigen der in Freiheit lebenden Menschen konfrontiert wird. Die beiden Kollektive, das »Wir« der Eingesperrten und das der freien Menschen, werden polar gegenübergestellt.

»Wir haben um's nackte Leben gespielt,
Keiner ahnt, was das heißt...
Für Ibsen gab es ein sechzehntel Brot,
Für den Sommernachtstraum ein Ei – und zur Not
Eine handvoll Grieß...

Wir haben in eiskalten Nächten geprobt,
Halbverhungert zumeist –
Wir haben getanzt und gesungen, geweint und gelacht
Und Tausenden Licht und Freude gebracht!
Ihr wißt nicht, was das heißt!«[137]

Alltag und Menschenbild im Gedicht

Im Gegensatz zu der überwiegend von Männern verfaßten Bekenntnis- und Kampfeslyrik sind die meisten Gedichte der Frauen als eine spezifische Dokumentation des Alltags zu bezeichnen. In Zeiten der Masseninternierung wollten sich die Frauen schreibend der eigenen Individualität vergewissern. Dieser Wunsch nach Aufrechterhaltung des Individuellen drückte sich auch in anderen Formen aus: Auch mit Hilfe der Kleidung, der sorgfältigen Kör-

Abb. 9: Lili R. Andrieux: Women Washing Themselves

perpflege (Abb. 9) – trotz der erschwerten hygienischen Bedingungen – und der Ausübung erlernter Tätigkeiten wie Handarbeiten und Haareschneiden versuchten die Frauen, ihr Eigenes zu bewahren, »unverwechselbar« zu bleiben. Gedichte und Zeichnungen betonen diesen Willen, sich in der unwürdigen Lebenssituation die Würde, das Individuelle zu erhalten.[138] Auffällig ist an den Gedichten der Frauen außerdem, daß sie in einem viel stärkeren Maße als Männer die Leistung der »tapferen Frauen«, die als »stille Helden ihre Pflicht« (Gertrud Friedberg-Kaufmann) tun, würdigen und daß Frauen Gedichteschreiben ebenfalls als eine Möglichkeit ansahen, Ratschläge zu erteilen. Gertrud Friedberg-Kaufmanns langes Gedicht »Stimmungsbilder aus den Ilot's« liest sich geradezu wie ein Ratgeber in schwierigen Zeiten. Diese Bedeutung des Komplexes »Alltag« ist auf die Tatsache zurückzuführen, daß Frauen jene bereits im Exil bzw. im »Dritten Reich« notgedrungen übernommene Rolle der Alltagsbewältigung auch im Lager – soweit dies bei der Trennung der Familien und Paare möglich war – weiterhin übernahmen. Es gibt kein Gedicht von einem männlichen Internierten, in dem der Alltag so detailliert beschrieben wird wie in den Gedichten der Frauen, vor allem in denen der Jüdinnen. Eine ähnliche geschlechtsspezifische Wirklichkeitsvermittlung

Abb. 10: Lili R. Andrieux: Woman doubled up on straw sack

läßt sich auch bezüglich der Zeichnungen von Frauen[139] und Männern feststellen. Festgehalten wird die Mühsal des Alltags und der Arbeit (Abb. 10): das Holen der Suppen, das Putzen der Lavabos, das Versinken im Morast, die Flickarbeiten an zerrissenen Kleidungsstücken, die unhygienischen Zustände, das tägliche Stehen »am Draht«, das Teilen der Nahrung. Obwohl in den Alltags-Gedichten durchaus Worte wie »grausam« oder »leiderfüllt« auftauchen, die Malerin Trudl Besag die »Trostlosigkeit der Barackenlandschaft« gezeichnet haben soll und die zahlreichen Skizzen Lou Albert-Lasards (Abb. 11) »Elemente einer KZ-Kunst« (Renate Flagmeier)[140] enthalten, lösen die Zeichnungen wie auch die Gedichte der Frauen keinen Schock aus und vermitteln teilweise sogar ein »harmloses Bild vom Lagerleben.[141] Nur die Zeichnungen von Lili R. Andrieux kennen keine Tabuisierung des Häßlichen und Negativen.[142] Im Gegensatz zu den autobiographischen und fiktionalen Texten von Helmut Lindt und Karl Schwesig, den Tagebüchern von Hans Steinitz und Thea Sternheim oder den Zeichnungen von Max Lingner (Abb. 12) und Gert Wollheim meiden diese Frauengedichte sowie die meisten Zeichnungen der Frauen die krasse Darstellung des Unerträglichen wie Repressalien, Tod, Krankheiten, Hunger und die politische Kommentierung der Situation. Es

Abb. 11: Zeichnung von Lou Albert Lasard (Juni 1940)

wird in der Lyriktheorie der »Aufstieg in die ›höheren‹ Ordnungen« (von der Prosa zum Vers) im allgemeinen als gattungsspezifischer »Verlust an der Realität« interpretiert.[143] Aber dies erklärt noch nicht die Differenz zwischen der Benennung des Elends in vielen Männergedichten (und vielen Zeichnungen von Männern[144]) einerseits und der Meidung der Darstellung von Elend in dem Typ von Frauengedichten und in den Lagerzeichnungen von Frauen andererseits. Wenn man bedenkt, welche Qual zum Beispiel das Erklimmen und Benutzen der vollkommen verdreckten »Hochburgen«, der Lavabos, (vor allem für die alten und kranken Menschen) war, klingt folgende Strophe aus den oben genannten »Stimmungsbilder[n]« fast verharmlosend:

»Nun das Schlimmste: ich gesteh!
S' ist dein Gang nach dem W. C.
Länger hinauszuschieben,
Dies sei besser unterblieben,
Wenn von der Art, wie hier verdaut,

Abb. 12: Eine Zeichnung aus dem Zyklus »Au secours de Gurs« von Max Lingner

Dir auch in tiefster Seele graut!
Also fasse tüchtig Mut,
Wenn du musst, es tut dir gut. –
Was uns heiter stimmt und froh!
Ist allein das Lavabo.«

Diese »heitere« Form der Verarbeitung leidvoller Erfahrungen entspricht einer geschlechtsspezifischen Bewältigungsart des Leidens. Welchen Sinn sollte es haben, das Unerträgliche und die täglichen Konflikte zu dokumentieren? Aufgeschrieben wurde, was Mut machte – vor allem das solidarische Verhalten der Frauen. Exemplarisch für diesen Typ der »heiteren Lagergedichte« sind die Texte von Gertrud Schweizer, die zu »jeder möglichen und unmöglichen Gelegenheit« (Hanna Schramm) reimte. Eines der titellosen Gedichte, das die Tüchtigkeit der »Barackenchefin« und heute in Paris lebenden Anne-Lise Eisenstadt[145] lobt, greift auf ein häufiges Motiv von Kindergedichten zurück.[146] In Anlehnung an das Schillersche Hausfrauen- und Mutterlob im »Lied von der Glocke«[147] und an die Tradition der Verse in Kinderfibeln, die der sorgenden, im Haus waltenden, selbstlosen, nie ruhenden Mutter ein Denkmal setzen, dichteten »Gertrud Schweizer und Wölfchen«:

> »Unser Sous-Chef Anneliese
> träumt nicht auf der grünen Wiese,
> nein, sie reget Händ und Füsse
> und passt auf, dass das Gemüse
> man uns richtig zubereitet
> und dass keiner Hunger leidet.
> Niemand geht hier unbekleidet,
> und sie sorgt und rennt und streitet
> für die Mütter, Töchter und Tanten
> alle die armen Emigranten,
> die bis jetzt den Weg nicht fanden
> in den USA zu landen.«[148]

Auch in anderen Gedichten von Frauen werden die Hilfsbereitschaft, der »Seelenadel« viel seltener als »böse Triebe« (Friedberg-Kaufmann) und menschliche Verrohung ins Zentrum gerückt. Bei Gertrud Friedberg-Kaufmann liest sich das so:

> »Ach! Es fehlt uns hier an Allem
> Und das Loch im Strumpfe wächst.
> Doch sie tut mir den Gefallen,
> Die mir grade jetzt zunächst ist, gibt
> mir freundlich Garn und Nadel
> Auf dass ich es stopfen kann.«[149]

Eine unbekannte Verfasserin schwärmt in einem Briefgedicht geradezu von der sozialen Gleichheit:

> »Frau Doktor und Magd sind hier alle gleich.
> Hier gibt es weder Arm noch Reich.
> Könntest du mir ein paar Strümpfe pumpen,
> Ich gebe dir dafür Butter, einen Klumpen.«[150]

Die Auflösung der sozialen Hierarchie der bürgerlichen Gesellschaft ist auch das Thema des Läuterungsgedichts »Feiner Mann im Dreck«[151] von Heini Walfisch, in dem ein Prozeß beschrieben wird, der in anderen Selbstzeugnissen sowie Zeitungsberichten oft als »Schule von Gurs« bezeichnet wurde: Die »Menschwerdung« durch Leid, die Verwandlung vom egoistischen Bürger zum mitfühlenden Menschen. In den ersten beiden Strophen porträtiert Walfisch den Prototyp des männlichen Bürgers – seine äußere Erscheinung, seine »Weltanschauung« und sein Verhältnis zur Kultur:

> »Ich bin einmal ein feiner Mann gewesen
> mit Bügelfalte, Schlips und weißem Kragen,
> mit ›Figaro‹ und ›Tristan‹ zur Erbauung
> und einer beinah eignen Weltanschauung
> (sie ist inzwischen reichlich abgetragen).
>
> Die Not des Andern ging mir haargenau
> bis an die grauen Handschuh von Glacé.
> Gewiß, man war nicht gerade miserabel –
> man gab und gab, gleichgültig und passabel –
> Was wußte unsereins von fremdem Weh.«

Der Verfasser beschreibt den sozialen Abstieg des durch »den Dreck geschlittert[en]« Bürgers. Abhanden kommen ihm Weltanschauung, Tristan, Schlips, Kragen und Bügelfalte. Als wolle er Marx' Satz »Das Sein bestimmt das Bewußtsein« an einem praktischen Beispiel veranschaulichen, beschreibt er den Prozeß der Veränderung durch Exil und Verarmung:

> »Inzwischen weiß ich um fremde Not,
> um fremde Tränen grenzenlos Bescheid;
> wenn einer einsam ist und hilflos steht,
> und wenn ein andrer hungrig schlafen geht
> und aus dem Traum nach seinen Kindern schreit...«

Gehörte der »feine Bürger« zu Friedenszeiten einer Klasse »mit einer fast eigenen Weltanschauung« an, so wird durch die Exil- und Lagererfahrung aus ihm ein Mann im »Heereszug der Elendshorden«. Walfischs Gedicht ist im Schillerschen Sinne pathetisch, weil es nicht einfach den Leidensweg eines Menschens darstellt, sondern dieses Leiden mit »Sinn« auflädt und moralisch bewertet.

> »Ich hab' auf einmal Millionen Brüder –
> und dieser Heereszug der Elendshorden,
> jetzt weiß ich es, er geht mich etwas an,
> und so ist schließlich aus dem feinen Mann
> doch noch so etwas wie ein Mensch geworden.«

Abgesehen von diesen Gedichten mit einer »Moral von der Geschicht'« entstanden auch satirische Texte. Beispielhaft dafür sind die beiden Lieder »O Camp de Gurs« von Helene Süß, geschrieben anläßlich des Weihnachts- bzw.

Chanukkafestes 1940, und William Bessingers »Ich kann sie nicht mehr sehn, die Pyrénéen«. Helene Süß dichtet das Weihnachtslied »O Tannenbaum« um in »O Camp de Gurs / Wie schön ist's hier, / Du kannst mir wohl gefallen«.[152] In den nachfolgenden fünf Strophen wird der »Lobgesang« auf das Lager angestimmt – auf die »Wohnungen«, das »WC«, die Nahrung und die Landschaft. Allein durch die Tatsache, daß eine Jüdin ein Weihnachtslied umdichtet und einen Lobgesang auf die – eigentlich als »Jammertal«, als »Pein« erlebte Gegenwart anstimmt, entsteht der satirische Charakter des Gedichts. Der »Lobgesang« gilt nicht nur der »feinen Nahrung« und den »comfortablen Wohnungen«, sondern der Natur und dem gesunden Leben im Freien. Ihrem Aufruf »Genossinnen, ich bitte Euch / (...) Verliert nur ja nicht den Humor« versucht die Verfasserin selbst gerecht zu werden, indem sie ein breitgefächertes Natur-Vokabular (Sturm, Regen, Sonnenschein, Luft, Wasser, Berge) in die ersten sechs Strophen streut, als seien die Internierten des Lagers Gurs nicht Gefangene, sondern Anhänger der Wandervogelbewegung, die dort auf ihre »Natur-Kosten« kommen: Geschwärmt wird vom Schlafen auf dem Haferstroh, vom Leben an der »guten Luft«, vom Waschen mit dem erfrischend kalten Wasser. Nach dem ironischen Aufruf »Mensch, kehr zurück Du, zur Natur!« bricht die Autorin mit der Satire. Die Artikulation des Traum von der Befreiung, hervorgerufen durch den Anblick der Berge, stellt den Übergang von der heiteren Satire zum Klage- und Appellgedicht her. Die Lagerrealität verschwindet, und die Verfasserin wendet sich an Gott, an die »edlen Menschen«, die »aus allen Ländern die Pakete sandten« und zum Schluß an die Zuhörenden, für die das Gedicht anläßlich des »Lichterfestes« geschrieben wurde. Was als Satire der Gegenwart beginnt, endet mit einem Appell an die Hörenden, durchzuhalten.

»Es strahlet heller Kerzenschein,
Vergangenes laßt begraben sein.
Habt frohen Mut,
's wird alles gut,
Nacht muß in Tag sich wandeln!«

Satirisch ist auch das im Lager gesungene Couplet »Ich kann sie nicht mehr sehn, die Pyrénéen« von William Bessinger.[153] Der Humor, mit dem er die Sehnsüchte, Träume und Verhaltensweisen der internierten Männer beschreibt, ähnelt am meisten den Lager-Chansons von Alfred Nathan. Charakteristisch für das Couplet ist die Erzählung von Lagerereignissen, die durch den immer leicht modifizierten Refrain »Ich kann sie nicht mehr sehen, die Pyrénéen / So durch den Stacheldraht / Weil wie ein Stacheldraht ist meine Seel'« unterbrochen wird. In den vier Strophen greift Bessinger verschiedene Aspekte des Lagerlebens in St. Cyprien auf (die Gerüchte von der bevorstehenden Entlassung, Kritik an den gewählten Barackenchefs) oder erzählt Begebenheiten (Flucht von Cohn aus St. Cyprien, Transport nach Gurs). Der Refrain kommentiert das Erzählte. Während in der politischen Lyrik der Wunsch nach Freiheit mit dem Befreiungskampf verknüpft wird und das lyrische Wir seine Unfehlbarkeit und Siegesgewißheit lobpreist, spricht in Bessingers Lied ein wenig heroisches Subjekt. Mit Humor wird – in allen anderen Gedichten vollkommen tabuisiert – erotisches Verlangen nach dem anderen Geschlecht eingeflochten.

> »Ich möchte wieder einmal freie, frohe Menschen sehn
> Auf beiden Strassen gehn, ohne Befehl!
> Ich möcht noch einmal gerne an nem andern Busen
> Wie ausgerechnet hier am Meeresbusen schmusen.«

Seine Lagerkameraden charakterisiert er nicht als Helden, sondern als eine Ansammlung verängstigter Männer, die vor dem Kommandanten zittern und durch die Flucht eines Internierten in einen Gewissenskonflikt geraten:

> »Melden wirs? Und wenn wirs melden, melden wir es wie?
> Doch dann kam ne Ansichtskarte tagsdrauf in der Früh
> Cohn sandt viele Grüsse und schrieb drauf ganz ungeniert.
> Den Grund warum er selbst sich liberiert.
>   *Refrain:*
> Er konnt' sie nicht mehr sehn, die Pyrénéen (...)«

Zu den bekanntesten Texten gehört das »Lied von Gurs« des Operettenkomponisten Leonhard Karl Märker, der bereits im Internierungslager Les Milles die Operette »Les Mille et une nuit« verfaßt hatte.[154] Das »Lied von Gurs« ist das Gegenstück zu Bessingers witzigem »Ich kann sie nicht mehr sehn, die Pyrénéen«. Ähnlich wie »Theater in Gurs« kontrastiert es zwei Gruppen von Menschen: jene in Freiheit und jene hinter Stacheldraht.

> »Schön ist die Welt für viele,
> Alles geht bei ihnen glatt,
> Doch daneben gibt's auch and're,
> Die haben ihr Leben satt.«[155]

Nicht das Festhalten des Alltagslebens ist die Intention des Verfassers, sondern die Trauer über diesen Ort in den Pyrenäen, »wo nur Baracken stehen«: »Dort muß der hinein / Der kein Recht hat / auf der Welt zu sein.«

GEDICHTE UND LIEDER

Abb. 13: Lili R. Andrieux: Le cafard

Im Gegensatz zu den siegesgewissen Bekenntnisgedichten, den »heiteren« Gelegenheitsgedichten von Frauen und den jüdischen Gedichten schließt das »Lied von Gurs« nicht mit der Vision einer Befreiung:

> »Alle machten sich einst Pläne,
> und sie hielten sich daran fest.
> Doch aus Plänen wurden Tränen,
> weil sich das Leben nicht zwingen läßt.«

Lagerdichtung im Spannungsfeld
zwischen deutscher und jüdischer Identität

Ein großer Teil der Gedichte stammt von Menschen, die als Juden kategorisiert und im Oktober 1940 nach Gurs deportiert wurden. Diese Texte deswegen als »jüdische Lyrik« zu bezeichnen, ist jedoch nicht unproblematisch.

Denn das Verhältnis dieser Juden und Jüdinnen zum Judentum war sehr unterschiedlich. Einigen – wie den zum Protestantismus konvertierten Frauen Krehbiel-Darmstädter und Else Liefmann – war das Judentum gänzlich fremd geworden. In dem Bericht des Mannheimer Kinderarztes Eugen Neter heißt es: »Bei diesen Fällen von Selbstmord – auch während der Fahrt geschahen solche – handelte es sich ausschließlich um Juden, die dem Judentum fernstanden, ausgetreten oder getauft waren. Das Schicksal dieser Menschen hatte etwas Tragisches: Der Weg ins Exil warf sie wieder dorthin (zum Judentum, zum Jude-sein) zurück, von wo ihr Streben sie sich hat entfernen lassen: Sie wollten keine Juden sein und mußten es nun sein.«[156] Gleichzeitig gilt ohne Zweifel, daß das organisierte jüdisch-religiöse Leben in Gurs erst mit der Ankunft der Juden aus Deutschland begann. Der jüdische Kultus hatte für Tausende eine überragende Bedeutung.[157] »Gesetzestreuen Juden aus Baden« war der Kultus so wichtig, daß sie die Haggada mit ins Lager brachten, und Louis Zuckermann bekam die Erlaubnis, in Pau die Haggada zu kopieren und 1000 bis 1500 Exemplare zu vervielfältigen.[158] Es wurde sogar ein »Synagogenchor« zusammengestellt[159] und ein Camp-Rabbinat eingerichtet. In den erhaltenen Lagerakten befinden sich im »dossier Rabbinat« zahlreiche Berichte über die »fêtes israélites«. Dem Bildungsprogramm des Jüdischen Kulturbundes vergleichbar, wurden auch Vorträge »religiösen und jüdisch-historischen Inhalts« gehalten, um »das Interesse am Judentum zu fördern«.[160]

Die Deportierten aus Deutschland verband in erster Linie nicht die gleiche Haltung zum Judentum, sondern die Erfahrung, Opfer der staatlichen Definitionsgewalt zu sein und sich als »Juden« erfahren zu müssen – obwohl sie sich selbst als Deutsche oder als Deutsche jüdischen Glaubens betrachteten. »Muß Jude sein, muß anders sein«, lautet bezeichnenderweise eine Zeile des Gedichtes »An Deutschland« von Sylvia Cohn. Das Zugehörigkeitsgefühl der Juden und Jüdinnen zu Deutschland hatte sich mit dem Beginn des Akkulturationsprozesses im 19. Jahrhundert über die Identifikation mit der deutschen Sprache und deutschen Kultur hergestellt. Darum ist es auch nicht verwunderlich, daß die Trauer und Verwirrung angesichts der Tatsache, daß ausgerechnet dieses »Volk der Dichter und Denker« den Nationalsozialismus hervorgebracht hatte, ein Topos deutsch-jüdischer Autobiographien ist. In den 1970/71 verfaßten Erinnerungen der Mannheimer Pianistin Ida Jauffron-Frank heißt es:

> »Und heute noch, wenn ich daran denke, kann ich nicht begreifen, daß sich ein Kulturvolk, aus dem die größten Dichter, Denker, Philosophen und Musiker hervorgegangen sind, auf diese Weise auf die unmenschlichste Art in dieses erschüt-

ternde Ereignis der Hitlerwelt mit ihren teuflischen Ideen und Auswüchsen hat hineinziehen lassen und ihm, ohne Widerstand zu leisten, gefolgt ist.«[161]

Neben dem Verweis auf die deutsche Kultur als identitätsstiftendes Moment wird in den Gedichten, Tagebüchern und Autobiographien der badischen Juden und Jüdinnen immer wieder an die militärischen Leistungen der Juden für das »Vaterland« während des Ersten Weltkriegs erinnert. Noch einmal Ida Jauffron-Frank:

> »Mein Bruder, der im Herzen ein guter Deutscher war, der sich dem Vaterland freiwillig zur Verfügung gestellt hatte und diese Erniedrigung und Schmach nicht ertragen konnte, schoß sich mit dem Revolver eine Kugel durch den Kopf. Er lebte noch bis zum Abend. Es war der 22. September 1936.«[162]

Am 27. April 1933 schreibt Clementine Neu in ihr Tagebuch:

> »Dass wir Juden alle sehr gedrückt waren und es heute noch sind, ist nur zu begreiflich. Erst wurden wir, da wir zu deutschfreundlich gesinnt waren, aus dem Elsaß vertrieben. Artur und Wilhelm haben den Krieg vom 1. bis zum letzten Tag mitgemacht und unser aller Gesinnung war ›überpatriotisch‹. Artur, der sich im Kriege alle Auszeichnungen holte und verdiente, war darauf gefaßt, daß man auch ihm eine Wache vors Haus stellen würde.«[163]

Auch in Westerfelds Gedicht »Unseren Vätern« wird an diese deutschen Juden erinnert, die »um des Vaterlandes heiligem Rechts willen« ihr Blut vergossen haben. Dieses »Selbstverständnis der hoch assimilierten deutschen Juden« (Wolfgang Benz) war einer der Hauptgründe, warum Tausende zunächst mit der Auswanderung zögerten.[164] Alfred Mombert, »in Deutschlands Tälern« und »Deutschlands Hainen«[165] vollkommen verwurzelt, ist der Prototyp des zum Juden definierten Deutschen, der trotz des Drängens und der Warnungen seiner Freunde Heidelberg nicht verlassen wollte.

»Jüdische Lyrik« aus Gurs ist einerseits Zeugnis des Zugehörigkeitsgefühls der Juden zu deutscher Kultur. Andererseits ist sie geprägt durch eine Hinwendung zum Jüdischen. Denn in Zeiten der Ausgrenzung und Verfolgung, in denen den Juden Deutschland als »Vaterland« abgesprochen wurde, lag es nahe, auf das jüdische religiöse Schrifttum und auf jüdische Geschichte zurückzugreifen. Die hebräische Bibel, in der Geschichtsschreibung und Glaubensbekenntnis zusammenfällt, ist die wichtigste Referenz dieser Lyrik. Nur auf den ersten Blick steht dieses Spezifische der jüdischen Lyrik im Widerspruch zur oben skizzierten »Entfremdung« vieler vom jüdischen Glauben und zu ihrem Selbstverständnis als deutsche Juden.

Thematisch knüpft diese KZ-Lyrik an jene deutsch-jüdische Literatur des 19. Jahrhunderts an, die den von der christlichen Gesellschaft zugefügten »Judenschmerz« zum Ausdruck gebracht hat. Aber erst nach 1933 wird die Darstellung des »Judenschmerzes« zum Topos deutsch-jüdischer Lyrik.[166] Das gleiche gilt für diejenige jüdische Lyrik, die sich explizit zum Judentum bekennt.[167] Dies ist nicht verwunderlich. Denn Judesein in Deutschland bedeutete – zumindest bis zur Reichsgründung, aber auch nach 1871 – zu einer rechtlosen, dann allenfalls geduldeten Minderheit zu gehören, die nur um den Preis der »Selbstaufgabe des Judentums [...] als gleichberechtigte Mitbürger«[168] in die christliche Gesellschaft integriert wurde. Bekenntnisse wie »Judentum wird nie vergehen« oder »Judesein ist Pflicht« sind in den schriftlichen Zeugnissen deutscher Juden und Jüdinnen bis zur Reichsgründung kaum zu finden. »Judentum« und »Jüdischsein« erlebte erst nach 1871 – durch Theodor Herzls politische Utopie sowie durch die theologischen Einflüsse Bubers und Rosenzweigs – eine »Renaissance«. Aber auch zwischen 1871 und 1933 war »jüdische Identität« nichts Eindeutiges, sondern vielmehr der Gegenstand heftiger Debatten. Was Judentum und Jüdischsein bedeutete, wurde auf die unterschiedlichste Weise formuliert. Das Selbstverständnis dieser Generation deutscher Juden reichte von der Idee einer »messianischen Sendung« (Lion Feuchtwanger[169]) über den Traum einer »nationalen Wiedergeburt« in Palästina (Arnold Zweig[170]) bis zur Rückbesinnung auf jüdische Mystik und Prophetie (Gustav Landauer[171]). Auch Jüdinnen nahmen an dieser Diskussion teil. Zum Beispiel Else Croner mit ihrer 1913 in Berlin erschienenen kulturkritischen Schrift *Die moderne Jüdin*, in der sie sich mit dem »Wesen« des Judentums, vor allem aber mit »der Jüdin« auseinandersetzt. Die politische und religiöse Emanzipation der Juden im 19. Jahrhundert habe zu einer Identitätskrise der Jüdinnen geführt, so ihre These. Ziel ihrer Schrift ist die Rückgewinnung der »atheistischen Jüdinnen«, die sie ihrer »wahren Bestimmung« wieder zuführen will, nämlich zu ihren häuslichen und mütterlichen Aufgaben. Zugleich betont die Autorin, daß gerade der modernen Jüdin eine »Missionsaufgabe« zukomme, weil sie zwei Kulturen in sich vereine, die ihr eine »Elitestellung« verleihen würden.[172] Nach 1933 sind es nicht mehr vorwiegend Intellektuelle und Zionisten, sondern auch andere jüdische Gesellschaftsschichten, die sich mit der Frage auseinandersetzen müssen, was Judesein bedeutet. Diese Rückbesinnung auf Jüdisches wirkte sich nach 1933 auch im Kulturbereich aus. Zwar war die Aufnahme von »jüdischen Opern und Theaterstücken« in das Programm des 1933 gegründeten Jüdischen Kulturbundes Folge der von den Nationalsozialisten erzwungenen

»Judaisierung«. Aber gleichzeitig forderten auch Teile der jüdischen Presse von den Theateraufführungen dieser »Notgemeinschaft mit sozialer Funktion« (Herbert Freeden),[173] daß sie von »jüdischer Leidenschaft durchglüht sein« und den Zuschauern ein »jüdisches Erlebnis« ermöglichen sollten.[174] In einer Resolution des Reichsverbandes der Jüdischen Kulturbünde heißt es: »Die Schauspieler, die früher nur am Rande unseres Volkes gelebt haben, wollen wir hineinziehen in das pulsierende Leben der jüdischen Werte.«[175] Und in der Satzung des Jüdischen Kulturbundes wurde ausdrücklich das Ziel formuliert, »die künstlerischen und wissenschaftlichen Interessen der jüdischen Bevölkerung zu pflegen«.[176] Da sich die Kulturbedürfnisse der mehrheitlich nicht sehr religiösen deutschen Juden nicht von denen der restlichen Bevölkerung unterschieden, »hatten sie bis zum Ausbruch der NS-Zeit kaum einen Grund, sich Gedanken über eine spezielle ›jüdische Kultur‹ zu machen. [...] Dies änderte sich erst mit dem Ausschluß aus der deutschen Volksgemeinschaft.«[177] Die zwischen 1933 und 1939 entstandenen Gedichte Sylvia Cohns sind Beispiele für diese »Rückbesinnung« auf Jüdisches. Geboren wurde sie 1904 als jüngste Tochter der Familie Oberbrunner. In Offenburg besuchte sie die Mädchenschule und nahm an christlich-jüdischen Gesprächskreisen teil. 1925 heiratete sie den Kaufmann Eduard Cohn, der die Weinhandlung ihres Vaters, des jahrelangen Vorstehers der jüdischen Gemeinde, übernahm. Seit ihrer Jugend verfaßte Sylvia Cohn Gelegenheitsgedichte.[178] Jüdische Themen tauchen bis 1933 kaum auf. Das ändert sich nach der Machtübergabe an die Nationalsozialisten, durch die sich das Leben Sylvia Cohns und ihrer Familie radikal verschlechterte. Juden wurden auch in Offenburg zu »Menschen vierter Klasse«.[179] Sylvia Cohn wurde zur »bewußt lebenden und denkenden Jüdin«.[180] Sie begann, Hebräisch zu lernen, engagierte sich nun in der zionistischen Ortsgruppe Offenburg, wurde in den Verwaltungsrat des Israelitischen Frauenvereins gewählt und hielt in der jüdischen Gemeinde einen Vortrag über Martin Buber, dem sie auch ein Gedicht widmete.[181] Statt über die »vielgeliebte Erde«, jene »Scholle«, die ihr »Heimat«[182] war, schreibt sie nun über »Erez Israel«, das »Land des Lebens, Land der Freude, unser aller Zukunftslicht«.[183] Anstelle von Naturlyrik und Gelegenheitsdichtung entstehen nun Klagegedichte über die »morbide Welt«: über das Leid der alten jüdischen Frauen, über »Großstadtjuden« und über das KZ Dachau, in das ihr Mann 1938 verschleppt wurde. Nach 1933 entstehen außerdem eine Reihe von Gedichten, die sich der Interpretation jüdischer religiöser Begriffe widmen.[184] In ihrem Gedicht »Was ist ein Held« antizipiert sie Lyrik, wie sie in Gurs geschrieben wird. Dreißig Jahre nach der Entstehung von Herzls Gedicht vom »stolzen Judenjungen« appelliert eine badische Jüdin an ihre Leidensgenossen und -genossinnen, das »auferlegte Schicksal tapfer« zu tragen, statt zu klagen, die Zukunft zu gestalten:

> »Wir wollen auf die Zähne beißen,
> Auch wenn die Finger blutig reißen,
> Wir wollen Arm und Hände regen,
> Und Stück für Stück den Grundstein legen.
>
> Um unsre Zukunft aufzubaun
> Und dabei gläubig Gott vertraun
> Stark wolln wir sein! Und jedes Kind
> Sei stolz drauf, daß wir Juden sind!«[185]

Im Lager weicht der Stolz Sylvia Cohns, Jüdin zu sein, der Verzweiflung und dem Gotteszweifel. Schreiben wird zu einer Form des Gebets. Nach dem Vorbild der Psalmen oder biblischer Klagelieder wird in vielen jüdischen Gurs-Gedichten Gott um Rettung angefleht und – dem unschuldig verfolgten Hiob ähnlich – verzweifelt nach dem Grund für die »Bestrafung« gefragt. »Mach ein Ende, großer Gott« von Sylvia Cohn[186] ist das beeindruckendste Beispiel für diese klagende Lyrik:

> »Mach ein Ende, großer Gott
> All der Not!
> Sieh, ich kanns nicht tragen.
> Du bist groß,
> Ich bin so klein.
> Weshalb häufst Du so viel Pein
> Auf meine armen Schultern?
> Als Kindern ward es uns erzählt,
> Du hast dies Volk Dir auserwählt,
> Ein Volk von Duldern!
> Wir dulden, dulden, lange schon,
> Herr, mach ein Ende nun der Fron,
> Es ist genug gelitten!
> Gott, Du bist groß – und wir sind so klein,
> O mach ein Ende all der Pein,
> Erhöre unser Bitten!«

Auch »Schevuos«[187] von Cohn ist Zeugnis ihrer Verzweiflung und ihrer Gottes- und Glaubenszweifel, ausgelöst durch »Hunger, Not und tausend Qualen.«

»Ach die Männer, ach, die Frauen,
Die mit heißen Augen schauen
Auf zu Gottes hohem Thron:
Abgemagert, eingefallen,
Hunger, Not und tausend Qualen
Zeichnen ihre Züge schon!
Kinder, junge, deren Augen
Tief aus hohlen Wangen schauen
Hocken still und blaß umher -
Feiertag! Sie sollen beten
Leben doch in tausend Nöten,
Und ihr Herz weiß Gott nicht mehr!

Vater Gott, ich möchte schreien,
Wann, wann wirst Du uns befreien?
Wann erhörst Du unser Flehen?
Feiertag! Die Melodien
Altvertraut zum Himmel ziehen
Und wir können Gott nicht sehen!«

Bis zu ihrer Deportation nach Auschwitz wandte sich Sylvia Cohn, die ihre beiden Töchter in ein Kinderheim retten konnte, in ihren Versen immer wieder an Gott. Um so länger die »Gefangenschaft« andauert, desto stärker wird das Gefühl, kein Mensch mehr zu sein, sondern nur noch »ein Sandkorn im Meere«.

»Einundviertel Jahre währt die Gefangenschaft!
Ergraut sind meine Haare, geschwunden meine Kraft.
Bin wie ein Baum im Winde – der Sturm darüberweht,
Herr Gott, hilf Deinem Kinde, doch ehe es zu spät.
Ein Sandkorn nur im Meere – das Wasser ist so kalt!
Erhöre, Gott, erhöre! Erlöse mich doch bald!
Bin wie ein Sternschnuppen, gejagt durchs Weltall –
Fang mich in Deinen Armen, o Gott – vor tiefem Fall.«[188]

Einen Gegenpol zu dieser klagenden, mit Gott hadernden Lyrik Cohns bilden die Gedichte von Helene Süß, Westerfeld, Bernstein, Tilly Rapp, Gertrud Friedberg-Kaufmann, Trude Rothschild und einer unbekannten Mannheimerin. Sie bewegen sich zwischen Zukunftszuversicht und der Benennung des »Judenleids«. Der Geschichtsverlauf wird bestimmt durch Gottes Gesetz, mit dem »leider niemand ringen« kann.[189] In »Stimmungsbilder aus den Ilot's« der Freiburgerin Gertrud Friedberg-Kaufmann heißt es:

> »Judenleid und Judenqual
> Sind ja nicht zum ersten Mal.
> Judennoth und Judenleid
> Gab es wohl zu jeder Zeit.
> Wenn's den Völkern schlecht ergangen,
> Juden fühlten's mit Bangen.
> Denn weil sie von eigner Rasse
> Dies war vielfach Grund zum Hasse.«[190]

In geradezu prototypischer Weise folgt auf die Erinnerung an die Judenverfolgung eine Ermahnung: Die Geschichte lehre, so die Verfasserin, daß die Juden niemals ihre »Pflicht« vergessen dürften. Der einzige Weg, dem Leid zu entkommen, ist das Bekenntnis zum Judentum.

> »Jude sein ist schwere Pflicht,
> Juden O! Vergesst dies nicht!
> Wer sich irrend dieser Pflicht entzogen,
> Ward enttäuscht u. bitterlich betrogen.
> Judentum wird nicht vergehn,
> Wenn auch Stürme es verwehn!«

Wie sehr sich in dieser jüdischen KZ-Lyrik die Themen »Judenleid« und die »Pflicht« zum Bekenntnis in einem Wechselverhältnis befinden, wird auch an Tilly Rapps »Ruf aus dem Camp«[191] vom November 1940 deutlich. Die ersten Zeilen dieses Gedichts lauten:

> »›Frisch auf mein Volk, die Flammenzeichen rauchen
> Hell aus dem Norden bricht der Freiheit Licht.‹
> So sang einst Körner, doch die Juden singen nicht.«

Dieser Auftakt ist für den weiteren Verlauf in zweierlei Hinsicht bestimmend. Zum einen nimmt er vorweg, was für das gesamte Gedicht charakteristisch ist: der Wechsel zwischen Präteritum und Präsens, zwischen Erinnerung an vergangene Zeiten und Gegenwart. »Vergangenheit« wird dabei durch Zitate aus der Dichtung und durch den Verweis auf jüdische Geschichte aufgerufen. Durch das Zitat der Anfangszeilen aus dem patriotischen Schlachtengesang »Aufruf« von Theodor Körner, erschienen 1814 in der Sammlung *Leyer und Schwert*, wird das Leitmotiv – das Thema der Freiheit – eingeführt. Das Zitat aus Körners »Aufruf« und der kontrastierende Satz »Doch die Juden singen nicht« stellen eine Beziehung zwischen zwei historischen Zeitpunkten her: den sogenannten »Befreiungskriegen« gegen Frankreich[192] im 19. Jahrhundert und der Situation der verfolgten europäischen Juden im 20. Jahrhundert, oder anders ausgedrückt: dem »Freiheitskampf« der Deutschen gegen die Franzosen einerseits und der Sehnsucht der europäischen Juden nach Freiheit andererseits. Die Bilder, die Rapp verwendet, um die »Freiheitssehnsucht« lebendig zu gestalten, entstammen der Metaphorik politischer Lyrik des 19. Jahrhunderts. Allerdings sind die Redeformeln vom »Tor zur Freiheit« und dem auf dem »Mast des Schiffes« wehenden »Freiheitsbanner« nicht nur metaphorisch gemeint. Denn tatsächlich war Marseille »das Tor der Freiheit« und das Schiff das einzige Transportmittel, mit dem die Verfolgten das faschistische Europa verlassen konnten. Im Gegensatz zu Westerfeld, der in seinem Gedicht »Unseren Vätern« davon träumt, nach Deutschland zurückzukehren, ist Deutschland für Tilly Rapp der Ort, dem die Juden für immer den Rücken kehren:

»Ist der Pfad auch lang und dornenvoll und schwer
Den Weg zurück gibts für uns Juden niemals mehr.«

Danach wechselt das Gedicht wieder zum Präteritum und rekurriert auf die Bibel. Tilly Rapp charakterisiert das jüdische Volk als »Gottesstreiter« und die Rolle der Jüdinnen als »Wegbereiter«. Es folgt das Aufzählen der Leistungen von drei Frauen aus der jüdischen Geschichte:

»Denkt nur an Ruth, die ährenlesend ging übers Feld
In ihrem Wirken, Schaffen, Sorgen war auch sie ein Held
Von Rachel, Esther, könnt ich noch erzählen
Die jüdische Frau mag sie zum Vorbild wählen.«

Worin besteht der vorbildliche Charakter dieser »Wegbereiter«, der Juden als »Gottesstreiter«? Im Buch Ruth der hebräischen Bibel wird die Geschichte der frommen Moabiterin Ruth erzählt, die ihre Schwiegermutter Naomi nicht allein zurücklassen will. Sie gewinnt die Liebe des begüterten Boa. Tilly Rapp charakterisiert sie vor allem als fleißige Landarbeiterin. Mit dem Namen Esther wird an einen anderen Abschnitt jüdischer Geschichte und an das »Heldentum« einer Jüdin in Persien um 400 v. Chr. erinnert. Der Überlieferung nach rettete Esther, die Ehefrau des Königs Ahasveros, die Juden vor dem von Hama, dem Großwesir des persischen Hofes, geplanten Gemetzel, indem sie sich in der Stunde der Not zu ihrer jüdischen Herkunft bekannte. Die Erinnerung an die Abwendung des Unheils wird durch das alljährlich stattfindende Purimfest – das auch in Gurs gefeiert wurde[193] – wachgehalten. Die dritte Jüdin in Rapps Gedicht ist Rahel (hebräisch: Mutterschaft[194]). Rahel, die bei der Geburt ihres Sohnes Benjamin starb, wurde von Rapp vermutlich mitgenannt, weil sie vor allem als Mutter – dem Inbegriff der Fürsorgenden – in die jüdische biblische Geschichte eingegangen ist. Als »jüdisch« und »vorbildlich« werden hier im Grunde jene Eigenschaften und Verhaltensweisen genannt, von denen im Zusammenhang mit den Alltagsgedichten der Frauen die Rede war: der Fleiß, das tapfere Durchhalten, die soziale Verantwortung und die Sorge um den Nächsten. »Vorbildlich« ist aber vor allem auch das Bekenntnis zum Judentum in Zeiten der Bedrohung, wie Esther es bezeugt hat. »Vorbildlich« ist auch der Mut der biblischen Frauen: Wie ihre Vorfahren sollen die Jüdinnen in Gurs gegen Resignation ankämpfen. Rapps Gedicht ist an dieser Stelle geradezu exemplarisch für zahlreiche jüdische Gedichte, in denen das Muß des Durchhaltens beschworen wird.

»Vermag auch hinter Stacheldraht das Leben
Uns wirklich wenig Schönes nur zu geben
So dürfen dennoch wir nicht resignieren.«

Mit dem »Prinzip Hoffnung« – von dem Schweizer *Israelitischen Wochenblatt* am 30. Mai 1941 als die »Kraft des Judentums« bezeichnet – schließt Rapps Gedicht.

»Auf Regen folgt Sonne – so war es immer dar
Vielleicht auf sieben magere nun sieben fette Jahr!
Wenn dann vom Mast des Schiffes das Freiheitsbanner weht
Dann fühlen wir es alle – es ist niemals zu spät
Von neuem zu beginnen im fernen fremden Land
Reicht uns nur bald herüber die hilfsbereite Hand.«

Solche Schlüsse finden sich besonders häufig bei jenen Gedichten, die anläßlich von Chanukka verfaßt wurden. Das Lichtfest erinnert an den Sieg der jüdischen Makkabäer über die Syrer im Jahre 165 v. Chr. sowie an die Wiedereinweihung des verwüsteten Tempels in Jerusalem. Das Gedenken vergangener Zeit und der Blick in die Zukunft sind nicht nur während der jüdischen Feiertage gleichermaßen präsent, sondern auch in den Gedichten. Gerade in der Diaspora erweist sich die hebräische Bibel für die europäischen Juden als Quelle der Hoffnung auf »bessere Tage«.

»Wir, die leben können, wollen leben
Das Leben birgt noch köstliche Stunden.«
(»Totenwache« von Hellmuth Bernstein)[195]

> »Voll Hoffnung dass in nicht zu ferner Sicht
> Uns Rettung winke aus bedrängter Lage,
> So glauben zuversichtlich wir an bessere Tage!«
> (»Stimmungsbilder aus den Ilot's« von Gertrud Friedberg-Kaufmann)[196]
>
> »Bald schickt Gott eine schönere Zeit
> Nach all diesem großen Leid.
> Doch heute ist Chanukka, da wollen wir fröhlich sein
> Essen und trinken ein gutes Glas Wein.«
> (»Chanukka« von Trude Rothschild)[197]

Nur in wenigen jüdischen Gedichten ist von nationalsozialistischen TäterInnen und ihren Kollaborateuren die Rede. Bei Westerfeld werden die Nationalsozialisten als »vandalisierende Horden« und bei Cohn als »Teufels Häscher« bezeichnet. Die Verbrechen – »rohe Gewalt« (Bernstein) und »Mord« (Cohn) – werden nur selten, zumeist bei männlichen Autoren, beim Namen genannt. Auch in den zahlreichen Gedichten, in denen die Deportation von Deutschland nach Gurs nacherzählt wird, wird nur selten die Grausamkeit der Verschleppung in Worte gefaßt. Während der Tod in den Gedichten der Jüdinnen ausgeblendet wird, ist er das zentrale Thema der Gedichte »Unseren Vätern«[198] von Westerfeld und von Bernsteins »Totenwache«.[199]

> »Neben dem Sarg aus Rohholz gezimmert
> Und einer Bahre, die schlecht nur bedeckt
> Halte ich Wacht, wenn der Morgenstern schimmert
> Der tiefe Gedanken in mir weckt.
>
> Da ruhen sie, Männer und Frauen
> Von roher Gewalt in die Fremde gehetzt
> Jetzt haben die sonst so gefürchteten Klauen
> Des Todes all ihren Plagen ein Ende gesetzt.«

Der Verfasser konfrontiert sein eigenes Leben mit den Toten, die »weltabgewandt und daseinsentblösst« der »Erde von Gurs auf ewig verbunden« sind. Er dagegen muß »kämpfend sein Schicksal« bestreiten. Seine Klage mündet in Anklage (»Sie sind durch Mord dahingerafft / Unrecht, Schikane und Intrigen / beraubten sie der Lebenskraft«) und in die Artikulation der Wünsche der Toten:

> »Sie hätten gerne noch erlebt
> Wie Wahrheit in Europa waltet
> Wie sich der Freiheit Baum erhebt
> Wie Menschenrecht wird gleichgeschaltet

> Dann wärn sie froh zurückgegangen
> In ihre Heimat der Befreiten
> Sie hätten erneut an ihrem Leben gehangen
> Und gierig verfolgt die Entwicklung der Zeiten.«

Auch Westerfeld wendet sich dem Thema von Tod und Gewalt zu. Gleich zweimal ist von geschändeten Gräbern die Rede. Die Bestattung der Toten in Gurs auf einem unter Wasser stehenden Friedhof mag Anlaß für dieses Gedicht gewesen sein. Die ersten Zeilen erinnern an die Vertreibung aus Deutschland. Dann folgt eine Lobpreisung der Toten.

> »Ihr, die ihr ohne Unterlaß
> und ruhelos die Nachkommenschaft erneuert habt,
> Ihr, die ihr um des Vaterlandes
> heiligem Rechts willen
> dem Land euer Blut gegeben habt,
> Ihr, die ihr der Familie
> ein beständiges Heim geschaffen habt,
> Ihr, die ihr stets um unser
> sicheres Glück bemüht wart.«

Ähnlich wie bei Rapp wechselt auch Westerfeld zwischen Vergangenheit und Gegenwart, zwischen Nacherzählung und Appell.

> »Hört, hört meine Worte
> Bleibt wachsam auf jenem
> stillen Friedhof
> Für die Kommenden
> bleibt wachsam
> auch wenn die vandalisierenden Horden
> unsere Gräber geschändet haben.
> denn unsere Sache ist heilig.«

Das Gedicht schließt mit der Prophezeiung der Rückkehr nach Deutschland. Das Ende der Verfolgung wird im Bild des zerbrochenen Wanderstabs vermittelt. Der letzte Satz prophezeit die »Stunde der Wachablösung«.

> »Eines Tages werden wir heimkehren
> Verzehren wird die Flamme des
> Wanderers zerbrochenen Stab
> Die Stunde der Wachablösung
> wird geschlagen haben ***.«[200]

TAGEBÜCHER

»Es rollt das Rad der Geschichte und streut Feuer, Eisen und Tod«
– Tagebücher

Tagebücher aus Gurs sind unzensierte Monologe über die Zeit im »Menschenkäfig« (Otto Heymann). Im Gegensatz zu Briefen und Gedichten wurden sie für ein Lesepublikum der Nachkriegszeit, für Freunde oder Familienmitglieder geschrieben. Einige überliefern neben den persönlichen Aufzeichnungen auch Zeichnungen, Theaterprogramme[201] und Lieder. Theodor Rosenthal bat sogar den Maler Choyke Berkfeld,[202] sein Tagebuch zu illustrieren. Am 16. Juni 1941 schreibt dieser in das Tagebuch von Rosenthal:

> »Mit Freuden illustriere ich das oder die Hefte, die mein Leidensgefährte, unser allverehrter Küchenchef, schreibt. Dankbar sei an dieser Stelle von mir seiner gedacht und ihm Dank ausgesprochen für seine große Bereitwilligkeit, mit dem geringsten Mittel uns ein erträgliches Essen zu verschaffen.«[203]

Es ist nicht verwunderlich, daß insgesamt nur sieben Tagebücher erhalten sind. Allein der Besitz eines Tagebuchs war gefährlich.[204] Wer es der Nachwelt erhalten wollte, mußte es illegal – ähnlich wie dies mit vielen Kunstwerken geschah[205] – aus dem Lager schaffen. Hans Steinitz, der nach 1945 Chefredakteur der New Yorker Zeitung *Aufbau* war, hatte als »Sekretär der Lagerverwaltung«[206] die ungewöhnliche Möglichkeit, nachts eine Schreibmaschine zu benutzen und konnte seine Aufzeichnungen in die Schweiz schmuggeln. Auszüge aus diesem Tagebuch erschienen erst viele Jahrzehnte später. Die meisten dieser Tagebücher sind jedoch bis heute unveröffentlicht.[207] Drei stammen aus der Feder der jüdischen Deportierten Clementine Neu, Hans O.,[208] Theodor Rosenthal und vier von den Exilierten Käthe Hirsch, Hans Steinitz, Thea Sternheim, Otto Heymann. Drei dieser VerfasserInnen waren bereits vor ihrer Emigration und teilweise auch im Exil publizistisch oder schriftstellerisch tätig gewesen. Während das Tagebuchschreiben für einige schon lange vor der Flucht und Deportation zum Alltag gehörte,[209] begannen andere damit wahrscheinlich erst aufgrund der besonderen Lebensumstände.[210] Mit Ausnahme von Sternheims Aufzeichnungen stammen alle Eintragungen aus dem Zeitraum Mai 1940 bis Ende 1941.[211]

Ähnlich wie die meisten, insgesamt mehr als 200 erhaltenen Lager-Zeichnungen, Aquarelle, Tuschebilder und Gemälde sollten Tagebücher das Leben in Gurs »tatsachengetreu« festhalten.

»Diese erschütternde Tatsache, plötzlich aus einem friedlichen Leben in das grauenhafte Lagerleben zu kommen, brachte mich zu dem Entschluß, diesen Tatsachenbericht niederzuschreiben, um die Nachwelt dies wissen zu lassen.« (Theodor Rosenthal)[212]

Der Antrieb, zu schreiben, gleicht dem Schreibmotiv der Autoren, die 1945 Berichte verfaßten: Sie wollten nicht von »fabricierten Sensationen« (Curt Lindemann[213]) berichten, sondern Zeugnis ablegen. Dieser Wille zur wirklichkeitsgetreuen Darstellung des Lagerlebens bestimmte Stil und Sprache der Texte. Bei Hans Steinitz führte diese dokumentarische Absicht dazu, daß eigene Gefühle ganz in den Hintergrund treten. Der Autor benennt die Fakten, eine Kommentierung erübrigt sich. In seinem sechsseitigen Tagebuchbericht *Das große Sterben* dokumentiert er, wie in Gurs die Menschen zugrunde gingen und wie unwürdig ihre letzte »Ruhestätte« aussah. Buchhalterisch hält Steinitz die Habseligkeiten der Toten fest:

»Am 21. Dezember 1940 verstarb in Ilot X, Baracke ..., Herbert L., 49 Jahre alt, an Herzschwäche und chronischer Unterernährung. Die Bestandsaufnahme seines Besitzes ergab: ein Hemd, eine Hose, ein Taschentuch, ein Paar Socken, eine Brieftasche mit deutschem Paß, Personalausweisen, eine Photographie einer Frau mit kleinem Jungen sowie ein Portemonnaie, enthaltend 16 frs. 50.«[214]

Der Tod ist einer der Aspekte des Alltagslebens, die in Briefen, Gedichten und Kabarettchansons kaum benannt oder ganz tabuisiert werden, in Tagebüchern bzw. in den Kunstwerken jedoch zur Darstellung gelangen. In Zeiten erschwerter Kommunikation, absoluter Isolation und gesteigerten Mitteilungsbedürfnisses über das Erlittene war das Tagebuchschreiben eine Möglichkeit, sich von den gräßlichen Seiten des Alltags zu »befreien«: Hunger,[215] Flucht,[216] Krankheit, Schwarzmarkt, die Situation der alten Menschen, Gewalt durch die Wachmannschaft und die Deportationen.[217]

Es ist kein Zufall, daß der krasse Realismus der Tagebücher und die »realistischen« Darstellungen des Lagerlebens in den Kunstwerken miteinander korrespondieren. Auch wenn die Wirkung dieser bildnerischen Zeugnisse größer sein mag als die Lektüre der Tagebücher, könnten letztere geradezu als Illustration der Selbstzeugnisse herangezogen werden. Der Grund für diesen Realismusgehalt in Tagebüchern und bildnerischen, oftmals anklagenden und satirischen Darstellungen[218] liegt auf der Hand: Sowohl Tagebücher als auch die Kunstwerke waren für keine Öffentlichkeit oder nur für die geschlossene Welt des Lagers, zum Beispiel für die Lager-Kunstausstellungen bestimmt. Während Tagebücher grundsätzlich heimlich verfaßt wurden, zeichneten vorwiegend diejenigen Künstlerinnen und Künstler im Verborgenen, deren Bilder die Politik des Vichy-Regimes kommentierten wie Karl Schwesig oder Karl Borg,[219] oder diejenigen KünstlerInnen, die eine Vorliebe für das Karikieren von Internierten hatten.[220] Eine Besonderheit stellen das »Liederbuch nach bekannten Melodien« von Erwin Götzl und der »Kleine Führer durch das Lager Gurs 1942« von Horst Rosenthal, ein auf französisch verfaßtes Comic-Heft mit 11 Blättern, dar. Beide Hefte sind scharfe, bittere Satiren und Parodien auf das Leben in Gurs. Die erste Zeichnung der Bilderfolge des »Führers« zeigt einen Mann und eine Frau, die sich in einem Reisebüro befinden. Sie fühlen sich durch ein Plakat an der Wand, auf dem Gurs angepriesen wird (»Besuchen Sie Gurs! Wenn Sie schlank werden wollen – kommen Sie nach Gurs!«), angesprochen und entscheiden sich für einen »Urlaub« in Gurs.[221]

Ähnlich wie Briefe waren auch Tagebücher Ersatz für Gespräche, Medium der Reflexion und Motivation zum Durchhalten.[222] Das Mitteilungsbedürfnis war eng verknüpft mit der psychischen Verfassung. So teilt Otto Heymann am 28. 5. 1941 seinem Tagebuch mit (als hätte ihn sein »Gesprächspartner« zur Rechenschaft gezogen): »Wieso ich gestern nicht zum Schreiben kam? Der ganze Tag war voll Freude.«[223] »Verflog« die Zeit durch erfreuliche Erlebnisse, war das Tagebuchschreiben nicht nötig. Blieb die Zeit dem Empfinden der Internierten nach »stehen«, setzte das Schreiben ein. Die Verurteilung zur Untätigkeit hatte den Verlust des Zeitgefühls zur Folge, an die Stelle des linearen Zeitempfindens trat das Gefühl einer »inneren Zeit«.[224] Das tagtägliche Schreiben war nicht zuletzt ein Versuch, gegen diesen Verlust des Zeitgefühls anzuschreiben und die als leer, stillstehend empfundene Zeit zu »füllen«.

Analog zu den oft skizzenartigen, schnell hingeworfenen Zeichnungen[225] sind die meisten Tagebücher im Telegrammstil verfaßt. Die Eintragungen bestehen aus kurzen, oftmals verblosen, stichwortartigen Sätzen. Sie halten Tagesereignisse, Gefühlszustände, Träume, Beobachtungen in den Frauen- und Männerbaracken, Erfahrungen mit der Kameradschaft, Lektüreeindrücke und Kultur fest. Kommentare zur politischen Situation sind sowohl in den Tagebüchern wie auch den Zeichnungen selten. Das Tagebuch der seit 1932 in Frankreich lebenden Schriftstellerin Käthe Hirsch überliefert zum Beispiel folgende Details: die Existenz eines illegalen Nachrichtensystems durch ein heimlich installiertes Radio und eines »Radio-Mannes«,[226] das Vorkommen von Antisemitismus,[227] den Selbstmordversuch der im Lager sehr beliebten Pianistin Margot Rauch,[228] die Planung einer Sexualberatungsstelle[229] sowie einer »Baracke für Asoziale«,[230] die Suche der Lagerpolizei nach kommunistischen Flugblättern[231] und die Beschwerden der Einwohner über das Lager.[232]

Eine Besonderheit der Tagebücher der jüdischen Deportierten besteht darin, daß viele ihrer Eintragungen die Sorge um die anderen Familienmitglieder zum Ausdruck bringen. Ihre Tagebücher verleihen einen Einblick in das Elend von jüdischen Familien, die auseinander gerissen wurden, im Lager voneinander getrennt leben mußten und die trotzdem versuchten, sich weiterhin zu unterstützen. Im Tagebuch von Theodor Rosenthal dominiert von der ersten Seite an die Sorge um seine Frau und sein im Lager zur Welt gekommenes Kind. Am 14. 8. 1941 schreibt er: »Evelyne beginnt nunmehr lebhaft zu werden und sich mit sich selbst zu beschäftigen. Es ist ein liebes, braves Kind, das seinen Eltern viel Freude bereitet.«[233] Hans O. notiert immer wieder, wie sehr er ein Wiedersehen mit seiner Familie herbeisehnt: »Ich bitte Gott immer nur um eins: wieder im eigenen Heim mit Eltern und Bruder zusammen zu sein.«[234] Im Tagebuch der 1886 in Wangen geborenen Jüdin Clementine Neu,[235] das den Zeitraum zwischen 1923 und 1943 umfaßt und das auf bewegende Weise die Reaktion einer jüdischen, »überpatriotischen« (Clementine Neu) deutschen Familie auf die Judenverfolgung dokumentiert, nehmen die (insgesamt fünf) Gurs-Eintragungen über das Leid von ebenfalls internierten Familienmitgliedern und die Sorge um den Ehemann einen besonders großen Raum ein:

> »Mutter fühlt sich ordentlich und an vieles hat man sich eben gewöhnt – sogar an den Strohsack. 2 Tage freilich waren wir für Mutter in großer Sorge. Sie hatte Durchfall und Fieber. So unglückliche Nächte, mit Sorgen erfüllt, hatte ich noch nie. Die gute Mutter wird ja von dem Schlimmsten verschont, da sie die Baracken nicht verlassen muß und ihre Verrichtungen in ihrem Raum befriedigen kann. Das sogenannte Closett steht unmittelbar vor jeder Altersbaracke. Es ist eine Bretterbude, auf beiden Seiten eine Treppe. Oben, von einer Seite zur anderen, fünf eingekerbte Löcher. Unter jedem Loch ein Blechhafen! Doch die vielen alten Leute, die diesen grauenvollen ›Ort‹ aufsuchen, hatten durch die nur flüssige Kost Durchfall, und so waren Treppen und Boden von ihrem Unrat bedeckt, und wer noch halbwegs mit unbeschmutzten Schuhen dieses Plätzchen verließ, hatte Glück. Schlimm in unseren Baracken sind die Ratten. Wie in einer Olympiade spazieren sie nachts vorbei, denn unsere ›Häuslichkeit‹ ist unten nicht luftdicht abgeschlossen, und sie haben freien Zutritt. Mein Erlebnis der gestrigen Nacht erfüllt mich heute noch mit Grauen. Emil hat mir oberhalb meines Lagers ein Brettchen angebracht, um die nötigsten Utensilien unterzubringen. [...] Frau Gustel Haberer (Offenburg-Friesenheim), die in Mutters Baracke liegt mit ihren beiden

kleinen Kindern erzählte mir, daß sie beim Öffnen ihres Koffers ein Rattennest entdecken mußte mit jungen Ratten, die die Schuhe von ihr und ihren Kindern durchbissen hatten.«[236]

Die Jahre 1933–1940, das Leben unter der NS-Herrschaft, werden selten thematisiert. Ist von Vergangenheit die Rede, dann ist diese zumeist identisch mit der Erinnerung an die »schönen Jahre«. Im Gegensatz zu den Gedichten der deportierten Jüdinnen wird der Schmerz und das Elend in den Tagebüchern der Deportierten jedoch nicht tabuisiert. Am 22. Oktober 1941 läßt Hans O. das vergangene Jahr Revue passieren und schreibt:

»Den ganzen Tag schweifen meine Gedanken zurück an die Heimat. Ein Jahr ist um. Ein Jahr der Erfahrung, Bitterkeit, aber manchmal auch froher Stunden. Ein Jahr schon, daß wir hinausgestoßen wurden, hinweg von Heim und Hof. Warum? Weil man Jude ist! Unverständliches Argument.«[237]

Anklagen, direkte Kritik an der Lagerverwaltung und Haß auf die Nationalsozialisten existieren jedoch auch hier kaum oder gar nicht. Wenn der Schmerz über die Verfolgung und die Verurteilung zur Arbeit als »Galeerensträfling« (Hans O.) geäußert wird, folgt – ähnlich wie in der Gelegenheitsdichtung der jüdischen Frauen – oftmals die Hoffnung auf eine »bessere und friedliche Zukunft«.

»Weiter geht das Leben und meine schönsten Jugendjahre muß ich in trauriger Knechtschaft verbringen! Doch mutig schreite ich weiter in die Zukunft und dem Frühling einer besseren und friedlichen Zukunft entgegen.«[238]

Der größte gemeinsame Nenner der Tagebücher der Deportierten und der Exilierten ist das Thema »Arbeit«. Otto Heymann berichtet von seiner Arbeit als »Sozialpfleger«,[239] und Theodor Rosenthal über seine Tätigkeit in der »Ilot Küche G 11«:

»Hier sitzen wir nun mit den aus Deutschland vertriebenen Nichtariern hungernd hinter Stacheldraht, getrennt von Weib und Kind. Dies war der Dank für unsere geleisteten Dienste. Für mich heißt es, die Zeit zu nützen, arbeiten und nicht verzweifeln, so schwach der Körper auch ist infolge der Unterernährung, arbeiten, arbeiten, arbeiten.«[240]

Thea Sternheim dagegen äußert sich zumeist abfällig über die, die einen »Posten« erobert haben. Hans O., von dem nur vier Gurs-Eintragungen veröffentlicht sind, schreibt kommentarlos am 10. Mai 1941:

»14 Tage arbeitete ich in der Küche als Holzhacker. Am 10. 5. Versetzung in die Küche der Arbeitscompagnie Ilot A Baraque 10, Küchenpersonal und Intendantenpersonal. Arbeit als Koch für die Compagnie. Mutter Ilot I Baraque 8 Vater Ilot E Baraque 20. Zwischenzeitlich als technischer Dienstleiter in der Compagnie. Durch Verschlechterung des Gesundheitszustandes wieder zurück nach Ilot E.«[241]

Auch Clementine Neu berichtet vom Arbeitsalltag, zum Beispiel am 1. 12. 40:

»Heute war ich bei meinem lieben Emil. Wir Frauen standen in der Nähe des Ausganges, um in unseren Flaschen heißes Wasser zu empfangen. Ich holte es täglich, nachmittags, ehe ich zu Mutter ging, um etwas Tee zu bereiten. So stand ich nun, mit Schürze und einem Stock in den Händen (ohne Stock fällt man unfehlbar in den Schlamm). Da hieß es plötzlich, wir dürften unsere Männer besuchen. Was sollte ich tun? Hier Pflicht – hier unsagbare Freude. Ich appellierte an Mutters Großmut und schloß mich dem Zug an. Wer kann sich die Freude des Wiedersehens vorstellen. Zum ersten Mal in Emils Baracke. Freund Mock aus Konstanz wurde gleich beauftragt, uns einen Kaffee zu kochen. So gut hat er im Leben noch nie geschmeckt. Emil sieht sozusagen am besten aus von den männlichen Lagerinsassen. Er wäscht sich frühmorgens am Brunnen, und wenn er erst die Eisdecke aufbrechen muß. Die Hose liegt nachts unter dem Strohsack, daß die Mittelfalte bleibt. Er schickt mir Wäsche, die ich freilich im kalten Wasser säubern, aber in einer bestimmten Baracke bügeln darf.«[242]

Auch Käthe Hirsch berichtet von der Arbeit im Lager: von Frauen, die die Wäsche der Männer reinigen,[243] von den Ilotchefinnen sowie von der schwierigen Arbeit der Frauen der Hilfsorganisationen.

Einen detaillierten Einblick in das Alltagsleben vermitteln die Tagebücher der beiden Schriftstellerinnen Thea Sternheim und Käthe Hirsch. Dokumentiert werden der Alltag in den Frauenbaracken und die Überlebensstrategien der Flüchtlingsfrauen. Im Gegensatz zu Gertrud Isolanis Roman *Stadt ohne Männer*, der das »Frauenlager« zum Matriarchat verklärt, und im Gegensatz zu den Gedichten der Jüdinnen, die das Kameradschaftliche betonen, zeigen die beiden Schriftstellerinnen die gesamte Bandbreite menschlichen Verhaltens im Lager. Ein von einem Mann verfaßtes Tagebuch, das ähnlich detailliert die Konflikte, Träume und Wünsche der männlichen Internierten überliefert, existiert meines Wissens nicht.[244]

Abb. 14: Thea Sternheim

»*Die Sünde und Schande der Christenheit hat ihren Kulminationspunkt erreicht*« – *Das Tagebuch der Thea Sternheim*

Thea Sternheim (Abb. 14), die 1883 in Köln geborene Tochter des Fabrikanten Georg Bauer, schrieb in ihrer Jugend Dramen, träumte von einem eigenen Theater und von der Arbeit als Regisseurin. Doch die Verhältnisse im Kaiserreich verhinderten die Entfaltung der Künstlerin. »Wenn ich ein Mann geworden wäre«, teilte sie 1906 Carl Sternheim mit, »hätte ich es zu etwas bringen können! Aber so!« Im Alter von siebzehn Jahren heiratete sie in London den Rechtsanwalt jüdischer Abstammung Arthur Löwenstein. Drei Jahre später, im Jahre 1903, begegnete sie dem Dramatiker Carl Sternheim. Um seinetwillen verließ sie 1906 ihren Ehemann. Während dieser zwanzigjährigen Ehe, die für Thea Sternheim »gräßliche Anpassung« bedeutete, entstanden Carl Sternheims erfolgreichste Werke. Thea Sternheim nahm jedoch nicht nur die Rolle als Muse und Mäzenatin des Dramatikers ein. Sie war selbst literarisch tätig. 1916 verfaßte sie die Erzählung *Anna*,[245] Aufsätze über Literatur und Malerei[246] und nahm aktiv am europäischen Kunstleben teil. Seit den 20er Jahren trat sie häufig als Vermittlerin zwischen deutschen und französischen Intellektuellen auf, führte eine umfangreiche Korrespondenz mit André Gide, für dessen Werk sie sich in Deutschland einsetzte und der im französischen Exil für sie wichtig wurde. Seit den 30er Jahren arbeitete sie an einem Roman, der 1952 unter dem Titel *Sackgassen*, eine Fortsetzung ihrer Erzählung *Anna*, erschien, und übersetzte aus dem Französischen. Ihr Vermächtnis ist das 1905 begonnene Tagebuch, das fast sieben Jahrzehnte umfaßt und eine bedeutende Chronik des Zeitgeschehens darstellt.

Acht Jahre nach ihrer Emigration nach Paris mußte sich die 57jährige im Vélodrome d'hiver einfinden. Am 7. Juni 1940, dem Tag ihrer Pariser Internierung, notiert sie: »Meine Gleichgültigkeit gegen die Dinge dieser ganz von Gott verlassenen Welt ist grenzenlos.« Tatsächlich ist Thea Sternheim gegenüber den Leiden anderer nie gleichgültig geworden. Das Charakteristische ihrer Tagebuchaufzeichnungen aus Gurs kennzeichnet auch ihre anderen literarischen und autobiographischen Texte: Menschenbild und Gesellschaftskritik, ethische Haltung und antifaschistische Einstellung leiten sich bei Thea Sternheim vom katholischen Glauben ab. Der Katholizismus, dem sie sich verpflichtet fühlte, ordnete sich nicht der Institution Kirche unter, sondern nur dem Leitbild der »Menschenliebe«, die sie für den moralischen Kern des Christentums hielt. In ihrem 1917 verfaßten Essay über Tolstoi schreibt die Pazifistin Sternheim gegen die Instrumentalisierung der Menschen für die Interessen der kriegführenden modernen Staaten an und meint, der »reine Christ« sei durch die »Welt im Zeichen des Blutes [...] in seinem Lebensnerv, der Liebe«[247] getroffen. Das »Patriotische«, »in welcher Sauce auch immer serviert«, drehe ihr »den Magen um«.[248] Diese radikale christlich-humanistische Haltung erklärt, warum Sternheim zu den wenigen deutschen KatholikInnen gehört, die Christentum und Antisemitismus in einen kausalen Zusammenhang brachten und den modernen Antisemitismus aus dem christlichen Antijudaismus ableiteten, der die religiös-geistige Basis der Verbrechen im Nazi-Deutschland und im besetzten Frankreich geschaffen habe. Die Judenverfolgung der 30er und 40er Jahre verurteilte sie als eine »Sünde und Schande der Christenheit«. Ihre Kritik an den Zuständen verschärft sich in dem Maße, wie sie selbst Zeugin der antisemitischen Maßnahmen wurde. Das Tagebuch wird zum Ort protokollierten Zeitgeschehens.

»Während ich bei der Fremdenpolizei auf die Verlängerung meiner Aufenthaltserlaubnis warte, werde ich zum unfreiwilligen, aber entsetzten Zeugen der sadistischen Ausweisungsmethoden, die die Nizzaer Sberren gegen die aus Mitteleuropa geflohenen Juden und Politischen anwenden. Die Behauptung, dass der bisher siegreiche Deutsche sie als Bedingung des Waffenstillstands forderte, kann nicht zur Entschuldigung für die hämische Schadenfreude geltend gemacht werden, mit der die Franzosen die Forderung ausführen. Die halbe Stunde Wartens, während der die aus dem Département des Alpes maritimes Auszuweisenden vor ihren Henkern vorbeidefilieren, erklärt mir die zahlreichen Selbstmorde, von denen tagtäglich die Zeitungen berichten. Deutsche, ungarische, polnische, tschechische Juden – da stehen sie wie die biblischen Sündenböcke vor dem Polizeigewaltigen, ehe er sie mit Beschimpfungen beladen in die Wüstenei der Verzweiflung treibt. Die Sünde und Schande der Christenheit hat ihren Kulminationspunkt erreicht. Unwillkürlich beginne ich für die Verfolgten zu beten. Nur eines tut der Welt not: Der Heilige, der von neuem die alte Wahrheit des Evangeliums predigt!«[249]

Ihr katholischer Glaube förderte keinen Untertanengeist, sondern war ganz im Gegenteil das geistige Fundament einer äußerst kritischen Haltung staatlichen Institutionen gegenüber, die auch nicht vor Pastoren oder vor gottesgläubigen, für Franco schwärmenden Katholikinnen im Lager Halt machte. So berichtet sie zum Beispiel von einem Lager-Gottesdienst, der von einem »fetten Geistlichen« durchgeführt worden sei. Dieser hatte folgende Botschaft für die internierten Frauen:

> »›Ihr müsst die über euch hingehenden Prüfungen als gerechte Strafe hinnehmen. Ihr wart zu leichtfertig, zu lebensfroh. Jetzt kommen die mageren Jahre, die Jahre der Trübsal‹.
> ›Aber die letzten Jahre waren für die Mehrzahl der hier Versammelten eine Kette der Leiden‹ denke ich, nicht ohne ein Gefühl der Bitterkeit. Hätte dieser Sadist doch der Liturgie nichts zugefügt – wie tröstlich wären die Stunden gewesen!«[250]

Nicht dieser Typ des Pastors, Sprachrohr eines strafenden Gottes, ist Sternheims moralisches Vorbild, sondern der heilige Franz von Assisi. Für diese Frau, deren »christliche Tendenzen [...] unsagbar mit den Beleidigten und Verfolgten« mitlitten, war »das Kreuz« im Lager neben der Lektüre der von ihr verehrten russischen Schriftsteller (vor allem Dostojewski) buchstäblich das einzige, woran sie sich halten konnte.[251] Oft vergleicht sie Alltagsszenen mit Stationen der Leidensgeschichte Christi. Vor dem inneren Auge der Christin erstarren Alltagsbilder zu biblischen Szenen. Die Geburt eines Kindes im »Schweinestall« Gurs (Sternheim) erinnert sie an die biblische Geschichte:

»Da erwartet eine junge schwangere Frau ihre Erlösung. Vor vier Wochen ist sie mit ihrem gepolsterten Bauch aus dem bretonischen Vannes nach Gurs verschleppt worden. Wie Maria im Stall von Bethlehem hat sie keine Windel, ihr Kindchen hineinzuwickeln. Alles ist unverändert geblieben. Auch der bethlehemische Kindermord.« (6. Juli 1940)

Weitere Assoziationen, die das Gesehene bewirkt, sind der Vergleich mit mittelalterlicher Kunst, mit der Thea Sternheim, die selbst Kunst sammelte und über sie publizierte, vertraut war. Das Sich-Erheben der Frauen von ihren Strohsäcken zum Beispiel erinnerte sie an die »mittelalterlichen Darstellungen des Wachwerdens beim jüngsten Gericht« (13. Juni 1940). Im Gegensatz zu der frommen Protestantin Maria Krehbiel-Darmstädter, die Kritik an Mitinternierten nicht zuließ, und zum gläubigen Protestanten Samuel W. Schmitt, der sich bei seiner Beschreibung menschlichen Versagens unter den extremen Lebensbedingungen selbst miteinschloß[252] und abends zu Gott betete, er solle ihn lehren, seine »Mitmenschen auch so zu lieben«[253] wie Gott die Menschen liebe, ist Sternheims Tagebuch trotz der religiösen Grundsätze der Verfasserin ein Zeugnis größter Zweifel an der Spezies Mensch. Fast niemand bleibt von ihrer Kritik verschont: weder die Lageradministration noch die internierten Frauen, deren »verkommene Herzen« ihren Beobachtungen nach mit dem »Schmutz ausserhalb der Baracken« wetteiferten.[254] Krank, zutiefst deprimiert, sicher auch in Sorge um ihre in Paris zurückgebliebene Tochter Dorothea, fühlte sie sich besonders von zwei Frauentypen abgestoßen: von denen, die ihre Situation (durch das Ergattern von kleinen »Pöstchen«) individuell zu verbessern suchten und die nicht daran dachten, mit denen zu teilen, die die »Wucherpreise« der Kantinen nicht bezahlen konnten; und von denjenigen, deren soziales Verhalten sich durch die Ausübung bestimmter »Ämter« (Baracken- und Ilotchefinnen) veränderte. So schreibt sie über eine Internierte: »Auch Frau [...] grüßt mich. Aber der von ihr eingenommene Posten an der Post macht sie offenbar grössenwahnsinnig.«[255] Auch Szenen der Gewalt gegen Frauen werden festgehalten. Im Zug, auf dem Weg von Paris nach Tours, beobachtete sie folgenden Vorgang:

>»Im Abteil neben dem unseren befindet sich auch die polnische Nutte, die mir gestern durch Fleiss beim Matratzenschleppen auffiel. Sie steht am offenen Fenster. Ich sehe, dass sie Blut spuckt. Das hindert den grossen hübschen Soldaten im weinroten Hemd nicht im geringsten daran, den Rest der Nacht in innigster Umarmung mit ihr auf der Holzbank zusammenzuliegen. Helene [...] wird von den Soldaten ›wegen Puritanismus‹ in ein entlegeneres Abteil befördert. Während sich nebenan Orgien abspielen, wird in der schwülen Nacht (die alten Frauen

haben Angst, sich zu erkälten) der Geruch der nur notdürftig Gewaschenen unerträglich. [...]
Als der Morgen dämmert, durchfahren wir die Touraine. Felder, früchtetragende Bäume, so wie Gott es den Menschen gegeben hat.« (10. Juni 1940)

Zwar notierte sie auch positive Erfahrungen mit Menschen – zum Beispiel berichtet sie von einem Unteroffizier in Paris, der ihr kurz vor der Abfahrt am Gare d'Austerlitz einen Pfirsich schenkte; von den freundlichen Worten und kameradschaftlichen Gesten einiger Frauen – aber die Darstellungen unsolidarischen Verhaltens überwiegen. Scharf kritisiert sie auch die Politik der untergehenden III. Republik. Ihre Bewunderung für Frankreich und seine freiheitliche Tradition verwandelte sich in tiefste Enttäuschung. Ihre Eintragung vom 24. Juni liest sich wie eine Antizipation der subversiven, mit Tusche gemalten Briefmarken von Karl Schwesig.[256] Auf diesen waren statt des Kopfes von Marschall Pétain oder der Göttin der Freiheit der Lageralltag zu sehen: Schwarzmarkthändler beim Geschäft, verkrüppelte Spanienkämpfer, Menschen hinter Stacheldraht, Internierte beim Umrühren einer Suppe, ein Mann beim Entlausen. Diese Zustände kommentiert Schwesig mit den Losungen der französischen Revolution: Baracken hinter Stacheldraht – Liberté; Mann, Frau und Kind durch Stacheldraht getrennt – Egalité; ein überdimensionaler Fuß, der einem alten Juden in den Rücken tritt – Fraternité. Ein halbes Jahr vor der Entstehung dieser Briefmarken, am 24. Juni, schreibt Thea Sternheim:

> »Die ganze Nacht hat es weitergeregnet. Der Schlamm wird zum Tümpel, die hindurchwatenden Gestalten sorgenvoller und düsterer. Die Egalité der Trübsal, die Fraternité des mühseligen Lebens, die Liberté zwischen Stacheldraht.«

Viel demütigender als die Gewohnheit der patrouillierenden Soldaten, sich am Anblick der sich im Freien waschenden Frauen zu ergötzen,[257] waren die Kriterien für die Entlassung:

> »Mir wird mit zwei anderen Frauen der Freilassungsschein aus unerklärlichen Gründen verweigert. Die Tatsache, dass ich – geschieden bin – streng gerügt. ›Was hat das mit meiner Loyalität gegen Frankreich zu tun?‹ frage ich bis zu Tränen gekränkt. ›Diese Sittenstrenge ausgerechnet in Gurs, wo sieben Zehntel der jüngeren Frauen nicht verheiratet sind, wo sich nachts ein regelrechter Bordellbetrieb abspielt!‹« (21. Juni 1940)

> »Was sich beim Kampf um den Entlassungsschein nicht alles unter den zu Hyänen verwandelten Frauen abspielt! Das kann man in keinem Fall mitmachen. [...] Viele Entlassungen. Obwohl die Ordnungsorgane behaupten, dass zuerst die

> Frauen der Prestataire, die der Alten und Kranken in Betracht kämen, ergibt die Wirklichkeit, dass vorzüglich die Jugendlichen, die Flirts mit den Offizieren unterhielten, das Camp als Erste verlassen.« (17. Juli 1940)

Inwieweit geschiedene Frauen bei der Entlassung benachteiligt wurden und »Flirts« mit Offizieren tatsächlich die Entlassungspraxis beeinflußten, ist heute anhand anderer Selbstzeugnisse kaum, durch amtliche Quellen überhaupt nicht zu belegen.[258] Feststeht, daß das Schicksal der Frauen und ihre Überlebensstrategien in Zusammenhang stehen mit ihrer Geschlechtszugehörigkeit. »Erlauschte Gespräche« ist folgender Dialog überschrieben:

> »a: ›Was wirst Du tun, wenn Du freikommst?‹
> b: ›Dann gehe ich zum Komitee oder auf den Strich.‹
> a: ›Weshalb nicht gleich beides.‹«
> (31. Juli 1940)

Die Abhängigkeit der internierten Frauen von der Willkür staatlicher Organe, vertreten durch einzelne Männer, mündet bei Thea Sternheim in wütende Kommentare zum Geschlechterverhältnis:

> »Mein Herz, das keine Ranküne kennt, lehnt die militärischen Massnahmen ab. Sogar der Stacheldraht reizt mich weniger als meine Leidenskameradinnen. Die Ablehnung der Mächte, die ein derartiges Camp aushecken ist so, dass es ihnen nicht einmal gelingt, mich mit ihrer Absicht zu treffen. Kreischen die weiblichen Sberren [gemeint sind die französischen Aufseherinnen], höre ich vorbei. Aber machen wir nun auch endlich Tabula rasa mit den abgestandenen Metaphern wie ›männliche Courtoisie‹, ›Ehret die Frauen‹ und ›Mütterfesten‹. Die Peitsche bleibt der rundeste Ausdruck für das, was die meisten Männer im Unterbewusstsein wunschträumen.« (7. Juli 1940)

Die Schriftstellerin Sternheim rechnet hier mit traditionellen Geschlechterrollen ab. Emigration und Internierung mögen dazu beigetragen haben, die Kritik zu radikalisieren. Aber nicht nur diese Abrechnung mit Staats- und Männergewalt stellt eine thematische Besonderheit ihres Tagebuchs dar, sondern auch die Schilderung tabuisierter Aspekte des Lageralltags wie Sexualität und Erotik. Anders als männliche Autoren thematisiert Sternheim nicht eigene Wünsche und Bedürfnisse, sondern beobachtet, wie mit dem Thema unter den Frauen umgegangen wird. Kommentarlos hält sie zum Beispiel fest, daß einige Frauen entsetzt wahrgenommen hätten, daß ein Fünfzehnjähriger unter der Decke masturbiert habe.[259] Auch der »heftige Liebesbetrieb« zwischen den Spaniern und den Flüchtlingsfrauen[260] findet Eingang in ihre Lagerchronik. Die Beschreibung dieser Spanier, die nachweislich für die Frauen eine große Hilfe waren,²⁶¹ ist neben derjenigen der »Zigeunerinnen« eine der wenigen Passagen, die Zeugnis ablegen von menschlicher Solidarität im Lager:

> »Die Spanier [...] bringen noch genug Traum auf, um romantische Liebesbriefe an die jungen Lagerinsassinnen zu richten. Die blonde Ruth Salomon, die einen jungen Burschen bezauberte (er war früher Medizinstudent), bekommt hin und wieder einige Lebensmittel von ihm. Arm wie er ist, besteht er dennoch darauf, ihr die Lebensmittel zu schenken. Sie aber besteht darauf, dieselben nur gegen Zahlung zu nehmen.«²⁶²

Die letzte Eintragung aus Gurs liest sich wie eine schriftliche Beichte einer Gläubigen, die sich »reinwaschen« will von den »Gefühlen der Gehässigkeit«. Am Tag der Entlassung, am 12. 8. 1940, schreibt sie:

> »Während die Wagen in der noch dunklen Nacht vor der Strafkolonie warten, wasche ich im Gebet meine Seele von allen Gefühlen der Gehässigkeit rein. [...] Tränen. Die ersten, die ich in Gurs vergiesse. [...] Ein bißchen Vertrauen, ein bißchen Güte – und der Himmel sinkt auf die Erde. Am Bahnhof von Pau kann man – auch das mutet mich wie ein Märchen aus 1001 Nacht an – Kaffee mit Milch trinken, ein Butterbrot essen! [...] Den Kopf waschen lassen. Einkauf der notwendigen, so lange entbehrten Toilettenartikel. Ich gebe meine Kleider, denen der Gestank des Konzentrationslagers anhaftet, in die Reinigung, aber ich bin wie jemand, den man auf den Kopf geschlagen hat und der nicht zur Besinnung kommt.«

Thea Sternheim kehrte nach einem kurzen Aufenthalt in Nizza nach Paris zurück und verbrachte dort den Krieg. 1963 siedelte sie nach Basel über. Dort starb sie 1971.

Notizen eines »simplen Barackeninsassen« –
*Das Tagebuch der Käthe Hirsch*²⁶³

Obwohl das Leben der gebürtigen Berlinerin Käthe Hirsch aufgrund des erschwerten Zugangs zu ihren autobiographischen Zeugnissen nur lückenhaft zu rekonstruieren ist, kann die Angabe in der Lagerkartei, daß sie »ohne Beruf« sei, als unzutreffend betrachtet werden. Was immer die 1892 in Berlin geborene Jüdin Käthe Hirsch zu dieser Angabe der Lagerverwaltung gegenüber veranlaßte: Feststeht, daß die Tochter von Rosa Götz und Ernst Hirsch, dem Inhaber einer Berliner Nachrichtenagentur, in den 20er Jahren in Frankfurt am Main und in Freiburg studierte. 1930 erschien in Stuttgart ihr Kinderbuch

Die Geschichte von Otto, von dem Böckchen mit den beweglichen Hörnern, vom Fohlen, das nur rückwärts gehen konnte, dem Spatzen, der so herrliche Rezepte wußte, und der Wiemarzipanschweineferkelherde. Zwei Jahre später emigrierte sie nach Paris. Die politisch und literarisch interessierte Berlinerin arbeitete in Paris für die Leihbibliothek »Biblion« und war vorübergehend als Sekretärin Hannah Arendts beschäftigt.[264] 1938 bewarb sie sich mit den beiden Erzählungen »Die Golems« und »Würstchen und Kartoffelsalat« (Pseudonyme: Elisabeth Koch und M. Goetz)[265] beim Literaturwettbewerb der American Guild for German Cultural Freedom. Beide Erzählungen gelten als verschollen.[266] Im Mai 1940 wurde sie in Paris interniert und nach Gurs gebracht. Nach vier Wochen konnte sie das Lager verlassen und verbrachte die folgenden drei Monate in einem Kinderheim in Limoges. Im September 1940 wurde sie erneut interniert und kam erst nach vierzehn Monaten wieder frei. Zu den Texten, die sie zwischen 1940 und 1945 verfaßte, zählt – neben Erzählungen,[267] in denen sie auch ihre Lagererfahrung verarbeitete – ihr Tagebuch, das sie während ihrer zweiten Internierungszeit verfaßte. Die erste Eintragung des insgesamt 320 Schulheftseiten umfassenden Tagebuchs ist auf den 1.1.1940 datiert, die letzte auf den 27.11.1941. Angesichts des Mißtrauens, das Hirsch den meisten Internierten entgegenbrachte, war das Tagebuchschreiben für sie wie für Sternheim eine Möglichkeit, sich »jemandem« anzuvertrauen und sich vom Gesehenen und Erlebten zu distanzieren:

> »Ich traue hier niemand, die Leute sind als Gesamtheit zu geschäftstüchtig. Mit Ausnahme von Schramm, Bach und Marx hat meiner Ansicht nach niemand wirklich saubere Hände.« (1.10.1941)

Ein großer Teil der Tagebucheintragungen von Käthe Hirsch, für die die Lager-Bibliothek sehr wichtig war,[268] bezieht sich auf ihre Buchlektüren,[269] die Kabarett-Abende der Nathan-Truppe, die Einrichtung von Kulturbaracken in den Frauenilots und die Konzerte. Genau beobachtet sie das Verhalten der internierten Menschen, das sich, so Hirsch, nicht erheblich von ihrem Verhalten vor der Internierung unterscheidet. Sozialer Status und hierarchisches Denken aus Friedenszeiten blieben im Lager unverändert.[270] Für Käthe Hirsch war das Tagebuchschreiben nicht nur eine Möglichkeit, eigene Gefühle und Gedanken zum Ausdruck zu bringen, sondern auch Diskussionen und die Standpunkte anderer festzuhalten. Am 8.10.1941 notiert sie die Eindrücke einer Adele Marx,[271] die über das Konzert von Hans Ebbecke und Margot Rauch urteilte:

»Es sei immer ein Risiko, einen Mann und eine Frau gemeinsam spielen zu lassen [...]. Ebbecke sähe die Musik immer vom Standpunkt des Dirigenten aus und liehe seinem Klavierspiel von daher einen Glanz, den man bei der Pianistin vermisste.«

Hirsch berichtet außerdem von Gerüchten[272] im Lager, notiert ihre Träume, reflektiert über das Genre Kriminalroman und kehrt immer wieder zum Lageralltag zurück. Einer Alltagschronistin gleich, hält sie verschiedene Ereignisse fest: die Geburt des Kindes der Internierten Thea Vogelsang, die Ankunft von Briefen aus dem Frauenstraflager Rieucros,[273] Informationen über eine Journalistin namens Baum, der es gelungen war, Artikel in die Schweiz zu schicken; den Schwarzmarkt; die Verhaftung der Sekretärin von Bachrachs, eines aus Riga stammenden Spanienkämpfers und im Lager sehr engagierten Arztes, sowie Eindrücke von den jüdischen Feiern. Stichwortartig beschreibt sie die Konflikte der Frauen untereinander und die psychischen Folgen der Gefangenschaft: Selbstmordversuche, wahnsinnig gewordene Frauen,[274] den »Putzteufel« der Frauen und »hysterische Anfälle«, aber auch die Fürsorge der Frauen.[275] Auch über die physische und psychische Verfassung der Männer äußert sich Hirsch. So heißt es am 9. 12. 1940, diese würden sich »aufs Gründlichste ruinieren«; ergänzend dazu wird festgestellt, daß ausgehungerte Männer in den Frauen-Ilots um Brot bettelten.[276] Andere Eintragungen betreffen Anordnungen der Lagerverwaltung, zum Beispiel das Verbot für Frauen, »außerhalb des Lagers Hosen zu tragen« (17. 2. 1941).

Gemeinsam mit Hanna Schramm, Anneliese Eisenstadt und anderen Frauen konnte Käthe Hirsch Ende 1941 das Lager verlassen und in Chansaye in einem Glasberg-Haus unterkommen. 1942 verfaßte sie für ihr Tagebuch eine Vorrede, woraus man schließen kann, daß Hirsch eine Veröffentlichung ihres Tagebuchs beabsichtigte. Ihr Ziel sei es, heißt es in dieser Vorrede, das Lagerleben »unverfälscht« darzustellen und authentische Erfahrungen eines »simplen Barackeninsassen« über das »berüchtigte Lager« mitzuteilen. Trotz des im Lager erfahrenen Leids betont sie: »Trotzdem würde ich diese Erfahrung nicht streichen wollen, so wenig Lust ich verspüre, sie in irgendeiner Form zu erneuern.«

Nach dem Krieg kehrte Käthe Hirsch nach Paris zurück und lebte zeitweise mit Hanna Schramm, der Autorin von *Menschen in Gurs*, zusammen. Sie verstarb 1984.

Lachen – trotz Tod und Teufel:
Lagerkultur zwischen Selbstvergewisserung,
Unterhaltung und Zeitkritik

»Heute wunderbares Beethoven-Konzert gehabt. [...] Violinkonzert, ausgeführt von Brunner u. Ebbecke für ganze 2 frs. Das hat man draussen nicht.«[1] Ob in Briefen, Tagebüchern, Gedichten, dem Gurs-Roman *Die Beherbergten*, den nach 1945 verfaßten autobiographischen Texten oder in Berichten von Mitarbeitern internationaler Hilfsorganisationen – aus allen spricht der Stolz über die Existenz und das Niveau der kulturellen Darbietungen im Lager. Daß das Thema »Kulturveranstaltungen« in so unterschiedlichen Texten erwähnt oder ausführlich behandelt wird, weist auf die Bedeutung von Kultur für das Überleben hin: Jedes Konzert, jede Tanz- und Theateraufführung hob das Gefühl der Ohnmacht und des Verlassenseins wenigstens für eine kurze Zeit auf, so daß sich der einzelne als Teil einer Gemeinschaft fühlen konnte. Die Kulturveranstaltungen unterbrachen den Alltagstrott[2] und lenkten vom erdrückenden Alltag ab. Diese Zerstreuungsfunktion wird schon an einem Untertitel wie »17 Tabletten aus unserer Hausapotheke«[3] der Zeitrevue »Mieux vaut en rire«[4] deutlich. »Lachen trotz Tod und Teufel« war die »Medizin«, die Alfred Nathan und seine Truppe den Internierten »verordnete«. Die Art und die Intensität der künstlerischen Darbietungen waren in der Geschichte des Lagers sehr unterschiedlich. Sie veränderten sich in Abhängigkeit von den Lebensbedingungen, der Anzahl der internierten KünstlerInnen und ihrer jeweiligen künstlerischen Ausrichtung.

Improvisierte Kultur
in den Frauen- und Männerbaracken

Die Formen der Alltagsbewältigung und der Charakter der Kulturveranstaltungen in den Frauen- und Männerbaracken waren sehr unterschiedlich. In der Zeit zwischen dem Mai und September 1940, als fast ausschließlich Frauen in Gurs interniert waren, versuchten die Internierten, sich mit Nützlichem und Unterhaltsamem die Zeit zu vertreiben. Sie widmeten sich intensiv den Handarbeiten und stellten Teppiche, Kleidungsstücke, Stühle, Tische und

Abb. 15: Lili R. Andrieux: Marianne Berel

andere Gegenstände her.⁵ Wer etwas »anzubieten« hatte, tat dies: Anne-Liese Eisenstadt las den Frauen aus der Hand und sagte ihnen die Zukunft voraus. Herta Liebknecht – in den zwanziger Jahren ausgebildet in einer neuen Behandlungsmethode von Rückgratverkrümmung (und gelegentlich Klavierbegleiterin bei Gret Palucca in Dresden) – versammelte morgens die Frauen zu gymnastischen Übungen. Bei den Kulturveranstaltungen, die in diesem Zeitraum in den Frauenbaracken durchgeführt wurden, handelte es sich vorwiegend um Tanzaufführungen, ⁶ Sportveranstaltungen, Kostümfeste,⁷ Modeschauen, Gesangsabende und kleine Theateraufführungen. Marianne Berel (Abb. 15), 1911 in Breslau geboren, heute in New York lebende Musiktherapeutin und -publizistin, emigrierte in den 30er Jahren nach Frankreich und war in Paris Schülerin bei der – ebenfalls kurze Zeit in Gurs internierten – polnischen Cembalistin und Pianistin Wanda Landowska. Sie berichtet zum Beispiel von einem Fest, das anläßlich des Geburtstages einer Wiener »Nachtclubsängerin« gegeben wurde:

> »Am [...] Abend wurde in einer anderen Baracke ein Stück aufgeführt. Kitty, die Nachtclubsängerin kam rüber, um sich eine Seidenhose zu borgen [...]. Kitty sang französische Chansons, natürlich ohne Begleitung, eine andere trug Jiddische Lieder vor, außerdem gab es einen kleinen Sketch auf unser Lagerleben!

Einen ironischen Dialog über die Schwierigkeiten, die man mit der Polizei hatte, wenn man Papiere brauchte und über die grenzenlose Verzweiflung im Camp. Zum Schluß trat eine wunderbare Sängerin mit Brahmsliedern auf.«[8]

Besonders unter den unhygienischen Verhältnissen[9] litten die Frauen und unter der Schwierigkeit, ihre »äußere Form« wahren zu können. Gerade die Aufrechterhaltung der »äußeren Form« war Bedingung für die Wahrung ihres Selbstwertgefühls. Der ausgeprägte »Putzteufel« der Frauen, von dem im Tagebuch von Käthe Hirsch die Rede ist, das Waschen und Pflegen des eigenen Körpers – von Lou Albert-Lasard nicht wie ein Zwang, sondern fast lustvoll dargestellt –, aber auch die Herstellung von Schmuck und Kleidung waren geschlechtsspezifische Reaktionen auf die Internierung. Um dem Wunsch, »ihr Leben, ihre Eigenarten und Interessen auch im Lager aufrechtzuerhalten«,[10] näherzukommen, bemühten sie sich um die Aufrechterhaltung dessen, was von vielen als »Weiblichkeit« verstanden wurde: um die Pflege ihres Körpers. Kleidung und Schminke waren die Attribute dieser Weiblichkeit. Wie groß dieses Bedürfnis nach Aufrechterhaltung von »Weiblichkeit« und wie sehr das Selbstwertgefühl vom körperlichen Befinden abhängig war, drückt sich nicht nur im häufigsten Motiv der Zeichnungen von Frauen aus – den Waschszenen[11] – und in der detailgetreuen Porträtierung internierter Frauen (einschließlich ihres Schmuckes, der Frisur und der Kleidung). Dies geht auch aus zahlreichen autobiographischen Berichten von Frauen sowie aus den Gesprächen hervor, die ich geführt habe. Scheinbar Überflüssiges wie Hüte oder andere mitgebrachte Kleidungsgegenstände konnten zur Aufrechterhaltung des Selbstwertgefühls und zur psychischen Stabilisierung beitragen. Auffällig ist, daß besonders die Frauen – durch die Not im Exil oder im NS-Deutschland im Improvisieren geübt – Gegenstände für ihre Zwecke umfunktionierten und dabei große Phantasie bewiesen. So wurden aus den unzerkaubaren, da steinharten Kichererbsen Armbänder oder Halsketten.[12] Marianne Berel berichtet von einer »costume party«, die sich durch besonderen Einfallsreichtum auszeichnet.

»Es war wirklich unglaublich. Die Decken der Baracken waren mit Militärdecken, die wir hatten, abgehängt. Als Dekoration dienten leere Zahnpasta, Sardinenbüchsen und Käseschachteln, Eierschalen und Knochen etc. Musik kam von einem Grammophon. Die Strohsäcke waren gegen die schiefen Wände gelegt, so daß man einigermaßen bequem sitzen konnte. An der Bar gab es Zitronenlimonade (eine Zitrone mußte für zehn Gläser reichen!), Süßes etc. Die Frauen sahen unglaublich aus: Ohrringe aus Zitronenschalen oder mit Aluminiumtassen, Strohröcke; Schlafanzüge wurden wie Maharadjas getragen; weiße Handtücher, die als Turbane um den Kopf geschlungen wurden und so weiter. Der Einfallsreichtum war einfach faszinierend. Ich überredete meine indische Freundin [...] mitzukommen. Mit ihren herunterhängenden Haaren schlüpfte sie in ihren blauen Morgenmantel, der mit den wunderbarsten Blumen bestickt war [...]. Alle fragten sie, woher sie ihren blauen Morgenmantel, den sie für ein Kostüm hielten, hatte und wo es das braune Makeup gab. Zu ihrer Überraschung erzählte ich ihnen, daß sie aus Indien käme und kein Wort Deutsch verstünde. Alle lachten.[13]

Veranstaltungen in Männerbaracken hatten einen anderen Charakter. Vieles deutet darauf hin, daß die Aufführungen und Veranstaltungen in den Männerbaracken stärker politisch ausgerichtet waren. Mit Vorliebe wurden die Inszenierungen nationalsozialistischer Macht parodiert. Rolf Weinstock, im Oktober 1940 nach Gurs deportiert und Überlebender von Auschwitz, schreibt in seinem Bericht *Kopf hoch, Rolf* über Kulturveranstaltungen im Mai 1941:

> »Wir faßten [im Mai 1941, G.M.] den Entschluß, uns das Leben im Lager zu erleichtern. Was sollten wir nun immer jammern und klagen! Das Leben ist ja so kurz. Zunächst veranstalteten wir jeden Sonntag ein kleines Konzert. Später trugen Dichter aus eigenen Werken Ernstes und Heiteres aus dem Lagerleben vor. Eines Tages aber wurde angeregt, einen Wettbewerb für die beste Programm-Nummer zu veranstalten. Jeder konnte sich beteiligen. [...] Ich trug mich mit dem Gedanken, eine Reichssitzung zu imitieren. [...] Ich erschien auf einer mit Hakenkreuzen geschmückten Tribüne und betrat in der Aufmachung und mit Bewegungen Adolf Hitlers das mit dem Adler des tausendjährigen Reiches geschmückte Rednerpult. Zwei Stunden dauerte meine Ansprache, die immer wieder von Beifallstürmen unterbrochen wurde.«[14]

Im Oktober 1941 – mit der Ankunft der aus dem überschwemmten Lager St. Cyprien nach Gurs transferierten Männer – begann die Etablierung des »offiziellen« Kulturlebens.[15] Unter diesen männlichen Flüchtlingen war eine große Anzahl von Musikern, Theaterleuten und Malern, die das Kulturleben in Gurs bis zum Beginn der Deportationen im August 1942 maßgeblich bestimmten. Innerhalb dieses Zeitraums entwickelte sich Gurs zu einer improvisierten »Stadt« hinter Stacheldraht, mit einem weitgefächerten Angebot an kulturellen, sozialen und religiösen Veranstaltungen. Lili R. Andrieux schreibt in ihren Memoiren, daß sich nahezu alle KünstlerInnen und Intellektuelle im Lager an diesem Bildungs- und Kulturprogramm beteiligten.[16] Es gab Leihbüchereien, Konzerte, Revuen, Kindertheater,[17] Theater- und Tanzabende, Ausstellungen, Vorlesungen, Vorträge, Sprachkurse, Schulen, Werkstätten und Gottesdienste. Jedes »Ilot« hat mindestens eine »Kulturbaracke«.

»Schwab liest ›Werthers Leiden‹«, heißt es zum Beispiel am 20. 7. 1941 im Tagebuch von Käthe Hirsch, und Hanna Schramm erinnert sich an die literarischen Vorträge von Dr. Bachrach. Edith Aron berichtet von ihrem Mann Paul Aron, der vor seiner Emigration Leiter des Kurt-Wolff-Verlags war, daß er in einer der Kulturbaracken Kurse gab.[18] Die gebürtige Berlinerin Ilse Wassermann, heute wohnhaft in Oakland/USA, vergleicht diesen kulturellen Selbstbehauptungswillen mit dem, was sie bereits aus Deutschland kannte: »Wir haben in Gurs versucht, eine Art Kulturbund zu gründen. Wir kannten das ja schon aus Berlin: Wenn man etwas wollte, was nicht existierte, dann mußte man es eben selber schaffen.«[19] Diese Kulturveranstaltungen wurden sowohl an zentralen Orten im sogenannten *parloir* – der Besuchsbaracke neben der Kommandatur – als auch in den Baracken durchgeführt. Damit ein Kulturprogramm zustandekam, mußten die Aufgaben verteilt werden. Die Tagebucheintragung Käthe Hirschs vom 1. 10. 1941 überliefert beispielsweise folgendes: Die Pianistin Margot Rauch war für Musik zuständig, die Berliner Literaturagentin Betty Stern – bekannt im Berlin der 20er Jahre für ihren »Salon« und nach 1945 für ihre Pariser Theateragentur – übernahm die Literatur, die Schauspielerin Lotte Sondheimer war für die künstlerische Leitung zuständig, die Sängerin und Interpretin deutscher Lieder des 19. Jahrhunderts Hanna Landé und Wolf (ihr Vorname war nicht zu ermitteln) für die künstlerische Ausstattung.[20] Alles, was bis 1933 zum festen Bestand der Kultur in Deutschland gehörte, kam potentiell für die Lager-Aufführungen in Frage: Operetten, Schlager, literarisch-politisches Kabarett, klassische Konzerte, Jazz-Musik, klassisches und Gegenwartstheater. Bedenkt man, daß Kunst und Kultur in Frankreich zwischen 1940 und 1944 vom völkischen Kulturbegriff der deutschen Besatzer abhängig waren – wobei der künstlerische Freiraum in Frankreich vergleichsweise groß war –, erscheint der geschlossene Raum des Lagers fast als Ort zurückgewonnener künstlerischer Freiheit. In den Bibliotheken konnten Bücher ausgeliehen werden, die in Deutschland verbrannt worden waren;[21] in den Zeitrevuen Nathans wurde die Rassenideologie der Nationalsozialisten offen parodiert, und die Bilder der offiziell genehmigten Kunstausstellungen dokumentierten unverhohlen das Elend der Internierten. Obwohl die Augen der Zensoren fast überallhin gelangten und Schwesig und Bodek gut daran taten, ihre subversiven Briefmarken heimlich herzustellen, existierte im Lager eine gewisse künstlerische Freiheit: Während in Frankreich, im Land der »Kulturnation«, zwischen 1940–1944 alle Lebensbereiche, einschließlich der Kultur, »arisiert« wurden, konnten die jüdischen KünstlerInnen ihre Arbeit hinter Stacheldraht fortsetzen. Während in der

Umgebung des Lagers, in Pau, Bayonne, Toulouse und Bordeaux die Kultureinrichtungen größtenteils geschlossen haben, wird im Südwesten Frankreichs ausgerechnet ein Lager zu einem »Zentrum der Kultur«.[22]

Kultur und Zensur

Der künstlerische Freiraum wurde selbstverständlich durch die Lebensbedingungen und durch die Zensoren erheblich eingeschränkt. Die Teilnahme von Lagerbeamten und dem Wachpersonal an den kulturellen Veranstaltungen war kein Einzel-, sondern der Normalfall.[23] Dies ist nicht so sehr auf den Wunsch des Lagerpersonals nach der Erfüllung ihrer dienstlichen Verpflichtungen zurückzuführen. Auf eine Anfrage des Kommandanten beim Präfekten, von dessen Genehmigung alle Kulturveranstaltungen abhängig waren, heißt es, daß der Präfekt in Absprache mit dem Innenministerium übereingekommen sei, daß die künstlerischen Initiativen im Lager zu unterstützen seien, weil sie sowohl für das Lagerpersonal wie für die Internierten eine Abwechslung vor der unermeidlichen Monotonie des Alltags darstellen würden.[24] Dabei sei jedoch selbstverständlich eine »strenge Kontrolle« geboten, um die Verbreitung von »Propaganda« zu verhindern. Auch sei darauf zu achten, daß die Autorität des Lagerdirektors nicht untergraben würde und daß die Veranstaltungen nicht gegen die »guten Sitten« verstoßen.[25] Im Gegensatz zu den deutschen und osteuropäischen SS-Lagern bestand kein Zwang zur Kunstausübung.[26] Im Gegenteil: Die Internierten selbst ergriffen die Initiative. Selten wird die Lagerverwaltung als Initiator genannt. Frida Kahn, die selbst kurze Zeit in Gurs interniert war, berichtet in *A generation of turmoil* von ihrem Mann, dem Komponisten Erich Itor Kahn, der von November bis Februar 1940/41 in Gurs interniert war:

> »Er selbst [...] wurde eines Tages [...] von der Lagerverwaltung aufgefordert, einen Klavierabend zu geben. Ein Klavier kam, Kahn durfte üben (er hatte sogar Noten dabei), aber es brachte Kahn nicht die Freiheit, und das Klavier wurde am nächsten Tag wieder weggebracht.«[27]

Und Otto H. Brunner schreibt in seinem Lebensbericht:

> »Weihnachten 1940 gab es sogar eine grosse Feier von der französischen Lagerverwaltung aus in der zu einem Theatersaal verwandelten Autohalle des französischen Militärs. Und mußte man da staunen, welche Künstler wir in unseren Reihen hatten, Opernsänger und Sängerinnen und Tänzerinnen und wurde allerhand

geboten, trotz der ungeheuren Kälte, die in der Halle herrschte. All dies wird mir unvergesslich bleiben, in all diesem Unglück wieder den Drang zum Vergnügen und Leben. Gott sei dank, dass es so war, sonst wäre mancher schon moralisch zu Grunde gegangen.«[28]

Hilfreich für die Durchführung der Zeitrevuen war sicherlich auch die Tatsache, daß keineswegs das gesamte Lagerpersonal mit der Politik des Vichy-Regimes sympathisierte. Alfred Nathan zufolge wären die zum Teil »mehr als aggressiven Revuen niemals möglich gewesen, wenn nicht der überwiegende Teil der Wachmannschaft und des Verwaltungspersonals von Gurs sich aus evakuierten Elsässern zusammengesetzt hätte.« Diese Menschen, so Nathan, sympathisierten insgeheim mit der französischen Widerstandsbewegung und standen mehr oder weniger in offener Opposition zum Vichy-Regime.[29] Ohne Zweifel spielte noch etwas anderes eine Rolle: das prinzipielle Interesse von einigen Lagerbeamten an Kultur und Kunst. Hanna Schramm berichtet zum Beispiel von dem französischen Lager-Chefarzt Dr. Laclau, einem jovialen Südfranzosen von etwas über fünfzig Jahren:

»Er war durchaus kein Chauvinist und zeigte im Gegenteil echtes menschliches Verständnis für unsere Lage. Aber dieses Verständnis blieb im Platonischen stekken, zumindest soweit es sich um seine Eigenschaft als Chefarzt handelte. Um die Kranken kümmerte er sich wenig; hingegen bewies er lebendiges Interesse für die Künstler des Lagers, und ihnen hat er wirklich geholfen. Fünfzehn bis zwanzig Sänger, Tänzer, Musiker und Kabarettkünstler, Männer und Frauen, hatte er im Zentralhospital einquartiert, wo sie etwas bessere Kost und Wohnbedingungen hatten. Außerdem konnten sie üben und proben, denn das einzige Klavier des Lagers war im Hospital. Dr. Laclau ließ eine der Krankenbaracken in einen Theatersaal umwandeln.«[30]

Es ist nicht verwunderlich, daß sich KünstlerInnen um ein möglichst gutes Verhältnis zum Kommandanten bemühten. »Monsieur le Directeur Kayser« (Abb. 16) wurde regelmäßig eingeladen (und manchmal auch der Präfekt). Bei der ersten Kunst- und Kunstgewerbeausstellung im Lager, die vom 20. bis 29.6.1941 stattfand, trat der Lagerkommandant sogar höchstpersönlich als »Schirmherr« auf.[31] Zum »Ehrenkomitee« gehörten unter anderem die Oberkrankenschwester Madame Aubry,[32] Monsieur Antz, außerdem – der in den Erinnerungen Schramms als human beschriebene – Monsieur Cheippe[33] und der spätere Lagerkommandant zur Zeit der Deportation, Monsieur G.[34] Zur zweiten Kunstausstellung kamen sogar BewohnerInnen aus den umliegenden Dörfern und kauften Bilder.[35] Ausdruck dieser Bemühungen um ein »gutes

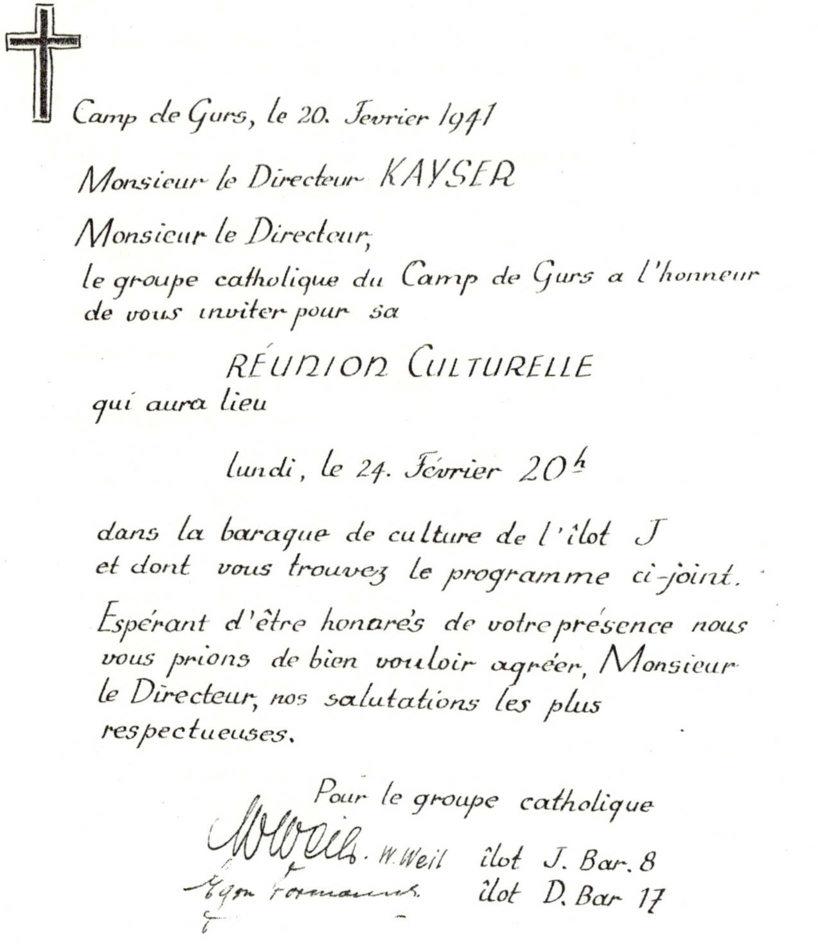

Camp de Gurs, le 20. Jevrier 1941

Monsieur le Directeur KAYSER

Monsieur le Directeur,
le groupe catholique du Camp de Gurs a l'honneur de vous inviter pour sa

RÉUNION CULTURELLE

qui aura lieu

lundi, le 24. Jévrier 20^h

dans la baraque de culture de l'îlot J et dont vous trouvez le programme ci-joint.

Espérant d'être honorés de votre présence nous vous prions de bien vouloir agréer, Monsieur le Directeur, nos salutations les plus respectueuses.

Pour le groupe catholique

W. Weil îlot J. Bar. 8
         îlot D. Bar 17

Abb. 16: Einladung zu einer »réunion culturelle« der »groupe catholique du Camp de Gurs« an »Monsieur le Directeur Kayser«

Verhältnis« waren auch die von Alfred Nathan zusammengestellten »programmes français«, die teilweise ausschließlich für das Lagerpersonal und ihre Familien aufgeführt wurden.[36] Dieser Ehrgeiz Nathans, den Franzosen beweisen zu wollen, daß er auch »Französisches« bieten könne, wird im »Kleinen Führer durch das Lager Gurs 1942« von Horst Rosenthal karikiert. Folgender Text Horst Rosenthals illustriert eine Zeichnung, auf der ein Mann auf einer Bühne im Scheinwerferlicht zu sehen ist:

> »Glauben Sie bloß nicht, daß wir uns langweilen! Weit gefehlt! Es gibt hier sogar eine ständige Theatertruppe, deren Leiter Nathan heißt. Seit eineinhalb Jahren zeigen sie ein und dasselbe Programm. [...] Er zeigt den Franzosen im Lager, was echter Pariser Esprit ist. [...] Wie sagt man auf deutsch: Schall und Rauch...«[37]

Um die inhaltliche Ausrichtung und das »sittliche Verhalten« der Veranstaltungen zu kontrollieren, wurden Spitzel eingesetzt. Aus einem der Spitzel-Berichte eines »inspecteur secrétaire« vom 23. März 1941 über ein Konzert in einer Frauenbaracke geht hervor, daß Kulturveranstaltungen – neben Beerdigungen die einzige Möglichkeit für Frauen und Männer, sich zu begegnen[38] – auch aus Gründen wahrgenommen wurden, die die Lagerverwaltung bislang nicht berücksichtigt hatte: Der größte Teil der Männer, die sich in der Kulturbaracke eingefunden hatten, verließ diese sofort und besuchte statt dessen die Frauen in den Baracken oder ging mit ihnen draußen »spazieren«.[39] Aufgrund solcher Vorkommnisse durften Kulturveranstaltungen nur noch während des Tages stattfinden. Zum Verbot einer Kulturveranstaltung kam es nur ein einziges Mal: Als Alfred Nathan es wagte, sich mit »innerfranzösischen Dingen« (Heinz Behrendt), und das heißt mit dem Nationalsozialismus, den Zuständen in Vichy-Frankreich und mit dem Kriegsverlauf auseinanderzusetzen.

> »Sie [Nathans Theatertruppe] darf sich nicht mit innerfranzösischen Dingen beschäftigen, sonst aber sind die Grenzen ziemlich weit gezogen. In ihrer letzten Revue ›Himmel und Hölle‹ brachte die Truppe einen ›Wotan-Song‹, der sich mit den Hitlerischen Misserfolgen in Russland beschäftigte. Er wurde erst verboten, als ihn das ganze Lager bereits gehört hatte. Nicht gestrichen wurde die Schlußscene, in der dargestellt wurde, dass nicht die nazistische ›Neuordnung‹ Europa retten werde, sondern die sozialistische Ordnung der Arbeiter und Bauern. Gegenüber den Zuständen und Ereignissen im Lager besteht völlige Kritikfreiheit.«[40]

Die »völlige Kritikfreiheit« war jedoch nur innerhalb des Lagers erlaubt. Da die Aufführungen auch von Franzosen aus der Umgebung besucht wurden[41] und die Truppe sich auf diese Weise auch außerhalb des Lagers einen Namen gemacht hatte, erhielten sie eines Tages sogar eine Einladung des Bürgermeisters von Navarrenx.[42] Trotz Empfehlung des Kommandanten untersagte der Präfekt der Kabarett-Truppe jedoch den Auftritt in der nahegelegenen Kleinstadt. Auch andere Aktivitäten wurden vom Präfekten unterbunden. Eine von KünstlerInnen vorgeschlagene Tombola wurde untersagt, da die rechtlichen Grundlagen für solche Aktivitäten fehlen würden.[43] Gleichzeitig folgte der Lagerkommandant dem Aufruf des Maréchals, den »Secours National« zu unterstützen. Ende 1940 und am 7. 12. 1941 wurde der Erlös von Kulturveranstaltungen, die zugunsten des Secours National durchgeführt wurden, dem Präfekten überwiesen; im letzten Fall allein 2283 Francs, aufgebracht vom Lagerpersonal und den Mitarbeitern der Hilfsorganisationen.[44] Gelegentlich stattete der Unterpräfekt aus Oloron dem »Kindergarten« im Lager einen Besuch ab. In seiner Anwesenheit wurde dann sogar die Marseillaise gesungen.[45]

Die Rolle der Hilfsorganisationen

Sieht man einmal von der (relativen) künstlerischen Freiheit ab, die von der Lagerverwaltung gewährt wurde, spielten für das Zustandekommen der Kulturveranstaltungen die privaten, nationalen und internationalen Hilfsorganisationen eine überragende Rolle.[46] Zu nennen sind vor allem jüdische Komitees, die amerikanischen Quäker und die protestantischen Organisationen YMCA und CIMADE. Das Croix Rouge Français organisierte »Vorträge, Kurse, Konzerte und Unterhaltung« und sorgte für einen »warmen Aufenthaltsraum«.[47] Die protestantischen Organisationen erhielten sogar die Genehmigung, Filme zu zeigen – selbstverständlich nur jene, die von der Zensur freigegeben waren.[48] Unter der Leitung von Madeleine Barot und ihrer Mitarbeiterin Merle d'Aubigné von der »assistance protestante« (CIMADE) wurde eine von Internierten sehr geschätzte Leihbibliothek zusammengestellt, die ca. 5000 Bücher und 1500 Kinderbücher umfaßte. Als Verwalter wurden unter anderem Ernst Busch und der Lyriker Richard Moering (Peter Gan) eingesetzt.[49] In den Sommer- und Herbstmonaten des Jahres 1940 waren bereits kleine Büchereien entstanden, zusammengestellt aus Büchern, die von den Flüchtlingen mitgebracht worden waren.[50] Zu den ständigen BenutzerInnen gehörten unter anderen Ilse Wassermann (»Ich habe da den ganzen Proust gelesen«[51]), Käthe Hirsch[52] und Maria Krehbiel-Darmstädter. In ihren Briefen berichtet sie oft von der »großen, ständig wachsenden YMCA-Bibliothek«, wo sie unter anderem Hesses *Morgenlandfahrt* und ein »Kierkegaardbüchlein« gefunden habe. Helmut Lindt schreibt am 27. 5. 1941, er sitze in der Baracke und »fresse [sich] an Leihbüchern satt«.[53] Otto Heymann findet dort Bücher von Arthur Schnitzler, von Max Brod und Otto Flake, außerdem einen »unverdaulichen psychoanalytischen Roman«, Siegfried Kracauers *Jacques Offenbach*, Kurt Kestens *Peter der Große*, außerdem Romane von Jack London, Romain Rolland und Lion Feuchtwanger.

Eine herausragende Stellung nahmen im Kulturleben des Lagers die Konzerte ein. Daß es Internierten wie Hanna Schramm gelang, ein »Mietklavier« aus Pau oder von einem anderen Ort ins Lager zu schaffen,[54] gehört zu den großen Ausnahmen. Es waren die protestantischen Organisationen, die durch die Beschaffung von Klavieren und einem Flügel sowie anderer Instrumente[55] und Noten das musikalische Leben ermöglichten.[56] Es mangelte weder an hervorragenden MusikerInnen, die sich ganz der Musik hingaben,[57] noch an »Anlässen« für Konzerte. Gottesdienste während der religiösen Feiertage wurden oft musikalisch begleitet. Musik war jedoch auch außerhalb fester Konzerttermine zu hören und Konzerte fanden nicht nur an Feiertagen statt. Musik und Konzerte gehörten vielmehr zum Alltag.

> »Da plötzlich, herrliche Töne einer Geige schweben durch den Raum. Ein Akkordeon schließt sich an und nun folgt ein rassiger ungarischer Czardaß. Wir gehen aus der Baracke. Gespenstisch in Nebel gehüllt ragen die Schornsteine der spanischen Küche nebenan in die Nacht. Alles ist ruhig, nur die wunderbare Musik steht im Raum. Nach zwei Stunden endet die Musik. Wir müssen zu Bett, denn in wenigen Stunden beginnt ein neuer Arbeitstag.« (Hans O.)[58]

Welche beruhigende, stabilisierende und entspannende Wirkung Musik für die Internierten hatte, welche Freude sie auslösen konnte, geht aus zahlreichen Tagebüchern und Erinnerungen hervor. Mit Dankbarkeit erinnert sich die gebürtige Nürnbergerin Herta Hausmann:

> »Ich hätte die zweijährige Internierungszeit vielleicht nicht überlebt, wenn es die Konzerte in der protestantischen Baracke nicht gegeben hätte. Das war mein ganzes Glück.«[59]

Auch die MitarbeiterInnen der Hilfsorganisationen, die oftmals selbst im Lager erkrankten, wie etwa Elsbeth Kasser, brauchten diese Konzerte, um das Lagerleben aushalten zu können.

> »Die kulturellen Aktivitäten waren etwas Großartiges. Das war ein ganz wichtiger geistiger Widerstand. Aus einem Minimum an Mitteln stellten die Künstler ein Programm zusammen. Am Sonntag kamen die Kinder nicht in die Baracke. Da habe ich mir erlaubt, eine Stunde ins Konzert zu gehen. Da spielten ein Geiger der Wiener Philharmoniker und Hans Ebbecke, der seiner jüdischen Frau zuliebe ins Lager gekommen war.«[60]

Auch in den Tagebüchern von Hans O. und Käthe Hirsch, in den Briefen von Helmut Lindt[61] und seinem Roman *Die Beherbergten* ist von den Konzerten die Rede. Die Konzerte waren so beliebt, daß sogar ein Abonnementsystem eingerichtet wurde.[62] Selbst die Welt außerhalb des Lagers erfuhr von diesen Veranstaltungen. Im New Yorker *Aufbau* wurde am 28.2.1941 sogar ein Foto eines Konzertes veröffentlicht, und über den von Ebbecke zusammengestellten Männerchor berichtete *Das Israelitische Wochenblatt*.[63] Die Sängerinnen Mary Fuchs und Hanna Landé, Ebbecke und Fritz Brunner, die Pianistin Margot Rauch und Meyerowitz zählten zu den beliebtesten MusikerInnen.[64] Das Repertoire der Konzerte umfaßte Werke des Barock und der deutschen Klassik, Schubert-Lieder, aber auch Auszüge aus Operetten und französische Chansons. Für Unbemittelte wurden immer Plätze reserviert, und die Erlöse der Konzerte kamen den »Sozialkassen« im Lager zugute.[65] Musik spielte auch bei den Revuen eine wichtige Rolle. Denn zum festen Bestandteil von Nathans Kabarett-Truppe gehörte das Jazz-Orchester »Tommy Green and the camping boys«.[66] Die musikalische Leitung übernahmen gelegentlich der 1910 in Schönau geborene Musiker Kurt Bieber[67] oder der Operettenkomponist Leonhard Karl Maerker,[68] in den meisten Fällen jedoch der in Hamburg geborene Komponist Charles Leval, der auch einzelne Kabarettchansons vertonte.[69] Ähnlich wie Alfred Nathan, der in seinen *Gesängen hinter Stacheldraht* an die unterschiedlichen lyrischen Formen anknüpft, greift Leval bei seinen Vertonungen auf verschiedene musikalische Traditionen zurück. Er schuf die Musik zu Nathans »Balladen«, vertonte mit eingängiger Melodie das Kabarettchanson »Säuberung im Zoo« und schrieb die Musik für Nathans Kampf- und Widerstandslieder. Letztere waren nicht Teil der Revuen. Die agitatorische Sprache dieser Lieder wie zum Beispiel »Komm mit, Kamerad!« und »1. Mai 1941« und die Vertonung dieser teilweise im Chor vorgetragenen »Gesänge« im Marschrhythmus knüpfen an die Tradition republikanischer Lieder (»Marseillaise«) an, erinnern vor allem aber an die kommunistischen bzw. antifaschistisch-kommunistischen Lieder im Stil von Brecht / Eislers »Einheitsfrontlied« und an die Marschlieder der Internationalen Brigaden. Sieht man einmal von den Tangos ab, die Leval, inspiriert durch die Gegenwart der Internierten, komponierte,[70] ist die musikalische Struktur der Kampflieder zumeist durch Einfachheit und durch Rückgriff auf Bekanntes gekennzeichnet. Dies entsprach dem Anliegen, Text und Musik möglichst vielen nahezubringen.

KünstlerInnen und Alltag

Den Künstlerinnen und Künstlern kam im Lager nicht nur wegen ihrer kulturellen Initiativen eine besondere Rolle zu, sondern auch aufgrund ihres Engagements außerhalb der Kulturveranstaltungen. Die Tatsache, daß die meisten KünstlerInnen fest entschlossen waren, ihre Arbeit auch unter den erschwerten Lagerbedingungen fortzusetzen,[71] war für die Internierten durchaus von Nutzen. Julius C. Turner war zum Beispiel sehr gefragt, weil er für die Internierten Porträts anfertigte. Elsbeth Kasser berichtet, daß seine Bilder so großen Anklang fanden, daß er den Aufträgen kaum nachkommen konnte. Max Lingner begann durch »Vermittlung eines österreichischen Genossen« in der von der »Schweizer Hilfe« geleiteten Schule als Zeichenlehrer zu arbeiten:

> »Es waren jüdische, spanische und französische Kinder unter 10 Jahren, die [...] zum Teil prächtige Zeichnungen machten, die von amerikanischen Quäkern ausgesucht wurden und der Schule 20 Tonnen Schweizer Trockenmilch einbrachten, von denen natürlich der größte Teil unterschlagen wurde.«[72]

Bei besonderen Ereignissen – der Geburt von Drillingen, Hochzeiten, Geburtstagen – oder anläßlich von Musik- und Kabarettveranstaltungen wurden auch spezielle Einladungen und Plakate entworfen. Besonders bekannt für solche Tätigkeiten war der Wiener Maler Max Sternbach, der auch Elsbeth Kasser, die Leiterin der Lagerschule, unterstützte, und die beiden (zumeist gemeinsam signierenden) Graphiker und Maler Löw/Bodek.[73] Der 1893 in Bonn geborene Maler Leo Breuer arbeitete in der Baracke der katholischen Hilfsorganisation.[74] Die Musiker Fritz Brunner und Charles (Kurt) Leval[75] sollen noch im Frühjahr 1943 dreihundert Kinder unterrichtet haben.[76] Einige der MalerInnen reduzierten ihre künstlerische Arbeit oder gaben sie zugunsten von anderen Tätigkeiten ganz auf, weil ihnen andere Arbeiten möglicherweise dringender erschienen. Herta Hausmann (Abb. 17) arbeitete in den Krankenbaracken, bis sie selbst krank wurde; Lili R. Andrieux war zeitweise in der Verwaltung beschäftigt; der 1899 in Köln geborenen Malerin Edith Auerbach, die sich nur sehr schwer an die strenge Lagerordnung gewöhnen konnte und offen gegen sie revoltierte, gelang das Kunststück, mit einem Esel das Lager zu verlassen und in den umliegenden Dörfern Nahrungsmittel zu besorgen.[77] Auch die Mannheimer Pianistin Ida Jauffron-Frank arbeitete vor allem in den Krankenbaracken. Aufgrund ihrer »Nützlichkeit« wurde den KünstlerInnen von der Lagerverwaltung größere Frei-

Abb. 17:
Herta Hausmann
(1941 in Gurs)

heiten gewährt. Lili R. Andrieux (Abb. 18) besaß als Mitglied einer »Künstlergruppe« einen »Künstlerpaß«,[78] der für einen Monat gültig war und der offenbar größere Bewegungsfreiheit bedeutete. Der Musiker Peter Richard Freund erhielt die Erlaubnis, sich zwecks Probenarbeiten in alle Baracken zu begeben[79] und Hugo Stein, der in der Verwaltung tätig war, schreibt am 19. 2. 1941 an Freunde:

> »[...] aber die Arbeit, in die ich nun schon richtig hineingewachsen bin, macht mir Freude, und zuweilen fehlt es auch nicht an Entspannung z. B. wenn ich abends mit einigen Künstlern durchs Lager ziehe und als humoristischer Rezitator mit Erfolg versuche, die Menschen die Kümmernisse des Barackenlebens vergessen zu lassen [...]. Zu meiner Truppe gehört u. a. Konzertmeister Sander, den Du, lieber Paul, sicher noch von Heidelberg her kennst, aber auch mit alten Karlsruhern konnte ich dabei Wiedersehen feiern: dem Tenorbuffo Peters, der heute

Abb. 18:
Lili R. Andrieux, aufgenommen im Mai 1942. Über das Foto teilt sie mit: »The girl [Martha Klein, ermordet in Auschwitz 1942] at my side is the nice chum whose mother and I shared the room formerly and who are still my best friends in the house.«

noch eine wunderbare Stimme hat, dem Kapellmeister Ebbecke, der unter Krips Solorepetitor war und der hier einen wundervollen Männerchor auf die Beine gebracht hat.«[80]

Auch was die Versorgung betrifft, waren KünstlerInnen und andere Internierte, die handwerkliche oder andere nützliche Fähigkeiten besaßen, oftmals in einer besseren Situation als andere. Denn wer zeichnen konnte, hatte immerhin die Möglichkeit, Bilder gegen Eßbares oder anderes zu tauschen.[81] Amtliche Schreiben, autobiographische Berichte und Auskünfte ehemaliger Internierter legen zudem die Vermutung nahe, daß die KünstlerInnen nicht nur besser untergebracht waren,[82] sondern auch bei der Nahrungsverteilung bevorzugt wurden.[83] Und nicht zuletzt waren sie »geschützter«[84] – zwei von ihnen wurden aufgrund ihrer sozialen Funktion von der Deportation verschont.

Theater und Kabarett

Von 1940 und 1942 existierten zwei Schauspielgruppen: Die eine gruppierte sich um die Kabarett-Truppe von Alfred Nathan, die andere führte unter der Leitung von Ernst Busch Theaterstücke auf (Heini Walfischs Gedicht »Theater in Gurs« legt Zeugnis ab von der Arbeit dieser Schauspieltruppe). Manchmal arbeiteten die Künstlergruppen auch zusammen. Busch wirkte gelegentlich bei der Aufführung der Zeitrevuen mit,[85] und Nathan beteiligte sich bei Busch-Inszenierungen.[86] Während die Schauspieltruppe auf Theaterstücke zurückgriff, die im Lager vorhanden waren oder die die SchauspielerInnen auswendig konnten, schrieb Nathan die Chansons für seine Zeitrevuen selbst. Hauptproblem war für beide Schauspieltruppen jedoch weniger der Mangel an Texten. Die Anwesenheit der Zensoren im Publikum – jedes Wort mußte wohlüberlegt sein – und vor allem die gesundheitliche Verfassung der KünstlerInnen und Künstler und die hohe Fluktuation stellten ein viel größeres Problem dar. Krankheit, Selbstmord, Flucht und Transferierung der Mitglieder der beiden Theatertruppen in andere Lager und die im August 1942 einsetzende Deportation veränderten ständig die Anzahl der Mitglieder beider Ensembles.

Über den biographischen Hintergrund der einzelnen Mitglieder der Schauspieltruppe um Ernst Busch ist wenig in Erfahrung zu bringen. Sicher ist lediglich, daß folgende Stücke aufgeführt wurden: *Die Gespenster* von Henrik Ibsen, *Die Grenze* von Albert Ganzert,[87] Oscar Wildes Komödie *Bunbury*,[88] Einakter von Kurt Goetz sowie *Spiel im Schloß* von Ferenc Molnár.[89] Bei den drei zuerst genannten Stücken führte Günther H. Wolff die Regie. Auf einem Programm wird *Rouge et Noir* von Joseph Frankenstein angekündigt.[90] Auch Shakespeares *Sommernachtstraum*[91] gehörte zum Repertoire. Die gebürtige Frankfurter Schauspielerin Lotte Sondheimer übernahm darin die Rolle der »Titania« und Alfred Nathan spielte den Zettel. Außerdem wurde das Stück *Leuchtfeuer* des amerikanischen Autors Robert Ardrey[92] aufgeführt. Ernst Busch, der im Mai 1940 nach St. Cyprien und Ende Oktober 1940 nach Gurs deportiert worden war, trat in *Leuchtfeuer* selbst auf.[93] Bei der Aufführung von Shakespeares *Sommernachtstraum* sowie von Schillers *Wallenstein* soll er die Regie übernommen haben.[94]

Das Ensemble der Truppe Nathan

Eine 22 Namen umfassende Liste, die am 6. Mai 1941 zusammengestellt wurde, gibt Aufschluß über die Herkunft der Mitglieder der Kabarett-Truppe. 13 von ihnen stammten aus Deutschland, darunter acht aus Berlin: der 1909 in Hamburg als Walter Lindenberg geborene Sänger, spätere Rundfunkredakteur und Kabarettförderer in der Bundesrepublik Guy Walter, Steffi Messerschmidt,[95] die als Chansonette auftretende Charlotte Sussmann und ihre tanzende Schwester Doris, Alfred Nathan, Kurt Grinbaum, Rolf Heinemann, Herbert Berndt sowie die Tänzerin Ruth Rauch. Die Namen der anderen deutschen Mitwirkenden: Kurt Leval, Heinz Lewin, Fritz Hilger, Fred Leschnitzer und Heinz Hansen. Aus Wien stammten Fritz Brunner, Max Strassberg, Kurt Schmidt, Desider Rado (sicherlich ein Pseudonym), Otto Weinstein und Max Falkmann. Zum Orchester von »Tommy Green and the camping boys« gehörten Kurt (Charles) Leval (Klavier), Fritz Brunner (Geige), Ernst Grosz, Desider Rado (Geige), Rolf Heinemann (Trompete), Chico (Saxophon) und Otto Weinstein (Akkordeon). Mit Sicherheit beteiligten sich zwischen 1940–1942 jedoch weit mehr als 22 KünstlerInnen an den Revuen – zum Beispiel der Musiker Kurt Bieber, die aus Budapest stammenden Tänzerinnen Klara und Elisabeth Horowitz und die Sängerin Mary Fuchs. Wie schon im Theater- und Unterhaltungsbereich vor 1933 wirkten Frauen im allgemeinen als Schauspielerinnen, Sängerinnen, Tänzerinnen, stellten die Kostüme her und traten nur selten als Instrumentalistinnen auf – zum Beispiel Steffi Smith mit »potpourri espagnol, solo d'accordéon« in der »Confetti-Non-Stop-Revue en 20 tableaux«. Die männlichen Künstler waren für Musik, Textauswahl, Leitung und Bühnenbild zuständig.

Wer heute etwas über den biographischen Hintergrund und den beruflichen Werdegang dieser KünstlerInnen[96] in Erfahrung bringen will, steht vor einem nahezu aussichtslosen Unterfangen.[97] Über die acht Österreicher – mit Ausnahme von Fritz Brunner, dem ersten Geiger der Wiener Philharmoniker – blieben Nachforschungen vergeblich. Das gleiche gilt für die beiden nicht aus Deutschland oder Österreich stammenden Musiker Christobal Suarez aus Havanna und Ernst Grosz,[98] einem ungarischen Juden. Auch über die Tänzerinnen Clara und Elisabeth Horowitz und die gebürtigen Berlinerinnen Steffi Messerschmidt und die Schwestern Doris und Charlotte Sussmann waren lediglich das Geburts- und Deportationsdatum zu ermitteln. Gelegentlich widersprechen sich die Angaben in der Lagerkartei mit den Erinnerungen von Zeitzeugen. Charlotte Sussmann zum Beispiel gab der Lagerverwaltung

gegenüber an, keinen Beruf erlernt zu haben. Doris Sussmann war jedoch eine professionelle Tänzerin, die vor ihrer Internierung im Unterhaltungsbereich aufgetreten ist.[99] Ein besonders tragischer Fall ist die Geschichte der aus Berlin stammenden Pianistin Margot Rauch und ihrer Tochter Ruth. Margot Rauch überlebte – unter nicht mehr zu klärenden Umständen – das Vernichtungslager. Nach der Befreiung wurde sie wie viele andere KZ-Überlebende vorübergehend im Pariser Hotel Lutetia aufgenommen. Bis zu ihrem Tod in den 80er Jahren trat sie weiterhin als Pianistin auf, unter anderem im Rahmen der Filmfestspiele in Cannes. Ihre 1922 geborene Tochter Ruth (Abb. 19), die mit Alfred Nathan besonders verbunden war, überlebte Auschwitz dagegen nicht. Das Gedicht Nathans »Nekrolog für R. R.« legt Zeugnis ab vom Schmerz über die deportierte Freundin.

»Lebe heute. Es ist später als du denkst«.[100]
Über Alfred Nathan

Als Unterhaltungskünstler, als Sänger, Chansontexter, Kabarettleiter und Sprachrohr politischer Hoffnungen hatte Alfred Nathan für die jüdischen Internierten wie auch für die nichtjüdischen, für Kinder ebenso wie für Jugendliche[101] und Erwachsene, für die »politischen« Flüchtlinge und auch für die »unpolitischen« eine überragende Bedeutung. Obwohl die politischen Bekenntnisse und die Zukunftsvisionen des Kommunisten Nathan von der Mehrheit der Internierten nicht geteilt wurden, traf er mit seinen Chansons den Herzschlag der Verfolgten, unabhängig von ihrer politischen Gesinnung oder sozialen Herkunft. Wo immer er Erwähnung findet – bei Ludwig Turek (mit dem Alfred Nathan in verschiedenen Lagern interniert war und der auch in der DDR mit ihm weiter befreundet blieb) oder bei Lili R. Andrieux – immer werden sein Talent und seine politische Kompromißlosigkeit, seine Schlagfertigkeit und seine menschliche Wärme hervorgehoben.[102] Seine Zeitrevuen fanden nicht nur Eingang in Tagebücher, sondern wurden sogar von der ausländischen Presse beschrieben und gerühmt.

Wer war dieser Alfred Nathan, an den sich ehemalige Internierte noch 50 Jahre später erinnern können? Obwohl sein Leben in zahlreichen biographischen Nachschlagewerken nachgezeichnet wird, ist es nicht einfach, die

Abb. 19: Ruth Rauch und Alfred Nathan in Gurs

beruflichen Anfänge des 1909 in Berlin geborenen Alfred Ferdinand Nathan zu rekonstruieren.

Den Angaben eines 1957 in der *Berliner Zeitung* erschienenen Artikels zufolge debütierte Alfred Nathan, Sohn eines Schallplatten-Generalvertreters aus bürgerlicher Familie, als Zwanzigjähriger mit ersten literarischen Versuchen in der Zeitung *Berlin am Morgen*.[103] Erste Auftritte hatte er beim »Küka«, einer Berliner Künstlerkneipe. Auch bei den »Wespen« soll er aufgetreten sein, was heute jedoch nicht mehr zu beweisen ist.[104] Mit sozialistischen Ideen kam er erstmals auf Reisen nach Paris und London in Kontakt. 1931 unternahm er mit dem Sportclub »Fichte« seine erste »Studienreise in die Sowjetunion«.[105] In der Nacht des Reichstagsbrandes emigrierte er nach Paris. Dort trat er im »Chez elle« auf, einem Club für junge Talente, hielt sich mit dem Verkauf von Hunden über Wasser und schrieb auch für die Emigranten-Presse.[106] Für »Die Laterne« verfaßte er 1936 den Text »Glamour-Girl«,[107] den er später in sein Gurs-Programm »Schmocks höhnende Wochenschau« aufnahm. Seit seiner Internierung im September 1939 bis zu seiner Flucht nach Spanien im Dezember 1942 war er insgesamt in elf verschiedenen französischen Lagern. Überall veranstaltete er »bunte Abende« und Kabarettprogramme. Vom Oktober 1940 bis zum Herbst 1942 war er in Gurs interniert und konnte dann das Lager verlassen, indem er »in einem der zahlreichen Arbeitsbataillone der ehemaligen spanischen Freiheitskämpfer untertauchte«.[108] Nach seiner gelungenen Flucht nach Spanien lebte er »mit falschen Namen und Papieren zwischen Spanien und Portugal«,[109] trat weiter als Sänger auf und wirkte bis 1957 in Barcelona und Madrid unter anderem als künstlerischer Direktor von Music-Halls. 1957 mußte Alfred Nathan mit seiner in Spanien gegründeten Familie »Hals über Kopf« das Land verlassen, wahrscheinlich aus politischen Gründen. Nach der sechsmonatigen Erfahrung im »Wirtschaftswunderland«[110] zog es der Kommunist vor, von München nach Ostberlin überzusiedeln. Von nun an nannte er sich wie die berühmte englische Märchen- und Kinderbuchfigur – Peter Pan. Es ist durchaus denkbar, daß dieser Künstlername vor allem Ausdruck seiner Verehrung für Kurt Tucholsky (alias u. a. »Peter Panther«) war.[111] Michael Pan-Nathan zufolge soll sein Vater Kurt Tucholsky Anfang der 30er Jahre im Pariser Exil begegnet sein. Für seine Tucholsky-Begeisterung spricht auch, daß er in der DDR Programme wie »Hoppla, wir leben! – Hoppla, wir lieben!« und »Deutschland, Deutschland einmal anders« mit Kabarett-Klassikern der 20er

Abb. 20: Alfred Nathan im spanischen Exil (1944)

Abb. 21: Alfred Nathan und Freunde bei einem Auftritt im familiären Rahmen anläßlich der Hochzeit seiner Schwester Lonie Abraham (Berlin 1928)

und 30er Jahre zusammenstellte und dabei selbst Tucholsky-Chansons interpretierte. 1962 veröffentlichte er sein »Kriegstagebuch«, die Gurs-Chansonsammlung »Lachen – trotz Tod und Teufel« beim Hofmeister-Verlag in Leipzig. Es wurden jedoch keineswegs alle Texte und Fotos in den Band aufgenommen, sondern fast nur die explizit »politischen«, bekenntnishaften Lieder.[112] Daß es bei der Herausgabe des Buches Schwierigkeiten gab, geht aus einem Brief vom 20. Juli 1960 hervor. 1959 hatte sich Nathan an den mittlerweile in Wien lebenden ehemaligen Gurs-Bühnenbildner Kurt Conrad Loew (»dein Theaterdirektor aus Gurs«) mit der Bitte gewandt, ihm für sein Buch »Dokumente und Skizzen« zuzuschicken. Am 20. Juli 1960 war er dann gezwungen, ihm folgendes mitzuteilen:

> »Der Hofmeister Verlag hatte mir versprochen, die Möglichkeiten einer Bezahlung in Devisen zu untersuchen. Als ich ihn nach Wochen des Wartens monierte und ihnen Deinen mit Recht ungehaltenen Brief einschickte, sandten sie mir Deine Zeichnungen mit der lakonischen Bemerkung zurück, dass sie leider auf die

Veröffentlichung verzichten müßten. Ich habe schon sehr viel Krach und Ärger mit diesen Leuten gehabt [...].«[113]

Bis zu seinem Tod 1976 stellte er zahlreiche Programme zusammen, betreute auch die Kabarettgruppe der NVA (»Die Kugelspritzer«) und unternahm viele Reisen. Sein erstes DDR-Programm bestand hauptsächlich aus den Kabarettchansons, die Nathan in den französischen Lagern geschrieben hatte. Charles Leval, der nach der Entlassung aus Gurs in Frankreich geblieben war und nach 1945 in Paris lebte, begleitete ihn auf der Tournee am Klavier. Während er mit diesem Programm erfolgreich war, stieß er mit seinem den DDR-Alltag thematisierenden Programm »Meck, meck, hurra« auf scharfe Kritik, besonders bei der Berliner Presse. Der »Westemigrant« sei mit den Verhältnissen in der DDR und mit der »Höherentwicklung der Gesellschaft«[114] noch nicht genügend vertraut, lautete die offizielle Kritik. Nathan ärgerte sich zwar über diese unberechtigte Schelte und protestierte dagegen, verlor aber nie den Humor. Er verwahrte die negativen Pressestimmen sogar in einem Pressealbum und kommentierte sie (»moderato«, »crescendo«, »allegro furioso«).[115] Der eigenwillige Humor Nathans mag auch der Grund sein, warum er – im Gegensatz zu anderen RückkehrerInnen – nie DDR-Nationalpreise erhielt. Mitglied der SED wurde er nicht, obwohl er sich um die Aufnahme in die Partei bemühte. Er gehörte jedoch dem Schriftstellerverband der DDR an und war zeitweise als Direktor der »Distel« im Gespräch. Da er über kein »eigenes Haus« verfügte, trat er immer an verschiedenen Orten auf, häufig im Künstlerclub »Die Möwe«.

Exkurs: Von Berlin nach Gurs – Weimarer Kultur hinter Stacheldraht

Die Zeitrevuen in Gurs waren die Fortsetzung des politisch-literarischen Kabaretts der Weimarer Republik unter extrem erschwerten Bedingungen. Wie sehr Alfred Nathan insgesamt vom Kabarett, den Schlagern, den Filmen und Revuen der Weimarer Republik geprägt war, geht allein aus den Revue-Titeln, seiner spezifischen Kabarettlyrik, der Verwendung von literarischen Figuren – zum Beispiel die des Lügenbarons »Münchhausen«[116] –, seiner schnoddrigen Umgangssprache bis hin zum Rückgriff auf die Balladentradition hervor. Vorbild könnte das 1926 gegründete fliegende Kabarett »Die Wespen« gewesen sein, das für »Leute ohne Kragen« – das heißt vorwiegend für ein proletarisches Publikum – spielte. Das Ziel dieser »bunten Abende«, wie die Veranstaltungen anfangs genannt wurden, beziehungsweise der »Zeitrevuen«, wie das Kabarett retrospektiv von Karl Schnog, der »Seele« des Unternehmens,[117] bezeichnet wurde, bestand darin, »ohne Zoten, Hausvogteiwitzchen und ohne Erörterung ›mondäner‹ Probleme«[118] zu unterhalten. Das künstlerische Credo der »Wespen« lautete: geistreich unterhalten und zeitkritisch auf hohem künstlerischen Niveau für ein Arbeiterpublikum spielen. Wie beim Varieté und der Revue synthetisierte auch das politisch-literarische Kabarett »Die Wespen« die verschiedensten Bühnenkünste. Ein Conférencier bildete das Scharnier zwischen den einzelnen »Nummern«: Rezitationen von Gedichten (oftmals von den Autoren selbst vorgetragen), Tanzparodien, Chansons, gekonnte Blödeleien, akrobatische Einlagen, Deklamationen von »Fünf-Minuten-Dramen« und Auftritten von »Schnellzeichnern«. Claus Clauberg, der Hauskomponist und Vertoner von Tucholsky-Texten, komponierte eigens für das Kabarett »Wespenmärsche« und vertonte zahlreiche Kabarett-Texte wie zum Beispiel die Chansons von Hardy Worm (»Witwenball«) und Erich Weinert (»Die braune Kuh«). Gelegentlich trat hier auch Ernst Busch auf. Vergleichbar mit dem künstlerischen und politischen Selbstverständnis anderer Kleinkunstbühnen stachelten und stichelten die »Wespen« gegen die Zustände der Weimarer Republik. Hauptattackierte waren die republikfeindlichen Schichten im allgemeinen und der Militarismus im besonderen, die »feine Gesellschaft« und der aufkommende Faschismus. Neben diesen explizit politischen Chansons umfaßten die bunten Abende aber auch Gesänge zu den klassischen Themen dieser Zeit: das Leben in der Großstadt (speziell in Berlin), das Geschlechterverhältnis im allgemeinen, die Liebe und die Prostitution im besonderen. Trotz vieler Unterschiede der Wespen- und der Gurs-Programme und der völlig anderen Bedingungen, unter denen »Die Wespen« und Nathans *troupe théâtrale* arbeiteten, fallen eine Reihe von Gemeinsamkeiten auf: Das Publikum in Gurs entstammte ursprünglich zwar nicht überwiegend dem Proletariat, aber die Emigration hatte zu einer »Proletarisierung«, zur völligen Verarmung und sozialen Deklassierung geführt. Wie im Kabarett der 20er Jahre verbanden die Lagerrevuen verschiedene Elemente, zumeist führte ein Conférencier durchs Programm. Sowohl »die Wespen« wie Nathans Kabarett fühlten sich der »spöttischen Mission« (Friedrich Hollaender) verpflichtet: Satirisch sollte auf das Zeitgeschehen reagiert werden. Waren die antifaschistischen Kabarettnummern am Ende der Weimarer Republik noch Warnungen, so sind die Lager-Chansons Kommentare zur nationalsozialistischen Rassenideologie und Kriegspolitik. Alle Chansons

Nathans sind dieser politischen Aktualität verpflichtet. Ob französische Politik, nationalsozialistische Rassenideologie oder aktuelle Ereignisse in den Lagern – alles wurde sofort in Versform gebracht. Lieder entstehen anläßlich von christlichen Feiertagen (»O du fröhliche«) oder historischen Tagen der Arbeiterbewegung (1. Mai), anläßlich von »Exilereignissen« wie der Emigration des Baron von Thyssen (»Zwei Welten«), militärischen Vorstößen der deutschen Wehrmacht (»Es wird ernst. 9. Mai 1940«), der Internierung der »feindlichen Ausländer« (»Herrreinspaziert!«) oder anläßlich von Alltagsgeschehnissen wie dem Zeitungsverbot in Les Milles (»Stoßgebot«) und Tabakmangel (»Das Lied vom Tabak«).

Die Verbindungslinien zwischen dem Kabarett der Weimarer Republik und dem Lager-Kabarett sind so vielfältig, daß hier nur Exemplarisches genannt werden kann. Das Gurs-Programm »Confetti« könnte eine Anspielung auf die gleichnamige Revue von Rudolf Nelson sein, die 1925 aufgeführt wurde. Die Lager-Revue »Höchste Eisenbahn« trägt den gleichen Titel wie die letzte »Revuette« von Friedrich Hollaender, die Ende 1932 in seinem Berliner Tingel-Tangel-Theater aufgeführt wurde. Neben Blandine Ebinger (»Unschuld vom Lande«) und Käthe Kühl (»Die Strohwitwen«) trug Hubert von Meyerinck in dieser Kabarett-Revue das Chanson vom »Falschen Zug« vor,[119] der »verkehrt verkehrt« in Richtung »Nazedonien« fährt.[120] Was hier noch szenischer Einfall, witziges Gleichnis, »geistreich versteckte Allegorie« (Volker Kühn) war, wird von 1933 an für Tausende zur schrecklichen Wirklichkeit: Für sie wird es tatsächlich »höchste Eisenbahn«, Deutschland zu verlassen. Zweifellos könnte der Titel jedoch eine Anspielung auf die Situation der Internierten gewesen sein, denn für sie wurde es mittlerweile sogar »höchste Eisenbahn«, Europa zu verlassen. Gurs-Revuetitel wie »Unter uns gesagt«, »L'auberge aux illusions« oder »Ich bin ja heut so glücklich« legen die Vermutung nahe, daß der Berliner Nathan auch von den Revue-Schlagern der 20er Jahre inspiriert wurde. Dafür sprechen auch Untertitel wie »Non-Stop-Revuen in 20 Bildern«. Mit der »Girl-Kultur« der großen Ausstattungsrevuen hatten Nathans Revuen jedoch wenig gemeinsam. Beide waren zwar »durchnumeriert«, verknüpften die Szenen in loser Folge miteinander und sollten unterhalten. Auch spielte bei beiden Revuetypen (sowie beim literarischen Kabarett der 20er Jahre[121]) die moderne, live vorgetragene U-Musik (Jazz, Tango) eine wichtige Rolle. Das Herzstück der aus den USA importierten und durch die wachsende Unterhaltungsindustrie ermöglichten Ausstattungsrevuen im Stil von Haller, Klein und Charell bestand jedoch in den »Gruppen von jüngeren Frauen, die bereit [waren], ziemlich entkleidet auf

Abb. 22: Charles Leval, Alfred Nathan. Aufgenommen wahrscheinlich auf einer Tournee durch die DDR Ende der 50er oder während der 60er Jahre

einer Bühne genau vorgeschriebene parallele Bewegungen zu machen. Der Zweck ihres Erscheinens und Tuns« war es, so Alfred Polgar, »Zuschauer sinnlich anzuregen.«[122] Alfred Polgar betont in seinem Feuilleton zu Recht, daß sich die Revuen in erster Linie an ein männliches Publikum wandten: »Warum eigentlich Frauen ins Revuetheater gehen, verstehe ich nicht recht. Kein Ensemble von halbnackten Boys bietet ihnen Anregung, wie uns Girls sie bieten.«[123] Abgesehen von der Unmöglichkeit, das in den Revuen praktizierte, der modernen Massenproduktion entnommene Serienprinzip (die »chorus line«) auch in Gurs anzuwenden, war Nathan eher ein geistiger Schüler Hollaenders. Dieser hatte die »Revuette« erfunden, die Polgar als »vegetarische Revue« bezeichnet hatte, weil sie auf die »girls« verzichtete. »Man nehme tausend süße Beinchen – und lasse sie weg,«[124] schrieb Friedrich Hollaender über die Bühnenform »Revuette«. Im Gegensatz zu den Ausstattungsrevuen zeichnen sich Hollaenders Revuetten (teilweise auch Nathans Zeitrevuen) dramaturgisch dadurch aus, daß die einzelnen Szenen, Nummern oder »Bilder« durch ein Thema zusammengehalten werden und sich auf *einen* szenischen Ort (zum Beispiel ein Café bei Hollaender-Revuetten, den Zoo bei einer Nathan-Revue) beziehen.

Die Zeitrevuen Nathans setzten fort, was bereits in den letzten Jahren der Weimarer Republik – neben dem Willen zu Unterhaltung – auf den Kleinkunstbühnen immer mehr in den Vordergrund trat: Kabarett wurde zum Tribunal, zum Ort politischer Kommentare und Bekenntnisse. Die »Hitlerparodie« von Julius Marcus-Tardy, Hellmuth Krügers Chanson »Wünschen wir dem Adolf Heil? Oder das Gegenteil«, Friedrich Hollaenders Revue »Höchste Eisenbahn«, Walter Mehrings »Braune Kuh« und zahlreiche andere Kabarett-Chansons von Autoren wie Tucholsky und Erich Weinert waren literarisch-kabarettistische Antworten auf die gefährdete Demokratie und die zunehmende Verbreitung der Rassenideologie der NSDAP. Chansons wie »Säuberung im Zoo« (aus der Revue »Schmocks höhnende Wochenschau«) und »Baron Münchhausen erzählt« befinden sich in der Tradition dieses antifaschistischen Kabaretts, das von 1933 an nur noch im Exil oder in den französischen Lagern fortgesetzt werden konnte. Exilkabaretts wie Erika Manns »Die Pfeffermühle«, »Die Laterne« (Paris), »Schwarze Schafe« (London) oder »Studio 34« (Prag) und das Gurs-Kabarett gehörten gleichermaßen zur oppositionellen Kunst, unterschieden sich in ihren Wirkungsmöglichkeiten und Aufführungsbedingungen jedoch erheblich: Erstens erlosch im stacheldrahtumzäunten Lager jede Möglichkeit, aufklärerisch zu wirken. Zweitens spielte die Kabarett-Truppe in Gurs für die ausgeschlossene Gesellschaft von

Flüchtlingen. Darin ähnelte das Gurs-Kabarett den Veranstaltungen des Jüdischen Kulturbundes im Nazi-Deutschland, vor allem aber den Kabarettaufführungen in den Konzentrationslagern. Drittens war das Gurs-Kabarett in einem noch stärkeren Maße als die Exilkabaretts dazu gezwungen, mit Verschlüsselungen, Auslassungen, Doppeldeutigkeiten, Allegorisierungen, Anspielungen und mit außersprachlichen Ausdrucksformen (Mimik und Gestik) zu arbeiten. Ein Beispiel für die Arbeit mit Doppeldeutigkeiten sei hier genannt: Der Revue-Titel des französischsprachigen Programms »Folies – (Hé)-Bergères« spielt erstens auf die 1941 eingeführte, verharmlosende Bezeichnung »hébergés« (Beherbergte) an. »Folie« bedeutet Wahnsinn und charakterisiert die Situation der Internierten. Gleichzeitig spielt der Revue-Titel auf das 1869 eröffnete, berühmte Pariser Cabaret an, das das Großstadtpublikum mit Gesangsnummern, Pantomimen und Tänzen unterhielt und das nach dem Ersten Weltkrieg zum Karrieresprungbrett für Revue-Stars wie Josephine Baker und die Diseuse Yvette Guilbert wurde.[125] Jene Funktionen, die Presse, Film und Hörfunk in der Demokratie übernehmen – die Verbreitung und Kommentierung von Informationen – wurden in Gurs Aufgabe des Kabarett. Die Revue-Titel »Radiopolyglotte«[126] und »Schmocks höhnende Wochenschau« spielen auf den »Informationsnotstand« an. Angesichts der Nachrichtensperre ist diese Funktion der Informationsweitergabe und Kommentierung nicht zu unterschätzen. Kriegsgeschehnisse wie beispielsweise die (erhofften) militärischen Mißerfolge Hitlers in Rußland wurden verschlüsselt und kommentiert.

Im Nazi-Deutschland verlor das Kabarett von 1933 an seinen satirischen, ätzenden, oppositionellen Charakter. Kritik war nur noch unter Lebensgefahr, mit Hilfe von versteckten Pointen und Anspielungen möglich.[127] Analog zur NS-Filmproduktion diente auch das Kabarett im »Dritten Reich« nur noch der reinen Unterhaltung[128] oder wurde unmittelbar zum verlängerten Arm der NS-Propaganda.[129] Daß sich Goebbels noch 1941, nach acht Jahren nationalsozialistischer Herrschaft, gezwungen sah, eine »Anordnung betreffend [des] Verbots des Conférence- und Ansagwesens«[130] herauszubringen, weist zwar auf einen Restbestand subversiven Kabaretts in Nazi-Deutschland hin, belegt aber gleichzeitig, daß Kabarett und Diktatur unvereinbar sind, denn »ein Cabaret ohne Angriffsfreudigkeit, ohne Kampflust ist lebensunfähig« (Friedrich Hollaender).[131] Diktaturen entziehen dem Kabarett seine Grundlage: die Rede- und Meinungsfreiheit. Nur im Exil – und dort unter großen, auch politischen Schwierigkeiten – war es möglich, diese Tradition künstlerischer Angriffsfreudigkeit fortzusetzen.

Abb. 23: Alfred Nathan und Charles Leval in Gurs

Lachen trotz Tod und Teufel – die Zeitrevuen

>»Ich bin Schauspieler, und wir haben hier eine Truppe gegründet, deren Chef Alfred Nathan ist. Nathan, der Komponist Kurt Leval und ich haben hier etwas sehr Schönes geschaffen, Wir spielen täglich und geben den Kameraden etwas Optimismus und Humor. Wir schneidern uns selbst die Kostüme und malen die Dekorationen. Teilen Sie bitte den Lesern in den U.S.A. mit: Wir leben, arbeiten und hoffen! Jetzt ist die schöne Jahreszeit da und wir ertragen alles viel leichter. Jetzt gibt es viel Gemüse in dieser Gegend und der Hunger ist geringer...«[132]

Ende 1940 stellte Nathan die ersten »bunten Programme« zusammen. Veranstaltungsort für Nathans Zeitrevuen sowie für die Theaterinszenierungen war die Besuchsbaracke *(parloir)* neben der Kommandantur. Es gab sogar einen von Karl Bodek und Kurt Conrad Loew angefertigten Theatervorhang und Schweinwerfer.[133] Alfred Nathan hat den improvisierten Theaterraum so beschrieben:

>»Aus zusammengenähten, bunt bemalten Säcken entstand der Vorhang, aus Marmeladeeimern und leeren Konservenbüchsen die Scheinwerfer, auf großen Rollen

Packpapiers entwarfen die Maler Bodek und Loew die Dekorationen, und aus all dem Firlefanz ehemaliger Bekleidungsstücke normalen Privatlebens entstanden die improvisierten Kostüme«.[134]

Nathan selbst erwähnt in seinen »Gesängen« sieben Revuen, die zwischen 1940–1942 aufgeführt wurden: »Radio Polyglotte«, »Der große Ausverkauf«,[135] »Schmocks höhnende Wochenschau«, »Folies-(Hé)-Bergères«, »Unter uns gesagt«, »Höchste Eisenbahn« und »Zwischen Himmel und Hölle«.[136] Zählt man noch die Revuen hinzu, von denen nur Programmzettel überliefert sind (»Confetti. Non-Stop-Revue en 20 tableaux«, »Mieux vaut en rire«, »L'auberge aux illusions« (Abb. 24), »Ich bin ja heut so glücklich«[137]), und die »programmes français«, so kommt man auf zwölf unterschiedliche Revuetitel. Dabei kann man davon ausgehen, daß sich hinter den französischen und deutschen Revuetiteln nicht gänzlich unterschiedliche Programme verbergen. »Nummern« aus den deutschen Programmen wurden mit Sicherheit in die französischen Programme »übernommen« und umgekehrt. Die Zeitrevuen setzten sich zusammen aus Nathans Chansons, aus beliebten Operettenmelodien (zum Beispiel einem »Querschnitt durch die Operetten von Paul Abraham«), Schlagern, Schlager-Wettbewerben, deutschen Liedern aus dem 19. Jahrhundert, französischen Chansons, Klavierstücken, Tanzeinlagen (zum Beispiel führte die Berlinerin Doris Sussmann einen »japanischen Laternentanz« und sogenannte »blackouts«, kleine Sketche, auf). Ein gewisser Forini trat immer wieder mit der Nummer »Moderne Magie« auf und ein »Sketch« lautete: »Der Mann im Schrank-Sketch. 1) Original 2) Ludwig Ganghofer 3) Strindberg 4) Blumenthal und Kadelberg 5) Sacha Guitry 6) Friedrich von Schiller.« Hier handelt es sich um Parodien, wie sie durch das Theater »Schall und Rauch« bekannt wurden, bei dem eine Szene in verschiedenen Versionen, im Stile Brechts, Ganghofers, des expressionistischen Theaters, Ibsens und der Pariser Boulevardkomödie wiederholt wurde.

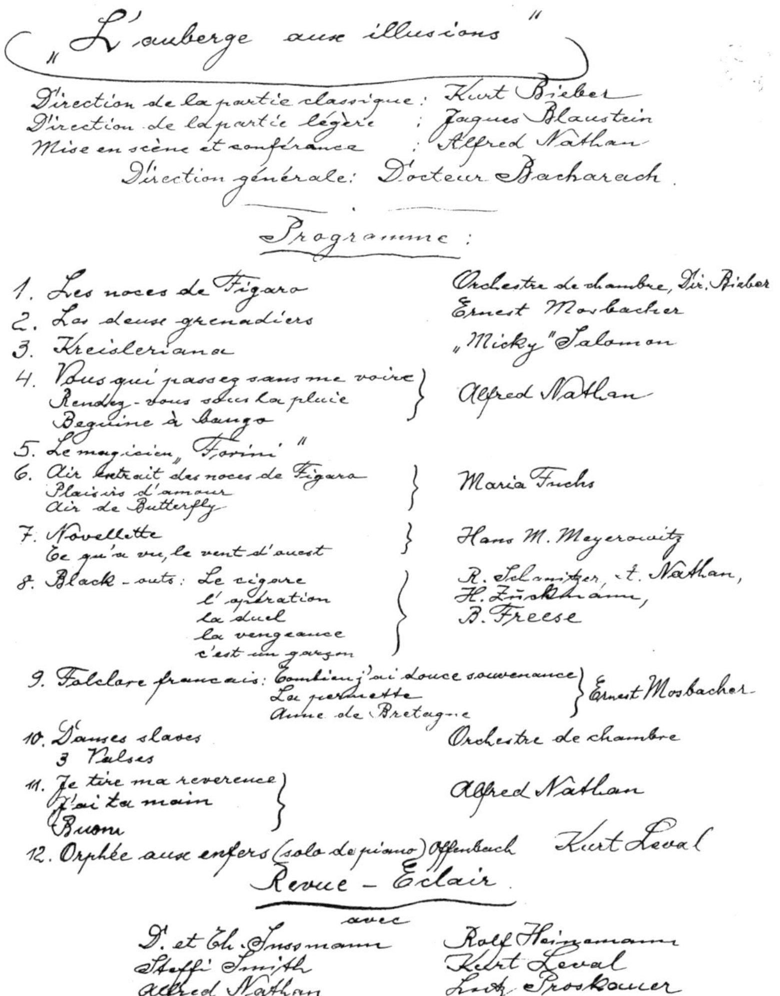

"L'auberge aux illusions"

Direction de la partie classique : Kurt Bieber
Direction de la partie légère : Jacques Blaustein
Mise en scène et souffrance : Alfred Nathan
Direction générale : Docteur Bacharach.

Programme :

1. Les noces de Figaro — Orchestre de chambre, Dir. Bieber
2. Les deux grenadiers — Ernest Mosbacher
3. Kreisleriana — "Micky" Salomon
4. Vous qui passez sans me voir
   Rendez-vous sous la pluie } Alfred Nathan
   Beguine à bango
5. Le magicien "Fiorini"
6. Air extrait des noces de Figaro
   Plaisirs d'amour } Maria Fuchs
   Air de Butterfly
7. Novellette
   Ce qu'a vu le vent d'ouest } Hans M. Meyerowitz
8. Black-outs : Le cigare
   l'opération } R. Schmitter, t. Nathan,
   le duel   H. Zuckham,
   la vengeance B. Freese
   c'est un garçon
9. Folklore français : Combien j'ai douce souvenance
   La pierrette } Ernest Mosbacher
   Anne de Bretagne
10. Danses slaves — Orchestre de chambre
    3 Valses
11. Je tire ma révérence
    J'ai ta main } Alfred Nathan
    Buoni
12. Orphée aux enfers (solo de piano) Offenbach — Kurt Leval

Revue - Éclair
avec
D. et Ch. Sussmann   Rolf Heinemann
Steffi Smith   Kurt Leval
Alfred Nathan   Lady Proskauer
Tommy Green

Abb. 24

Abb. 25: »Pyramus und Tysbe«

Abb. 26: Die Elfen bei den Theaterproben

Schlager, Balladen, Kampflieder – Gesänge hinter Stacheldraht

Mit Humor besingt Nathan in seinen Kabarettchansons die Alltagssituation und die Befreiungsträume der Internierten. Zum Beispiel im Couplet »Oh Martinique«,[138] das bei den Internierten sehr beliebt war:[139]

> »Kennen Sie schon die Antillen?
> Dort sind die glücklichsten Familien!
> Wo kann man jeden Wunsch bewilligen?
> Im Wunderland Martinique.
> Wo trinkt man Rum genau wie Brause?
> Wovon träumt Cohn genau wie Krause
> Und wo wolln alle hin?«

Vom Stacheldraht aus erscheint die Insel Martinique als Paradies, denn dort wird »Rhumba [ge]tanzt nach Jazzmusike«. In den ersten beiden Strophen werden das Lagerleben und das Leben »im Wunderland Martinique« gegenübergestellt:

> »Läg ich erst am Strande
> statt hier im Lehm,
> das wär so schön
> Die Sonne brennt,
> mein Temprament
> nimmt gar kein End
> O Martinique,
> wär ich erst bei dir!«[140]

In der dritten und vierten Strophe werden dann die Hürden der Ausreise und das Scheitern der Auswanderungspläne angeprangert:

> »Willst du übers Wasser,
> heißt es: Schatz, mach Kassa!
> Der Konsul schweigt, die HICEM zeigt
> sich abgeneigt.
> Und dann kommt der Schlager:
> rin ins neue Lager!
> Du bist blamiert
> und ausgeschmiert [sic!] und interniert
> O Martinique,
> ich bleibe lieber da.

Amerika spielt Marschmusike,
Republique...
Martinique...«

Aus der Sehnsucht nach der Ferne und dem Reisen in fremde Länder – einem Topos von Schlagern und Chansons der 20er Jahre – wurde nach 1933 der erzwungene Daueraufenthalt außerhalb Deutschlands. Auch das Duett »Herr Krause und Herr Cohn« beschäftigt sich mit der Situation der Flüchtlinge im Lager.[141] Es beschreibt vier Begegnungen von zwei – Allerweltsnamen tragenden – Emigranten. Charakteristisch für dieses Gespräch ist der heitere Tonfall der Sprechenden sowie das Spiel mit Andeutungen. Die dramatische Situation, in der sich die beiden Internierten befinden, entschärft Nathan, indem er die beiden Figuren bewußt so sprechen läßt, als befänden sie sich im »normalen« bürgerlichen Leben. Besonders durch die Verwendung von Redefloskeln wie »C'est la vie«, »Cher ami« und die übertriebene Höflichkeit der Sprechenden entdramatisiert er die Situation der Emigranten. Gleichzeitig kontrastiert Nathan die Höflichkeit und Beschwingtheit von Krause und Cohn mit Idiomen der Alltagssprache.

»Guten Tag, Herr Krause!
Guten Tag, Herr Cohn!
Na, wie geht's zu Hause?
Danke, macht sich schon!
Wieder mal im Lager?
Leider, cher ami!
Sie sind aber mager.
Wirklich? C'est la vie!
Na, was sagt man draußen?
Danke, alles flucht.
Brauner Druck von außen.
Eine schöne Zucht!
Lesen Sie noch Zeitung?
Mit dem Hintern, schon!
Wiedersehen, Herr Cohn!«[142]

In den weiteren drei Begegnungen werden Neuigkeiten (über die neuen Gesetze, die Einführung eines Arbeitsdienstes für Ausländer, über Fluchtmöglichkeiten und Kriegsnachrichten) angedeutet und kommentiert. Die dritte Begegnung legt nahe, daß dieses Duett nicht 1940, sondern 1941 oder 1942 entstand. Wenn es jedoch tatsächlich 1940 entstanden sein sollte, antizipiert Nathan in diesem Duett den Kriegsverlauf und bringt auf diese Weise

seine Hoffnung auf militärische Niederlagen der deutschen Wehrmacht zum
Ausdruck. Wo die Sprechenden eine Pause einlegen, sollte das Publikum den
Satz mit dem Wort Sowjetunion vollenden:

»Hörn Sie das Gesause?«
»Flieger, höre schon.
Frankreich geht in Trümmer,
Japan droht der Krieg!
Es wird immer schlimmer.«
»Militärmusik!...
London steht in Flammen,
Bomben auf Berlin,
bricht das mal zusammen,
guck ich gar nicht hin!«
»Jetzt gibt's kalte Brause
in der – – – wissen schon!«

In der vierten Begegnung wird dann das Thema Deutschland eingeführt, das
Land, in dem Nathan Kind und Ehefrau ansiedelt. Die Nachricht von Zuhause (»Er schreibt: Lieber Papa, / wann kommst du zurück?«) ist für Herrn
Krause das Stichwort, um seine Hoffnung auf eine Revolution auszudrücken:

»Kenne die Musik!
Mein Frau schreibt ähnlich.
Das ist ein Malheur!...«
»Aber ich persönlich...«
»Rief nicht eben wer?«
»Wir komm' erst nach Hause
nach der – – – komme schon!«
»Wiedersehen, Herr Krause!«
»Wiedersehen, Herr Cohn!«[143]

Der Text wurde je nach Situation verändert[144] und erinnert in seiner dialogischen Form an die »Doppelconférence« der beiden Wiener Kabarettisten
Karl Farkas und Fritz Grünbaum oder an das Komiker-Duo »Fröhlich und
Schön« der Weimarer Republik.[145] Karl Farkas, einer der Erfinder der »Doppelconférence«, der Ende der 30er Jahre nach Frankreich emigrieren mußte
und im Gegensatz zu Fritz Grünbaum[146] die Zeit der Verfolgung überlebte,
definierte diese Form des kabarettistischen Dialogs folgendermaßen:

»Das Wesen der Doppelconférence besteht darin [...], daß man einen äußerst intelligenten, gutaussehenden Mann nehme – das bin ich – und einen zweiten, also
den ›Blöden‹, dazustellt.«[147]

Auch bei Nathan sind »Herr Cohn« und »Herr Krause« streng typisiert, jedoch nicht in »blöd« und »intelligent«, sondern als »kleinbürgerlich / engstirnig« und »politisch fortschrittlich«. Wie Tucholskys Wendriner-Figur gibt auch Nathan dem Kleinbürger-Typ einen jüdischen Namen.[148] Im Duett stellt Nathan zwei politische Haltungen gegenüber, wobei er die »falsche« Haltung dem – abwertend als »Wirtschaftsemigrant« etikettierten – Juden zuschreibt.[149] Auch der »Song von Herrn Manasse« beschäftigt sich ausschließlich mit der politischen Haltung eines deutschen Emigranten jüdischen Glaubens. Analog zum jüdischen Flüchtling »Cohn« im Duett »Herr Krause und Herr Cohn«, geht es auch hier nicht um ein unverwechselbares Individuum, sondern um einen exemplarischen Typ des deutschen Kleinbürgers:

> »Irgendwo in Deutschland, in irgendeiner Stadt,
> lebte einst eine Familie, wie Deutschland viele hat.
> Der Vater hieß Manasse, ein freundlicher älterer Herr.
> In einer kleinen Seitenstraße, ein kleiner Laden für die große Masse,
> mit Kleidern und Stoffen und ähnlichem mehr,
> und er nannte sich stolz: Konfektionär.«[150]

Nach dieser sozialen Einordnung beschreibt Nathan mit wenigen Worten den Alltag der ereignislos dahinlebenden Familie Manasse:

> »Er lebte sein Leben bescheiden und froh,
> die Tochter war neunzehn und ging ins Büro,
> der Sohn, der studierte Medizin.
> Im Laden zur Seite stand ihm seine Frau,
> sie waren zufrieden und wurden schon grau,
> und so flossen die Jahre hin...«

Diese erste Strophe der Ballade erinnert an die erste Strophe vom »Feinen Mann im Dreck«: Geschildert wird die heile Welt einer bürgerlichen Familie. Von der zweiten Strophe an dringen die politischen Ereignisse in die Privatsphäre ein. Der Erzähler wird zum Chronist der politischen Ereignisse 1933:

> »Da ging eines Tages Sturmwind durchs Land,
> am Schaufenster ›Juda verrecke‹ stand,
> und der Sohn mußte sich schlagen, weil man ›Saujude‹ rief,
> und die Tochter brachte weinend den Entlassungsbrief.
> Dann stand eines Tages der Reichstag in Brand.
> Doch der Sinn, ja der Sinn – ging ihm über den Verstand.«[151]

In dieser zweiten Strophe wird der Erzähler-Chronist erstmals zum Kommentator des Erzählten. Nicht nur dieser Wechsel der Erzählerfunktionen ist charakteristisch für Nathans Ballade, sondern auch der Wechsel vom Erzählerbericht zur erlebten Rede. Der Erzähler verläßt die Rolle des moralisierenden Chronisten und gibt Einblick in das Denken von Herrn Manasse:

»Der kleine Manasse,
wollt' schwimmen mit der Masse
und sagte nur: Wir wolln mal sehn,
was kann uns denn schon viel geschehn?
Denn die Welt ist so groß,
und die Familie ist so klein,
und es ist unser Los,
überall verfolgt zu sein.
Denn die Welt ist so schlecht,
und wir stehen ganz allein,
doch ein kleiner Platz für uns
wird immer noch zu finden sein!«[152]

Er schildert, was in den folgenden Jahren mit der Familie in Deutschland geschieht (»Der Pöbel stürmt die Ladenkasse«, Herr Manasse kommt nach Dachau, seine Frau bemüht sich um ein Visum, der Sohn emigriert nach Shanghai, die Tochter nach Haifa, nur die Eltern bleiben zurück) und wiederholt sein Urteil über das mangelnde politische Bewußtsein der Familie (»doch der Sinn, ja der Sinn – der ging über den Verstand«). Danach läßt er wieder Herrn Manasse das Wort ergreifen:

»Der kleine Manasse
verwünschte seine Rasse
und dachte sich: Es muß doch gehn!
Was kann uns jetzt noch viel geschehn...«

Daraufhin paraphrasiert Nathan die bereits in der vierten Strophe formulierten Gedanken und Gefühle des Herrn Manasse (»Doch die Welt war zu klein / und die Familie zu groß« etc.). Als hätte der »Bänkelsänger« nun genug vom Klagen des Opfers und dem Suchen nach individuellen Lösungen (»doch ein kleiner Platz für uns / wird immer noch zu finden sein!«), wird aus der Schilderung der Ereignisse nun ein politischer Gesang, der nach den Ursachen der Verfolgung fragt und der vom Aufstand der Verfolgten und der Armen träumt:

»Darum muß man das Elend vertuschen,
denn die Menschen, die wolln nicht mehr kuschen!
In Ungarn, in Polen, in der Tschechoslowakei,
in Deutschland, Rumänien erhebt sich ein Geschrei:
Zum Teufel fahre die Geduld!
Wer ist an unserem Elend schuld?«[153]

Wie in anderen Lager-Texten prangt Nathan im folgenden Teil dieser Strophe die Rolle der Presse als Multiplikator, als Sprachrohr der nationalsozialistischen Ideologie an:

»Da kam die ›nationale Presse‹
und spuckt aus ihrer Lügenfresse
die altbekannte Melodei.
Man müßte wieder rüsten
gegen Juden und Marxisten,
dann wären sie wieder frei,
in Ungarn, in Polen und in der Tschechoslowakei...«[154]

Der letzte Teil der »Ballade« beschreibt das Kriegsgeschehen mit bildhafter Sprache (»Es wächst die Lawine in rasendem Lauf / Ein Schuß in die Luft, und die Erde reißt auf« etc.) und kündigt das Ende der Sündenbock-Funktion der Juden in Krisenzeiten an (»Der Jud ist schuld! Der Jud ist schuld!«):

»Die alte Walze zieht nicht mehr,
und Neues kommt nicht hinterher.
Der Zeiger der Zeit rückt weiter fort
im Süden, im Westen und im Nord.
Sie kämpfen auf verlornem Posten.
Der Sonne Lauf beginnt im Osten!...«[155]

Nathan verwendet hier eine der ältesten Revolutions-Metaphern und prophezeit – mit einem, Kommunisten eigenen, historischen Optimismus – das Ende nationalsozialistischer Herrschaft. »Der Sonne Lauf beginnt im Osten« als Metapher für die bevorstehende Befreiung von der Klassengesellschaft ist das Stichwort, um auch die Lösung des »Rassen- und Klassenproblems« anzukündigen:

»Denn einmal, lieber Herr Manasse,
da fragt man nicht mehr nach der Rasse.
Da sucht das Volk in seinem Hasse
nicht mehr die Rassen, nein, es sucht die *Klasse!*«[156]

Die »Moral von der Geschicht'« beim assimilierten deutsch-jüdischen Kabarettisten[157] Nathan – Klassen- statt Rassenbewußtsein – entspricht der Geschichtsauffassung und dem offiziellen Kurs der kommunistischen Partei bezüglich der »Judenfrage«: Die kommunistische Doktrin ging davon aus, daß keine »Judenfrage« existiert, sondern nur eine »Klassenfrage«. Nathan führt in lehrhafter Absicht die Geschichte des nicht klassenbewußten jüdischen Kleinbürgers Manasse vor, um dem Lagerpublikum den »richtigen Weg« aufzuzeigen. Der Schluß der Ballade, die Vision einer Welt, in der »alle Platz haben«, hat jedoch nicht nur mit kommunistischer Ideologie zu tun, sondern formuliert die Hoffnung auf eine menschlichere Welt, wie sie von allen Internierten geteilt wurde:

> »Denn die Welt ist so groß, und die Juden sind so klein.
> Geht der Sturm einmal los, fegt er alles wieder rein!
> Wenn die Zeit sich erfüllt, stehn wir auch nicht mehr allein,
> und dann wird für *alle* Menschen
> wieder *Platz* auf Erden sein!«[158]

In der Art und Weise, Zeitgeschichte nachzuerzählen und zu kommentieren, unterscheidet sich dieses Chanson von den bisher genannten. Nicht zufällig lautet die gattungsmäßige Bezeichnung dieses Liedes auf der Schallplatte »Ballade«. Die Ballade folgt zwar keineswegs dem streng festgelegten Strophenbau oder dem Reimschema der Balladen des französischen Dichters und »Fanatikers der absoluten Unabhängigkeit« (Paul Zech) François Villon, der die Umgangs- und Alltagssprache als einer der ersten in der europäischen Literaturgeschichte in der Dichtung verwendete und der sowohl Hofdichter wie auch Sprachrohr der untersten Schichten war. Durch den gesellschaftskritischen Ton der Chansons Nathans, in denen er Partei ergreift für die Machtlosen, läßt sich eine Verbindungslinie ziehen zu den zum Teil derb-lüsternen, aber auch lebensnahen und lebensbetonenden »Jargonballaden« Villons. Gleichzeitig ist auffällig, daß Nathan in jener Zeit zu schreiben begann, als eine neue Generation von Dichtern – an François Villon anknüpfend – oftmals die Balladenform wählte oder ihre Texte als »Balladen« bezeichnete. Alle später zu Klassikern gewordenen Kabarettautoren (Tucholsky, Mehring, Brecht, Kästner, Klabund) verfaßten »Balladen« und lehnten sich dabei nicht an die deutsche, sondern an die französische Balladentradition an. François Villons Hymnen an die »Outlaws« (Bettler, Verbrecher, Huren, Diebe etc.), seine Bekenntnisse zur lustvollen Übertretung sittlicher Normen der Zeit, aber auch der sozialkritische Impetus seiner Gesänge hatten Vorbildcharakter für diese durch den Ersten Weltkrieg verstörte Generation deutscher Schriftsteller, die eine starke antibürgerliche, antimilitaristische Haltung, aber kein Parteiprogramm miteinander verband. Im Zuge der Politisierung dieser Schriftsteller in den 20er Jahren verschwanden jedoch zusehends die expressionistischen Wortkaskaden der »Sturm-Balladen« eines Walter Mehring und die Baalschen Gestalten. Obwohl Brecht noch in seinen Balladen der *Dreigroschenoper* auf Figuren aus der Lebenswelt Villons zurückgriff, markieren diese eher anarchischen, beschwingten Balladen bereits einen Übergang. Anstelle eines sich zur Laute begleitenden Dichter-Ichs werden Typen aus der bürgerlichen Welt und der Unterwelt hörbar. Die Balladen der *Dreigroschenoper* – »Ballade von der sexuellen Hörigkeit«, »Zuhälterballade«, »Die Ballade vom angenehmen Leben« usw. – in denen entweder einer dieser »Typen« in der ersten Person Plural das Wort ergreift oder/und in denen ein allgemein-menschliches Thema abgehandelt wird, haben zwar keine eindeutige politische Richtung, sind jedoch durchaus sozialkritisch zu verstehen. Gemeinsam ist den politischen »Balladen« Nathans mit den Balladen Villons und denen der Weimarer Republik zunächst ihr epischer Charakter. In ihrer belehrenden Absicht ähnelt Nathans Balladenauffassung jedoch eher dem Bänkelgesang und den Moritaten, auf die bekanntlich auch Brecht zurückgriff, wenn auch mit parodistischer Absicht. Der Bänkelgesang war eine Art »fahrende Zeitung«: Jahrmarktsänger und Schausteller zogen im 17. und 18. Jahrhundert von Ort zu Ort, um die »neuesten, besonders seltsamen und wunderbaren Nachrichten zur Zeitgeschichte und aufregende aktuelle Schauergeschichten (Verbrechen, Moritaten, Laster, Greuel, Familientragödien, Naturkatastrophen) zu verbreiten.«[159] Sie stellten sich zu diesem Zweck auf eine Holzbank und zeigten auf primitive Bildtafeln, die das Erzählte für das mehrheitlich analphabetische Publikum visualisierten. Erzählt wurden die Geschichten durchaus mit ernster, lehrhafter Absicht. Nathans »Song von Herrn Manasse« steht in der Tradition der – seit dem 19. Jahrhundert – politisierten Ballade und jener des wiederbelebten Bänkelgesangs. Wie der alte Bänkelsänger berichtet auch der Erzähler in dem Manasse-Song von einer »schrecklichen Geschichte«, von einer »Familientragödie«, von einer Vertreibung. Erzählt wird, um zu unterhalten – und um das Publikum zu »belehren«.

Der Vorwurf, der gegen Tucholsky erhoben wurde, seine Wendriner-Figur sei antijüdisch oder gar antisemitisch, könnte auch bezüglich der Cohn-Figur und der Manasse-Figur von Nathan angeführt werden, denn die drei Begriffe kleinbürgerlich, jüdisch und apolitisches Denken bilden bei Nathan eine Einheit. Sowohl Tucholsky als auch Nathan ging es jedoch um die Kritik an einer politischen oder besser apolitischen Haltung, die sie *auch* an Deutschen jüdischen Glaubens ablehnten. Eindeutig ideologisch dagegen ist Nathans Zukunftsvision, daß die »Rassenfrage« ein Nebenwiderspruch sei, der sich mit der Abschaffung des Hauptwiderspruchs, der Klassengesellschaft, auflöse. Daß die Abschaffung kapitalistischer Besitz- und Produktionsverhältnisse das Verschwinden von Antisemitismus und Rassismus keineswegs garantiert, wird nicht zuletzt durch die Geschichte der kommunistischen Partei und der »sozialistischen« Länder belegt, die alles andere als frei von Antisemitismus und innerparteilichen antisemitischen »Säuberungen« waren.

Faschismuskritik

In »Baron Münchhausen erzählt«[160] greift Nathan auf die Geschichte jener literarischen Figur zurück, die bereits Friedrich Hollaender Anfang der 30er Jahre benutzt hatte, um die propagandistisch verbreiteten Lügen zu entlarven. Ein »Märchenerzähler« begegnet in diesem Song einem »Gästechor«:

»Als Kind verschlang ich gierig alle Seiten
Des Buches von Münchhausen, dem Husar.
Das war der größte Lügner aller Zeiten;
Wer kann das bestreiten, daß er das war?
Und warf er um sich mit Unglaublichkeiten,
Dann rief im Chorus gleich die ganze Gästeschar:
Mein lieber Herr Baron, wie riesig interessant!
Das klingt ja unglaublich, aber irgendwie bekannt.
Ein bißchen Phantasie gehört zum guten Ton,
Erzähl'n Sie bitte weiter, Herr Baron!«[161]

Im folgenden erzählt der Baron dem »Gästechor« die Geschichte von einem »Maler«, der den »Lebensraum« erfand und der viele Bürger dazu zwang, ins Nachbarland zu fliehen. Den Flüchtlingen sei ein »Vermögen in die Hand« gedrückt worden. In rosigen Farben schildert der Lügenbaron das Leben der ins Nachbarland abgeschobenen Deutschen und das Engagement des Nachbarlandes, »das keine Kosten scheute / Erwarb ein Dorf mit staatlichem Ressort. / Wie Gott in Frankreich leben nun die Leute.«[162] Zum Schluß entlarvt der »Gästechor« die Lügen des Barons.

»Das ist ja allerhand!
Das ist doch gar nicht möglich,
das wär uns doch bekannt.
Das kann doch gar nicht sein,
das klingt ja wie ein Hohn.
Wie kann man nur so lügen, Herr Baron!«[163]

Nathan brachte die in Deutschland verbreiteten Lügen über die deutschen und deutsch-jüdischen Emigranten auf die Bühne, um sie von einem Kollektiv, einer Art Alter ego des Lagerpublikums, zu entlarven. Den machtlosen Internierten, die sich gegen die Lügen nicht wehren konnten, wurde wenigstens auf der Bühne eine Stimme zurückgegeben.

Zwei andere Revuen beschäftigen sich mit nationalsozialistischer Rassenideologie und dem Scheitern nationalsozialistischer Kriegspläne. 1940 wurde die Revue »Schmocks höhnende Wochenschau« aufgeführt. Der Titel enthält eine doppelte Anspielung: Er spielt auf die »tönende Wochenschau« an und zweitens auf einen bestimmten Typ des Journalisten, wie er von Gustav Freytag in seinem Drama *Die Journalisten* gestaltet wurde.[164] Anfang des 20. Jahrhunderts, vor allem zur Zeit der Weimarer Republik, wurde dieser Name der ursprünglichen Romanfigur zur Metapher.[165] Das Chanson »Säuberung im Zoo«[166] gehört zu den originellsten und witzigsten Texten Nathans. Vorgetragen wurde es von dem aus Hamburg stammenden Sänger Guy Walter,[167] der in der BRD als engagierter Kabarettförderer und von 1962 an als Leiter der Abteilung Kleinkunst / Kabarett beim ZDF tätig war.[168] Den Anstoß für dieses Chanson gab »die zwangsweise Gleichschaltung Frankreichs an das ›Tausendjährige Reich‹« (Nathan) und die »Nazifizierung der Presse«.[169] Um die Absurdität der Rassenideologie zu verdeutlichen, bot sich der Zoo – als Metapher für Freiheitsentzug und Aufenthaltsort verschiedener Rassen an. Es ist anzunehmen, daß ähnlich wie bei Hollaenders »Revuetten« alle Szenen an einen Ort, den Zoo, gebunden wurden.[170] Auf dem Szenenfoto sind drei junge Männer zu erkennen, ausgestattet mit langen Mänteln und falschen Schnurrbärten. Einer von ihnen hält ein Blatt Papier in der Hand, zwei von ihnen zeigen mit erhobenen Händen auf die gemalte Kulisse, auf der Käfige und ein – auf eine Leinwand gemaltes – Schwein zu sehen sind. Im heiteren Schlagertonfall beginnt die Satire auf die nationalsozialistische Rassenideologie. Die drei Herren »Wissenschaftler« stellen sich auf folgende Weise vor:

»Wir säubern frisch und froh
den Zoo, den Zoo, den Zoo.

> Die Menschen sind schon eingeteilt,
> jetzt hat's die Viecher auch ereilt.
> Wer jüdisch hier sieht aus,
> muß 'raus, muß 'raus, muß 'raus.
> Vom Rindvieh bis zum wilden Schwein,
> der ganze Zoo muß arisch sein.
> Es braust in jedem Stall
> ein Ruf wie Donnerhall:[171]
>
> *[Refrain]*
> Alle Tiere, groß und klein,
> Nase 'raus, Schwanz herein!
> Unser Zoo wird judenrein.
> Sie werden sehn,
> das wird so schön,
> da staunt sogar der Papa Brehm!«[172]

Der Kabarettist benutzt die verschiedenen physiologischen Eigenarten der eingesperrten Tiere – die Form der Augen, Nasen, das Fell, ihre Laute – um die antisemitischen Klischees (Eßgewohnheiten, Nasenform, Aussprache etc.) ad absurdum zu führen:

> »Der Papagei und das Kamel
> betrachten wir schon lange scheel.
> Beim ersten Blick man sieht:
> Semit, Semit, Semit!
> Beim Nashorn und beim Elefant
> wird an der Nase gleich erkannt
> was sich dahinter tut:
> ein Jud, ein Jud, ein Jud!
> Das Eichhorn und das Känguruh,
> die mauscheln auch nur immerzu
> und fuchteln mit die Händ,
> gottlob, das hat ein End!
>
> Beim Löwen sieht ein jedes Kind,
> daß seine Mähne Löckchen sind,
> die Ziege meckert keck:
> Hinweg! Hinweg! Hinweg!
> Der Karpfen murmelt glückerfüllt,
> daß man ihn nicht mehr koscher füllt.
> Da sagt zu ihm der Barsch:
> Mich könn' sie mal am...«[173]

Am Ende dieser Säuberung bleiben nur jene Tiere übrig, die bei den Menschen den Ruf haben, dumm, häßlich und stinkend zu sein und die als Schimpfwörter in die Umgangssprache eingegangen sind: Schakal, Hyäne, Schwein, Rindvieh, Esel, Ziege. Im letzten Satz wird der Zusammenhang zwischen Krise des Kapitalismus, politischer Gesinnung und Rassenideologie angedeutet:

> Der Wiedehopf stinkt weiter dort,
> Der Hamster schleppt die Beute fort,
> Der Pleitegeier krächzt:
> Wir sind und bleiben rechts!«[174]

»Zwischen Himmel und Hölle«, die letzte und einzig verbotene Revue enthält die angriffslustigsten Chansons: »Walkürens Schwanengesang« sowie die drei »Chansons aus dem ›Planetarium‹: Mars, Zwillinge und Futurus«.[175] Da offene Kritik und politischer Kommentar nicht möglich waren, näherte er sich der Gegenwart über den Umweg der Interpretation »aktueller ›Sternenbilder‹« (Nathan). Anlaß dieser Revue waren, so Nathan, das Durchsickern der ersten Nachrichten über den »beispiellosen heroischen Widerstand der sowjetischen Armeen«, über »Volksaufstände[n] in Polen«, die »Partisanenkämpfe auf der Balkan-Halbinsel sowie über die erfolgreichen Aktionen der französischen Widerstandskämpfer«.[176] Diese disparaten Meldungen interpretierte Nathan als »Anfang vom Ende der Hitlerherrlichkeit« und dichtete als »Vorspiel zur braunen ›Götterdämmerung‹ Walkürens Schwanengesang«.[177] Um das Thema Krieg in Kabarettform auf die Bühne zu bringen, griff Nathan auf jenen germanischen Mythos zurück, der von 1933 an als »Krongut völkischer Erziehung«, als »deutsches Tugendbuch« (NS-Volksschulpädagoge S. Rüttgers)[178] an deutschen Schulen unterrichtet wurde: *Das Nibelungenlied*, das bereits im 19. Jahrhundert den Status eines deutschen Nationalepos innehatte, wurde von den Nationalsozialisten als »Selbstzeugnis jener heldischen und rassischen Ewigkeitswerte [interpretiert], die germanisch-deutsche Wesensart ausmachen sollten«.[179] Da Wagners dramatische Neufassung des *Nibelungenliedes*, seine Tetralogie *Der Ring der Nibelungen*, erheblich zur Verbreitung der germanischen Ursage über Heldentum, Treue, Rache und Untergang beigetragen hatte und Wagner selbst aufgrund seines Antisemitismus problemlos in den nationalsozialistischen Kanon deutscher Musik aufgenommen wurde, ist es nicht verwunderlich, daß Nathans »Walkürens Schwanengesang« den Wagnerischen Text persifliert und sich somit in die Geschichte der Wagner-Parodien einreiht. Bei Nathan meldet sich die

Walküre – jene »Heldenjungfrau«, die auf Wotans Befehl den Helden im Kampf beizustehen hat – auf folgende Weise zu Wort:

> »Brünnigen Brunstschrei brüll' ich zum Biere,
> klägliche Kunde, kärglicher Krampf.
> Germanische Großmut, schmeichelnde Schmiere,
> lockende Losung löst sich im Dampf.
> Wo immer ich weile mit sengendem Säbel,
> die Völker verfluchen germanischen Geist.
> Der Gallier, der geile, der polnische Pöbel,
> der Balkan-Bandite wird bockig und beißt,
> Es geht mir mit Grundeis der ar'sche Popoi:
> Wotan ahoi! Wotan ahoi!«[180]

Nathan greift nicht nur Verben auf, die auch im Wagnerischen Text vorkommen (wiegen, weben, wogen, wallen etc.), sondern führt im Zeitraffer auch die verschiedenen Figuren und Orte des *Ring der Nibelungen* zusammen (Nornen, Hagen, Wotan, Walhall, Götter, Walküre). Diese parodierte reine Kunstsprache wird kontrastiert mit Worten aus der Umgangssprache wie Bier, Schiß, ar'sche Popoi und der mit »Gefühlen« ausgestatteten Walküre:

> »Es reiten die Rotten in Rudeln nach Osten.
> Beelzebub bändigt cheruskischer Schmiß.
> Jetzt wogt es und wallt und feilt an den Pfosten.
> trotz Fluchen und Feme bekomme ich Schiß!
> Die Recken verrecken wie Fliegen im Brei.
> Wotan ahoi! Wotan ahoi!«[181]

Das Chanson endet mit dem endgültigen Abgesang auf Hagen (bzw. Hitler):

> »Schon wiegen und weben die nächtlichen Nornen
> zum Leichenbegräbnis dem Hagen das Kleid.
> Ihr Götter, es dämmert Walhalls Tyrannei:
> Wotan ahoi! Wotan ahoi!«[182]

Auch die anderen Chansons der Revue beschäftigen sich mit dem Kriegsverlauf. Das Chanson »Mars« beginnt lautmalerisch und an Kindersprache erinnernd. Der Gott des Krieges stellt sich folgendermaßen vor:

> »Ich bin der Gott der großen Syndikate.
> Sind sie bankrott, dann ziehn sie mich zu Rate,
> pour le profit des Vaterland-Altars.
> Widiwumbumbum, widiwumbumbum,
> am Mars, am Mars, am Mars.«[183]

Nathan hat hier die Faschismusbestimmung der KPD in Verse gefaßt. Aus der Sicht der Partei mündete der Kapitalismus gesetzmäßig in eine Krise, aus der sich die Herrschenden mittels des Krieges zu retten versuchen. Der Krieg wird zum letzten Versuch, die kapitalistischen Besitz- und Produktionsverhältnisse aufrechtzuerhalten.

Das Chanson »Zwillinge« stellt satirisch das Verhältnis der beiden faschistischen Diktaturen Deutschland und Italien dar. Auch hier bietet sich der Rückgriff auf literarische Texte an, die den Krieg heroisieren. Die Schlußzeilen erinnern an »Fest steht und treu die Wacht am Rhein« aus dem patriotischen Gedicht »Die Wacht am Rhein« von Max Schneckenberger:

»Wir sind das Zwillingspaar
von Spree und Tiber.
Wir gleichen uns aufs Haar,
jawoll, mein Lieber.
Bin ich auch schwarz und meine große Schwester blond,
wir haben beide doch den gleichen Horizont.
Ich liebe Sauerkraut.
Ich Makkaroni.
Ich rede viel und laut.
Ich schmus alloni.
Wir kleben fest an unsern respektiven Haxen,
wir sind verwachsen
durch eine Achsen.
Wenn wir auch gar nicht von demselben Papa stammen:
Wir halten fest und treu zusammen.«[184]

Es ist hier unerheblich, daß sich die Innen- und Außenpolitik beider Diktaturen beträchtlich voneinander unterschied. Der bedeutendste Unterschied der beiden Ideologien bestand darin, daß dem Antisemitismus und der Rassenideologie im ideologischen System des italienischen Faschismus keine zentrale Rolle zukam. Erst nachdem Italien Mitte der 30er Jahre wirtschaftlich und politisch stärker auf Deutschland angewiesen war,[185] wurden in Italien »Rassengesetze« eingeführt (1938). Das Chanson, das die Gewohnheiten und Eigenarten der beiden »Zwillinge« satirisch charakterisiert (schwarze und blonde Haare, verschiedene Eßgewohnheiten etc.), spielt unmittelbar auf die Entwicklung Italiens und auf das Abhängigkeitsverhältnis der beiden Staaten an:

> »Ich nehm entsetzlich ab
> in Abessinien.
> Ich mache auch schon schlapp
> auf allen Linien.
> Man wird nicht fett von sogenannter Volksverehrung,
> es fehlt Ernährung und feste Währung.
> Doch wenn uns alle auch verfluchen und verdammen:
> Wir halten fest und treu zusammen.«[186]

Das Untergangsmotiv, das bereits in »Walkürens Schwanengesang« angeklungen war, findet in der letzten Strophe der »Zwillinge« seine Fortsetzung. Nichts erscheint lächerlicher als ihre »Nibelungentreue«:

> »Wer etwas weiter sieht,
> der kriegt das Kotzen.
> Es ist zum Heulen, aber unser ganzer Laden
> geht langsam baden, bis an die Waden.
> Doch steht die ganze Welt auch ringsherum in Flammen:
> Wir halten fest und treu zusammen!«[187]

Zum Schluß allegorisiert Nathan die Zukunft in Gestalt des Sterns »Futurus«. Er selbst spielte diesen »Stern der Zukunft«. Auf einem Foto ist er in einem Arbeiteranzug zu sehen. Über seiner Schulter trägt er einen Hammer. Hinter ihm ist der Sternenhimmel (oder der Globus) zu sehen.

> »Ich bin der Stern der Zuversicht und Freude.
> Ich bin die Zukunft einer neuen Welt.
> Ein Ruhepunkt im schwankenden Gebäude,
> der diese Nacht mit seinem Schein erhellt.
> [...]
> Wer sehen will, der kann mich schon erkennen:
> Ich bin der Stern, der Freiheit, Brot und Frieden bringt.
>
> Völker der Welt, die Zukunft bricht sich Bahn,
> drum Schritt gefaßt, ich leuchte euch voran!«[188]

Obwohl die Begriffe Kommunismus oder Sozialismus nicht erwähnt werden und der »Stern der Zuversicht und Freude«, »der Freiheit, des Brotes und des Friedens« auch eine Allegorie für die Demokratie sein könnte, erinnert das Chanson in seiner Sprache (»Völker der Welt«), dem imperativen Charakter einiger Verszeilen (»drum Schritt gefaßt«), seiner Metaphorik (»die Zukunft bricht sich Bahn«, Lichtmetaphorik) und seiner Verheißung einer besseren Zukunft an kommunistische Kampflieder wie »Brüder, zur Sonne, zur Freiheit«, in denen die Massen auch auf ein Telos der Geschichte zumarschieren. Am Ende ergreift das Kollektiv das Wort:

> »Wir gehn den Weg der Zuversicht und Freude,
> wir sind die Jugend einer neuen Welt.
> Wir bauen uns ein besseres Gebäude
> aus alten Trümmern, die die Zeit zerschellt.«[189]

In den letzten Zeilen schwingt die gesamte Tradition europäischer revolutionärer, proletarischer, kommunistischer Kampflieder mit, von der »Marseillaise« über das »Einheitsfrontlied« bis zu den (jiddischen) Partisanenliedern:

> »Fort mit dem Schutt vergangner Illusionen,
> fort mit den Fehlern der Vergangenheit.
> Im Marschschritt ungezählter Millionen
> gradaus den Blick, in eine neue, beßre Zeit
> wollen wir den Weg bis an das Ende gehn,
> mit festem Fuß auf dieser Erde stehn!«[190]

»Im Osten geht die Sonne auf«. Ideologiekritische Anmerkungen

> »Komm mit und vergiß deine Sorgen,
> in der Zukunft, da liegt unser Feld.
> Denn heut schon gehört uns das Morgen,
> und morgen gehört uns die Welt«[191]

Wie zahlreiche andere Exilgedichte, -lieder, und -chansons emigrierter Kommunisten bewegen sich Nathans *Gesänge hinter Stacheldraht* ideologisch zwischen Antifaschismus und dem Bekenntnis zum Kommunismus. Seine politischen Forderungen wie Freiheit, Brot, Recht und Menschenrechte sind jedoch nicht nur für kommunistische Kampflyrik kennzeichnend, sondern gehören insgesamt zum klassischen Vokabular der politischen Lyrik.[192] Im Gegensatz zu Nathans Kabarettchansons, die politisch zwar durchaus Stellung beziehen und die das Zeitgeschehen satirisch kommentieren, aber auf ein politisch heterogenes Publikum Rücksicht nehmen mußten, muten seine – nicht für die Bühne bestimmten – Kampflieder wie die Marschmusik für das »letzte Gefecht« an. Dabei schreckt der Kommunist Nathan bei der Formulierung seiner Zukunftsvision (»und morgen gehört uns die Welt«) nicht davor zurück, auch nationalsozialistische Lieder umzudichten. »Komm mit, Kamerad« erinnert an »Es zittern die morschen Knochen« des Nationalsozialisten Hans Baumann, der Lieder für die Hitler-Jugend schrieb:

»Wir werden weitermarschieren,
wenn alles in Scherben fällt,
denn heute, da gehört uns Deutschland
und morgen die ganze Welt.«[193]

Betrachtet man die Sprache und die Metaphorik der bekanntesten kommunistischen Kampflieder, stößt man immer wieder auf die folgenden Wortfelder und Bilder: Völker, Erde, Solidarität, blutrote Fahne, letzte Schlacht, Zukunft, Millionen. Alle diese Begriffe bilden auch die Säulen der Kampflieder Nathans, die sich zuweilen wie die Antizipation sozialistischer DDR-Lyrik lesen:

»Die Melodie der Internationale
ruft alle Völker mahnend zum Gefecht.
Das Herz der Welt schlägt schnell mit einem Male,
und grüßt der Zukunft einiges Geschlecht.«[194]

Säkularisiertes Heilsversprechen, Naturmetaphorik, Zukunftsgewißheit und die imperative Form vieler Verben kennzeichnen Nathans Kampflyrik, die häufig anläßlich von bestimmten Feiertagen der Arbeiterbewegung oder anläßlich von Geburtstagen junger »Genossen« geschrieben wurde. Das Ideologische dieser Lieder besteht vor allem in der Rolle, die dem »Volk« zugeschrieben wird. »Volk« und »Völker« sind bei Nathan gleichbedeutend mit der revolutionären Kraft der Geschichte. Daß der Nationalsozialismus für verschiedene Schichten, auch für Menschen aus »dem Volk« attraktiv war und eine Faszination ausübte, hat in seinem politischen Denken keinen Platz. Nathan stilisiert nicht nur »das Volk« zum antifaschistischen Kollektiv, sondern auch »die Franzosen« zu freiheitsliebenden Menschen, die nicht auf die »Zweckpropaganda hereingefallen« seien und statt dessen »an den humanistischen Idealen ihrer großen Revolution, an ihrem Dreyfus-Prozeß und dem flammenden ›J'accuse!‹ ihres Emile Zola«[195] festgehalten haben. In seinem Frankreichbild folgte Nathan sowohl in seinen – nach 1957 verfaßten – Zwischentexten anläßlich der Herausgabe seiner »Gesänge« in der DDR wie auch in seinen Chansons der offiziellen Parteilinie bzw. der DDR-Geschichtsschreibung. Neben der Heroisierung des »Volkes« und »der Franzosen« taucht noch ein anderer Topos politischer Lyrik auf: das Motiv des »Verrats«

als Erklärung von Geschichte. Als Motiv des »Verrats« nennt Nathan die Angst des »Finanzkapitals« in Frankreich vor der Revolution. »L'honneur est intact« heißt ein Lied, auf die »Losung der Verräter Pétain und Laval« anspielend, »die das französische Volk an den Faschismus« verraten hatten. In Nathans einführenden Worten zu seinem Lied heißt es weiter:

> »Als Vertreter des französischen Monopolkapitals paktierten sie mit dem Feind aus Furcht vor einer bewaffneten Aktion der Volksfront, in der sich die fortschrittlichen Kräfte Frankreichs vereinigt hatten zum Kampf gegen den Faschismus.«[196]

Dieser Mythos einer Volksfront (die 1940 überhaupt nicht existierte) liest sich in Versform so:

> »Sie haben verraten von hinten und vorn,
> aus Angst vor der Revolution.
> Sie fürchten weit mehr des Volkes Zorn
> als Hitlers Annexion.«[197]

Nathans »Geschichtsthesen« sind jedoch nicht ausschließlich ideologischer Natur. Die Frage nach dem politischen Handeln des Vichy-Regimes, besonders danach, welche Kreise in Frankreich mit der Abschaffung der Demokratie sympathisierten und warum das Regime den Schein der Souveränität aufrechterhielt, wird von der französischen und deutschen historischen Forschung zunehmend diskutiert. Fest steht heute, daß jene französische politische Klasse, die 1940 legal, das heißt durch Wahl, an die Macht kam und nach der Kapitulation Frankreichs Mitverantwortung trug, die Okkupation Frankreichs als eine Gelegenheit ansah, mit dem politischen Gegner der 30er Jahre abzurechnen, jedes neue Aufflackern der Arbeiterbewegung zu ersticken und alle diejenigen von der »französischen Nation« auszuschließen (durch Internierung oder Gefängnishaft), die von ihnen bereits in den 30er Jahren für die wirtschaftliche Krise verantwortlich gemacht worden waren: die Kommunisten, Ausländer und Juden.

Abb. 27: Julius C. Turner, Deportation, 1942

Das Schweigen der Kultur: Die Deportationen

Im November 1942 schreibt Hans Reichel an seine Maler-Freundin Herta Hausmann, die im Mai 1942 mit Hilfe des Abbé Glasberg Gurs verlassen konnte:

> »Die Leute, nach denen Du dich erkundigst, sind alle nicht mehr da – auch Möring nicht. Die ewige Unsicherheit – (auch der Besuch [Deportation, G. M.] war wieder hier) läßt einen natürlich nie zur Sammlung und Ruhe kommen – bleibt ewige Sehnsucht nach Bildern und Malen [...].«[198]

Als das Lager erstmals von der schwarzuniformierten nationalen Polizei umstellt wurde, wußte niemand der Internierten, was dies zu bedeuten hatte. Allerdings gab es das Gerücht, daß es in ein »besseres Lager« ginge. »Als Madame Fuchs mit dem ersten Zug das Lager verlassen konnte, waren viele neidisch auf Madame Fuchs«, erinnert sich die Tänzerin Hella Bacmeister-Tulman.[199] »Aber als man dann nie wieder etwas von Madame Fuchs hörte, wußte man, daß diese Transporte nichts Gutes bedeuten.«[200] Zu den Opfern des ersten Deportationszuges vom 6. August 1942 gehörten viele KünstlerInnen, unter anderen die Tänzerin Ruth Rauch, die »artiste musicale« Steffi Messerschmidt sowie die beiden Schwestern Charlotte und Doris Sussmann.

Von der grauenhaften Atmosphäre im Lager (Abb. 27) zur Zeit der Deportationen legen zahlreiche Berichte Zeugnis ab.[201] Sobald das Lager von den Schwarzuniformierten umstellt war, verbreitete sich Angst und Schrecken. Wer den Mut hatte, versuchte zu fliehen oder versteckte sich. An Kulturveranstaltungen war seit Beginn der Deportationen nicht mehr zu denken. Die Zahl der KünstlerInnen verringerte sich rapide und die Angst der im Lager Verbliebenen, selbst auf der nächsten Liste zu stehen, war zu groß, als daß weiterhin ein kulturelles Leben und ein Kabarett à la »Mieux vaut en rire« existieren konnte.[202] Einzige Ausnahme: die Konzerte. »Nach dem ersten Transport gaben Brunner und Leval noch Konzerte, aber nur noch ernste Musik«, schreibt Hedwig Kämpfer,[203] und Rolf Weinstock berichtet, daß Sängerinnen vom Kommandanten gezwungen worden seien, am Tag der Deportation zu singen.[204] Einige der im Lager verbliebenen bildenden Künstler arbeiteten auch weiterhin. Über seine Malerei zur Zeit der Deportation schreibt der aus Osteuropa stammende Jacob Barosin: »My Gurs sketches try to depict the despair, the atmosphere of senseless idleness and waiting day after day, for deportation.«[205] Im Gegensatz zu Barosin weigerte sich der abstrakte Maler Hans Reichel auch in den Monaten der Deportationen weiterhin, die grausame Wirklichkeit »abzubilden«. Am erschütterndsten sind die Aquarelle von Julius Turner, der 1881 in Schivelbein (damals Pommern) geboren wurde und der im Oktober 1940 von St. Cyprien nach Gurs deportiert worden war. Sie dokumentieren schonungslos die letzten Stunden der Deportierten: das Warten der Alten und Kranken auf den Bahren, der Kinder, der Frauen und Männer auf den Abtransport. Mit gesenkten Köpfen stehen sie da, gehen gebückt zu den Lastwagen; die Augen starren ins Leere. In den Händen tragen sie die letzten Habseligkeiten. Über den Bildern schwebt eine Atmosphäre des Schweigens. Die schwarzuniformierten Polizisten überwachen, breitbeinig stehend, mit auf dem Rücken zusammengelegten Händen, den reibungslosen Ablauf der Deportationen »mit unbekanntem Ziel«.

Zwischen Fiktion und Zeitzeugenschaft
– Romane

Kein Gedicht, kein autobiographischer Bericht und kein Lied aus Gurs wurde nach 1945 so bekannt und so kontrovers diskutiert wie der Roman *Stadt ohne Männer* von Gertrud Isolani. Ähnlich wie viele andere, die ihre Erfahrungen im Lager realitätsgetreu festhalten wollten, verstand auch Isolani ihren Text als »Tatsachenbericht«, mit dem sie vor allem Jugendliche erreichen wollte. An sie richtete die gebürtige Berliner Journalistin die »dringende Bitte«, in ihrem Buch nachzulesen, wie es damals anfing in den Lagern, und die Lehre daraus zu ziehen, *niemals zu vergessen!*«[1] Im Gegensatz zu anderen Romanen, in denen das Leben in Gurs dargestellt wird – wie in Helmut Lindts unveröffentlichtem Text *Die Beherbergten* und Adrienne Thomas' Roman *Fahren Sie ab, Mademoiselle*, der 1944 in Stockholm (und erst Anfang der 80er Jahre erstmals in der Bundesrepublik) erschien, wurde *Stadt ohne Männer* gleich nach seiner Veröffentlichung als Fortsetzungsroman in den *Basler Nachrichten*, 1945 in der Schweiz auch als Buch herausgebracht.[2] Unmittelbar auf die Schweizer Ausgabe folgten Übersetzungen ins Finnische und ins Dänische. Seit 1945 wurde der Roman in sieben Sprachen übertragen.[3] Er sollte sogar in den USA verfilmt werden[4] und noch 1969 dachte die Autorin an eine Dramatisierung des Romans. Gertrud Isolani hatte sich 1943, als sie mit der Niederschrift des Romans begann,[5] bewußt gegen einen autobiographischen Bericht und für das Genre Roman entschieden.[6] Sie ging davon aus, daß ein Roman eine größere Verbreitung finden würde. Der Erfolg von *Stadt ohne Männer* gab ihr recht.[7] Daß der Roman – im Gegensatz zu den vielen »Lagerberichten«, die nach 1945 ungedruckt oder unbeachtet blieben[8] – auf ein so breites Echo stieß, ist jedoch sicher nicht allein auf Isolanis Entscheidung für das Genre Roman zurückzuführen. In diesem Zusammenhang ist es interessant, sich das Lob von Schriftstellerkollegen und der Presse in Erinnerung zu rufen. Thomas Mann teilte Gertrud Isolani zum Beispiel 1945 mit, wie sehr ihn »dieses erlebnis- und eindrucksvolle Werk« beschäftige, und daß er das »Aufsehen verstehe«,[9] das es in der literarischen Welt ausgelöst habe. Sein literarisches Urteil, der Roman sei so gelungen, weil er mit allen Mitteln moderner Psychologie arbeite, wurde nicht nur von der Frankfurter *Die Tat* geteilt, sondern auch von der jüdischen Presse und vom Exilliteraturhistoriker Berendsohn.[10] Unmittelbar nach der Schweizer Veröffentlichung wurde jedoch auch scharfe und wütende Kritik laut, die zum Teil in der Schweizer Exil-Zeitschrift *Über die Grenzen* publiziert wurde.[11] Isolani habe in »Kirmesmanier« (Ernst T. Goldschmidt) – banalisierend und einem retuschierenden Fotografen gleich – das Leben im Hungerlager Gurs verfälscht.[12] Sätze wie die Frauen seien »frisch und duftend vom Abendspaziergang« zurückgekommen, seien für ehemalige Gurs-Internierte, die das Hungerlager überlebt hätten, in ihrer verharmlosenden Wirkung eine Zumutung. Gabriele Tergit formuliert ihre Kritik 1949 noch vergleichsweise zurückhaltend. *Stadt ohne Männer* vermittle »wahrscheinlich ein rosiges Bild«[13] vom Lagerleben und zeige ansonsten »die ganze Freundlichkeit« der Person Isolani. Isolani wies alle Kritik weit von sich. Sie begründete die »Hetze gegen ihr erfolgreiches Buch« mit dem »Futterneid Schweizer Kollegen«[14] und mit den »rückständigen Moralvorstellungen« der LeserInnen.[15] Der New Yorker *Aufbau* vermutete, das Buch habe deswegen ein so »heftiges Mißtrauen« ausgelöst, weil »die Frauen von Gurs nicht als Märtyrerinnen, sondern als Menschen von Fleisch und Blut mit all ihren Fehlern und Vorzügen« dargestellt werden.

Wer ist diese Autorin, die von sich selbst sagte, sie sei erst »durch die Emigration und in der Emigration eine wirkliche Schriftstellerin geworden« und über *Stadt ohne Männer*, es sei ihr »erstes, wirkliches Buch«?[16] Wie ist es zu erklären, daß ausgerechnet dieser Roman – der das Leben in Gurs im Mai/Juni 1940, das heißt vor der Etablierung des Vichy-Regimes, darstellt – so erfolgreich war? Bemerkenswert ist auch die Tatsache, daß Isolanis Roman noch in anderer Hinsicht eine Ausnahme bildete: Denn nach 1945 bestand sowohl in Deutschland wie auch bei den verschiedensten Verlagen in Europa nicht nur wenig Interesse an »KZ-Romanen«, sondern besonders wenig an den Exilromanen deutschsprachiger Schriftstellerinnen. Neben ideologisch-politischen Gründen, die die Verlagsprogramme in der DDR und in der BRD beeinflußten, sind die Konzentration vieler dieser Exilromane auf den Alltag im Exil – statt der Darstellung politischer Debatten und Kämpfe – sowie ihre (unterstellte oder tatsächliche) Nähe zur Trivialliteratur die Hauptgründe für das Desinteresse der Öffentlichkeit und der Forschung.[17] Bei Isolani scheint es gerade umgekehrt zu sein: Gerade das Lagerthema sowie der triviale Charakter ihres Romans scheinen ihr – in erster Linie außerhalb der BRD und der DDR – zum Erfolg verholfen zu haben.

Gertrud Isolani

1899 wurde Gertrud Isolani (Abb. 28) in Dresden als Tochter der Schauspielerin Betty Perl und des Theaterkritikers Eugen Isolani geboren. Ihr Vater, der eigentlich Isaacsohn hieß, hatte auf Anraten seines Dresdener Verlegers seinen Namen geändert, um antisemitischen Anfeindungen zu entgehen. Gertrud Isolani, die sich in ihrer Autobiographie als »liberale Jüdin« bezeichnet, erfuhr erst als Jugendliche von ihrer jüdischen Herkunft. Während des Ersten Weltkrieges begann sie als Journalistin zu arbeiten und trat 1919 mit einer Biographie über Christian Morgenstern erstmals an die Öffentlichkeit. Inspiriert durch die Schriften Freuds, die sie mit »glühendem Interesse« las und die ihre »geistige Welt« revolutionierten, verfaßte sie die Erzählung *Die Seelenklinik*. Hauptsächlich arbeitete sie für die Zeitungen der Verlage Ullstein, Scherl und Mosse. Sie rezensierte Bücher – zum Beispiel von Erika Mann[18] –, schrieb Theaterkritiken, berichtete über Mode und arbeitete als Sprecherin und Autorin für den Hörfunk. Berufstätig blieb sie auch nach der Eheschließung mit dem gläubigen Juden Berthold Sternberg und nach der Geburt ihrer Tochter, was in den 20er Jahren keineswegs eine Selbstverständlichkeit war. Ihre neue Rolle als Mutter bezeichnet Isolani in ihrer Autobiographie als »wirkliches Abenteuer«, das sie »stark und bleibend beeindruckte« und das auch die Themen ihrer publizistischen Arbeiten beeinflußte.[19] 1933 emigrierte sie mit ihrem Mann und der Tochter. Im Pariser Exil war sie gelegentlich als Übersetzerin tätig, publizierte in verschiedenen deutschsprachigen Exilzeitschriften Novellen und Kurzgeschichten, schrieb auch für das *Neue Tage-Buch*, arbeitete vor allem für Illustrierte und Exilzeitungen, besonders für das *Pariser Tageblatt*.[20] Isolani war eine der erfolgreichsten Journalistinnen dieser einzigen deutschsprachigen Tageszeitung im Exil: Zwischen 1934 und 1940 wurden insgesamt 60 Artikel von ihr gedruckt.[21] Wie alle anderen Arbeiten der rund 100 Journalistinnen, die sporadisch oder regelmäßig für die Zeitung arbeiteten, erschienen auch ihre Artikel vor allem im Unterhaltungsteil der Zeitung (Lokales, Feuilleton, Frauenbeilage) und beschäftigten sich nicht mit aktuellen Themen.[22] Wüßte man nichts über den biographischen Hintergrund, könnte man meinen, die Artikel stammten aus der Feder einer deutschen Korrespondentin, die ein bürgerliches Publikum mit Geschichten über Pariser Revue-Stars, Metroerlebnisse, Mode, Parfum-Herstellung und über französische Prominenz unterhalten sollte. Diese zeitlosen, unterhaltenden Beiträge, die eher das Bild einer heilen Welt vermittelten, forderte die Redaktion des PTB offensichtlich gerade von

Abb. 28: Gertrud Isolani (1978)

Journalistinnen. Isolani, die sich als »unpolitisch« bezeichnete und auch während der Weimarer Republik nie über explizit politische Ereignisse geschrieben hatte, paßte gut ins redaktionelle Konzept der Zeitung, auch wenn es fraglich ist, ob ihre Artikel tatsächlich dem Anspruch der Zeitung entsprachen, zwischen Frankreich und den deutschen Emigranten zu vermitteln, und ob sie dazu beitrugen, daß sich die Flüchtlinge »in der fremden Welt [besser] zurechtfinden« konnten.[23]

Gertrud Isolani schrieb auch häufig über das Leben von Frauen. In einem Bericht vom 3. 9. 1936 über die Herzogin de la Rochefoucauld, die sich als Vorsitzende der »Union nationale pour la vote des femmes« für das Frauenwahlrecht in Frankreich engagierte, hebt sie hervor, »daß diese Organisation keine politischen Ziele verfolge, sondern nur ›das Recht der Frau auf Arbeit und ihre Forderung, mitgehört zu werden und mitbestimmen zu dürfen‹«,[24] verteidige. Sie legt nicht nur Wert darauf, die politischen Forderungen der Interviewten zu entpolitisieren, sondern ihren Leserinnen und Lesern zu versichern, daß die Herzogin »trotz ihres Einsatzes eine sehr charmante und weibliche Art« besitze. Da Isolani, die sich gelegentlich bei der Redaktion über nichtgedruckte Artikel beklagte, von den Redakteuren abhängig war, ist es durchaus vorstellbar, daß sie sich bewußt dem stereotypen Denken der Redakteure anpaßte, um ihre Artikel verkaufen zu können.[25] Andererseits porträtierte sie in ihren Artikeln auch Frauen, die in Männerdomänen eingebrochen waren, und attestierte ihnen eine besondere Eignung aufgrund »frauenspezifische[r] Lebenserfahrung« und ihrer »weiblichen Eigenschaften wie Sensibilität, Intuition, Einfühlungsvermögen«. Mit dem Kriegsausbruch änderten sich ihre Themen. Von nun an reagierte sie auf die aktuelle politische Situation. So berichtet sie am 18. 2. 1940 von einem Besuch in einer Flugzeugfabrik, in der nur Frauen arbeiteten.[26] Auch im Lager setzte Isolani das Schreiben fort. In ihrer Autobiographie *Kein Blatt vor den Mund* schreibt sie:

> »Daß es mir gelang, mich in der Sandwüste und Einöde der grauenhaften Barackenstadt Gurs, neben der Sorge um unser armes Kind, das schluchzend im Stroh lag in der engen Baracke und keine Nahrung anrührte, die nur auf dem Blechteller und in einer Blechtasse, vor denen sie sich ekelte, erhältlich waren, – ja, daß ich überhaupt noch an die Schriftstellerei denken konnte, war ein Wunder, ein seltenes Glück. Jedes Erlebnis mußte ich sofort niederschreiben, aus mir herausschleudern [...]. Ich begann, schon in den ersten Stunden, abends in der dunklen Baracke, wenn wir die Kerzen löschen mußten, [...] meine Erlebnisse und Beobachtungen hineinzukritzeln und mich von allem, was ich sah und hörte, seelisch zu befreien.«[27]

Isolani schrieb von Anfang an im Hinblick auf eine Veröffentlichung. Was Maria Leitner vergeblich versuchte, nämlich eine Reportage über ihre Internierungserfahrung zu veröffentlichen,[28] gelang Gertrud Isolani. Ihre Reportage, in der sie ihrer eigenen Einschätzung nach »zunächst einmal [...] genau und sachlich das Lager« beschrieb, konnte sie 1940 in die Schweiz schmuggeln. Schwärmerisch heißt es in diesem Artikel das Lager sei »trotz aller Mängel [eine] großartige Gemeinschaft der Frauen, eine Art Frauenstaat, wie ihn schon Philosophen und Schriftsteller aller Zeiten und Länder erträumt haben«.[29] Ähnlich wie andere Teile des Romans, bei denen sie auf frühere Arbeiten zurückgriff,[30] wird sie auch diese Reportage wortwörtlich in ihren Roman übernehmen und sich zudem selbst durch die Charakterisierung einer Romanfigur als »begabter Journalistin« ein Denkmal setzen. Die Reportage würde für die Historiker dieses Krieges »ein einzigartiges Sammeldokument« des »Frauenstaates« darstellen, läßt Isolani eine der Figuren im Roman urteilen. Tatsache ist, daß die Internierung für Gertrud Isolani eine prägende Erfahrung war. Nach 1945 betonte sie immer wieder die Bedeutung dieses »kostbaren Erlebnis[ses]« im »Frauenstaat« für ihr Leben.

1942 gelang Isolani mit ihrer Familie die Flucht in die Schweiz. Nach 1944 veröffentlichte sie unter anderem den Krimi *Die letzte Havanna*, den Roman *Der Donor*, eine Biographie über Golda Meir und war Mitarbeiterin verschiedener Schweizer Tageszeitungen. Sie starb 1988 in der Nähe von Basel.

Stadt ohne Männer

Mit Ausnahme von wenigen Kapiteln, die außerhalb des Lagers angesiedelt sind – an der Riviera, in Pau, an der Front, in Paris und in Genf – literarisiert Isolani in *Stadt ohne Männer* auf 260 Seiten das Leben der im Frühjahr 1940 internierten Frauen. Nicole, Carola und Gisèle sind drei zentrale Figuren des Romans. Mit dem Abendgespräch von Carola und Gisèle in der Baracke beginnt der Roman:

> »Sagen Sie nur ruhig Carola, ich heiße Carola und bin auch verheiratet, – aber das ist ja unwichtig. Hier sind wir doch alle nur Weiber; ob wir vor dem Maire oder dem Pfarrer oder nur vor unserem Gewissen verheiratet sind, spielt doch gar keine Rolle mehr. Gisèle heißen Sie, nicht wahr? [...] Merkwürdig ... [...] Ich kenne nämlich eine Gisèle in Paris, das heißt, ich kenne sie eigentlich nicht persönlich, ich habe nur viel von ihr gehört ...«[31]

Dieser Auftakt – die Begegnung der als »körperlich zart und weiblich schwach« charakterisierten Carola mit der jungen Geliebten ihres Ehemannes und der so beginnenden Freundschaft beider Frauen – ist programmatisch. Gurs ist der Ort, an dem sich Liebes-, Ehe- und Familienkonflikte zuspitzen und ausgetragen werden. Wenn von anderen Themen die Rede ist – vom Judentum oder von Politik – dann zumeist in trivialisierter Form. Die äußere Realität des Lagers verschwindet zwar nicht völlig, im Gegenteil – der Roman umfaßt durchaus dokumentarische Teile: Tatsächlich kamen im Lager Kinder zu Welt und es gab Künstlerinnen, luxemburgische Nonnen und Prostituierte. Es gab die störenden Augen der Wachmannschaft, Solidarität zwischen den Internierten, das Bangen der Frauen um ihre in anderen Lagern internierten Männer, das Kokettieren mit den Spaniern, das »Schmierestehen« vor einer Baracke für ein ausgehungertes Liebespaar und grobe Aufseherinnen. Auch die Gespräche zwischen dem Lagerkommandanten und den internierten Frauen, die ihn »um den Finger zu wickeln« versuchten und die Bereitschaft, sich notfalls zu prostituieren, sind möglicherweise nicht erfunden.[32] Daß Frauen versuchten, in diesem verdreckten Lager ihre »Weiblichkeit« zu erhalten, sich schminkten und »modisch« kleideten, wurde bereits erwähnt. Es sei jedoch dahingestellt, ob – wie im Roman beschrieben – diese »Generalproben vor dem Spiegel«, das »Pudergewölk« und das »Kleidergeraschel« wirklich in dieser Intensität stattgefunden haben und ob die Kleidervorräte so üppig gewesen sind, daß Internierte »seidene Pyjamas mit elegantem Schwung« überstreifen konnten. Die Vermutung liegt nahe, daß die Modejournalistin Isolani hier übertrieben hat. Insgesamt entsteht der Eindruck, daß die Autorin zwischen dem Willen zur Dokumentation des Lagerlebens und der Lust, mit dem Gesehenen und Erlebten frei umzugehen, schwankt.[33] Im Zentrum des erzählerischen Interesses steht die Typisierung und Stereotypisierung einzelner Figuren und die Veränderungen im Leben der Frauen, die durch den Lageraufenthalt ausgelöst werden: Carola begegnet im Lager der »herrischen und unnahbaren Tänzerin Toni Frender« und träumt davon, ihre Schülerin zu werden – schließlich entscheidet sie sich doch für Mutterschaft und Ehe. Gisèle trifft im Lager die von ihr bewunderte »berühmte Schauspielerin von Faber«. Weitere Figuren sind Theresa, die gläubige Jüdin; die Prostituierte Anna (»die einzig aufrichtige und sympathische Frau in der Baracke«, so Carola); ein »BDM-Mädel«; die aus der Hand lesende Senta; die Antisemitin Fränze; die Nonne und sich als Christin an der Judenverfolgung mitschuldig fühlende Cordula; Brigitte Anschütz, die im Lager ihrer »herzlosen« Mutter wiederbegegnet; die Barackenchefin Anette (die ständig das

Wort »Humanität« und »Kameradschaft« im Munde führt); Marion, die »ätherische Photographin«; die »gesuchte und gefürchtete Journalistin« Susanne von Mühlheim; die »selbstbewußte, tüchtige, sehr kokette Ärztin Inge«; die »graziöse Kabarettistin Karin«; die »lebhafte und temperamentvolle Spanischlehrerin Ruth« (die von ihrem Freund Philipp einen Heiratsantrag per Brief erhält und gleichzeitig zufällig ihren seit vier Jahren vermißten Freund Fred im Lager wiederfindet); die »wissensdurstige Studentin Ursel«; die »geschwätzige Comité-Dame« Berta; die »gehaßte Ilotchefin« und Betrügerin Ludmilla, die nach ihrer Entlassung zunächst nichts Besseres zu tun hat, als sich in Pau »modisch« einzukleiden; ein »Chor von Judenmädchen«, die im Lager »sehnsüchtige, ostjüdische Volkslieder« singen; die »kleine und neugierige Annelies«, die im Lager zur »gewissenhaften Infirmière« wird und Nicole, die sich von ihrem »Georges« immer anhören mußte, für Politik »zu dumm« zu sein, und die im Lager den Plan entwickelt, ein Attentat auf Hitler zu verüben. So unterschiedlich wie diese Frauen auch immer charakterisiert werden – eines ist ihnen gemeinsam: Ihre Gedanken und Gespräche kreisen um familiäre Konflikte, sexuelle Erfahrungen und Bedürfnisse. Der überwiegende Teil der Romanfiguren leidet nicht nur unter der Abwesenheit des sexuellen Partners und der emotionalen Stütze ihrer Ehemänner, sondern darunter, auf einmal ohne »männlichen Schutz« zurechtkommen zu müssen. In dem Gespräch, in dem die Tänzerin Toni ihrer »Jüngerin« Carola offenbart, daß ihre größte Liebe im Leben eine Frau war, sagt sie:

> »Ich sage dir, Carola, daß mich die Frauen hier in höchstem Maße anwidern, die klugen, wie die dummen, die schönen wie die interessanten; – Aufspielerei, Wichtigtun, Betriebsamkeit, Drohnendasein, das ist alles, was sie zu bieten haben. [...] Alles was sie hier schaffen, organisieren und bearbeiten, hat seinen Sinn verloren. Denn der Mann fehlt, der ihre Gaben weckt, der ihr Tun sinnvoll macht, der ihren Ehrgeiz anfeuert und das gelungene Werk durch seine Freude und Anerkennung krönt. [...] Glaube mir, Carola, nie war der Schrei nach dem Manne und auch der tiefe, verzweifelte Sehnsuchtsschrei nach dem Kinde größer als hier, wo sich alle Frauen täglich belehren und beweisen wollen, daß es *ohne* Männer ginge, – ebensogut und noch besser.«[34]

In den Gesprächen zwischen den Frauen und in den zahlreichen Briefen, die sie an ihre Brüder und Ehemänner schicken, ist immer wieder von diesem »Schrei« nach dem Mann die Rede. Keine der Frauenfiguren existiert außerhalb eines Liebes- oder Ehezusammenhangs, und die meisten Frauenfiguren sind von der Erzählerin mit einem zwar wachsenden, aber insgesamt geringen Selbstbewußtsein ausgestattet. In einem Brief Carolas an ihren Ehemann schwärmt diese geradezu von der Erfahrung mit der »festen, unerschütterlichen [Frauen-]Gemeinschaft« – und dem veränderten Geschlechterverhältnis und neuen Selbstwertgefühl:

> »Ja, Franz, Deine Carola gehörte auch zu denen, die bisher nur für oder in dem Manne lebten, den sie liebten; zu jenen Frauen, die ihr Selbst ausgelöscht und vergessen hatten. Wie wir alle, hat auch sie umlernen müssen, und es ist ihr gewiß nicht leicht geworden. Der Krieg, den ein Dichter einmal den ›Umwerter aller Werte‹ nannte, hat nicht nur die Familien selbst zerstört und engste Familienbande zerrissen, er hat gleichzeitig in uns auch ein Gefühl, ein Charakteristikum unserer Generation vernichtet: Es ist schwer zu bezeichnen, ich möchte es vielleicht den Familienegoismus nennen. Wir sind keine Familienmütter mehr, keine sorgenden Ehefrauen und Schwestern, keine Haustöchter und folgsamen Nichten, Enkelinnen. Wir sind hier nichts als Kameradinnen, und das Leben in der großen Gemeinschaft der Frauen ist unser neues weltumstürzendes Erlebnis, das alle vergangenen Ziele und verlorenen Ideale verdrängt hat.«[35]

Trotz dieses »weltumstürzenden Erlebnisses« bleibt die Sorge der Frauen um ihren Attraktivitätsgrad und um die abwesenden Männer zentral. Carola quält nicht etwa die Frage, wann sie wieder aus dem Lager herauskommt, sondern ihre Eifersucht, denn in jeder Internierten sieht sie eine potentielle Geliebte ihres Mannes. Nicoles Gedanken beschäftigen sich nicht damit, ob ihr das Attentat gelingen wird, sondern ob ihr geliebter Georges »noch eine Mörderin lieben können« wird.[36] Auch die Gedanken des »allmächtigen und gefürchteten, umworbenen und verfluchten Halbgott«,[37] des Lagerkommandanten und des Wachpersonals einschließlich ihrer »Männerphantasien« gibt Isolani wieder. Wie in einem Internatsroman oder in einem Hollywood-Film löst die Erzählerin am Schluß die Konflikte und führt sie einem Happy-End zu: Gisèle erfüllt sich einen Traum und wandert mit der Schauspielerin von Faber, ihrer zukünftigen Lehrerin, nach Kolumbien aus; das von einer Frau zur Adoption freigegebene Kind findet eine liebevolle Mutter; Carola gebiert im Lager ein Kind und wird von Franz aus dem Lager geholt; Brigitte findet eine Ersatzmutter im Lager und wird vom Sohn einer Nachbarin, Robert, aus dem Lager geholt – die pragmatische »mariage blanc« verwandelt sich in eine Liebesheirat; Lisa, die von Joseph schwanger ist (der bei einem Schiffsunglück umgekommen ist), bringt ebenfalls ein Kind zur Welt und heiratet – dem letzten, brieflich überlieferten Willen ihres Bruders folgend – den Koch Albert; und auch Ruth und Fred bilden wieder ein glückliches Paar. Das einzig tragische Ereignis im Roman ist der heroische Tod der Widerstandskämpferin Nicole.

Gurs als Paradigma: Frauen ohne Männer

Es ist nicht verwunderlich, daß Isolanis Roman nicht in erster Linie als »KZ-Roman« gelesen wurde, sondern als ein »wertvolles Dokument für das Studium des weiblichen Charakters«, so die Wiener Zeitschrift *Die Frau*. Der Berliner Propst Dr. Heinrich Grüber fand »vor allen Dingen wegen der vielen Frauenprobleme« Interesse an Isolanis Roman.[38] Die Berner Zeitung *Der Bund* betrachtet ihn sogar als ein Stück »Sittengeschichte«. Auch der Berliner *Telegraf* rezipiert den Roman als »eine Studie des Wesens der Frau aus allen Gesellschaftsgruppen in letzter Einsamkeit«.

Worauf es Isolani bei ihrem Roman ankam, geht bereits aus dem programmatischen Titel *Stadt ohne Männer* hervor: Ihr Interesse gilt dem Verhalten von Frauen in einer »Ausnahmesituation«. Diese Notsituation bestand aus der Sicht Isolanis weniger darin, als »feindliche Ausländerin« hinter Stacheldraht dem Vormarsch der Deutschen Wehrmacht tatenlos zusehen zu müssen, sondern im *Dasein ohne Männer*.

Es besteht kein Zweifel daran, daß das erzwungene Zusammenleben in Gurs für viele Frauen (auch für Isolani) tatsächlich eine neue Erfahrung darstellte. Denn abgesehen von nichtöffentlichen Bereichen (Familie) und spezifischen öffentlichen Räumen (politische und konfessionelle Frauenorganisationen), in denen Frauen »unter sich waren«, gab es in der patriarchalen Gesellschaft des Kaiserreichs, der Weimarer Republik oder im Exil keine Orte, in denen Frauen das Modell »Schwesterlichkeit«, Kameradschaft und Solidarität vorfanden. »Die Männer an der Front wissen ja, was Kameradschaft bedeutet, und wir Frauen haben jetzt auch Sinn und Bedeutung dieses grandiosen Weltgefühls kennengelernt,«[39] schreibt Carola an ihren Ehemann Franz. In außerfamiliären, geschlechtlich gemischten Zusammenhängen wie beispielsweise in kommunistischen, sozialistischen und/oder jüdischen Jugendverbänden, Sportvereinen oder Parteien wurde dieses »Kameradschaftsideal« zwar teilweise gepflegt, aber es bezog sich auf das gleichberechtigte Miteinander von Männern und Frauen. Historisch gesehen hatte das »Kameradschaftsideal« vor allem in reinen Männergruppierungen – in schlagenden Verbindungen, beim Militär, in Parteien und anderen männerdominierten Zusammenschlüssen – Bedeutung. Ausschluß von Frauen und Kameradschaft zwischen Männern bedingten einander. Die Erfahrung der Kameradschaft, auch in den Männerlagern, und das Sichbewegen in einer reinen Männerwelt stellten im Leben von Männern keine Besonderheit dar. Daher ist es auch nicht verwunderlich, daß männliche Verfasser autobiographischer oder fiktionaler Lagertexte die Abwesenheit ihrer Gefährtinnen oder ihrer Ehefrauen – wenn überhaupt – nur nebenbei erwähnen. Nirgendwo wird in diesen Texten danach gefragt, wie sich die Abwesenheit der Partnerinnen oder von Frauen im allgemeinen auf die »Psyche der Männer« auswirkt, und in keinem dieser Texte wird dieses Dasein ohne Frauen zum Hauptthema. Daß das Leben in einer reinen »Frauengesellschaft« eine »Ausnahmesituation« darstellte, und daß sich die Abwesenheit von Männern auf die »Psyche der Frau« auswirkte, geht nicht nur aus Isolanis Roman hervor, sondern auch aus den autobiographischen Berichten von Emigrantinnen. Marta Feuchtwanger bemerkt in ihren Erinnerungen, daß »die meisten Frauen ohnedies sehr verstört [waren], sie wußten nicht, wo ihre Männer waren«,[40] und Marianne Berel schreibt in »Letters to my mother«: »In den ersten Wochen war »der Mann« das wichtigste Thema.«[41] Ehemänner waren erstens der möglicherweise größte gemeinsame Nenner der internierten Frauen und zweitens ein unterhaltsames Thema, mit dem man sich die Zeit vertreiben konnte. Zudem gab es noch einige praktische Gründe, warum die Frauen das Thema Männer so beschäftigte: Denn der Zivilstand war im Juni 1940 ein Entlassungskriterium. Frauen, deren Ehemänner Prestataires waren, konnten das Lager eher verlassen.[42]

Problematisch an Isolanis Roman ist daher nicht die Thematisierung der »Ausnahmesituation«, sondern daß sie Gurs als Kulisse benutzt, um sich über »zeitlose« Themen – Eheprobleme, untreue Ehemänner, uneheliche Kinder, männliche und weibliche Sexualität, Frauen, Kunst und Genialität – auszulassen. Die Erfahrung Gurs wird zum Stichwort für die Nacherzählung von »human stories«, die alle auf ein Zentrum zusteuern: das Verhältnis zwischen Mann und Frau. Was die Figuren denken, sagen und schreiben, knüpft dabei nahtlos an jahrhundertealte Vorurteile und Klischees über die »Psyche der Frau« an und erinnert an Isolanis eigenes stereotypes Denken, wie es in ihrer Autobiographie nachzulesen ist. Nicht nur in dieser Autobiographie werden die Frauen in »attraktiv« oder »reizlos«, »jung« oder »zweite Jugend« eingeteilt, sondern auch im Roman.[43] Sowohl in ihrer Autobiographie wie auch in ihrem Lagerroman werden Frauen durch die Bestimmung ihres »Attraktivitätsgrades« charakterisiert. Über die Baronin von Faber heißt es, sie »schien nicht häßlicher [...] als die meisten«, und Nicole, die Arbeiterin, ist selbst in der Fabrik eine »elegante Pariserin«. Jede Begegnung der Geschlechter inszeniert die Autorin als potentielle Verführungsszene, jede Begegnung zwischen Männern und Frauen wird sexualisiert. Auch das starke Konkurrenzdenken Carolas, ihre Eifersucht, ist nicht einfach eine Charaktereigenschaft einer

Romanfigur, sondern spiegelt Isolanis' Verachtung einem bestimmten Frauentyp gegenüber wider. In ihrer Autobiographie schreibt sie über die Ehefrau des Dichters Toni Dietzenschmidt:

> »Wie viele Frauen ihres Schlages, die nur gute Mütter und Hausfrauen und primitive Weibchen waren, hatte sie eigentlich nur Eifersucht gegen geistige, intellektuelle und künstlerisch interessierte Frauen empfunden, die ihn fesselten und faszinierten.«[44]

Problematisch an dieser Darstellung des Lagerlebens ist nicht nur die Mythologisierung der Lagergemeinschaft zum »Matriarchat«, sondern die Charakterisierung der meisten Frauen als wehrlose und hilflose Wesen, die *erst* im Lager zu Selbständigkeit und Selbstbewußtsein gelangen.

Zieht man den Briefwechsel Jacob–Isolani hinzu, findet man den endgültigen Beweis dafür, daß es Isolani weniger um die Dokumentation einer spezifischen historischen Situation ging, sondern um eine »Ausnahmesituation«, die räumlich und zeitlich jederzeit neu fixiert werden könnte. Der historische Kontext des »Frauenstaates« war austauschbar. An Heinrich Eduard Jacob schreibt sie am 12. März 1947:

> »Das Thema halte ich nicht für so zeitgebunden wie Sie, ich würde auch bei dem Drehbuch, das sich vom Roman in diesem Punkte ziemlich weit entfernen müsste, mehr Wert auf das Experiment des *Frauenstaates* legen, als auf irgend eine durchschnittliche Lager- und Kriegs-Atmosphäre. Ich hatte mir das so gedacht, dass der Film von Gurs in den Sommermonaten 1940 auf ein ›Weiberdorf‹ des Jahres 1947–50 in irgend einem kriegsverwüsteten Land überblenden könnte, wo sich einige Frauen aus meiner ›Stadt ohne Männer‹ verschiedener Art und Nationalität – Frauen, die ihre Männer und Söhne während des Krieges verloren haben – zu einer Frauengemeinschaft nach vielem Umherirren wieder zusammengefunden haben, um gemeinsam ein neues Leben aufzubauen. Dieser Aufbau könnte durch verschiedene Zwischenfälle – etwa die Rückkehr eines totgeglaubten Ehemanns, die Flucht eines jungen Mädchens aus dem Dorf in die Welt der Männer etc. behindert, umstritten und schliesslich doch zu einem natürlichen happy end geführt werden.«

Kein Zufall ist, daß Gertrud Isolani in ihrer mit Briefen so reich bestückten Autobiographie nicht ein einziges Mal aus dem umfangreichen Briefwechsel mit Heinrich Eduard Jacob zitiert.[45] Denn Isolanis offizielle Aussagen über ihren »Bestseller« (Isolani) stehen in starkem Kontrast zu ihren »Offenbarungen« Jacob gegenüber. Jacob, der selbst in Dachau und Buchenwald interniert war, hatte im *Aufbau* von dem »grossen Lese- und Übersetzungserfolg«

des Romans gehört und gratulierte ihr am 14. Juli 1946. Isolani schickt ihm daraufhin ein Exemplar zu und schreibt ihm am 6. August 1946:

>»Haben Sie irgend eine Möglichkeit, mein Buch in einer amerikanischen Zeitung oder Zeitschrift zu rezensieren? Das könnte mir natürlich ungemein nützlich sein. Und ganz privat sagen Sie mir bitte offen Ihre Einwände, und was ich besser machen muss. Im Technischen glaube ich viel von Ihnen lernen zu können, ich bin ja ganz und gar Debutantin und schreibe fast ohne einen konkreten Gestaltungswillen, ganz wie mir der Schnabel gewachsen ist.«

Im seinem Antwortbrief vom 15. Oktober 1946 geht Jacob ausführlich auf die Schwächen und Stärken des Romans ein – auch in Hinblick auf eine amerikanische Übersetzung. Einer der Kritikpunkte Jacobs lautet, der »soziale Durchschnitt« der beschriebenen Frauen liege zu »hoch«. Isolani hätte nur jene Frauen zu Heldinnen erwählt, die aus der gesellschaftlichen Schicht stammen, zu der die Autorin selbst gehöre.

>»Sie werden mich erstaunt unterbrechen, weshalb Ihnen gerade das in Amerika schaden sollte, dem Lande des Dollars, des Snobismus, des Frisiertsein noch im Sarge und der grossen Vicki-Baum-Erfolge. [...] Durch die schiere Auswahl Ihrer an Kunst, Ehebruch, Tanz und Liebe interessierten Heldinnen haben Sie bereits gewählt. Jawohl, die Dinge, die Sie von diesen Frauen erzählen, sind schön und lebhaft, fraulich echt und oft bemerkenswert amüsant – ABER Sie lassen den Leser keinen Augenblick darüber im Zweifel, dass Sie das Verhältnis dieser Frauen zueinander und zu den abwesenden Frauen lieber in einem Pyrenäen-Hotel geschildert hätten als in Gurs...«.

Nicht die Abwesenheit von »Greuelszenen« sei an dem Roman problematisch – wie dies zum Teil in der Presse bemängelt wurde –, sondern es fehle der »Schatten des Stacheldrahtes«, die Tragik der Situation, in der sich die Frauen befänden. Isolani antwortet ihm am 22. Oktober:

>»Ja, Sie haben natürlich recht, es ist nicht verzweifelt genug, und der soziale Durchschnitt der geschilderten Frauen liegt zu hoch. Ich war diesem unerhörten Thema einfach schriftstellerisch nicht gewachsen. [...] *Nun habe ich eine ganz grosse, ja flehentliche Bitte:* Übernehmen Sie, lieber und so gescheiter Heinrich Eduard Jacob, diese notwendige Bearbeitung. Sehen Sie, eine Mutter ist ja meistens viel zu verliebt in ihr Kind, um es richtig zu erziehen, das macht dann ein kluger Lehrer viel besser [...].«

In den folgenden Monaten wird Isolani immer wieder auf diese Bitte zurückkommen, nicht zuletzt, weil ihr der »fremde amerikanische Geschmack« nicht vertraut ist.[46] Der Roman wurde jedoch nie ins Amerikanische übersetzt.

Adrienne Thomas und *Fahren Sie ab, Mademoiselle*

Die Resonanz, auf die Isolanis »Lager-Roman« aufgrund seiner darin ausgebreiteten Geschichten von Frauen, die ohne die »männliche Stütze« zurechtkommen müssen, stieß, blieb bei einem anderen Exilroman völlig aus – obwohl sich auch die Frauen in *Fahren Sie ab, Mademoiselle* von Adrienne Thomas in einer Ausnahmesituation befinden, die sie meistern müssen. Auch ihr Roman stellt eine Mischung aus »Zeitgeschichte und trivial-unterhaltendem Melodrama« (Gabriele Kreis) dar und stammt aus der Feder einer Schriftstellerin, die wie Isolani während des Ersten Weltkrieges debütierte.

Die 1897 in St. Avold (Lothringen) geborene und zweisprachig aufgewachsene Adrienne Strauch war während des Ersten Weltkrieges mit ihren Eltern nach Berlin übergesiedelt. Dort arbeitete sie als Rotkreuzschwester und absolvierte eine Gesangs- und Schauspielausbildung. 1930 veröffentlichte sie unter dem Pseudonym Adrienne Thomas ihren ersten Roman *Die Katrin wird Soldat*. Durch diesen Antikriegsroman, der in Form eines fiktiven Tagebuchs die Erfahrungen einer jüdischen Rotkreuzschwester im Krieg erzählt, wurde sie über Nacht berühmt. *Die Katrin wird Soldat* wurde in 15 Sprachen übersetzt. 1932 emigrierte sie in die Schweiz, 1934 nach Frankreich, 1935 nach Österreich. Wie die Protagonistin Nicole ihres Romans *Fahren Sie ab, Mademoiselle* flieht sie nach dem »Anschluß« nach Frankreich und begibt sich 1940 freiwillig ins Vélodrome d'Hiver, denn anders wäre sie »nie herausgekommen«.[47] Zu ihrer »Schützengrabengemeinschaft« im Lager gehörten unter anderem Elsbeth Weichmann, Toni Kesten und Valerie Schwarzschild. Hermann Kesten schickte nicht nur Pakete ins Lager, sondern half ihr auch bei der Einreise in die USA.[48] 1941 heiratete sie den österreichischen Politiker und Spanienkämpfer Julius Deutsch und kehrte 1947 mit ihm nach Wien zurück. Seit ihrer Rückkehr aus den USA entstanden zwar noch Erzählungen, aber keine Romane mehr. Im Exil war Adrienne Thomas dagegen außerordentlich produktiv. Zwischen 1934 und 1947 arbeitete sie nicht nur für verschiedene Exilzeitungen, sondern veröffentlichte fünf Romane. Ihr erster Exilroman *Dreiviertel Neugier* erschien 1934 bei Allert de Lange in Amsterdam, 1939 folgten im gleichen Verlag *Wettlauf mit Traum* und *Von Johanna zu Jane*, ein Roman über Elisabeth Bergner. Neben *Ein Fenster zum East River* (Amsterdam 1945) zählt *Fahren Sie ab, Mademoiselle* (Stockholm 1944) zu ihren wichtigsten Exilromanen. Er erzählt die Geschichte der jungen Französin Nicole. Beim Einmarsch der Deutschen in Wien lebt sie gemeinsam mit ihrer Mutter schon seit 5 Jahren bei dem jüdischen Arztehepaar

Elias. Ihre Mutter, eine bescheidene und gläubige Katholikin, arbeitet im Haus der Familie als Wirtschafterin. Zum Glücksgefühl der jungen Nicole trägt nicht nur die freundliche Atmosphäre des Hauses bei, sondern vor allem der Chauffeur von Dr. Elias, der wesentlich ältere Wenzel Wegscheidt. Wenzel ist für sie Vaterfigur, moralisches Vorbild und erster männlicher Bewunderer in einem. Seine Garage, in der sie häufig ihre Schulaufgaben erledigt, ist Gegenwelt zur sittenstrengen, christlichen Welt der Mutter, die eine »Verwilderung« der Tochter unter Wenzels Einfluß befürchtet. Wenzels Garage ist für Nicole nicht nur eine »Abteilung Lebensfreude«, sondern auch eine »Hochschule menschlicher Gesittung«, die sie mit den »Viechereien« vom Februar 1934 und Wenzels aktivem Kampf für Demokratie bekannt macht. Der sozialdemokratisch gesinnte Wenzel, der sich eigentlich nicht als »politischer Mensch« versteht und nur ungern von den Februar-Kämpfen erzählt, repräsentiert für Nicole »das oberste Gesetz alles politischen und religiösen Denkens, den Begriff: dein Nächster«. Nicht nur aufgrund dieser »politischen Schulung« wird Wenzel für Nicoles weiteren Lebensweg bedeutsam. Daß sie auch eine begabte Tänzerin ist, stellt sich im Rahmen eines »Tanznachmittages«, der in seiner Garage stattfindet, heraus. In dieses friedliche Leben bricht die Weltgeschichte ein. Der Einmarsch der deutschen Truppen hat für die Französin und ihre Freunde weitreichende Folgen: Nicole wird zurück nach Paris, zu ihrem Verlobten Jean-Claude gehen; ihre Mutter folgt den »Herrschaften« nach New York und Beate Weiringer, Nicoles Freundin und Tochter eines österreichischen Nazis, entschließt sich, Nicole alleine in die Emigration nach Frankreich zu folgen. Thomas' Roman gehört zu jenen Zeitromanen der Exilliteratur, in der durch die Erzählung einer Fluchtgeschichte ein ganzer Abschnitt europäischer Geschichte eingeordnet, beschrieben und kommentiert wird. Diese Intention verwirklicht die Autorin auf vielfältige Weise. Zum einen entscheidet sie sich für die auktoriale Erzählhaltung und setzt eine Erzählerin als moralisch-politische Kommentatorin ein. Zuweilen trägt die Erzählerin auch das nach, was in den Zeitungen nicht zu lesen ist. Zum Beispiel läßt sie den Frauen im Exil jene Würdigung widerfahren, die ihnen im Alltag nicht zuteil wurde:

> »Man sprach und man schrieb seitenlang in den Zeitungen über ›le calme et le courage admirable de la femme française‹, die ihren Mann hinausziehen ließ. Von der stillen Tapferkeit der Flüchtlingsfrau, die ihren Mann aus dem deutschen Konzentrationslager ins französische Camp de Rassemblement gehen sah und trotzdem dieses Frankreich, das nach seinen Freunden schlug, liebte, von ihr sprach und schrieb niemand.«

Durch die Verwendung von (wahrscheinlich) authentischen Pressemeldungen und Radioreportagen gelingt es der Erzählerin, Zeitgeschichte lebendig zu vermitteln. Aber nicht nur durch diese erzählerischen Mittel vermittelt sie auf lebendige Weise die Stimmung in Wien und beim Vormarsch der Truppen auf Paris. Die Erzählerin führt ihre Protagonistin an die Orte der Verbrechen: Nicole wird Zeugin der Ermordung des Majors Dellias und von Hausplünderungen, vom Eindringen von NS-Männern in die Wohnung einer Freundin ihrer Mutter. Sie erfährt, daß ein Verwandter der Familie Elias in ein KZ verschleppt wurde und schafft es, rechtzeitig vor der Durchsuchung des Hauses Elias den Schmuck der Familie herauszuschaffen. Die Autorin verwickelt ihre Protagonistin in Gespräche mit den unterschiedlichsten nationalsozialistisch gesinnten Männern und Frauen und gibt den Leserinnen und Lesern somit Einblick in das Handeln und Denken der neuen Machthaber und ihrer Kollaborateure. Anhand der Gespräche mit Herrn Weiringer, der jahrelang heimlich für den »Anschluß« gekämpft hatte und der zu den ersten Österreichern gehört, die von den neuen Verhältnissen profitieren, mit dem Hausmädchen Lintscherl und dem deutschen Soldaten Jürgen Spielmann, versucht die Autorin ein Stück Faschismusanalyse, indem sie die Reaktionen auf den »Anschluß« in den proletarischen und bürgerlichen Schichten dokumentiert. Als Grund für die nationalsozialistische – und das heißt vor allem für die antisemitische – Überzeugung von Österreicherinnen und Österreichern führt die Autorin sozialen Neid und Minderwertigkeitsgefühle an. Lintscherl, das Hausmädchen, fürchtet zwar einerseits um ihren Arbeitsplatz, ist aber gleichzeitig auf einmal stolz darauf, »Arierin« zu sein. Von ihrem »Bräutigam« hat sie die Meinung übernommen, daß die »Rasseneinhaltung schon richtig« sei. Die nationalsozialistische Gesinnung und antisemitische Überzeugung einer Gerda Rasper, eines der »Pfleglinge, die Wiener Familien sich von der Winterhilfe zuweisen ließen, und an denen sie das ganze Jahr über weitestgehend Patenschaft ausüben«, fußt auf antijudaistischen Ressentiments, vor allem jedoch auf dem »Klassenbewußtsein« des »zwölfjährigen [...] Arme-Leute-Kindes«. Während die beiden Mädchen Gerda Rasper und Lintscherl die Ansichten der ihnen nahestehenden Autoritätspersonen – des Bräutigams oder des Vaters – übernehmen, wird der Antisemitismus eines Herrn Weiringer nicht vom Einfluß anderer abgeleitet. Für ihn bedeutet NS-Herrschaft Verbesserung der eigenen Lebenssituation, Erhöhung des Lebensstandards, Umverteilung von Geld und Gütern. Sein Antisemitismus speist sich aus jenem Vorurteil, das in der Geschichte des europäischen Antisemitismus wichtiger Bestandteil und besonders in wirtschaftlichen Krisenzeiten virulent ist: Juden seien an der Armut oder dem beruflichen Scheitern anderer Schuld:

> »Da habe ich zum Beispiel einen Neffen, der seit fünf Jahren Arzt ist und knapp die Miete verdient. Der will jetzt auch einmal dran. Ihre – nun, Ihre nichtarischen Kollegen haben ihm doch bisher die Praxis verdorben.«

Am Beispiel junger Männer wie des Hitler-Jungen, der einer geschminkten Frau in der Straßenbahn befehlen will, sich abzuschminken, und des Tänzers Franzl dokumentiert die Autorin die Nazifreundlichkeit von ÖsterreicherInnen und die Bereitschaft vieler, sich autoritären Strukturen unterzuordnen. Mitglied der HJ zu sein, wird von den jungen Männern als Aufwertung der eigenen Person empfunden und bedeutet andererseits, als Individuum aufzugeben in einem großen Ganzen. Indem sie einzelne nationalsozialistische AnhängerInnen und ihre individuellen Verhaltensweisen vorstellt, vermeidet sie das stereotype Bild vom Nazi als Barbaren und dummen Schlächter. An dem Gesicht des jungen deutschen, gebildeten Soldaten Jürgen Spielmann, der eigentlich Archäologe werden wollte, findet Nicole sogar nichts »unsympathisch«. Der junge Soldat, der sein Studium abbrechen mußte, teilt ihr mit, es sei jetzt an der Zeit, »Geschichte [zu] machen, anstatt sie auszugraben«. »Wir waren nur kleine Studenten; aber jetzt – jetzt ist jeder von uns Teil eines Geschehens von welthistorischen Ausmaßen. Wir können morgen beruhigt sterben; denn ein jeder von uns ist schon unsterblich«.

Wie die Erzählerin bezieht auch die Protagonistin in Gesprächen und Briefen politisch Stellung. In einem Brief an ihren Verlobten Jean-Claude, der sie um »ein paar der neuesten Hitler-Bilder« gebeten hatte, schreibt sie – ganz in der Sprache der Erzählerin, bitter, wütend und zynisch: »Die Wiener können das Glück, das über sie hereingebrochen ist, oft noch gar nicht verstehen.« Ansonsten folgt sie Wenzels Anweisung, »jede Unterhaltung mit Fremden« über die politischen Ereignisse zu vermeiden. Nicole denkt jedoch nicht nur antifaschistisch, sie handelt auch dementsprechend. Sie schmuggelt den Schmuck der Elias' über die Grenzen und schafft es, auch das Geld, das ihr der Nazi Weiringer urplötzlich beim Zoll zugesteckt hatte, zu retten. Sie will es den bestohlenen Elias zukommen lassen. In Paris wird die Idylle des bürgerlichen Lebens vorübergehend wiederhergestellt. Nicole zieht zu ihrem Verlobten, dem Ingenieur Jean-Claude, und seiner Mutter nach Sèvres. Ihr Tanzlehrer Bondaroff ist ebenfalls nach Paris übergesiedelt und verschafft ihr erste Filmrollen als Tänzerin. Wären da nicht die Erinnerungen an die Ereignisse in Wien, die ihr die neue Umgebung nicht glauben (oder nichts von ihnen wissen) will und die Sorge um die zurückgebliebenen Freunde, könnte ihr Leben fast als glücklich bezeichnet werden. Doch die politischen Ereignisse in Europa machen ihr erneut einen Strich durch die Rechnung. An eine Karriere als Tänzerin ist nicht zu denken. Beate, die Wenzel bei einer Auseinandersetzung mit Nazis das Leben gerettet hat und mit ihm nach Prag geflohen ist, kommt in Paris an und wird kurz nach der französischen Kriegserklärung verhaftet. Jean-Claude wird zum Militär eingezogen, und von Wenzel kommen nur nichtssagende Postkarten aus Frankreich, auch aus Gurs. Mit Hilfe der in Sèvres verrufenen Prostituierten Valentine Goulon, die sie zur Maitresse eines Ministers mitnimmt, gelingt es ihr, Beate aus dem Frauengefängnis freizubekommen. Diese Freundschaft zwischen Nicole und Goulon sowie zwischen Beate und Nicole, die sich geschworen haben, einander nie zu verlassen, wird für ihr Überleben nach der französischen Niederlage und der Flucht aus Frankreich von entscheidender Bedeutung sein.

Im Mai 1940 wird Beate im Vélodrome d'Hiver interniert. Nicole folgt ihr – weil es für sie die einzige Möglichkeit ist, noch aus Paris herauszukommen, und weil sie nicht von Beate getrennt werden will. Gemeinsam werden sie in Gurs interniert. Im Lager kommt es zur folgenreichen Begegnung mit Wenzel: Beide offenbaren sich ihre Liebe. Wenzel will sich jedoch von ihr trennen, weil er sich mit ein »paar Kameraden« bis Afrika durchschlagen will, um sich de Gaulles Armee anzuschließen. Aus der Politik möchte er Nicole »heraushalten«. Nicole besteht darauf, am politischen Kampf teilzunehmen. »›Dann gehe ich auch nach England. [...] ›Man wird für mich dort schon irgendeine Verwendung haben.‹« Dann folgt die Fortsetzung der Chronik des Lageralltags. Durch die Verbindung der erfahrenen Antifaschistin Mathilde zu Anibal, ihrem »Professor aus Barcelona« und mit Unterstützung der Spanier kommt es zur Freilassung von »25 politisch gefährdeten Frauen, die nachweisen konnten, daß sie krank oder leidend waren«. Während Mathilde »ganz wie Wenzel, ›vorerst noch zu tun‹« hat und im Lager bleibt, um bei der Vernichtung der Kartothek mitzuhelfen, kommen Nicole und Beate frei. Sie schlagen sich hungernd und frierend von einer Stadt zur nächsten durch und begegnen zufällig der Prostituierten Goulon, die mit ihnen über die Demarkationslinie flieht. Ohne ihr Geschick den französischen Polizisten gegenüber, die sie erfolgreich bestechen kann, wäre Beate wieder in die besetzte Zone abgeschoben worden. In der unbesetzten Zone kommen sie in einem Pyrenäendorf unter. Die Einwohner des Dorfes beschützen die Flüchtlinge nicht nur. Sie geben ihnen auch Arbeit, verschaffen ihnen Nahrungsmittel und helfen ihnen bei der Flucht. Zum Schluß des Romans werden alle zentralen Figuren und verschiedenen Nebenfiguren noch einmal zusammengeführt. Die »französischen Figuren« verwandeln sich durch die politischen Ereignisse zu mutigen Humanisten: Ihr »oberstes Gesetz allen politischen und religiösen Denkens« ist nun »dein Nächster«. Aus Sylvain, dem aristokratischen Snob, wird ein mutiger Antifaschist, der unter Lebensgefahr Pässe für Flüchtlinge fälscht; die Schauspielerin Ferrier, die in den 30er Jahren einen Nazi-Schauspieler als Geliebten hatte, für die Deutschen spionierte und mitverantwortlich ist am Tod ihres Mannes, entschließt sich, Sylvain zu warnen und rettet ihm dadurch das Leben. Aus der einst verrufenen Prostituierten Goulon wird eine prüde und brave, emsig arbeitende Frau, die keinen Mann mehr über die Türschwelle ihres Hauses läßt. Die Geschichte der beiden geflüchteten jungen Frauen endet schließlich mit einem Happy-End: Nicole offenbart Wenzel, der seine Liebe für sie bisher unterdrückt hatte, ihre Leidenschaft. Und Beate, die ihre Liebe für Jean-Claude verborgen hatte, geht mit ihm eine »mariage blanc« ein. Aus dieser Scheinehe wird eine Liebesheirat. Mit dieser Doppelhochzeit und dem Plan, sich in England dem Widerstand unter der Führung von de Gaulle anschließen zu wollen, endet der Roman.

Thomas und Isolani im Vergleich:
Die Gurs-Darstellung im Roman

>»Das Lager Gurs ist eine Barackenstadt, weit entfernt vom Gurs-Dorf, und seine Einwohnerzahl dürfte zuweilen die einer mittleren Kleinstadt überschritten haben. Rechts und links von einer gutgehaltenen Straße sind die einzelnen Ilots [...]. An der Schwelle der ihnen zugewiesenen Baracke blieben Nicole und Beate stehen. Auch die anderen zögerten, einzutreten. Vor ihnen auf dem Fußboden lagen 25 mit weißem Rupfen bezogene Strohsäcke in Reih und Glied. Ganz klein waren sie, ganz schmal, nicht einen Zentimeter zu breit und zu lang, und dieser Anblick der weißen Säcke in Reih und Glied erinnerte so erschreckend an nebeneinander stehende Särge, daß den Frauen der Atem nicht mehr durch die zu engen Kehlen wollte. Jede hatte das Gefühl, war man einmal hier eingetreten, so war wohl alles aus und vorbei.«

Im Gegensatz zu Gertrud Isolani beginnt Thomas ihre Gurs-Darstellung mit einem Erzählerbericht, der die Lebensbedingungen und die psychische Verfassung der internierten Frauen vermittelt: die Aufseherinnen mit ihren »barschen Stimmen«, der Anblick der »gigantischen Berglandschaft der Pyrenäen mit ihren schneebedeckten Gipfeln und rot in der Sonne glühenden Felsen«, die karge Ernährung, die hygienischen Einrichtungen, der Tod eines Spaniers. Die Darstellung des Lagerlebens besitzt einen mit den Ausführungen in den Tagebüchern von Hirsch und Sternheim, mit autobiographischen Berichten und verschiedenen Exilautobiographien vergleichbaren dokumentarischen Charakter. Die Wirklichkeit des Lagers – der Stacheldraht und die gefährliche Situation, in der sich die »politischen« Frauen befinden – ist immer gegenwärtig. Für Thomas war Gurs kein »Matriarchat«, sondern ein »große[s] Hauptquartier des Elends.« Dies war Gurs: »ein Massengrab für Lebende.« Die »Gurserinnen« sind keine harmonische Frauengemeinschaft, sondern haben nichts weiter gemeinsam als »das Unglück«. Thomas beschreibt die Frauen in ihrer Unterschiedlichkeit. Auf der einen Seite sind da diejenigen Frauen, die sich bereits im Vélodrome d'Hiver »zu einer Familie« zusammengeschlossen haben, und für die »Kameradschaft« das oberste Gesetz ist. Bereits im Vélodrome d'Hiver bildet sich eine solche »Familie«. Sie besteht aus Nicole, Beate, der Hamburgerin Mathilde, die Deutschland verlassen hatte, weil sie in keinem Verbrecherstaat leben wollte und die im Lager einen spanischen »Professor aus Barcelona« kennenlernen wird, den sie heiraten und mit dem sie gemeinsam nach Mexiko emigrieren will; der Wiener Jüdin Hansi, der blonden Brigitte aus Sachsen, deren Vater in einem deutschen KZ war und der Jüdin Lucy aus Frankfurt. Das Zusammengehörigkeitsgefühl dieser »Familie« basiert auf der gemeinsamen antifaschistischen Haltung. Während Isolani Gespräche über abwesende Männer gestaltet, geschieht dies bei Thomas, um einen Einblick in die unterschiedlichen politischen Haltungen der »Gurserinnen« zu geben, zum Beispiel in die von zwei Wiener Damen aus dem wohlhabenden Bürgertum. Beide bedauern, Wien verlassen zu haben, denn »schließlich [sei] nur die Mutter der Mama [...] Jüdin« gewesen [...]. Der Papa konnte uns ohne Schwierigkeiten arisieren lassen. Aber es war uns eh schon zu fad in Wien«. Wie im Roman insgesamt spiegelt der Kommentar der Erzählerin auch die politische Haltung ihrer Protagonisten und Protagonistinnen wider: Erzählerin und Hauptfiguren bilden eine politische Gesinnungsgemeinschaft. Über die Haltung von zwei anderen Negativbeispielen der »Lagergemeinschaft«, einer Mutter und Tochter aus Breslau, schreibt die Erzählerin: »Vermögende, kleinbürgerliche Leute, denen Hitler völlig unverdienterweise die Ehre erwiesen hatte, sie zu Emigranten zu ernennen.« Charakteristisch für das soziale Verhalten dieser beiden Frauen ist die selbstverständliche Aufrechterhaltung von Ausbeutungsverhältnissen:

»Nicole und Mathilde, die ihre Strohsäcke den Breslauer Damen gegenüber hatten, trauten ihren Ohren nicht, als sie eines Morgens mitanhören mußten, wie die Breslauerinnen ein Dienstmädchen mieteten. ›Also Sie kommen morgen um halb zehn, Frau Rickert‹, erteilte die Mutter gerade Befehle, ›dann legen Sie gleich die Betten aus – ich meine, die Strohsäcke – dann bringen Sie auch Kissen und Decken in die Sonne. Ist das klar?‹«

Im Gegensatz zu Isolanis Darstellung des Verhältnisses der Frauen untereinander, das bestimmt wird von der Zugehörigkeit zum weiblichen Geschlecht und die daraus spezifische Verhaltensweisen ableitet, ist das Verhältnis der Frauen bei Thomas von der Klassenzugehörigkeit und ihrem politischen Bewußtsein geprägt. Kameradschaftliches Verhalten zwischen Frauen ist in Isolanis Roman die »große Überraschung«, ein besonderes und unerwartetes Erlebnis. Bei Thomas ist es die selbstverständliche Haltung einer politischen Gesinnungsgemeinschaft, deren Mitglieder nur durch gegenseitige Unterstützung überleben können. Ein weiterer bedeutender Unterschied zwischen den beiden Gurs-Darstellungen von Isolani und Thomas besteht in der Art, wie abwesende Männer thematisiert werden. Bei Isolani bilden sie das Zentrum fast aller Gespräche, bei Thomas gehören bevorzugte Äußerungen der Frauen über das Schicksal ihrer Männer genauso selbstverständlich zur Lagerbeschreibung wie die Grobheit der Aufseherinnen.

Im Gegensatz zum Credo europäischer Romanautoren und -autorinnen des 19. und 20. Jahrhunderts, demzufolge der Autor im modernen Roman »invisible comme Dieu dans la création« (Gustave Flaubert) zu sein habe, knüpfen beide Exilromane – wie viele andere – an eine andere Tradition der Erzähltechnik an, die Psychologisierung und auktoriale Erzählhaltung favorisiert. Diese Art der Literarisierung eigener Exil- und Internierungserfahrung durch eine Erzählweise, in der eine allwissende Erzählerin moralisch und/oder politisch Stellung bezieht zu den Handlungen der Romanfiguren und zum Geschehen, ist die erzähltechnische Übersetzung der Autorinnenintention, die Gefühle, Gedanken und Handlungen einzelner Figuren in einen zeitgeschichtlichen Kontext zu stellen und zu kommentieren. Die Entscheidung für die personale Erzählhaltung hätte eine völlig andere, nämlich verengte Perspektivierung des Geschehens aus der Sicht eines Protagonisten oder einer Protagonistin bedeutet. Wie sehr Autorintention und Erzählhaltung einander bedingen, wird durch einen Vergleich deutlich. Sowohl K. in Kafkas *Der Prozess* wie auch Beate Weiringer in Thomas' Roman werden »ohne (...) etwas Böses getan« zu haben »eines Morgens verhaftet«. Das Beunruhigende bei Kafka ist, daß man in die Gedankenwelt und Wahrnehmungsmuster von K. verstrickt wird, durch die Abwesenheit eines erläuternden Erzählers jedoch nie den Grund der Verhaftung erfährt. Die Erzählerin bei Thomas dagegen kommentiert diese Verhaftung und stellt sie in den Kontext der Absurdität der französischen Innenpolitik und der repressiven Ausländerpolitik.

Die Erzählerinnen in beiden Romanen nehmen jedoch sehr unterschiedliche Aufgaben wahr. Durch Isolanis Bevorzugung von Inneren Monologen, Dialogen und Briefen (in denen vor allem über »Zeitloses« gesprochen wird) und die Eigenart ihrer Erzählerin, die äußere Erscheinung der Frauenfiguren mit der Sorgfalt einer Modejournalistin und die psychischen Probleme und Handlungen mit dem Ehrgeiz einer Amateurpsychologin moralisch zu kommentieren, arbeitet Isolani im Roman am Verschwinden des zeitgeschichtlichen Rahmens. Die Erzählerin bei Thomas ist dagegen hauptberuflich Chronistin, politische Kommentatorin und eine so genaue Beobachterin des Alltagsgeschehens in Wien, in Frankreich und in Gurs, daß der Roman als Grundlage für einen Dokumentarfilm verwendet werden könnte. Klischeehafte Positionen zu »Nationaltugenden«[49] sind bei Thomas selten und in Bezug auf Vorstellungen über Weiblich- und Männlichkeit inexistent. Zwar tendiert auch die Sprache Thomas' zuweilen zu klischeehaften Vergleichen, aber Phantasien darüber, wie eine Frau zu sein hat und von welchen Bereichen des öffentlichen Lebens sie sich fernhalten sollte, damit ihre »Weiblichkeit« nicht beschädigt wird, werden lediglich Männern in den Mund gelegt. Während die beiden zentralen Frauenfiguren bei Thomas, Nicole und Beate, die durch Flucht, Krieg und Internierung neue Rollen lernen, selbständig und unabhängig von Männern handeln, stellt die Infragestellung der traditionellen Geschlechterordnung für Männer wie Wenzel und Sylvain einen Konflikt oder zumindest ein Moment der Irritation dar. Wenzel, der aus Not gezwungen ist, Nicole zu fragen, ob sie Geld besitzt, antwortet auf ihr Angebot, ihm Geld zur Verfügung zu stellen: »›Geld von einem Mädel nehmen? Ich? Aber Nickelchen – so tief kann unsereins gar nicht sinken‹, sagte er lachend – er, der nichts mehr besaß, als was er auf dem Leibe trug [...].« Im Gegensatz zu den Männerfiguren in Isolanis Roman dokumentiert Thomas den Lernprozeß von Männern im Exil, die anerkennen müssen, daß Frauen in diesen Zeiten nicht mehr »aus der Politik herauszuhalten« sind. Dieser Rat sowie die Überzeugung, Frauen würden nichts von Politik verstehen, wird mehrmals – von den unterschiedlichsten Männern – im Roman geäußert. Durch die Besetzung Frankreichs sind Männer wie Sylvain und Wenzel jedoch gezwungen, umzudenken und ein neues Geschlechterverhältnis zu akzeptieren. Wenzel hat gar keine andere Wahl, als den Instruktionen von Mrs. Edwards (die für ihn und Beate die Flucht organisiert) zu folgen, und Sylvain, der während des *drôle de guerre* Beate noch geraten hatte, sie solle doch einen Minister heiraten, denn dies sei die einzige Möglichkeit für eine Frau, politische Entscheidungen beeinflussen zu können, wird von einer Frau gerettet und von Flüchtlingsfrauen gepflegt. Bei Diskussionen zwischen Nicole und Wenzel ist sie es, die sich schließlich durchsetzt. Er muß feststellen, daß er gegen das »Nickelchen« nicht mehr ankommen kann.

Die Ehe: Sicherer Hafen im Exil?

Beide Romane tendieren zu eindeutigen, moralisch integren, funktional-operativen Figuren,[50] die teilweise Vorbildcharakter besitzen sollen. In beiden Texten ist die Liebesthematik zentral. Der überwiegende Teil aller Frauen (und auch der Männer) hat ein Liebes- oder Eheproblem, hegt Heiratspläne und/oder steht kurz vor einer Familiengründung. Gurs ist sowohl bei Thomas wie bei Isolani der Ort, an dem intime Geheimnisse gelüftet und die Weichen für zukünftige Partnerschaften gestellt werden. Beide Romane schließen mit dem glücklichen Ausgang von schwierigen Liebesverhältnissen. Obwohl bei Isolani und Thomas auch andere Modelle von Solidargemeinschaften (Kameradschaft zwischen Frauen) existieren, bewegen sich doch fast alle Frauenfiguren auf einen zentralen Punkt zu: auf den Mann und die Ehe als Rettungsanker. Auch die in Unabhängigkeit von Männern handelnde Nicole sehnt sich nach dem starken Arm eines Mannes. »›Ohne Sie – ohne Sie –‹,« gesteht sie Wenzel bei der Begegnung im Lager, »ohne Sie war bei mir nur Durcheinander. Nur bei Ihnen ist Ruhe und Ordnung und alles andere.‹« Wie ist dieser Topos Ehe- und Familienglück, der auch bei anderen Exilromanen von Frauen zu finden ist,[51] zu erklären? Sind diese Happy-Ends in den Exilromanen nicht eine Verklärung der Exilrealitäten, an der Ehen eher zugrunde gingen oder erst gar nicht zustandekamen? Führte das Exil bei dieser Generation »emanzipierter« Schriftstellerinnen dazu, ihre eigene Sehnsucht nach intakten Zweierbeziehungen auf ihre Romanfiguren zu projizieren und diese das erleben zu lassen, »was in jenen Zeiten kaum noch erlebbar war: ein wenig Glück, kleine Erfolge, eine große Liebe«.[52] Wie sehr auch die Träume der Romanfiguren auf die projizierten Wünsche und Sehnsüchte der Autorinnen zurückzuführen sein mögen: Ohne die Berücksichtigung der Lebens- und Veröffentlichungsbedingungen von Schriftstellerinnen im Exil läuft eine biographische Interpretation Gefahr, zu falschen Ergebnissen zu gelangen. Denn im Exil ging es »weniger um die Verwirklichung eines literarischen Anspruchs [...] als um die Chance einer materiellen Existenzsicherung«.[53] Dies bedeutete für Schriftstellerinnen – natürlich auch für Schriftsteller – sich den Zwängen des jeweiligen Literaturmarktes und Publikumsgeschmackes anzupassen. Das hatte die Festlegung der Frauen auf bestimmte Genres wie Unterhaltungsliteratur zur Folge, in der die traditionelle Geschlechterordnung fest eingeschrieben ist. Von dieser Festlegung schreibt Heinrich Eduard Jacob Gertrud Isolani:

> »Aber da habe ich Ihnen etwas zu enthüllen: Die Vicki Baum darf hier *nur* Hotel-Romane schreiben, was sie denn auch mit Anmut, grossem schriftstellerischem Geschick und bemerkenswertem psychologischen Vermögen betreibt – NIE würde man ihr aber erlauben einen Roman über ein tragisches Menschen- und Gemeinschaftsproblem zu schreiben. Nun will ich Sie, liebe Gertrud Isolani, nicht mit Vicki Baum vergleichen. Sie sind eine Könnerin im Aufstieg – jene ist auf einem beachtenswerten Plateau, festgehalten von hundert verlegerischen Rücksichten und Forderungen, die an ihre Vergangenheit gestellt werden.«

Nicht nur im Exilalltag, auch hinsichtlich der Schreibpraxis waren Frauen offensichtlich Anpassungskünstlerinnen.

Liebe und Widerstand

Der Traum vom persönlichen Ehe- und Liebesglück wird in beiden Romanen mit einem anderen Thema verkoppelt: dem Widerstand gegen die deutschen Besatzer. Bei Thomas ist es die – anfangs mit den Nazis sympathisierende Schauspielerin Ferrier, die sich aus Liebe zu Sylvain zu Widerstandshandlungen entschließt und darauf von den Nazis ermordet wird. Auch bei Isolani stirbt eine Frau den Heldentod. Das ehemalige Mannequin Nicole, eine Jeanne d'Arc des 20. Jahrhunderts, will »ihr Vaterland retten« und scheitert bei ihrem Versuch, auf Hitler ein Attentat zu verüben. »Sie läßt sich willig fesseln und, von vier Gendarmen eskortiert, widerstandslos abführen... ›Vive la France‹, ruft sie mit ihrer klaren und frischen Mädchenstimme...«[54] Und nicht zufällig endet *Stadt ohne Männer* mit einem Auszug aus der Widerstandserklärung von de Gaulle. Sowohl Isolanis Nicole wie auch die Romanfiguren bei Thomas – Sylvain, Wenzel, Jean-Claude und die Bewohner des kleinen Pyrenäendorfes – suggerieren der Nachkriegsleserschaft, die französische Bevölkerung hätte von Anfang an Widerstand gegen die Nationalsozialisten geleistet.[55]

Wie viele andere Flüchtlinge unterscheiden auch Isolani und Thomas zwischen dem »Frankreich der Menschenrechte« und dem »französischen Volk« einerseits und dem Frankreich der flüchtlingsfeindlichen Politik und den Machthabern des Vichy-Regimes andererseits, einschließlich der Vollstrecker der Gesetze, der »berüchtigten Garde Mobile«.[56]

Worauf ist dieses positive Bild vom »französischen Volk« zurückzuführen? Wird hier nicht Zeitgeschichte fiktionalisiert und die Anpassungsbereitschaft von Franzosen verschwiegen? »Les boches sont d'ailleurs très corrects«, läßt Thomas eine Figur im Roman nicht zufällig sagen. Auffällig ist, daß sich beide Romane auf einen zeitgeschichtlichen Rahmen beziehen, in dem der organisierte kommunistische, jüdische oder gaullistische Widerstand – abgesehen von de Gaulles Widerstandserklärung – nicht existierte. Für das Attentat Nicoles gibt es kein zeitgeschichtliches »Vorbild«. Bei dieser Fiktionalisierung von Zeitgeschichte und damit der verklärten Darstellung »des« Widerstandes in Frankreich, die ungewollt und unbewußt den nach 1945 in Frankreich gepflegten Mythos von der umfassenden Widerstandshaltung der französischen Bevölkerung vorwegnimmt,[57] mag das Entstehungsdatum beider Romane eine Rolle gespielt haben. Isolanis Roman entstand 1943, Adrienne Thomas schrieb ihren zwischen 1938 und 1941. In Thomas' Roman befinden sich jedoch Passagen, die darauf hindeuten, daß die seit Herbst 1942 aus Osteuropa nach Amerika dringenden Nachrichten von der massenhaften Ermordung der Juden miteingearbeitet wurden. Im Sommer 1940 war Gurs beispielsweise kein »Massengrab für Lebende«, wie die Erzählerin behauptet. Das wurde Gurs erst im Laufe der nächsten drei Jahre. Und über die Lebenslage der »Gurserinnen« heißt es: »Die meisten Frauen ahnten, was ihnen bevorstand, wenn die Nazis kamen. Sie wußten nur nicht, wie lang man sie noch im Kreis herumhetzen würde, ehe das Massengrab in Polen sie aufnahm.« Es liegt nahe, hier den Schluß zu ziehen, daß Thomas ihren Roman auch unter dem Eindruck der Judendeportation schrieb. Das Wissen über die Verbrechen in Osteuropa und die Situation der Juden in den Konzentrations- und Vernichtungslagern überlagerte sich mit den Erinnerungen an die Internierung in Gurs und beeinflußte die literarische Darstellung dieser Erfahrung. Die Beschreibung des französischen Widerstandes und die hoffnungsvolle Botschaft am Schluß beider Romane erfolgt möglicherweise unter dem Eindruck der Kriegswende 1943. Denn 1943, »nach dem amerikanischen Kriegseintritt, den militärischen Niederlagen bei El Alamein und Stalingrad, hatte sich die militärische [...] Lage grundlegend verändert.« Nun war »nicht mehr der Sieg Hitlers, sondern ein Sieg der Alliierten zu erwarten«.[58] Diese Veränderungen der politischen Konstellation, die auch für den Roman *Transit* von Anna Seghers zentral sind, könnten auch Auswirkungen auf die Darstellung von Zeitgeschichte in den beiden Romane gehabt haben. Die persönliche Erfahrung beider Verfasserinnen, durch die Bereitschaft der französischen Bevölkerung zur Fluchthilfe[59] überlebt zu haben sowie die durch den Kriegsverlauf genährte Hoffnung auf ein nahes Ende der NS-Herrschaft, erklären den »doppelten Traum« beider Autorinnen – den Traum vom privaten Glück und die Vision vom »Volksaufstand« gegen die Nationalsozialisten.

Helmut Lindt

> »... und je weniger man sich äusserlich rühren kann, umso weiter reist die Fantasie. Je härter das äussere Leben, umso weicher wird die Seele für die Eindrücke des inneren.« (H. Lindt)[60]

War Helmut Lindt Schriftsteller, Wissenschaftler, Arzt oder Masseur? Die spärlichen Lebenszeugnisse erhellen nur Umrisse seines Lebens und seines beruflichen Hintergrunds. Da sein Name weder in einschlägigen Autorenlexika genannt wird noch Werke von ihm im Gesamtverzeichnis deutschen Schrifttums auftauchen, ist anzunehmen, daß Helmut Lindt hauptberuflich nicht als Schriftsteller oder Publizist tätig war.[61] Überliefert sind aus der Zeit des Exils, der Internierung in Frankreich und aus den letzten Lebensjahren, die er als Zwangsarbeiter in Oberschlesien verbringen mußte, zahlreiche Briefe, das Romanfragment *Die Beherbergten* und zwei unterschiedliche Brief-Berichte, von dem einer an seine »Frau Illa«[62] und der andere an seinen Vater »Dr. Ludwig Lindt, zuletzt Wiesbaden, Martinstalerstr. 2«[63] adressiert wurden. Beide Berichte wurden an seinen Freund Fritz Bernheim in Basel geschickt und stammen wahrscheinlich aus der Zeit nach 1943.

Helmut Lindt wurde am 17. 6. 1901 in Wiesbaden[64] geboren. Aus den Selbstzeugnissen geht weiterhin hervor, daß er sechs Jahre in Berlin verbracht hat und dort als Theaterbesucher und gelegentlicher Publizist aktiv am Kulturleben teilnahm. 1932 und 1933 erschienen in der *Literarischen Welt* fünf Rezensionen, eine Glosse und ein Aufsatz über Wagner-Parodien.[65] Diese Beiträge vermitteln den Eindruck eines geübten, gebildeten und vor allem humorvollen Literaturkritikers, der sich für den Kolportageroman eines Robert

Kraft begeistert, aber auch an moderner fremdsprachiger Gegenwartsliteratur (zum Beispiel Upton Sinclairs *Alkohol*[66]) und den neuesten Ausgaben des Brockhaus[67] interessiert war. Besprochen hat er auch Kerrs Reisebericht über Korsika[68] und die Autobiographie Alexander von Russlands *Einst war ich ein Grossfürst*.[69] Es ist auch kein Zufall, daß Diskussionen über Musik und Theater sowie das Kulturleben in Gurs zentrale Themen seines Gurs-Romans sind, denn Lindt war auch Musikkritiker. Sein Aufsatz über musikalische »Wagner-Parodien«[70] weist ihn als exzellenten Kenner der europäischen Musikgeschichte aus. Folgender innerer Monolog seines Romanprotagonisten Karl, der als Kenner der klassischen Musik charakterisiert wird, verweist auf den Autor. Nachdem Karl auf einer Wiese einer Internierten begegnet war, sich daraufhin »ein wenig [...] der Hahn in ihm« aufplusterte, dann jedoch »die Faulheit, der Urzustand der Männerseele« gesiegt hatte, beschließt er »abzuwarten«, bis der »richtige Moment« gekommen sei:

> »Abwarten ist immer richtig. Wo steht doch dieser Satz der hier hingehört: Alles menschliche Laster ist Ungeduld? Bei Kafka, natürlich dem Geliebten, in den Aphorismen. Abwarten, das lernt man erst mit vierzig Jahren. Vielleicht wäre alles besser, wenn man länger lebte, wie Shaw meint in seinem Methusalemstück. Welche Ewigkeit, seit ich es sah, in Berlin damals!«

Wie wichtig Literatur für Lindt war, geht nicht nur aus seinen Briefen aus Gurs hervor, in denen er über seine Lektüre Auskunft gibt. Bezeichnend ist, daß er sich von seinem Vater eine große Büchersendung ins belgische Exil schicken ließ.

In den 30er Jahren emigrierte er, wahrscheinlich mit seiner Frau, nach Belgien und arbeitete in Brüssel als »masseur médicale«.[71] 1940 wurde er zeitgleich mit den beiden Malern Karl Schwesig und Felix Nussbaum nach St. Cyprien deportiert. Ein Brief vom 24. 11. 1940 ist sowohl hinsichtlich dieser ersten Erfahrung in einem französischen Lager wie auch bezüglich seiner politischen Einstellung aufschlußreich:

> »Von den ›roten Hunden‹ bin ich gewiss früher abgerückt als Du, [...] und wenn mich noch etwas über die letzte Eigenerkenntnis rassischer Art illusionslos belehren konnte, so war es St. Cyprien, die zwingende Schule des Antisemitismus. (Sie sind alle entweder Verbrecher oder als Individuum irgendwo schwach, meist schwachsinnig, glaube mir).«[72]

Die Briefe aus dieser Zeit der Internierung in verschiedenen Lagern vom Mai 1940 bis Mai 1942 sind von einer eigenartigen Heiterkeit geprägt. In heiterem Ton berichtet er nicht nur von seinen im Lager verfaßten Gedichten und seinem Roman, sondern auch von einer »Braut« und von erotischen Abenteuern. Das Schreiben im Lager – von Briefen, Gedichten und seines Romans – war für Helmut Lindt von existentieller Bedeutung. In einem Brief vom 27. 10. 1941 teilt er Fritz Bernheim mit, daß er rund 100 Gedichte im Lager geschrieben habe. Teilweise legte er diese Gedichte seinen Briefen bei. Nicht nur die Gedichte sind Thema seiner Briefe, sondern auch seine Arbeit am Gurs-Roman. »Es flutscht nur so«, schreibt er in einem Brief. Er dachte sogar daran, den Roman später einmal zu verkaufen, »auf alle Fälle an Journale«.[73] Am 30. August 1941 teilt er stolz mit:

> »J'ai l'honneur Dir anzuzeigen, dass der erste Teil, das Drittel, eines Romans zu meiner ziemlichen Zufriedenheit vollendet ist. Ich las vergangene Woche bei Frauen und Freunden vor und hatte einen riesigen Erfolg und erzielte einen tiefen Eindruck. Seitdem gehöre ich zu den Prominenten, was in Punkto Verkehr sich in der angenehmsten Weise auswirkt.«[74]

Wie der Roman überliefert wurde, kann heute nicht mehr genau rekonstruiert werden. In einem Brief vom August 1942 schreibt Helmut Lindt, er hätte den Roman in die Schweiz geschickt. In seinem Bericht an den Vater heißt es: »Einer nahm ein Exemplar meines Romans mit dem Versprechen, es an Gustel zu schicken. Er stellte sich als Schriftsteller vor. Was mag er wohl damit gemacht haben?«[75] Tatsache ist, daß der Roman irgendwann nach dem Krieg nach Frankreich geschickt wurde. Denn am 24. 12. 1947 bestätigt der Abbé A. Glasberg den Eingang des Manuskripts. »Wie schade«, schreibt er, »daß der Autor sein Werk nicht beenden konnte.«[76]

Nach seiner Entlassung kam Lindt vier Monate ins Glasberg-Haus Le Pont-de-Manne. Folgender Brief vom 18. 5. 1942 belegt, daß Helmut Lindt zu jenen Internierten gehörte, die mit Hilfe von Abbé Glasberg und Nina Gourfinkel[77] (die hier als »Madame« bezeichnet wird) im Mai 1942 freikamen:

> »Die 57 sind eine Auslese derer, die es nach Madames Ansicht am meisten verdienen, gerettet zu werden. Ein Kapellmeister mit einer Sängerin, ein Kroll-Tenor mit Frau, ein Conférencier, ein Bildhauer, zwei Malerinnen, allerdings auch ein Drittel [...] Mannheimer, die aber kaum stören.«[78]

Ende August wurde Helmut Lindt nach Drancy und von dort am 2. September 1942 nach Auschwitz deportiert und in Oberschlesien zur Zwangsarbeit in einer Schuhfabrik verpflichtet. Lindt, der in seiner gesamten Exil- und Lagerzeit Optimismus und Lebensfreude zu bewahren versuchte, bemüht sich weiterhin, nicht zu resignieren: »Die Härten der Gegenwart sind eingespannt zwischen den ›schönen Stellen‹, in denen das Herz spricht. Sie werden zur Architektur des Tages. Alles ist leichter, freundlicher!«[79] Helmut Lindt stirbt auf dem berüchtigten Todesmarsch nach Buchenwald, wahrscheinlich am 8. Februar 1945 in Groß-Rosen.[80]

Die Beherbergten[81]

»Von einem bestimmten Tage des Jahres 1941 ab hiessen die Insassen der französischen Internierungslager nicht mehr ›Zivilinternierte‹, sondern ›Beherbergte‹. Die militärischen Wachmannschaften wurden durch Nicht-uniformierte ersetzt, – sonst änderte sich nichts. Der Stacheldraht, der Hunger, die Beschränkung der Freiheit blieben.«

Dieses Zitat stammt aus der kurzen »Vorrede« des 125 Seiten umfassenden Romans. Sie situiert die Handlung zeitlich und kündigt einen Erzähler an, der die Geschichte Karls in einen Sinnzusammenhang stellt:

»Denn, dort wie hier, in beiden Situationen [hinter Stacheldraht oder in Freiheit, G.M.] fanden die Menschen sich entlassen aus dem, was einzig allem Irdischen seit alters her seinen Sinn verliehen hatte: Aus der Bezogenheit auf das Absolute, auf einen zentralen Punkt der Wertung, auf das, was je dem Einzelnen Würde gegeben hatte, – auf irgend einen ›lieben Gott‹.«

Mit einem »als«, der für Romanauftakte klassischen Konjunktion, beginnt das erste Kapitel. Diese Konjunktion leitet die Beschreibung *eines* der öden und abwechslungslosen Lagertage ein:

»Als Karl am Sonntag Morgen aus tiefen Träumen erwachte, war, wie an fast allen Tagen das Erste, was er wahrnahm, jener Druck in der rechten Hüfte, auf der er lag, der ihm ins Bewußtsein rief, dass er wie die Mehrzahl der im Camp Internierten bis auf die Knochen abgemagert sei und dass nun bald ein neuer Tag ihn wiederum vor das Problem der Ernährung stellen würde.«

Zunächst wird ein Einblick in den Mikrokosmos Baracke und in die Gefühlswelt des »Beherbergten« Karl vermittelt. Im Gegensatz zu Adrienne Thomas und Gertrud Isolani, die die Einführung einer Figur mit deren Charakterisierung verbinden, wird über Karls Lebensgeschichte zunächst wenig berichtet. Statt dessen wird seine physische und psychische Verfassung beim Erwachen beschrieben, bei der er immer die »gewohnte Lage auf der rechten Seite« verläßt, »die ihn in die Geborgenheit des Mutterschosses zurückversetzte«. Dieses Erwachen bedeutet wie an jedem Morgen den Zwang, »die ungehobelten

Bretter des Barackendachs« wahrzunehmen, »die seinen Gedanken [...] wie zur Begrüssung das Motiv des Sargdeckels boten«. Der Erzähler hält sich im Hintergrund, im Zentrum stehen die Gedanken Karls und seine Beobachtungen:

> »Sein Ich sammelte sich behutsam, seine Sinne tasteten, noch kaum aktiv werdend, zum ersten Mal an diesem Tage nach der Aussenwelt. Karls Blick fiel, wohin er auch sah, auf rohes ungeheiztes Holz. Ungehobelte Bretter, die die schräge Seitenwand bildeten, ungestrichene Hölzer, die als Balken die Decke trugen, flaches gelbgraues Holz, das neben seinem Lager den selbstgezimmerten Hocker und den roh zusammengenagelten Tisch bildete. Der dicke hölzerne Lukendeckel in der Barackenwand, der bei dem guten Wetter mit einem Scheit Brennholz nach aussen geklemmt war, ersetzte ein durchsichtiges Fenster, das von der Kommandatur zugesagt, aber niemals geliefert worden war.«

Dieser Kamerafahrt im Barackeninneren folgt eine Beschreibung dessen, was mir von Zeitzeuginnen immer wieder berichtet wurde und teilweise auch in den Alltagsgedichten der Frauen anklingt: das Bedürfnis, sich im Provisorium Baracke »einzurichten«, ein Zuhause mittels bürgerlichem Interieur zu simulieren. Bücher, die »vom Zufall ihm in die Hände« gespielt worden waren, hatte er in einem »deplazierten Anfall von ›bürgerlicher Schönheitssuche‹ [...] mit Spitzen, die grob mit der Schere aus altem Zeitungspapier ausgeschnitten waren, belegt«. Diese Nachahmung von »Mutters Wäscheschrank«, die dem Leser »parodistisch« erscheinen mag (wie der Erzähler befürchtet), »wie so vieles, was in dieser Baracke das groteske Zerrbild eines Komforts spiegelte«, entspricht dem Bedürfnis Karls nach einem Halt durch Besinnung auf vergangene Tage. Karl ist diese Nachahmung »peinlich«, doch »wegen der geheimen Querverbindung zu der glücklichen fernen Kindheit liess er sie hängen und mochte sie«. Erst nach dieser kleinen Reise in das Innenleben Karls erweitert sich der Blickwinkel:

> »Ein Nachbar schnarchte. Alle lagen noch auf ihren Pritschen. Sie waren etwa 25. Ihre Kleider, Mäntel, Hemden hingen an Nägeln und von Schnüren auf sie herab. Zu dieser Stunde wirkte die Baracke wie ein Totenhaus.«

Diesen Anspielungen auf das »Groteske« der Situation und den Tod folgt der ironisch beschriebene »Tagesplan« seines Protagonisten:

> »Um neun, dachte er, werde ich aufstehn, der Kaffee wird schon kalt sein. Heute muss ich mich rasieren. Ich werde eine neue Klinge nehmen und den Kaffee zum Einseifen aufwärmen, so geht es flugs. ›Feierabend‹ werde ich dann rufen, alles wird für heute getan sein; ein Leben wie in Ferien.«

»DIE BEHERBERGTEN«

Das Denken Karls an »eine Freundin im Nachbarland« und an seinen Vater in Deutschland nutzt der Autor zur Überleitung: Als wäre der Erzähler den LeserInnen nun Erklärungen schuldig, setzt ein Erzählerbericht ein. Wie in anderen Exilromanen und Exilautobiographien wird der Erzähler zum Chronisten. Er entläßt seine Figur aus der fiktionalen Romanwirklichkeit und ordnet sie in die Zeitgeschichte ein:

> »Seit vierzehn Monaten lebten sie im Camp. Zu beiden Seiten der breiten Fahrstrasse zog es sich dahin, wie eine Stadt, weit, endlos, bis der Blick sich verlor. Kilometer von Stacheldraht umspannten es, aussen sowohl, in mehrfachen Linien, [d]ie zwischen den einzelnen Baracken von 30–60 Mann Belegschaft bargen. Sechstausend Menschen lebten hier zusammen, verhaftet in Frankreich, in Holland, Belgien an jenem 10. Mai 1940, da der Krieg nach Westen hinübergerast war.«

Nach dieser kurzen Retrospektive schwenkt der Erzähler zurück zur Gegenwart, zu Karl und dem jüngeren deutschen Juden Ullrich, die – angeregt durch die Verbreitung der »politischen und militärischen Tagesneuigkeiten« im Lager – den Kriegsverlauf diskutieren:

> »›Was sagst Du zu diesen Verlustziffern?‹ – ›Grauenhaft! Nicht auszudenken! Besonders wenn du dieselbe Zahl an Toten noch einmal für die Gegenseite ansetzt.‹ [...] ›Es ist eine tolle Geschichte‹, sagte Ullrich. – ›Mensch, und das Tollste ist, sie töten sich auch für uns. Sie wissen es natürlich nicht. Keiner denkt daran, der da im Kampf für sein Vaterland steht, dass es doch auch das unsere ist. [...] Während sie überall auf der Welt ihre Arme und Beine verlieren, oder den Verstand, oder das Leben, sitzen wir hier herum und warten von Tag zu Tag auf Nachrichten: In unserer Angelegenheit [...].‹ ›Da magst Du recht haben, aber sicher ist es eine Unverfrorenheit, über das Campleben zu wimmern, wenn man an die draussen denkt‹, fuhr Karl ernsthaft fort. ›Wenn wir weiter so über den Krieg kommen, sind wir billig bedient.‹«

Das Gespräch wird durch eine schrille Trillerpfeife unterbrochen und der Ruf »Brotempfangen!« aus der Küche ist das Stichwort, um das Gesprächsthema zu wechseln und über die kargen Brotrationen zu sprechen. Der Erzähler kommentiert die Situation der beiden Männer:

> »Die letzten Monate hatten ihnen längst zum Bewusstsein gebracht, was das ist: Macht. Längst hatten sie die Resignation vor dem Unabänderlichen erlernt, sie war ein Teil ihres Wesens geworden. Sie liefen nicht mehr mit dem Kopf gegen die Mauer. Sie sahen die Mauer mit klaren Augen, standen davor und trugen lachend die Köpfe hoch.«

Ähnlich wie die TagebuchschreiberInnen kann Lindt auch Aspekte des Lagerlebens aufgreifen, die die Freiheit des Wortes voraussetzen: die Unzufriedenheit des Wachpersonals; die Besuche von Bauern, die im Lager diejenige Nahrung abladen, die sie »woanders nicht los wurden« und den Antisemitismus im Lager. Mit folgendem Dialog verleiht Lindt seinen LeserInnen einen Eindruck von der Atmosphäre in den Männerbaracken und der Art und Weise, wie Auseinandersetzungen zwischen den internierten Männern ausgetragen wurden. Denn selbst in dieser »Musterbaracke vierzehn«, wo nicht nur Streit vermieden, sondern auch der Versuch unternommen wurde, »die schroffsten Unterschiede« durch die Einführung von indirekten Steuern und Honorierung von Barackenarbeiten »zu planieren«, gehören Antisemitismus bzw. Auseinandersetzungen zwischen den deutschen Flüchtlingen und den osteuropäischen Juden zum Alltag:

> »›Du sollst nicht so schmatzen, Muttersau‹, rief Feigel, ein Wiener, seinem Nachbarn zu.
> ›Ich, schmatzen?‹ rief der zurück. ›Ich glaube [,] Sie hab'n Se bufft!‹
> [...]
> ›Ich sage es ja, immer die Juden,‹ sagte Dr. Harnich.
> Gedalja Blau, ein Zionist, der sofort explodierte, wenn jemand anderes als er selbst etwas über die Juden äusserte, meldete sich zu Wort: ›Glooben Se velaicht, dass die Nichtjuden wänniger schmatzen?‹
> Karl dachte sich seinen Teil im Stillen, wünschte aber, sich an dem Gespräch nicht zu beteiligen. Ihm schien, dass bei einer gewissen Sorte von Völkern das Schmatzen nur einen Teil der im Allgemeinen erhöhten Agogik der höheren Vitalität bilde, die natürlich und also nicht zu kritisieren sei.
> ›Ueberhaupt‹, fuhr Blau tierisch ernst fort, ›wie wellen Sie schmakken ohne zu schmatzen?‹
> ›Meinen Sie, mir schmeckts nicht‹, antwortete Feigel empört, ›bloss weil Sie mich beim Essen nicht hören?‹
> ›Kann sein, es maglich.‹ Blau zuckte die Achseln.
> ›Was essen wir jetzt?‹ rief Ullrich, der ausgelöffelt hatte.
> ›Den nächsten Gang, Johann, Sie können weiter servieren!‹ Diesen Scherz machte der siebzigjährige Papetz täglich zweimal, der von Beruf Matrose gewesen war und sich Professor der Astrologie nennen liess. Er war seit sechs Tagen nicht rasiert und drohte zuzuwachsen.«

Dieser Dialog ist typisch für die humorvoll-distanzierte Haltung des Erzählers gegenüber dem Geschehen und den Figuren. Der Erzähler-Autor nimmt zu dieser Auseinandersetzung nicht explizit Stellung, sondern beschränkt sich auf die Charakterisierung von Typen. Er entlarvt Harnich als Antisemiten der dümmsten Sorte und charakterisiert mit Gedalja Blau einen Zionisten, der das Thema Judentum monopolisiert hat. Wenngleich die jiddische Sprachfärbung, in der Lindt den Zionisten sprechen läßt, als Mittel zur Charakterisierung eines aus Osteuropa stammenden Juden berechtigt und einleuchtend erscheinen mag, so läuft diese Form der Charakterisierung Gefahr, Gedalja Blau lächerlich zu machen. Daß er einen Satz wie »Ich sage es ja, immer die Juden« so »tierisch ernst« nimmt, wie der Erzähler ironisch bemerkt, ist wohl kaum als übertriebene, aus der Persönlichkeitsstruktur heraus zu erklärende Haltung zu bewerten, sondern als verständliche Reaktion auf die »tierisch ernst[e]«, jahrhundertealte europäische Tradition des Antisemitismus. Dies ist nicht die einzige Textstelle, in der der Autor Antisemitismus zwischen den Flüchtlingen aufgreift. Auch in dem plombierten Waggon, in dem zwischen den Deportierten nach tagelanger Fahrt ins Ungewisse ohne Wasser, frische Luft, Licht und Brot eine angespannte Stimmung herrscht, brüllt einer der Deportierten »So dumm und undiszipliniert können nur Juden sein«. Am Schluß des Romans kommt der Autor noch einmal auf das Thema zurück. Hier bezieht der Erzähler jedoch eindeutig Stellung und spricht von dem ungerechtfertigen Antisemitismusvorwurf, der von einem Rabbiner erhoben wird und zur Entlassung eines Totengräbers führt.

Das einzige Ereignis des ersten Kapitels ist Karls zweimalige Begegnung mit der Internierten Dorothée. Im Gegensatz zum Hauptthema der meisten weiblichen Figuren in Isolanis *Stadt ohne Männer* spielen die abwesenden Ehefrauen und Freundinnen in den Männergesprächen in *Die Beherbergten* keine Rolle. Debattiert wird statt dessen über Musik, die Ernährungssituation und über die militärische Lage. Der Abwesenheit der Frauen in den Gesprächen steht der offen thematisierte Wunsch nach (erotisch-sexuellen) Begegnungen mit den »Weibern« in den Frauenbaracken gegenüber, die zu den wenigen »freudigen« Ereignissen im Lageralltag gehören. Ähnlich wie die Frauenfiguren bei Isolani, die sich bei Männerbegegnungen »herausputzen«, bemüht auch Karl sich um »Zivilisiertheit« in dieser »barbarischen Umgebung«:

> »Karl hatte, wie er zu sagen pflegte, den ›Sonntag geheiligt‹ und sich der kleinen Mühe unterzogen, aus seinem staubigen und von Feuchtigkeit angeschimmelten Koffer einen Anzug, Hemd und Kra[w]atte hervorzuholen. Die Seltenheit, mit der man sich im Lager normal anzog, verlieh einen reizvollen Vorgeschmack von Zivilisiertheit. Der Anzug war von einem Kameraden, der in der Schneiderei arbeitete, auf Karls neue Taille reduziert worden. Karl hatte in langer Krankheit über sechzig Pfund abgenommen. Das Gefühl der neuen Schlankheit war ihm

> noch nicht ganz ins Blut übergegangen. Er fühlte sich leicht und verfiel, als er den Block verliess und auf den Boulevard einbog, in einen betont lockeren Gang, den eine Freundin einst den ›Gockeltritt‹ genannt hatte, als sie ihm auf der Straße begegnete.«

In diesem »Gockeltritt« bewegt sich Karl zu einer Wiese, wo »zwischen Gras und Stachelkräutern die Vegetation vielfältiger und üppiger« wurde, »so als wüsste sie, dass es hier zur Freiheit ginge«. Als Karl sich nach einem »Liegeplätzchen« umsieht, entdeckt er eine Frauengestalt.

> »Die Bluse hatte sie ausgezogen und den Rock weit über die Kniee hinübergeschlagen, um sich zu sonnen. Karl kannte sie vom Ansehen. Sie war ihm des öfteren begegnet und gehörte zu den Wenigen im Lager, denen Karl ein menschliches Gesicht zusprach.«

Karl, in »guter, übermütiger Laune«, bemüht sich nun, mit ihr ins Gespräch zu kommen.

> »›Ich nehme Ihnen hier doch nicht Ihren Platz weg?‹
> Sie lächelte und antwortete ohne ihn anzusehen: ›Bleiben Sie nur, wo Sie sind.‹ [...] ›Wünschen Sie ein wenig Konversation? Kann ich etwas für Sie tun?‹ [...] ›Stürzen Sie sich nicht in geistige Unkosten, mein Herr! Danke: Nein. Man ist ja auch einmal gern in *guter* Gesellschaft!‹«

Karl beschließt, sie zunächst in Ruhe zu lassen und auf »den richtigen Moment« zu warten. Als sein Ohr »ein Mahlen wie von Zähnen eines Wiederkäuers« hörte und mit einem Mal ein »kleines zottiges Eselchen« vor ihm steht, ist dies ein willkommener Anlaß eines erneuten Annäherungsversuches. Die Dame, die wie auch Karl den Esel bei einem plötzlichen Ausbruch der »tierischen Lebensfreude«, seinem Herumwälzen auf dem Gras, beobachtet hatte, kommentiert:

> »›Ravissant‹ rief sie mit einer guten Altstimme.
> ›Quelle chance?‹ schrie Karl hinüber ohne zu überlegen. ›Wenn Sie einen jungen Esel entzückend finden, dann kann ja auch ich noch hoffen?‹
> ›Nicht doch, nicht doch!‹ antwortete sie ihm lächelnd. Dann streifte sie den Rock über die Kniee und schickte sich an, aufzustehen. ›Das gilt nur für diesen hier, einen jungen Esel, einen *kleinen*, mein Herr!‹«

Abends gehen die Musikliebhaber Ullrich und Karl zum »Frauenblock zwölf, wo Tillius' Sonatenabend« stattfindet. Aus der Perspektive Karls wird nun die Stimmung in der noch halbleeren Kulturbaracke beschrieben: das junge Pärchen, das sich stets eingehängt wortlos an Händen hält; die hornbebrillte Postmeisterin des Blocks, eine Berliner Rechtsanwältin; eine Ärztin aus dem Frauenhospital und Dr. Hoechster, Karls bester Freund, »ein Mann von sechzig Jahren und Mediziner«. Auch der Dialog zwischen Karl und seinem Freund ist in einem heiter-witzigen Ton gehalten:

> »›Bist Du wieder fieberfrei?‹ frug ihn Karl.
> ›Schon seit heute Morgen,‹ sagte Hoechster. ›Du kennst ja schon mein Programm: Einen Abend Schüttelfrost mit neununddreissig-fünf, dann Chinin und am nächsten Morgen fieberfrei und dafür die Chininnachwirkungen.‹
> ›Armes Tier, hast Du noch Ohrensausen?‹
> ›Nein‹, antwortete der alte Arzt mit freundlichen Augen, seine goldenen Brillenränder funkelten. ›Schon seit dem Mittagessen hatte ich den Kopf für Beethoven frei genug. Ich habe durch diese verdammte Malaria bereits vergangene Woche die cis-moll versäumt und wenn ich heute wieder fehlte, bekäme ich Beethoven-Entziehungserscheinungen.‹
> ›Wie äussert sich das wohl bei Dir?‹ fragte Karl lächelnd.
> ›Unlusterscheinungen allgemeiner Art, unzulässige Steigerung des Appetits, deplazierte Nikotinsucht.‹«

In diesem Augenblick betritt »eine Dame [...] die offene Seitentüre«, deren Anblick Karl »sofort stocken liess«. »Es war die Besitzerin der Löwenmähne von der Wiese«. Dann betritt auch der Pianist Tillius den »nunmehr vollen Saal« und nimmt am Klavier Platz. Karls Blick ruht von nun an »auf dem wenig gehobenen Gesicht der Wiesendame«. Er beobachtet sie und folgt ihren Augen:

> »Nur halb geöffnet schienen sie von dem Blickfang der beiden Metallmasken oberhalb des Bühnenraums gefangen zu sein, die auch Karls Blick während manchen Konzertes einen äusserlichen und doch nicht unbedeutenden Ruhepunkt zu seinem Musikerlebnis abgegeben hatten. Es waren da nämlich, gemäss dem Brauch der Schaubühne, aus blankgeriebenem Blech die beiden uralten Masken des griechischen Theaters, die der Tragödie und die der Komödie, zwischen blinkenden Silbersternen auf schwarzem Grund angebracht, die der Bühnenkünstler in primitiv-eindrucksstarken Linien verfertigt hatte.«

So wie ihn der Duft der Kräuter auf der Wiese davongetragen hatte, trug die Musik ihn nun fort. Erst die Pause und das störende Verhalten seines Freundes Hoechster, »der in der Reihe hinter der Wiesendame sitzend, die Augenbrauen komisch hochzog und ihm gewissermaßen gratulierend zunickte,« holt ihn in die Gegenwart zurück. »In diesem Augenblick genierte sich Karl ein wenig und empfand peinlich, wie sehr das Lager mit seinem zynischen Gemeinschaftsanspruch das Privatleben schon annulliert und die primitivsten

Einzäunungen niedergerissen hatte.« In der Pause gehen Karl und seine Bekanntschaft aufeinander zu, sprechen über das Konzert und bringen ihre Dankbarkeit darüber zum Ausdruck, »dass es sie [die Musik, G.M.] hier überhaupt gibt«. Das Reden über Musik ist für Karl vor allem Mittel zum Zweck, um die »Wiesendame« näher kennenzulernen. Nachdem er ihren Namen erfahren hat, kommen sie wieder auf das Thema Musik zurück und auf den »Zusammenhang zwischen Musikrezeption und Ausnahmezustand« (Internierung, Krieg). Auf die Frage Karls, warum sie nicht an den Bachkonzerten teilnehme, erwidert Dorothée, daß sie »hier nur Musik brauchen« könne, die direkt auf sie wirke, die »keinerlei Umstellung« von ihr verlange. Karl dagegen meint, daß die Internierten durch den »Krieg und auch ein bißchen [durch] die Zustände hier [...] dem *zeitgenössischen* Hörer von Bachs Werken vielleicht ein wenig näher gebracht« worden seien. Danach folgt sein Monolog über die »seelische Haltung der damaligen Musikhörer«. Dorothée, die genauso wie Karl eine erfahrene Instrumentalistin ist, korrigiert seine Aussagen, die ihrer Meinung nach »den Menschen zweihundert runde Jahre vor Meister Bach« betreffen, und entschuldigt sich gleichzeitig, doziert zu haben. Durch den »Scheiss Express« (den Fäkalientransport), der an ihnen vorbeizieht, werden sie »aus den Wolken ihres Gesprächs wieder auf die Erde heruntergeholt«. Nach dem Ende des Konzertes begleitet sie ihn zu seinem Block. Für Karl ist das endlich die Gelegenheit, auf das Thema Liebe und Erotik überzuleiten:

> »›Auch auf der Straße gehen sie immer eng verschlungen. Sie werden wohl nicht wissen, wohin mit ihrer Liebe.‹ [...]
> Dorothée lachte. ›Ja‹, bemerkte sie dann, ›das Wohin mag hier wohl auch ein Problem sein.‹ Karl wusste es besser. Er unterdrückte indessen tapfer sein besseres Wissen und sparte sich die Enthüllungen für den Moment auf, an dem sie eventuell eines Tages notwendig werden sollten.
> ›Haben Sie auch einen Schatz?‹ ›Nein‹, sagte Dorothée ernst, ›keinen gefunden.‹«

Mit dem Karl eigenen Humor bietet er sich auf folgende Weise an:

> »›Nehmen Sie keinen, der sich anbietet, Fräulein Dorothée,‹ sagte er. Zum ersten Mal sprach er sie mit ihrem Namen an und er fuhr strahlend fort: ›Nehmen Sie mich.‹«

Doch Dorothée tut so, als hätte sie sein »Angebot« überhört, und beteuert, es gefalle ihr eben keiner. Sie trennen und verabreden sich für den darauffolgenden Tag. Als Karl seine Baracke betritt und sein Abendessen, »zwei mittlere Kartoffeln«, ein »ausgesprochenes Festmahl«, zu sich nimmt, kreuzen sich zwei Gedanken: der Gedanke an das soeben Erlebte und das Bevorstehende einerseits; andererseits stellte sich immer wieder »wie ein Hauptmotiv« das Bild der beiden Masken ein, »die dort oben, über der Bühne, seine und die Blicke der neuen Bekanntschaft übers Kreuz empfangen hatten«.

> »In diesem Augenblick erschien es ihm bedeutungsvoll, dass es die Komödie war, die sich ihm zugeneigt hatte, und er war sich im Unklaren, ob in ihren grimassierenden Zügen nicht Hohn gelegen habe. Auch die heruntergezogenen Mundwinkel der Tragödie erschienen ihm nun nicht allein vom eignen Leid verzerrt, sondern so, als ob sie die Betrachterin von heute abend habe äffen wollen. Das ganze kam ihm vor wie ein Symbol. War es möglich, dass ein und dasselbe Erlebnis zwei verschiedenen Menschen unter so grundverschiedenem Gefühlsaspekt sich darstellen konnte?«

Die Begegnung mit Dorothée, das Konzerterlebnis und die als Symbole interpretierten Masken des antiken Theaters, die Karl in der Kulturbaracke betrachtet hatte, münden bei ihm in ein Nachdenken über die Frage, ob »*der* Mensch tragisch« sei, »der im Kampf mit übermenschlichen Mächten noch so heroisch zu Grunde geht? [...] Oder ist er nicht vielmehr ein Trottel und eine blöde Marionette, deren Fäden ein kichernder Dramaturg bewegt?« Die gleichen Fragen stellt er sich bezüglich der Komödie:

> »Ist nicht auch schliesslich *der* komisch, und nichts als komisch und keineswegs tragisch, der im Krieg sein Bein verliert, weil er einem Marschbefehl folgt, der im Grunde nicht sein ureigener ist?«

Karls Reflexion mündet in die Erkenntnis, daß der Mensch weder für die »grossen Ideen« auf dem Schlachtfeld noch »auf den Kampfplätzen der Herzen [...] des Eros« leiden oder sterben muß. »Es gibt keine Tragik. Alles ist Komödie«, lautet der abschließende Satz seiner Reflexion.

Retrospektive – Der Erzähler als Chronist

Im zweiten und im dritten Kapitel nimmt sich der Erzähler vor, den möglicherweise bei den LeserInnen entstandenen Eindruck, daß »das Leben [...] de[r] Beherbergten leicht« gewesen sein mag, zu korrigieren. Die folgenden 53 Seiten bestehen aus einem Erzählerbericht, der mit der Deportation der »Kameraden« im Mai 1940 nach Südfrankreich einsetzt. Diese Retrospektive liest sich wie eine Beweisführung des Erzählers: Waren Ullrich und Karl sich darüber einig, daß sie »bisher billig weggekommen« waren, während die Soldaten im Krieg starben, fällt der Erzähler ein ganz anderes Urteil. Zu Beginn des dritten Kapitels urteilt er über diesen »Leidensvergleich«:

> »Ein trostloser Empfang erwartete sie [in Gurs, G.M.], nichts war auf die Ankunft solcher Menschenmassen vorbereitet und, als nun der strenge Winter einsetzte und der Schnee und die Kälte neue bittere Leiden mit sich brachten, begann für sie ein Leben von einer Härte, wie die Frontsoldaten im Schützengraben es in solcher Ununterbrochenheit kaum zu ertragen haben.«

Rechtfertigt sich Helmut Lindt hier für seine Flucht ins Exil, für seine »Untätigkeit« im Lager? Fast scheint es, als wolle der Autor die Nazi-Propaganda vom Leben der deutschen Emigranten wie »Gott in Frankreich« widerlegen. Bemerkenswert bleibt die Tatsache, daß nicht zwischen Tätern und Opfern, Verfolgten und Verfolgern unterschieden wird. Der Name Hitler oder der Begriff Nationalsozialismus fällt im ganzen Roman nicht ein einziges Mal.

Neben Schwesigs *Pyrenäenbericht*, der ebenfalls mit dem Mai 1940 einsetzt, und den ergreifenden Kunstwerken von Felix Nussbaum aus dieser Zeit gehört dieser Teil des Romans zu den erschütterndsten Zeugnissen über die Deportation der männlichen, »deutschstämmigen« Flüchtlinge aus Belgien nach Südfrankreich und über die Lebensbedingungen in St. Cyprien[82] und Gurs. Im Gegensatz zum autobiographischen Bericht des Kommunisten Schwesig[83] hält sich der Erzähler bei Lindt mit politischen Kommentaren vollkommen zurück und konzentriert sich in seinem metaphernlosen, sehr genau beschreibenden und ergreifenden Bericht auf die Dokumentation der Ereignisse, insbesondere auf das Leid der Eingepferchten und Eingesperrten. Wie zu Beginn des Romans arbeitet der Erzähler über weite Textstrecken dieser Retrospektive an seinem eigenen Verschwinden und wechselt oft zur personalen Erzählhaltung. Das Beklemmende und Bedrohliche entsteht gerade durch diese Verengung der Erzählperspektive. An solchen Textstellen folgen die LeserInnen dem Geschehen nicht aus der Vogelperspektive, sondern sie sind Miterlebende des Geschehens im Inneren des Waggons. Nachdem die Männer bereits Tage in einem Waggon ohne Licht, Wasser und Nahrungsmittel verbringen mußten, droht einer der Deportierten bewußtlos zu werden. »Meine Herren, Luft, Luft, Luft, helfen Sie mir [...]. Ich bin herzkrank [...] ich glaube, ich sterbe.« Daraufhin bahnt sich ein »schwerer Mensch [...] unter den wütenden Rufen der Getretenen einen Weg zu dem Erkankten [...] und versuchte eine Latte der Seitenwand, etwa in Kopfhöhe des Sitzenden, mit einem nicht zu erkennenden harten Gegenstand zu lockern.« Im Waggon bricht ein wilder Kampf aus, bei dem Blut fließt, und »erst das Knirschen der herausbrechenden Latte unterbrach das Handgemenge«.

»Schritte erschollen. Eine Wache kam den Zug entlang. Mit einer Taschenlaterne leuchtete sie die Seitenwände zwischen den Waggons ab, und ein scharfer Lichtkegel fiel durch den Spalt der losgerissenen Latte in Karls Wagen. ›Aha,‹ rief eine Stimme, ›regarde-moi ça! Ils voulaient s'échapper! Ouvre, ouvre la porte! On va les mitrailler tous ensemble, ces Schweinehunde.‹ Im Waggon herrschte Totenstille. Der Mann mit der Herzattacke hatte sein Haupt wieder erhoben und sog mit gierigen Zügen die Nachluft ein. Man sah seine geschwollene Zunge in dem geöffneten schnappenden Mund. Er hatte die Augen geschlossen und schien weder den Schein der Taschenlampe zu sehen, noch sonst, was um ihn herum vor sich ging. Plötzlich erschien eine Bajonettspitze in dem Spalt und schnitt der Länge nach eine Wunde in seine Wange. Im Schmerz riss er die Augen auf und rief entsetzt: ›Was ist denn das?‹ ›On va te donner, sale Boche!‹ rief draussen die Stimme [...].«

Dem besonnenen Karl gelingt es, den aufgebrachten belgischen Unteroffizier zu beruhigen und die Gefahr abzuwenden. Diese Schilderung eines der dramatischsten Augenblicke im Leben der eingepferchten Deportierten nutzt der Erzähler als Überleitung zur näheren Charakterisierung Karls. Immer wieder steuert er auf eine Frage zu: Wie haben sich der Krieg, die Deportation von Belgien nach Südfrankreich und die Internierung auf das Innenleben Karls, auf sein Selbstverständnis als eigenverantwortliches, selbständig denkendes und handelndes Individuum ausgewirkt?

»Schon im Moment seiner Verhaftung war er in eine tiefe Unempfindlichkeit gefallen. Mit einem Ruck fühlte er sich dem gewöhnlichen Leben, dem Zwang, für sich zu denken und sich Sorgen zu machen, der Verantwortung für alles, was mit ihm geschehe, enthoben. [...] Aehnlich wie wenn nach einer Morphiumspritze Schmerzen und jeglicher Krampf der Muskeln und Glieder sich lösen, so war Karl es erschienen, als er am 10. Mai 1940 in seiner Wohnung von einem Gendarmen abgeholt und aus seiner privaten Welt der Verpflichtungen in jene andere von Waffen bewachte überführt worden war, in der jeder Schritt vorgezeichnet war, in der ein Vorgesetzter für ihn dachte und in der es nicht nur nicht gestattet, sondern aus energie-ökonomischen Gründen unzweckmäßig war, sich mit privaten, hier deplazierten Erwägungen zu belasten.«

Diesen »Zustand der Unempfindlichkeit« erlebt Karl als eine »Befreiung« von einem unlebbar gewordenen Zustand, als Entlastung von dem Zwang, handeln und denken zu müssen. Ohnmachtsgefühle den »militärischen Mächten« gegenüber und das Bewußtsein, daß er sich in »Gottes Hand« befindet, setzen zur gleichen Zeit ein. Sein Glaube verhilft ihm zu einem psychischen Schutzpanzer, der ihn davor bewahrt, von dem Gesehenen erdrückt zu werden. Sein Gottvertrauen wirkt wie ein Bollwerk gegen die äußere Welt. Diese Haltung befähigt ihn dazu, in Todesgefahr besonnen zu bleiben, kameradschaftlich zu handeln, den Humor nicht zu verlieren und seine »angeborene Neugier« auch unter diesen elenden Lebensbedingungen nicht zu verlieren. »Karl fühlte sich sicher und geborgen, so als könne ihm die Welt nichts anhaben.« Dieses »Gefühl des Nichtzugänglichseins für [...] Schrecknisse« verläßt Karl auch in den folgenden Wochen nicht, als er einen Einblick in das jämmerliche Dasein der Flüchtlinge im Lager St. Cyprien erhält, die halbverdurstet den Anblick des Mittelmeeres ertragen müssen, von dem sie durch den Stacheldraht abgetrennt sind. Auch hier gehören Hunger, Tod, Mangel an Nachrichten und Krankheiten ebenso zum Alltag wie die vielfältigen sozialen und kulturellen Initiativen. Wie zu Beginn des zweiten Kapitels »verschwindet« hier zeitweise die Romanfigur und die Romanhandlung, der Erzähler wird zum »Berichtenden«:

> »Es ist jedenfalls zu berichten, dass in der Mitte des Sommers eine Typhusepidemie ausbrach, die in kurzer Zeit Hunderte von Menschen ergriff, die die in jedem Block befindlichen Krankenstuben von fünfzig Betten ebenso überschwemmten wie das vielbarackige ›Hôpital Central‹, und dass die bis dahin bereits allgemein gewordenen Befallungen von Blutruhr und die weiter hinzutretenden Hunderte von frischen Malariainfektionen das ihre taten, um den Aufenthalt am Meer zu einer wahrhaften Hölle zu machen«.

Auch Karl erkrankt schwer und verbringt vier Wochen in dem notdürftigen »Hôpital Central«. In der vierten Woche setzt ein tagelanger und so heftiger Regenfall ein, daß Teile des Lagers überschwemmt werden und Lebensgefahr für die Internierten besteht. Nach der Evakuierung der Kranken werden sie wieder zurücktransportiert und dann endgültig aufgefordert, ihre Habseligkeiten zu packen, da »der Kommandant sich nicht in der Lage sehe, im Falle eines neuen Ansteigens des Wassers, mit dem zu rechnen sei, ihre Evakuierung vorzunehmen«. Über viele Seiten beschreibt der Erzähler das Elend der Kranken, die sich vom Fieber geschüttelt auf den Weg zu den nicht überspülten Blocks machen. Im Gegensatz zu Karl Schwesig, der in seinem *Pyrenäenbericht* nur bei Arbeitern, den »Rettern, die im normalen Leben schon die Prügelknaben sind«, Kameradschaft erfuhr, und im Gegensatz zu Samuel

Schmitt, der in seinem Bericht *Barackenkameraden* seine negativen Erfahrungen mit Männern aus den verschiedensten sozialen Schichten und mit unterschiedlichstem politischen und religiösen Hintergrund schildert und der sich daraufhin enttäuscht von den Menschen abwendet und Gott anfleht, betont Lindt in den Romanabschnitten über St. Cyprien und Gurs die Hilfsbereitschaft und Solidarität zwischen den Verfolgten:

»Während ein grosser Teil der Kranken in dieser Nacht ohne Stroh wieder auf dem blossen Sand, wenn auch von den Kameraden mit Decken ausgestattet, zubringen musste, hatte Karl das Glück, vom Chefarzt in Anbetracht der Art seiner Krankheit in einer rasch errichteten Notkrankenstube ein Bett zur Verfügung gestellt zu erhalten. In seinen durchnässten Kleidern warf er sich hin, völlig erschöpft, und merkte es kaum, dass die Kameraden ihn entkleideten und mit geliehenen trockenen Decken und Mänteln erwärmten.«

Mit dem Abtransport der Internierten und der Auflösung des Lagers endet das zweite Kapitel.

Schlußbemerkung

Mit dem dritten Kapitel kehrt der Erzähler zum Anfang seines Romans zurück. Er dokumentiert die miserablen Lebensbedingungen während des kalten Winters 1941 in Gurs: die ständige Finsternis, den Schlamm, fehlendes Heizmaterial, die Krankheiten, den langsamen physischen und psychischen Zerfall der »Beherbergten«, aber auch die Bemühungen, sich von dieser Wirklichkeit mit Hilfe der Kunst zu »befreien«, wie es beispielsweise die junge Tänzerin versuchte, die im »neugegründeten Kabarett [...] den grotesken Balancierschritt dieser Tage« [das Waten durch den Schlamm, G.M.] imitierte, »indem sie auf einem Bein stehend, vorsichtig das andere in die Luft hielt, bedachtsam mit dem ganzen Körper nachgebend Halt für den tastenden zweiten Fuss suchte [...]. Das Groteske machte sie lachen, so wie man über Überwundenes lachen kann. Jedoch ihr Vorbild im Winter war alles andere als ein Spass gewesen.« Das dritte Kapitel schließt mit den positiven Veränderungen der Lebensbedingungen im März 1941, als die Temperaturen wieder steigen, die Sonne durchbricht und sich die Stimmung im Lager verbessert. Das letzte Kapitel besteht aus der Begegnung Karls mit einem Internierten, der als Totengräber auf dem »ausserhalb des Camps gelegenen Friedhof«

arbeitet, um beim »etwaigen Erscheinen deutscher Prüfungskomissionen sich ausserhalb des Lagers aufzuhalten und eventuell verschwinden« zu können. Einige Tage zuvor war er von einem Rabbiner des Amtes enthoben worden, weil er behauptet hatte, »die toten Juden stänken mehr als andere aus ihren Särgen«. Der Erzähler nimmt den des Antisemitismus Überführten in Schutz und meint, dies sei lediglich der »Ausfluss des ihm eigenen etwas materialistischen Humors« und eine »rassenkränkende Absicht« sei ihm schon deswegen nicht zu unterstellen, »weil er nachweisen konnte, dass er seinerseits aus der kommunistischen Partei als Trotzkist, d. h. in Fragen des Internationalismus als eher zu links stehend, entfernt worden war«. Die historische Gemeinsamkeit zwischen Trotzkis Kommunismusauffassung mit explizit internationalistischer Ausrichtung und der teilweise kosmopolitischen (statt ausschließlich nationalen) Identität vor allem der linksstehenden Juden und Jüdinnen in Europa mag den Erzähler dazu veranlaßt haben, den trotzkistischen Totengräber vom Antisemitismus freizusprechen.

Der Dialog zwischen Karl und dem Totengräber ist wiederum typisch für den Tonfall der Lindtschen Dialoge. Der »groteske« Charakter des Lagerlebens findet seinen Niederschlag in einer heiteren, fast makabren Sprache, die an Shakespeare-Szenen (zum Beispiel an die Totengräber-Szene in *Hamlet*) erinnert. Das Todernste als Komisches zu behandeln ist nicht nur Merkmal von KZ-Tagebüchern,[84] sondern auch von Lindts Roman:

> »›Na, wie war's,‹ sagte Karl, ›hast Du feste gearbeitet?‹
> ›Ja, für viere ist Logis gemacht. Mehr haben die Doktoren gestern nicht um die Ecke gebracht.‹ Karl sah, wie er seine schlammbespritzte Hose auszog und seine gelbbekrusteten Wasserstiefel beiseite stellte.
> ›Da staunst Du!‹ sagte der Totengräber, der Karls fragenden Blick aufgefangen hatte. ›Wie ein einzelner Mensch bei so schönem Wetter so verdrecken kann? Die Franzosen sind Hammel. Das Camp bauen sie auf Moorboden, sodass es bei jedem Platzregen ersäuft, und den Friedhof buddeln sie in einen Anger ein, unter dem das Grundwasser steht. [...] Ich habe mir erzählen lassen, dass die Angehörigen des alten Oesterreichers, den sie gestern begraben haben, ein hübsches Gefühl hatten, als der Sarg mit einem Klatsch ins Wasser platschte. Der Geistliche, der am Rande stand, hatte schöne Figuren auf seinem schwarzen Rock und eine Frau neben ihm wurde ohnmächtig.‹ [...]
> ›Wenn's mal so weit ist bei mir mit dem Einbuddeln, kann ich doch auf gute Bedienung und Deine prompte Arbeit rechnen?‹ sagte er zu ihm.
> ›Erst stirb mal‹, sagte der Nachbar trocken, ›dann reden wir weiter.‹«

Karl findet »Gefallen« an dieser Art, über den Tod, auch über den eigenen, zu reden. Der Dialog mündet in einen Exkurs über das Sterben:

SCHLUSSBEMERKUNG

»Von all den doppelten Böden, auf denen Humor hier spielen konnte, war der Gegensatz zwischen Tod und Leben der sinnfälligste. Die Dinge des Sterbens spielten sich im Camp in einer Atmosphäre ab, aus der alles Pathos entlassen war. Nur das Notwendige wurde getan, und diese Notwendigkeit war auf die Gesellschaft der Lebenden bezogen und wurde von ihr diktiert. So augenfällig waren die Erfordernisse, die mit dem Sterben zusammenhingen, das Verhalten der Angehörigen, die Beschaffung der rohen Brettersärge und ihr Abtransport auf den grossen ungedeckten Lieferlastwagen, so unumgänglich und unaufschiebbar war der Zwang für die Hinterbliebenen und die übrige Umgebung der Bestatteten, nach der kurzen Ansprache des Geistlichen wiederum den Erfordernissen des Reglements selbst zu gehorchen, Prosaisches zu tun, ein halbes Stündchen später, wie gewöhnlich am Brunnen zur festgesetzten Zeit das Geschirr zu spülen, das Essen einzunehmen und sich der kleinen Pflichten des Einzelnen zu unterziehen, dass nicht eben viel Federlesens um die Toten gemacht wurde. Auch war ihr Schicksal zu wenig Einzelschicksal, denn zu oft pilgerten die Leichenzüge zu dem kleinen Friedhof hinaus. Die Toten waren eine reale Minorität, mit der gerechnet wurde.«

Hiermit kehrt der Erzähler zum Anfang zurück. Wie zu Beginn des Romans bricht er dann erneut mit der Todesthematik und stellt seinen Protagonisten, der schon zu Friedenszeiten den »lukullisch-geniesserischen Seiten des Lebens« zugewandt war, wortwörtlich in »helles Licht«:

»Karl trat in die Sonne hinaus. Glücklich empfand er, dass ihn allein vorfinde, ihn ganz allein, den Junggesellen, was auch immer dem Schicksale gefalle auf ihn niederzusenden, niemandem Rechenschaft schuldig, ohne Pflichten gegen eine Familie, und indem er die Wärme der Sonne auf dem Rücken spürte, fühlte er sich stark und frei.«

Helmut Lindts *Die Beherbergten* ist ein bemerkenswertes literarisches Zeugnis. Die erläuternden, aber nie moralisierenden Erzählerberichte, die lebendigen Dialoge und inneren Monologe vermitteln ein komplexes Bild vom Lagerleben in dem Zeitraum 1941–1942, wie es andere Texte der Lagerliteratur kaum zu leisten vermochten. Bemerkenswert ist an diesem Text das Verhältnis von Geschichte und Individuum: Der Roman dokumentiert einerseits detailliert das Elend der Deportation, der Internierung, die Erfahrung, entrechtet zu sein, andererseits rückt er einen Menschen in den Mittelpunkt, dem es gelingt, in dieser Zeit der Verfolgung und Gefangenschaft ein inneres Gleichgewicht zu wahren und zum Schluß sogar ein Gefühl wie »Freiheit« zu empfinden. Obwohl der Text zweifellos als Anklageschrift gegen die Zustände in den französischen Lagern und gegen die französische Politik zu lesen ist, scheint für den Autor ein anderes Anliegen zentraler gewesen zu sein: die

Darstellung eines sich in diesen Zeiten behauptenden Menschen, der sich den »militärischen Mächten« zwar beugen muß, aber dennoch daran nicht zugrundegeht. Der »Galgenhumor« sowie seine »Unempfindlichkeit« der äußeren Welt gegenüber sind die psychischen Überlebensmechanismen, mit denen Lindt seinen Protagonisten ausstattet. Im Vergleich zu den Protagonistinnen in den Romanen der Schriftstellerinnen Thomas und Isolani fällt zudem auf, daß Lindts »Junggeselle« Karl die Situation allein zu meistern sucht. Er hält zwar nach erotischen Abenteuern Ausschau, ist emotional jedoch an keine Frau und keinen Freund gebunden.

Ein nicht auflösbarer Widerspruch (der möglicherweise auf das Fragmentarische des Romans zurückzuführen ist) besteht in der Charakterisierung Karls einerseits als eines Gottgläubigen, der keineswegs den Glauben an das »Absolute« verloren hat und so gegen die »Schrecknisse« unempfindlich ist, und andererseits der Bestimmung der Situation der internierten Menschen in der »Vorrede«. Dort heißt es, die Internierung habe zur Folge, daß die Menschen aus jenem Bund mit dem »Absoluten« losgelöst seien, das die Menschenwürde garantiere. Vielleicht verfaßte Lindt diese »Vorrede« nach Fertigstellung des Romans – als ihm möglicherweise sein Gottvertrauen und jenes innere Freiheitsgefühl, mit dem er Karl ausstattet, selbst abhanden gekommen war.

Ausblick

Nach dem Ende des Zweiten Weltkrieges kehrten nur sehr wenige in Gurs Internierte und Überlebende der Shoa nach Deutschland zurück. Dieser Abwesenheit der durch Hunger, Krankheit und Mord Umgekommenen oder der im Asylland gebliebenen Verfolgten entspricht die fehlende Beachtung der Lagerliteratur aus Gurs nach 1945 in Deutschland. Wenn Selbstzeugnisse oder literarische Texte aus dem Lager oder über das Lager – besonders in den ersten beiden Jahrzehnten nach Kriegsende – dennoch verlegt wurden, dann zumeist im Ausland wie beispielsweise Isolanis *Stadt ohne Männer*. Wurde Lagerliteratur aus Gurs – wie Nathans *Gesänge hinter Stacheldraht* – in der DDR herausgebracht, dann geschah es mit der Absicht, das Leben der deutschen Antifaschisten und ihre literarischen Leistungen im Exil zu dokumentieren. Ausschlaggebendes Kriterium für das Veröffentlichen dieser Texte war, ob sie für die eigene Geschichtsschreibung und für Staatsinteressen zu instrumentalisieren waren, das heißt, ob sie als Bekenntnis zum Sozialismus bzw. zur DDR interpretierbar waren.

Von einer »Wirkung« dieser Lagerliteratur auf Leserinnen und Leser oder nichtexilierte Schriftstellerinnen und Schriftsteller in Deutschland kann demnach keine Rede sein. Die Wirkungslosigkeit der Lagerliteratur ist nicht allein auf ihre teilweise geringe literarische Qualität und ihre Konventionalität zurückzuführen, sondern auf die Überlieferungsgeschichte der Texte und die gesellschaftlichen Rahmenbedingungen der beiden deutschen Staaten, die die Rezeption dieser Literatur verhinderten oder nur selektiv zuließen. Daß die Lagerliteratur mit 50jähriger Zeitverzögerung überhaupt dokumentiert werden kann, ist das Verdienst von – sich zumeist im Ausland befindenden – Archiven und Privatpersonen, die diesen Zeugnissen Bedeutung beimaßen und sie für überlieferungswürdig hielten. Für die Literaturwissenschaft in Deutschland war Literatur und Kultur in Gurs oder in anderen südfranzösischen Lagern bisher inexistent, nicht nur aufgrund der Quellenlage, sondern weil lange kein Interesse daran bestand, das Forschungsfeld überhaupt wahrzunehmen.

Literaturgeschichten müssen in Zukunft der Tatsache gerecht werden, daß die Literatur im Sinne Walter Berendsohns von 1933 bis 1945 nicht nur

»zweigeteilt« war, sondern daß ein Teil der im Exil entstandenen Literatur auch in den französischen (und anderen) Lagern geschrieben wurde, und daß Kultur für das Überleben von Menschen in dieser Zeit eine herausragende Rolle spielte, weil sie Identität bewahren half. Die Entstehung dieser Literatur – in der Fremde und hinter Stacheldraht – erklärt inhaltliche und formale Affinitäten sowie rezeptionsgeschichtliche Gemeinsamkeiten mit der Exilliteratur: Die Lagerliteratur ist aufgrund ihrer politisch-moralischen Bekenntnisse Teil jener *«humanistischen Front»* (Walter Berendsohn), die Menschenrechte, Brot, Frieden und ein Recht auf Heimat einklagte sowie von der Befreiung Europas vom Faschismus und von einer Gesellschaft träumte, »wo jeder Platz hat« (Alfred Nathan). Besonders die (»Gelegenheits-«)Gedichte der Jüdinnen und Juden sind Dokumente der Hoffnung auf Rettung, aber auch des Traums von einer gewaltfreien, gerechteren, menschlicheren Gesellschaft. Sieht man einmal von diesem humanistischen Bekenntnis ab, bestand das Hauptmotiv beim Verfassen dieser »Durchhalte-Texte« jedoch nicht in der Artikulation politischer Ideen, sondern in der Dokumentation des individuellen und kollektiven Leidens und der Hoffnung auf ein Ende der Verfolgung. Scharfe Kritik am »Gastland« Frankreich, die Verurteilung der Politik der Nationalsozialisten sowie der des Vichy-Regimes sind nur in wenigen Texten zu finden, zumeist bei kommunistischen Emigranten wie Karl Schwesig und Alfred Nathan oder – auf einem moralisch-religiösen Standpunkt beruhend – bei einer Katholikin wie Thea Sternheim. Diese weitgehende Abwesenheit von ideologischen Bekenntnissen oder politischer Reflexion widerspricht jedoch nicht der Tatsache, daß jeder der hier vorgestellten Texte als Dokument der Anklage gegen die organisierte Vertreibung und den Völkermord gelesen werden muß.

Aufgrund des dokumentarischen Charakters der Lagerliteratur, deren Hauptbezugspunkt der Lageralltag selbst ist, läßt sich eine zweite Verwandtschaft mit einem großen Teil der Exilliteratur benennen: Exil- und Lagerliteratur sind *Zeitdokumente*: In den Briefen, Gedichten, Tagebüchern, Kabarett-Chansons und Romanen wird mit unterschiedlichem Realitätsgrad die Zeit der Vertreibung und Verfolgung festgehalten: die Erfahrung der Flucht, der Deportation und des Freiheitsentzugs im Lager.

Bezüglich der Darstellung des Lageralltags fällt auf, daß »Tabuthemen« wie Antisemitismus, Sexualität/Erotik, Korruption/Schwarzmarkt sowie der »krasse Realismus« (Dieter Lamping) bei der Darstellung von Tod und Gewalt vorwiegend auf Tagebücher, autobiographische Berichte, Lindts Roman und auf die Zeichnungen beschränkt sind. Besonders die deportierten

Jüdinnen und andere internierte Frauen meiden sowohl in den Zeichnungen wie in den (Gelegenheits-)Gedichten diesen »krassen Realismus«. Sie betonen die Fähigkeit der Frauen, den Lageralltag meistern zu können, beschreiben detailliert die Schwierigkeiten bei Alltagstätigkeiten, würdigen dieses »Heldentum« in ihren Gedichten und halten am »Prinzip Hoffnung« fest. Die Beschwörung des Zusammenhörigkeitsgefühls, sei es durch die Betonung der jüdischen Identität, der gleichen politischen Gesinnung, der Klassenzugehörigkeit oder durch ein Bekenntnis zu humanistisch-christlichen Werten, war die psychische Reaktion der Internierten auf das Gefühl der »Entwertung [des Einzelnen]« (Else Liefmann). Nur durch die Konstruktion einer Gemeinschaft, wie sie sich in den Wir-Gedichten artikuliert, konnte der Ichzerstörung und Selbstaufgabe entgegengewirkt werden. »Kameradschaft« bzw. die Erfahrung unsolidarischen Verhaltens ist daher der genreübergreifende Topos der Lagerliteratur. Während Eberhard Schmidts politische Bekenntnisgedichte, Isolanis *Stadt ohne Männer*, der größte Teil der jüdischen Lyrik, Lindts *Die Beherbergten* und teilweise auch Karl Schwesigs *Pyrenäenbericht* die Fähigkeit betonen, auch unter diesen Bedingungen menschlich handeln zu können, dominierten in den Tagebüchern von Thea Sternheim und Käthe Hirsch sowie im Gurs-Bericht *Barackenkameraden* von Samuel Schmitt die Erfahrung »seelischer Primitivierung« (Eugen Kogon) der Menschen im Lager.

Die Frage, welche Texte dieser Lagerliteratur in zukünftigen Literaturgeschichten erwähnt werden sollten, setzt die Beantwortung einer anderen Frage voraus, nämlich welche Funktion Literaturgeschichten erfüllen und inwieweit Selbstzeugnisse wie Briefe und Tagebücher – nicht nur die der Literaten, sondern auch der »kleinen Leute« – berücksichtigt werden sollen. Seit der Hochkonjunktur von Literaturgeschichten in den 70er Jahren, bedingt durch die Hinwendung zur Sozialgeschichte, wird über die Funktion von Literaturgeschichte und über die notwendige Infragestellung der Kanonisierung von literarischen Werken diskutiert. Jede Literaturgeschichte ist grundsätzlich mit dem Problem »retrospektiver Konstruktion« (Hans Otto Horch)[85] – und das heißt mit der Frage der Bewertung von Texten – konfrontiert und nimmt notgedrungen eine »Normierung« vor, »auch dort, wo der Literaturhistoriker unter enzyklopädischem Blickwinkel lediglich eine historische Bestandsaufnahme« (Ketelsen)[86] vorzunehmen glaubt. Nicht nur Geschichtsschreibung, sondern auch die Literaturgeschichtsschreibung beeinflußt Erinnerungsprozesse, denn sie »entscheidet [darüber], was überlieferungswürdig« ist.[87] Betrachtet man die Literaturgeschichte als Teil der Kulturgeschichte, so ist es sinnvoll, sie nicht nur als Bestandsaufnahme von literarischen Meisterwerken und ihren Autoren und Autorinnen zu betrachten, sondern als Geschichte schriftlicher Kommunikation, die – auch und besonders in Ausnahmezuständen – vor Selbstaufgabe, Selbstentwertung und der völligen Isolierung des Einzelnen bewahrt. Die Leistung der Literatur aus Gurs liegt darin, diese Aufgabe wahrgenommen zu haben.

Wie gering auch immer die Wirkung dieser Lagerliteratur auf heutige Leserinnen und Leser sein mag – sie ist Teil der deutsch-jüdischen Literatur- und Kulturgeschichte und darf als solche nicht aus dem Gedächtnis gelöscht werden.

Anhang

Anmerkungen

Anmerkungen zur Einführung

1 Vgl. WULF KOEPKE: Das Frankreichbild des Exils und die Niederlage von 1940. S. 53–61.
2 ARTHUR KOESTLER: Abschaum der Erde. S. 354.
3 KARL SCHWESIG: Pyrenäenbericht. S. 2. Mit freundlicher Genehmigung von Antje Schwesig (Berlin / Wuppertal). Der Titel des 83 Seiten umfassenden »Pyrenäenberichts« stammt nicht von Karl Schwesig. Gestattet wurde mir der Einblick in die ersten 39 Seiten. Auszüge befinden sich bei: KARL SCHWESIG: Gemälde-Graphik-Dokumente. S. 86 ff. und bei: MICHAEL PHILIPP: Gurs – ein französisches Internierungslager in Südfrankreich 1939–1943. Literarische Zeugnisse, Briefe und Berichte. S. 65–71.
4 ERIKA und KLAUS MANN: Escape to life. Deutsche Kultur im Exil. S. 195–210; Vgl. auch Hannah Arendts Essay »Wir Flüchtlinge« aus dem Jahr 1943, in dem sie über Selbstmordabsichten der in Gurs internierten Frauen berichtet: HANNAH ARENDT: Wir Flüchtlinge. S. 12.
5 Vgl. SERGE KLARSFELD: Vichy-Auschwitz. Die Zusammenarbeit der deutschen und französischen Behörden bei der »Endlösung der Judenfrage« in Frankreich. S. 320.
6 Vgl. den Katalog der 1992 vom Centre de Documentation Juive Contemporaine durchgeführten Ausstellung: Le temps de rafles. Le sort des juifs en France pendant la guerre. S. 150.
7 Auf einen ausführlichen Forschungsbericht muß hier verzichtet werden. Vgl. das Literaturverzeichnis.
8 Ihr Künstlerinname in den 20er und 30er Jahre lautete Tarnow.
9 Aufgrund des Umfangs der Zeugnisse beschränke ich mich auf deutschsprachige Texte.
10 Das »Erlebnis Gurs« sei das Thema aller Bilder der ersten Kunstausstellung im Lager gewesen, schreibt die gebürtige Berliner Lehrerin Hanna Schramm in ihren Erinnerungen »Menschen in Gurs«.
11 Bilder von ihr wurden bisher fälschlicherweise unter dem männlichen Namen »Rilik Audrieux« oder »Rilik Andrieux« abgedruckt. (Briefliche Auskunft von Lili R. Andrieux). Mary Constanza meint sogar, dieser Rilik sei »ein Verwandter des Dichters Rainer Maria Rilke« gewesen. Vgl. MARY CONSTANZA: Bilder der Apokalypse. S. 100; vgl. den Ausstellungskatalog: Spiritual Resistance. Art from concentration camps. A selection of drawings and paintings from the collection of Kubbutz Lohamei Haghetaot, Israel (1981) sowie die italienische Ausgabe dieses Katalogs.

12 Abbildungen von in Gurs oder anderen südfranzösischen Lagern entstandenen Werken befinden sich u. a. bei: WERNER HAFTMANN: Verfemte Kunst. Malerei der inneren und äußeren Emigration. S. 167 (u. a.Nussbaum, Hartung, Wolfs); MICHEL C. CONE: Artists under Vichy. S. 116–130 (Max Ernst, Otto Freundlich); HEIDRUN SCHRÖDER-KEHLER: Deutsche Künstler im französischen Exil. S. 127–153; JANET BLATTER / SYBIL MILTON: The Art of the Holocaust (Hans Reichel, Gert H. Wollheim, Karl Schwesig, Löw / Bodek, Osias Hofstätter, Fernandez-Puente); Gurs – ein französisches Internierungslager 1939–1945 (Werke von insgesamt 14, nicht immer eindeutig zu identifizierenden Malern); MARY CONSTANZA: Bilder der Apokalypse (Liesel Felsenthal, Charlotte Salomon, Otto Freundlich, Osias Hofstätter, Felix Nussbaum, Karl Schwesig); GABRIELE MITTAG: Gurs – deutsche Emigrantinnen im französischen Exil (Hedda Schatzki, Lou Albert-Lasard); IRIT SALMON: Works from Gurs. S. 447 ff.; YAD VASHEM: Forschungs- und Gedenkstätte.

13 Eine Lagerstatistik vom 1. 12. 1941 führt 1955 Internierte auf, von denen 131 den »professions libérales et artistiques« zugeordnet werden (ADPA M provisoire). Eine Durchsicht der rund 20.000 Karteikarten (»fichier«) erwies sich als undurchführbar. Allein die Karteikarten von A–B enthielten bereits 33 Namen von Personen mit einem künstlerischen Beruf. Meine Schätzung beruht weiterhin auf den von mir verfaßten Kurzbiographien sowie auf den Angaben in autobiographischen Berichten und Autobiographien. Die Sammlung Kasser umfaßt Werke von 14 Malern, die Sammlung Miriam Novitch (Israel) enthält eine weitaus größere Anzahl von Bildern aus französischen Lagern.

14 Der überwiegende Teil der Zeichnungen und Skizzen von Lou Albert-Lasard, Lili R. Andrieux, Hedda Schatzki und Herta Hausmann sind unveröffentlicht und befinden sich in Privatbesitz oder in staatlichen Archiven. Ob Bilder von Gertrud Koref, Trudl Besag und Edith Auerbach erhalten sind, ist ungewiß. Unbekannt ist auch, ob die Malerin Anne-Marie Uhde im Lager künstlerisch tätig war. Nur das »Tagebuch« der damals 16jährigen Liesel Felsenthal, eine Art Comic, in der die Alltagsverrichtungen jeder Stunde in kleinen Zeichnung festgehalten werden, wurde in Auszügen, wenn auch nicht in den Orginalfarben, veröffentlicht (BARBARA VORMEIER: Die Deportation deutscher und österreichischer Juden aus Frankreich; Rückseite des Buches).

15 GABRIELE MITTAG, a.a.O.

16 Von diesen Zeichnungen befinden sich 91 im Besitz des Holocaust-Museums in Washington.

17 Da es mir nicht gestattet war, aus den auf Englisch verfaßten Memoiren zu zitieren, sondern nur zu paraphrasieren und zudem die endgültige Paginierung der noch unvollendeten Memoiren noch nicht festgelegt war, muß bei der Quellenangabe auf die Seitenanzahl verzichtet werden. Im folgenden: LILI R. ANDRIEUX: Memoiren.

18 Der Briefwechsel ist mittlerweile als Buch erschienen: DOROTHEE FREUDEN-

BERG-HÜBNER / ERHARD ROY WIEHN (Hg.): Abgeschoben. Jüdische Schicksale aus Freiburg 1940–1942. Briefe der Geschwister Liefmann aus Gurs und Morlaas an Adolf Freudenberg in Genf. Zitiert wird aus dem überlassenen Typoskript (Robert, Martha und Else Liefmann: Briefwechsel mit Adolf Freudenberg).

[19] Die Sammlung Kasser umfaßt Alltagsgegenstände, illustrierte Glückwunschkarten, Kunstwerke und selbst gebaute Instrumente. Anläßlich der Ausstellung der Sammlung Kasser sind zwei Kataloge erschienen. 1.: Gurs – Ein Internierungslager in Südfrankreich. Zeichnungen, Aquarelle, Fotografien. Sammlung Kasser; und 2.: MICHAEL PHILIPP, a.a.O.

[20] Zur öffentlichen Reaktion auf die Biographie »Une Jeunesse française« von Pierre Pean und auf Mitterands langes Fernsehinterview am 12. 9. 1994 vgl. Dorothea Hahn: »Was von Mitterand bleiben wird – Vichy«. In: Die tageszeitung, 16. 9. 1994.

[21] ERNST ERICH NOTH: Die Exilsituation in Frankreich. S. 74.

[22] Am 25. 9. 1990 wurde meinem Antrag auf Benutzung der ADPA stattgegeben. Was die Bestände in den AN betrifft, wurde mir nur die Einsicht in Auszüge (extraits) genehmigt. Nicht einsehbar waren – so die briefliche Auskunft des französischen Kultur- und Kommunikationsministeriums – »les documents à caractère individuel ou nominatif« (Brief vom 1. 7. 1992). Aus juristischen Gründen wird der Name des Lagerkommandanten nicht ausgeschrieben, sondern abgekürzt.

[23] ANNE GRYNBERG: Les camps de la honte. Les internés juifs des camps français 1939–1944. S. 7.

[24] Vgl. ARTHUR LONDON: Préface. S. 12.

[25] Vgl. BÉATRICE DURAND: Verdrängungsmuster. In: tageszeitung vom 19. 10. 1993.

[26] DOROTHEA HAHN: Paul Touvier: Ein Nazi à la française. In: tageszeitung vom 16. 4. 1994.

[27] Vgl. das Gedicht »Totenwache« im Anhang.

[28] Vgl. die »Einführung« von HERBERT A. STRAUSS im Biographischen Handbuch der jüdischen Emigration. (Bd. I). S. XIII.

[29] STRAUSS, a.a.O., XXXXVIII. Vgl. auch RITA THALMANN: Die Aufnahme der deutschen Emigranten in Frankreich von 1933 bis zum Kriegsausbruch 1939. S. XVI.

[30] Vgl. JACQUES GRANDJONC: Exil, ou le »Jeu de Marseille«. S. 17.

[31] Vgl. die Ausführungen über die »Verteidigung der Kultur« als Verteidigung der »Ideen von 1789« bei ALBRECHT BETZ: Deutsche Schriftsteller im Frankreich der Dreissiger Jahre. S. 104ff.

[32] Die Verwendung des Begriffs Antifaschismus wird trotz seiner komplexen Konnotationen und seiner Instrumentalisierung durch die DDR beibehalten. Der Begriff ist zwar in der Geschichte oftmals zum Synonym für undemokratisches Denken und Handeln geworden, umfaßt aber gleichzeitig eine klare politische Position, die politische Emigranten und Emigrantinnen aus Deutschland trotz ihrer politischen Differenzen teilten, nämlich ihre Ablehnung des Nationalsozialismus.

33 BETZ, a.a.O., S. 303.
34 Vgl. GABRIELE MITTAG: »Madame, vous n'êtes pas très bavarde.« Herta Liebkecht über ihre Zeit im französischen Exil. S. 54.
35 Brief vom 16. Juli 1940. In: André Gide – Thea Sternheim. Correspondance 1927–1950. S. 46.
36 DLA (A: T. Sternheim. Verschiedenes. Autobiographisches. Tagebücher 1903–1970). Mit freundlicher Genehmigung des deutschen Literaturarchivs Marbach und Dr. Hans Eckert (Basel). Bei Claudia Schoppman bedanke ich mich, daß sie mich auf das unveröffentlichte Tagebuch Sternheims aufmerksam machte.
37 Da das Fremdengesetz zwischen 1933–1939 oft geändert wurde, kann die Ausländer- und Asylpolitik hier nur in groben Zügen skizziert werden.
38 Vgl. BARBARA VORMEIER: Dokumentation zur französischen Emigrantenpolitik (1933–1944). S. 180 ff.
39 Zum Beispiel Gisèle Freund. Vgl. GABRIELE MITTAG: Fotografin Wissenschaftlerin. Gisèle Freund wird achtzig.
40 Zit. n. BARBARA VORMEIER, a.a.O., S. 188 ff.
41 Nach Kriegsausbruch werden die »in der französischen Volkswirtschaft überzähligen Ausländer« in sogenannten Fremdarbeiterkompagnien (GTE) eingesetzt.
42 Zit. n. RITA THALMANN: Exil in Frankreich 1933–1944. S. 11.
43 Auskunft von Ruth Fabian.
44 HANS-ALBERT WALTER: Deutsche Exilliteratur: 1933–1950. (Bd. drei). S. 77/78.
45 Vgl. GABRIELE MITTAG: »Eigentlich wollte ich Juristin in einer proletarischen Gegend werden.« Über die deutsch-französische Juristin Ruth Fabian. DS-Kultur, 30. 8. 1993.
46 BARBARA VORMEIER: Die Lage der deutschen Flüchtlinge in Frankreich. September 1939–Juli 1942. S. 210.
47 Vgl. HEIKE KLAPDOR: Überlebensstrategie statt Lebensentwurf. Frauen in der Emigration. S. 12–30.
48 Vgl. GABRIELE MITTAG: »Ich habe meine Familie über Wasser gehalten.« Deutsche Emigrantinnen im französischen Exil.
49 Auskunft von Charlotte Jablonsky. Ulrich Hessel danke ich für die Vermittlung des Kontaktes.
50 BETZ, a.a.O., S. 82 ff.
51 Vgl. die »Chronik der deutschsprachigen Emigration in Frankreich 1933–1940« von ALBRECHT BETZ. Ebd. S. 282–327.
52 1935 wurde die »Förderation deutscher Emigranten in Frankreich« unter dem Vorsitz des Journalisten Georg Bernard gegründet, der 1936 bereits 21 beruflich, sozial oder kulturell ausgerichtete Organisationen angehörten. Vgl. RITA THALMANN, a.a.O., S. 13.
53 HARALD OLBRICH: Künstler im Exil. S. 78.
54 Les camps d'internement du Midi de la France 1939–1944. S. 10.
55 Die Nazi-Kommission Kundt, die nach dem Waffenstillstandsabkommen die La-

ger Frankreichs bereiste, registrierte im Juli/August 100 Internierungsorte. Vgl. CHRISTIAN EGGERS: Die Reise der Kundt-Kommission durch die südfranzösischen Lager. S. 235–248.

56 Vgl. GRANDJONC, a.a.O., S. 20. Eine Auflistung von Internierungsorten befindet sich bei GILBERT BADIA: Les barbelés de l'exil. S. 180ff.
57 DENIS PESCHANSKI: La France, terre de camps? S. 116.
58 Vgl. ANDRÉ FONTAINE: Le camp d'étrangers Les Milles 1939–1942.
59 Vgl. MECHTHILD GILZMER: Fraueninternierungslager in Südfrankreich. Rieucros und Brens. 1939–1944.
60 Über das Schicksal der aus Spanien geflüchteten Frauen und der Interbrigadistinnen ist bisher kaum geforscht worden. In den Standardwerken sind diese Frauen und ihre Situation in Frankreich kein Thema. Es ist anzunehmen, daß sie hauptsächlich in überwachten Notunterkünften untergebracht wurden. In dem undatierten Bericht »Unsere Spanienkämpfer im Camp de Gurs« des »Hilfskomitees für die ehemaligen deutschen und österreichischen Spanienkämpfer« wird die Zahl der in Lagern internierten deutschen Interbrigadistinnen jedoch auf 107 beziffert (IfAG 231/1/5). Und in einem Schreiben vom 21. April 1939 teilt der Präfekt von Pau dem Präfekten in der Vendée mit, daß versehentlich 21 Soldatinnen (»miliciennes«) in sein Département transportiert wurden, da die Frauen Männeruniformen getragen hätten und für Männer gehalten worden seien. (ADPA 265).
61 Auf die Anfrage des Rabbiners Ginsburger vom 23. Juni 1939, der das Lager besuchen wollte, erhielt dieser vom Präfekt in Pau die Antwort, ein Besuch in Gurs sei nicht möglich, da das Lager »strictement militaire« sei. (ADPA 1 M 286).
62 Bis Kriegsbeginn gab es es zwar tägliche Besuchszeiten, aber die Besuchsgenehmigungen hingen von der Willkür der Militärverwaltung ab. Im allgemeinen kommunizierten die Internierten mit ihren Familien oder mit AnwohnerInnen der Umgebung über den Stacheldraht hinweg.
63 Bei der Darstellung der »9. Kompanie« beziehe ich mich auf: BARBARA VORMEIER: Les internés allemands et autrichiens en 1939–1940. S. 224ff.
64 AN F 7 15125. Vgl. Anhang.
65 Briefe an Willi Münzenberg von einzelnen Mitgliedern der »9. Kompagnie« vom April 1939–1940; eine Liste der Menschen, die sich dem Komitee »Menschen in Not« angeschlossen haben sowie das Gedicht »Die Neunte« befinden sich in den AN.
66 Deutsche Volkszeitung, 6. 8. 1939.
67 VORMEIER, a.a.O., S. 236.
68 PATRICK ZUR MÜHLEN: Spanien war ihre Hoffnung. S. 293.
69 Vgl. den Bericht von Ernst Buschmann »Antifaschistischer Kampf im Konzentrationslager Gurs – 4000 Glatzköpfe«. In: SCHRAMM, a.a.O., S. 319ff. Im ehemaligen Ostberliner Parteiarchiv der SED befindet sich ein Gruppenfoto aus Gurs, auf dem diese kahlgeschorenen Insassen einer Baracke zu sehen sind. Der Text auf der Rückseite lautet: »Nach Misshandlungen von 4 Genossen, denen als ›Schwer-

verbrecher‹ die Köpfe rasiert wurden, liessen sich alle Kameraden Spanienkämpfer im Ilot I die Kopfhaare rasieren, sodass die Genossen, die gemassregelt wurden, nicht mehr herauszufinden waren.« (IfAG IV-11-D-2.571).
70 Ebd. V 231/1/7. Vgl. JEAN-PHILIPPE MATHIEU: Les communistes allemands et leur organisation (avril-août 1939). S. 243–257.
71 EBERHARD SCHMIDT: Ein Lied – Ein Atemzug. S. 94. Musikalische Form (Marsch), Inhalt und Aufbau des Liedes erinnern zum Beispiel an das Lied »Moorsoldaten«, das auch in Gurs gesungen wurde.
72 Vgl. den Bericht über die Revolutionsfeier in der *Dépêche* vom 22. 7. 1939.
73 EBERHARD SCHMIDT, a.a.O., S. 95.
74 Zu den Ausnahmen gehörten die Frauen mit Kindern unter achtzehn Jahren wie zum Beispiel Ruth Fabian. Allerdings gab es auch Frauen, die trotzdem interniert wurden. Die 1900 in Duisburg geborene Marguerite Altschul, die 1933 mit ihrer Familie nach Paris emigriert war, wurde zum Beispiel trotzdem verhaftet. Sie erklärt sich dies damit, daß eine Frau es auf ihre Wohnung abgesehen hatte. (Auskunft von Marguerite Altschul).
75 »Nichts war organisiert – mit Ausnahme der Soldaten, die uns Tag und Nacht beobachteten.« (Marianne Berel / LBI ME 48, 151seitiges englischsprachiges Typoskript).
76 Diese Aufseherinnen, die zuvor als Gefängnisaufseherinnen gearbeitet hatten, wurden in Gurs nur einige Wochen eingesetzt.
77 Zur Waffenstillstandskommission Kundt vgl. CHRISTIAN EGGERS: Die Reise der Kundt-Kommission durch die südfranzösischen Lager. S. 235–248.
78 HERTA KAIM-SIEMENS: Deutsche Frauen hinter Stacheldraht. Ein Kapitel französischer »Menschlichkeit.« S. 572–573. Für den Hinweis danke ich Karolina Fell.
79 Ebd. S. 573.
80 Die Besatzer waren zwischen 1940 und 1944 nur dreimal in Gurs: Im August 1940 die Kundt-Kommission; am 18. 7. 1942 als Theodor Dannecker, der von 1940 bis 1942 Leiter des Judenreferats der Gestapo in Frankreich war, die Deportationen aus der »unbesetzten Zone« vorbereitete und im Juni 1944.
81 ADPA Nr. 265.
82 SERGE KLARSFELD, a.a.O., S. 22.
83 CLAUDE LAHARIE: Die Internierungslager in Südfrankreich in der Vichy-Zeit (1940–1944). S. 12.
84 Vgl. DENIS PESCHANSKI: La France, terre de camps? S. 112.
85 HEDDA SCHATZKI: »Hedo's story« und Auskunft der Autorin.
86 Auskunft von Sarah Dajez.
87 Zum sogenannten »Madagaskar-Plan« vgl. GÖTZ ALY / SUSANNE HEIM: Vordenker der Vernichtung. Auschwitz und die deutschen Pläne für eine neue europäische Ordnung. S. 257ff.
88 Die Zahlenangaben beziehen sich auf CLAUDE LAHARIE, a.a.O., S. 29ff.
89 Besuche unterlagen strikten Auflagen. Internierte empfingen die Besucher im

»parloir« (einer Art »Empfangsbaracke«), der Zutritt zu den Baracken war strengstens verboten. Besuchsgenehmigungen wurden nur in Ausnahmefällen erteilt, so daß Überlebende vom »ghetto de Gurs« sprechen, das in seiner hermetischen Abgeschlossenheit Gemeinsamkeiten mit den Lagern in Deutschland und Osteuropa aufweise.

90 Im Frühjahr 1941 wurde ein großer Teil der Jugendlichen unter 17 Jahren in das Lager Rivesaltes gebracht.
91 Die Namen der in Gurs Verstorbenen sind abgedruckt bei CLAUDE LAHARIE: Le Camp de Gurs. S. 371–380.
92 LBI (ME 224 S. 6).
93 CLAUDE LAHARIE: Die Internierungslager in Südfrankreich in der Vichy-Zeit (1940–1944). S. 24.
94 In dem auf französisch verfaßten Text »Camp de Gurs« von Helmuth Wolf wird der Hunger und der »commerce florissant«, der Schwarzmarkthandel, satirisch beschrieben. Laut Wolf wurden die Schwarzmarkthändler schon nach wenigen Tagen wieder aus dem Strafilot entlassen. (ADPA 269)
95 LBI (AR 2273).
96 Auskunft von Lisa Fittko.
97 KOESTLER, a.a.O., S. 497.
98 Dies geht aus einem Bericht vom November 1941 hervor, in dem nicht nur von wegen Trunkenheit entlassenen Wächtern die Rede ist, sondern auch von einem Brigadier, der wegen »andauernder intimer Beziehung zu einer Beherbergten« suspendiert wurde. (ADPA 265)
99 Else Schönberg berichtete mir im Gespräch von einer Prostituierten, die eine eigene Baracke erhalten habe und die so verdienten Naturalien bzw. den Lohn solidarisch unter den Internierten aufgeteilt habe. Prostituierte werden in zahlreichen Exilautobiographien von Frauen erwähnt und Thea Sternheim hält in ihrem Tagebuch die »Sonderbehandlung« einer Prostituierten fest. Während ihrer zweiten Internierung wurde Hedda Schatzki in einen Sonderabschnitt für Prostituierte untergebracht und zeichnete diese.
100 Auskunft von Elsbeth Kasser.
101 MARTA FEUCHTWANGER: Nur eine Frau. S. 281.
102 ADPA 268.
103 Über Rivesaltes berichtet der heute in Mannheim lebende Oskar Althausen, daß Wächter in die Baracken der Frauen eindrangen (vgl. LANDAU / SCHMITT: Lager in Frankreich. Überlebende und ihre Freunde. S. 108).
104 Zit. n. ANNE GRYNBERG: Das Nîmes-Komitee oder die Grenzen der Philantropie. S. 489. Um die »ordnungsgemäße« Verwendung der öffentlichen Gelder zu überprüfen, sowie Informationen über den Schwarzmarkt und die Leitung der Lager zu erhalten, wurden von der Vichy-Regierung auch Spitzel in die Lager eingeführt.
105 So schlägt er in einem Bericht vom 10. 11. 1941 vor, die sittlich nicht zu verantwortende Situation von unverheirateten, im Lager schwanger gewordenen Frauen

durch Heirat im Lager zu »regularisieren«. In dem Bericht vom 8. März 1943 plädiert er dafür, die elternlosen Kinder aus Gurs zu entlassen, die Frauen der Prestataires zu den »chefs de famille« zu lassen und die Invaliden in ihre Heimatländer zurückzuschicken. AN 15312.

[106] Die Fotos, die dem Bericht beigefügt sind, simulieren ein »sauberes«, »ordentliches« Lager, das im Grunde nicht als Lager erkennbar ist. Die Aufnahmen von Krankenbaracken, der Säuglingsstation, den Werkstätten, des Materiallagers, der sanitären Anlagen und von den »Kindergärten« (an deren Wänden das Pétain-Foto prangt) täuschen völlig darüber hinweg, daß hier Menschen hinter Stacheldraht leben.

[107] AN F 7 15104.

[108] CLAUDE LAHARIE: Le camp de Gurs. S. 368.

[109] ADPA M provisoire 500/6.

[110] Bericht vom 9. Februar 1941. LBI AR 2273.

[111] Zitat aus dem Bericht von Jean Pochard, einem Mitarbeiter des »Service social des Formations d'Etrangers«, vom 25. Juni 1941. (AN 15104.)

[112] Auskunft von Else Schönberg.

[113] Ebd.

[114] Brief vom 25. März 1942. ADPA 268.

[115] Am 12. 10. 1941 zum Beispiel waren das 612 Internierte. ADPA 265.

[116] Vgl. Interview mit Oskar Althausen. In: LANDAU / SCHMITT, a.a.O., S. 109. 1943 wurden zum Beispiel 370 in Gurs internierte Ausländer in die Organisation Todt gezwungen. Vgl. LAHARIE, a.a.O., S. 224.

[117] Ebd. 326.

[118] Vgl. JEANNE MERLE D'AUBIGNÉ: Déportations. S. 79.

[119] Vgl. SCHRAMM, a.a.O., S. 139.

[120] ADPA 265.

[121] CLAUDE LAHARIE: Die Internierungslager in Frankreich in der Vichy-Zeit (1940–1944). S. 17.

[122] CLAUDE LAHARIE: Le camp de Gurs. S. 236.

[123] Vgl. ANNE GRYNBERG: Les internés juifs des camps du sud de la France 1939–1992 und SABINE ZEITOUN: L'Œuvre de Secours aux enfants sous l'occupation en France.

[124] RITA THALMANN: Exil in Frankreich (1933–1944). S. 14; vgl. KLARSFELD, a.a.O., S. 161 und das Kapitel »Les déportations« bei GRANDJONC / GRUNDTNER, a.a.O., S. 327 ff.

[125] Auskunft von Ilse Wassermann.

[126] IDA JAUFFRON-FRANK: Rückblick, Erinnerungen und Gedankensplitter einer alten Mannheimerin, geschrieben 1970/71. S. 41 (STA M).

[127] Rolly Weil, der ebenfalls in Gurs interniert war, führt diese auf die Intervention der Quäker zurück. Vgl. seinen Bericht über die Zeit der Deportationen (SCHRAMM, a.a.O., S. 142.)

¹²⁸ Ihm gelang die Flucht nach Spanien. (Auskunft von Elsbeth Kasser).
¹²⁹ LAHARIE, a.a.O., S. 251.
¹³⁰ Vgl. ebd., S. 253.

Anmerkungen zu:
Schreiben hinter Stacheldraht

1. ALFRED MOMBERT: Briefe 1893–1942. S. 144. Statt Alltagsbeschreibungen drückt Mombert in seinen Briefen Zukunftswünsche aus (»Ich sehne mich danach, ungestört meine eigene Welt vollenden zu können,« ebd., S. 154) und äußert sich ganz allgemein zum »Weltzustand«: »Die Welt wimmelt von den furchtbarsten Widersprüchen und Irrtümern.« (ebd., S. 154)
2. MOMBERT, a.a.O., S. 147.
3. Brief Momberts vom 19. 2. 1941. Ebd., S. 154.
4. MARIA KREHBIEL-DARMSTÄDTER: Briefe aus Gurs und Limonest (1940–1943). S. 112.
5. ADRIENNE THOMAS: Vorwort zu: Fahren Sie ab, Mademoiselle. S. IX. Dieser 1944 in Stockholm erschienene Roman wurde erst vier Jahrzehnte später, nämlich erst 1982, in Deutschland herausgebracht.
6. AKA (III D 6). Der ursprüngliche, auf französisch im Lager verfaßte Text ging verloren. 1945 rekonstruierte Lingner den Text aus der Erinnerung. Dieses Manuskript erschien 1955 unter dem Titel »Mein Leben und meine Arbeit«. Das Typoskript weicht nur geringfügig von der gedruckten Fassung ab.
7. Vgl. Anhang.
8. Undatierter Brief eines namentlich nicht bekannten Internierten, aufbewahrt im Archiv der Jüdischen Gemeinde in Kreuzlingen. In: WIEHN, a.a.O., S. 606.
9. Brief von Else Liefmann an Adolf Freudenberg vom 31.10.1940. In: ROBERT, MARTHA, ELSE LIEFMANN, a.a.O., S. 4/5.
10. Brief vom 6. Januar 1942, geschrieben nach ihrer Entlassung aus dem Lager. KREHBIEHL-DARMSTÄDTER, a.a.O., S. 126.
11. Hilde Walter, ehemalige Mitarbeiterin der »Weltbühne«, in einem New Yorker Brief vom 11. 3. 1941 an eine Freundin. In: EGON SCHWARZ / MATTHIAS WEGNER: Verbannung. Aufzeichnungen deutscher Schriftsteller im Exil. S. 92.
12. »Und mir kommt es vor, während ich wache und schreibe, als läge ich längst bei Euch im Gras.« In: KREHBIEL-DARMSTÄDTER, a.a.O., S. 86.
13. Zum Verlassen der Frauen- bzw. Männerbaracke benötigten die Internierten einen Passierschein (laissez-passer). Da dieser nicht sofort und grundsätzlich zu erhalten war, wurde eine »illegale Ilot-Post« eingeführt. (Vgl. EUGEN NETER: Bericht. S. 84.) Oft waren es Kinder, die Zettelchen und Briefe an den Wachen vorbei von einem Ilot ins andere schmuggelten. (Vgl. ROLF WEINSTOCK: Rolf, Kopf hoch. S. 39; vgl. HANNELORE WICKI-SCHWARZSCHILD: Auch mir steigen Erinne-

rungen auf. S. 556ff.). Auch aus dem Gedicht »Stimmungsbilder aus den Ilot's« von Gertrud Friedberg-Kaufmann geht hervor, daß die Männer und Frauen auf diese Weise miteinander kommunizierten.

14 Sophie Marum, selbst Flüchtling, erhielt zum Beispiel von ihrer Schwester Berta Gradenwitz Briefe aus Gurs, konnte sie jedoch nicht aufbewahren. »Ich hauste in Toulouse in einer Art Scheune. Wo hätte ich die Briefe aufbewahren sollen? Sie wären auch nur Ballast gewesen. Ich habe sie weggeworfen« (Auskunft von Sophie Marum).

15 Der aus Pirmasens stammende Alfred Schwerin flüchtete im März 1940 in die Schweiz und entging so den Judendeportationen nach Gurs. 1968 stellte der mittlerweile in Cincinnati lebende Schwerin unter dem Titel »Mortuos voco. Briefe aus Gurs« eine Briefsammlung zusammen. (LBI ME 594).

16 Brief von Klara Rosenfeld vom 10. 4. 1941. Ebd., S. 18.

17 Ebd., S. 2.

18 »Nun ist mir heute Nacht eingefallen, daß Gertrud Bäumer doch auch so viele Beziehungen in Amerika hat. Ich bin doch Mitglied des Akademikerinnenbundes, der ja ein Weltbund war vor 1933.« (ROBERT, MARTHA und ELSE LIEFMANN, a.a.O.).

19 »Wenn ich das Recht hätte, öfter zu schreiben, hätte ich ihr [der Großmutter] geschrieben.« Vgl. DORA BENJAMIN: Brief an Walter Benjamin. S. 22.

20 Über die Briefzensur zur Zeit des »Spanienlagers« vergleiche den Abdruck »geschwärzter« Briefe bei: PHILIPP, a.a.O., S. 17. – Mit Briefen, die an die Jüdische Gemeinde in Kreuzlingen gerichtet wurden, ging die Zensurbehörde so radikal vor, daß von den ursprünglichen Briefen nicht mehr viel zu lesen war. (Vgl. WIEHN, a.a.O., 587ff.) Thea Sternheim klagt in einer Tagebucheintragung vom 23. 6. 1940 über den Mangel an Nachrichten, für den sie auch die Verwaltung verantwortlich macht: »Keine Nachricht von keinem. Die Briefe, die wir abschickten, sind wahrscheinlich nicht befördert worden«. (DLA)

21 Brief vom 27. 2. 1941 an den Präfekten der Basses-Pyrénées. ADPA 269.

22 Brief des Präfekten vom 14. 2. 1941 an den Lagerkommandanten. Ebd.

23 In den Berichten klagen die Zensoren über die »heftigen Angriffe gegen die Regierung des Maréchals«, wie sie beispielsweise im »Aufbau« abgedruckt wurden. Nach Gurs wurden zahlreiche Zeitungen geschickt, die je nach Inhalt und politischer Lage an die Internierten weitergegeben wurden oder nicht. (u. a. Volksstimme, Ostschweizer Arbeiterzeitung, Das Israelitische Wochenblatt, Aufbau, Basler Nachrichten, Journal de Genève).

24 Vgl. ANNE GRYNBERG, a.a.O., S. 125. Der »service de la censure« bestand aus einem »inspecteur-chef«, einem Stellvertreter, drei »chefs d'équipe«, fünf Wächtern und vier Internierten, die die »Hauptsprachen« des Lagers beherrschten.

25 ADPA 269.

26 Ebd.

27 LISA FITTKO: »Meine Freundin Paula und ich, wir wären nie auf die Idee gekom-

men, uns wie andere Frauen im Lager zu prostituieren, aber ein bißchen poussieren mit den Soldaten, das war schon ganz richtig. Das haben wir planmäßig gemacht. Wir haben uns überlegt, der Brief an die Eltern, der muß noch aufgegeben werden, und dann haben wir uns überlegt, wie wir das machen können«. (Gespräch mit Lisa Fittko). Durch Berichte von MitarbeiterInnen verschiedener Hilfsorganisationen, die in Gurs tätig waren, ist überliefert, daß Briefe aus dem Lager geschmuggelt wurden. Und der heute in Zürich lebende Verleger S. A. W. Schmitt schreibt in seinem autobiographischen Bericht »Erinnerungen X, mein Partner«: »Es war Zensur. Infolgedessen mußten die wirklichen, unsere Lage richtig schildernden Briefe herausgeschmuggelt werden.« (S. 42).

28 »In der Zeit, als ich in Gurs interniert war und unser Briefwechsel abbrach, gelang es mir ein Notizbuch zu kaufen. Ich benutzte es, um ihr [der Mutter] Bericht zu erstatten über die vergangenen Monate, in denen ich zu deprimiert war, um schreiben zu können«. (MARIANNE BEREL: Letters to my mother. Insgesamt 151 Seiten, 1940/1941 entstanden / LBI ME 48).

29 Es handelt sich um einen Auszug aus der Haggada, der Pessach-Erzählung.

30 Leo Ansbacher kam im Lager als Rabbiner und Mitbegründer der im Januar 1941 ins Leben gerufenen Flüchtlingsfürsorge »Commission Centrale d'Assistance« (C.C.A.) eine herausragende soziale Rolle zu. Vgl. Anhang. Vgl. RABBINER JEHUDA LEO ANSBACHER: In Frankreich 1940–1943. S. 429ff.

31 Brief des »chef de la censure« vom 18. April 1941. ADPA 269.

32 Postkarte an Fanny Heymann in Zürich vom 25. April 1941. Vgl. WIEHN, a.a.O., S. 19.

33 NETER, a.a.O., S. 88. Dies wird bestätigt durch eine Tagebucheintragung von Käthe Hirsch vom 11. 6. 1941.

34 Der französische Historiker und Archivar Claude Laharie schätzt diese auf mehrere Hundert. Einer dieser Briefe von Selma Chabina ist abgedruckt bei CLAUDE LAHARIE, a.a.O., S. 214/215.

35 Vgl. Anhang.

36 Einige Internierte wie Martha Knapp, Maria Leitner und Dora Benjamin verfaßten ihre Briefe auf französisch, wahrscheinlich in der Hoffnung, daß diese dadurch schneller die Zensur passieren würden.

37 Der Brief und die Informationen wurden mir von ihrer Tochter Gisela Eggers (Berlin), die mit ihrer Mutter in Gurs interniert war, zur Verfügung gestellt.

38 DORA BENJAMIN, a.a.O., S. 22.

39 Brief vom 30. 5. 1940. (DB / Exil, Americain Guild-EB 70/117). Zur Rolle des AmG bei der Rettung von (internierten) deutschen Intellektuellen aus Südfrankreich vgl.: Deutsche Intellektuelle im Exil. Ihre Akademie und die American Guild for German Cultural Freedom. S. 427ff. Zum Fall Leitner vgl. ebd., S. 503–511.

40 Insgesamt sind 12 Briefe Momberts aus der Zeit in Gurs erhalten. Seine Briefpart-

nerInnen waren Richard Benz, Hans Reinhart, Hans Carossa, Else Domberger, Nellie Mombert und Hermann Hesse.

[41] FAMILIE COHN: Tagebücher, Gedichte, Briefe einer jüdischen Familie aus Offenburg. S. 179.

[42] WIEHN, a.a.O., S. 645.

[43] Im Oktober 1940 konstituierte sich unter dem Schutz des Großrabbinats die »Commission centrale des œuvres juives d'assistance«. Ziel dieser Zentralkommission, der alle jüdischen Organisationen angehörten, war die Koordinierung der Hilfeleistungen für die in Lagern Internierten. Im Frühjahr 1941 gründete der Generalsekretär dieser Organisation, der Großrabbiner René Hirschler, die »Commission des camps« (CC). Mit dem Dekret der Vichy-Regierung vom 29. November 1941 wurden alle jüdischen Organisationen in Frankreich in der Union générale des israélites de France (U.G.I.F.) zwangsweise zusammengefaßt, wodurch ein autonomes Agieren der Organisation nicht mehr möglich war. René Hirschler und seine Frau wurden im Dezember 1945 von der Gestapo verhaftet und deportiert. Insgesamt sind 2803 an die CC gerichtete Briefe überliefert, darunter rund 100 aus Gurs, von denen die meisten von Juden aus der Pfalz und dem Saarland stammen. Diese 2803 Briefe wurden 1985 auf einem Dachboden in Frankreich gefunden und von Christian Eggers ausgewertet (ein Exemplar der Untersuchung befindet sich im CDJC). Zu René Hirschler vgl. GRANDJONC / GRUNDTNER, a.a.O., S. 445/450/457.

[44] Folgende Internierte sind mit Hilfe des ERC in den ersten Monaten des Jahres 1941 aus Gurs entlassen worden: der Berliner Arzt Oscar Goldberg, der Schriftsteller Peter Pringsheim (früher an der Universität München), der Musiker Erich Itor-Kahn, der Pianist Heinz Jolles, die Harfenspielerin Wanda Landowska, der Sänger Paul Herzog, der Musikverleger Edgar Arendt, der Maler Jacques Lipschitz, der Astrophysiker Kurt Grelling, der Chemiker Georg Frank, der Sekretär der Sozialdemokratischen Partei Walter Benninghaus. Vgl. CLAUDE LAHARIE, a.a.O., S. 226; Vgl. VARIAN FRY: Auslieferung auf Verlangen. Aus den Beständen des ERC (DB / Exil, EB 73/21) geht außerdem hervor, daß sich das ERC ebenfalls um die Entlassung von Dr. Hermann Haymann und Dr. Alfred Adler bemühte.

[45] Vgl. MICHAEL PHILIPP: Hilfsaktionen für die Internierten von Gurs. S. 31–44.

[46] FAMILIE COHN, a.a.O., S. 186. Zum Thema Flucht aus Frankreich zwischen 1940–1942: HANS-ALBERT WALTER, a.a.O., (Bd. 3), S. 273–372.

[47] NETER, a.a.O., S. 77.

[48] KREHBIEL-DARMSTÄDTER, a.a.O., S. 142.

[49] Eugen Neter erwähnt vor allem die Verweigerung orthodoxer Juden, Nichtkoscheres zu sich zu nehmen, und die Einrichtung einer koscheren Küche. Der 1903 in Posen geborene Siegbert Plasterek, der für die jüdische Auswanderungsbehörde H.I.C.E.M arbeitete, erstellte sogar noch am 28. 2. 1943 einen Bericht über die Einrichtung einer »rituellen Küche«. (ADPA 269)

[50] Zum Beispiel in den Briefen der Offenburger Jüdin Clementine Neu. »Rabbiner

Ansbacher soll wundervoll gesprochen haben. Nachher kam er in die Altersbaracken und so auch zu Mutter. Die Menschen wollen des Trostes hören und neue Hoffnungen knüpfen.« (STA OG 28.11. Neu.)

51 LBI ME 594.
52 ROBERT, MARTHE und ELSE LIEFMANN, a.a.O., S. 12/23.
53 KREHBIEL-DARMSTÄDTER, a.a.O., S. 31.
54 Zit. n. WIEHN, a.a.O., S. 692. Hannelore Haguenauer (geb. Trautmann) kam im März 1941 nach Rivesaltes. Im Juni 1942 wurde sie in ein »Glasberg-Haus« entlassen, benannt nach dem gleichnamigen katholischen Geistlichen, der sich für die Internierten einsetzte. Gemeinsam mit ihrer Freundin Renée Karl überlebte sie die Kriegsjahre an verschiedenen Orten, u. a. bei französischen Bauern, im Schloß Bégue und in Paris. Ein Fluchtversuch in die Schweiz scheiterte. In Lyon arbeiteten sie in einem protestantischen Foyer und schlossen sich der Widerstandsgruppe »Union de la Jeunesse Juive de France« an. (Auskunft von Renée Karl und Hannelore Haguenauer).
55 Brief vom 21. 11. 1940. In: ROBERT, MARTHA und ELSE LIEFMANN, a.a.O., S. 12.
56 Ebd., S. 33.
57 StA M (Privatbesitz London). Mit freundlicher Genehmigung von A. R. Alexander (London). Walter und Ida Siesel wurden im März 1941 nach Rivesaltes gebracht und im August 1942 nach Auschwitz deportiert. Vgl. VOLKER KELLER: Bilder vom jüdischen Leben in Mannheim.
58 ROBERT, MARTHA und ELSE LIEFMANN, a.a.O., S. 37.
59 Ebd., S. 19. »Der Einzelne ist hier nichts,« heißt es einige Zeilen weiter.
60 Ebd., S. 8.
61 KREHBIEL-DARMSTÄDTER, a.a.O., S. 113.
62 In Autobiographien von Holocaust-Überlebenden wird zuweilen der Begriff »Arier« ganz bewußt verwendet, zum Beispiel in »Weiter leben« von RUTH KLÜGER.
63 STA OG 28.11 Neu. Erwin Neu bestätigte mir in einem Gespräch, daß er während des Besuchs seiner Eltern in den 30er Jahren in Paris feststellen mußte, daß die Ausdrucksweise seiner Eltern »vollkommen nazifiziert« worden war. »Die Nazi-Propaganda hatte gewirkt, sie hatten sie verinnerlicht.« Vgl. VICTOR KLEMPERER: LTI. S. 201 ff.
64 ROBERT, MARTHA und ELSE LIEFMANN, a.a.O., S. 33. Ihr Bruder hingegen setzt das Wort »Arier« in seinen Briefen in Anführungsstriche.
65 IDA JAUFFRON-FRANK: Rückblick, Erinnerungen und Gedankensplitter einer alten Mannheimerin. S. 25. (StA M). Vgl. auch die Briefe bei: FLIEDNER, a.a.O. (Bd. 2), S. 79 ff.
66 SCHRAMM, a.a.O., S. 79. Dieser Konflikt wurde mir in vielen Gesprächen mit ehemaligen Emigrantinnen bestätigt.
67 Diese Einstellung teilten alle ehemaligen Emigrantinnen, die ich seit 1988 dazu befragte. Auch Käthe Hirsch berichtet in ihrem Tagebuch von den Konflikten mit der »Mannheimer Hefe«.

[68] KREHBIEL-DARMSTÄDTER, a.a.O., S. 113.
[69] Ebd., S. 85.
[70] Ebd., S. 105 ff.
[71] »Wir haben gewiß in der Assistance Protestante, in unserem Foyer, der ein warmer Punkt ist und uns nie enttäuscht, auch einen Baum. Baum sparsam bekerzt wohl. Aber ein inniges Geschenk hier oben.« (Ebd., S. 111.)
[72] Ebd., S. 92.
[73] Ebd., S. 243.
[74] Ebd., S. 242.
[75] Ebd., S. 85.
[76] Ebd., S. 97.
[77] Ebd., S. 97.
[78] Ebd., S. 89.
[79] Ebd.
[80] Ebd., S. 133.
[81] Ebd., S. 241.
[82] Ebd., S. 95.
[83] Ebd.
[84] Ebd., S. 105.
[85] Ebd., S. 147.
[86] Ebd., S. 121.
[87] Ebd., S. 125.
[88] Ebd., S. 148.
[89] Ebd., S. 142.
[90] Ebd., S. 121.
[91] Ebd., S. 124.
[92] Ebd., S. 125/126.
[93] Im Orginal heißt es: »›Nous n'avons pas de paix ici-bàs. Mais la future nous la cherchons.‹« Ebd., S. 337.
[94] Brief vom 21. 2. 1941 an »Robert«. In: WIEHN, a.a.O. S. 692.
[95] Ebd., S. 93.
[96] Ebd., S. 103.
[97] Ebd., S. 84.
[98] Ebd., S. 79.
[99] Ebd., S. 89.
[100] Ebd., S. 90.
[101] WEINSTOCK, a.a.O., S. 47.
[102] Ein Internierter schreibt am 20. 11. 1942 auf französisch an eine Freundin in Nizza: »Noch ist nicht alles zu Ende. Ich hatte ja vorhergesehen, daß die letzte Phase die schlimmste sein würde. Aber wie dem auch sei: Noch ein bißchen Geduld und die Zukunft gehört uns. Die große Stunde der Abrechnung ist nicht mehr weit.« Ebd.

103 Ebd.
104 Ebd.
105 Ebd.
106 Vgl. den vollständigen Abdruck des Gedichts »Der Baracke Nachtgebet« von Steinhart-Freund im Anhang.
107 LUDWIG VÖLKER: Lyriktheorie. S. 17.
108 TILO RÖTTGER: Die Stimme Israels. Deutsch-jüdische Lyrik nach 1933. S. 10.
109 Zit. n. MANFRED SCHLÖSSER: An den Wind geschrieben. Lyrik der Freiheit. S. 18.
110 DIETER LAMPING (Hg.): Dein Aschenes Haar. Dichtung über den Holocaust. S. 280.
111 RUTH KLÜGER, a.a.O., S. 127.
112 Die Refrainzeile »Hoppla, da leben wir« erinnert an das Chanson von Walter Mehring »Hoppla, wir leben«, nach dem Ernst Toller sein gleichnamiges Drama benannte. Herta Steinhart-Freunds Gedicht und Tollers Drama verbindet ein ähnliches Thema: das der Freiheitsberaubung. Denn das »Vorspiel« von Tollers Drama, das er 1927 nach Beendigung seiner fünfjährigen Haftzeit veröffentlichte, situiert er in einer Gefängniszelle.
113 Am 20. Mai 1941 verweist das »Israelische Wochenblatt« in der Schweiz auf die im Lager entstandenen Poesie. Von Herta Steinhart-Freund erschienen die beiden Gedichte »Ein Emigrantenkind spricht« (18. 4. 1941) und »Was nun« (4. 7. 1941) im »Aufbau«. Die 1991 in Berlin verstorbene Ruth Kallmann, die als Kind in Gurs interniert war, berichtete mir, daß eine Schweizer Zeitung ein Gedicht von ihr abgedruckt habe. Else Liefmann schickte ihr Gedicht »Camp de Gurs« in die Schweiz an Adolf Freudenberg und schrieb dazu: »Im folgenden Gedicht ist ein Eindruck meiner Barackenbesuche entstanden. Ich bitte Dich, es (selbstverständlich ohne Angabe der Verf.) nach Möglichkeit zu verbreiten, wenn Du glaubst, daß es Sinn hat.« (ROBERT, MARTHA und ELSE LIEFMANN, a.a.O., S. 34).
114 ERICH KLEINSCHMIDT: Exil als Schreiberfahrung. S. 34. Bezüglich der Lyrik des Exils wurde häufig von einem »Regreß« gesprochen, der sich beispielsweise im Rückgriff auf festgefügte lyrische Formen wie dem Sonett ausdrücke. Vgl. die Kritik WOLFGANG EMMERICHS an diesem Urteil: in seiner »Einleitung« seiner gemeinsam mit SUSANNE HEIL herausgegebenen Anthologie »Lyrik des Exils« (S. 52ff).
115 KLÜGER, a.a.O., S. 125.
116 Ebd., S. 126.
117 Vgl. das Gedicht »Feiner Mann im Dreck« von Heini Walfisch. In: SCHRAMM, a.a.O., S. 130.
118 Vgl. zur Volksliedstrophe und seiner Verbreitung: WOLFGANG KAYSER: Kleine Versschule. S. 38, S. 40ff., S. 90, S. 98.
119 Vgl. PETER RÜHMKORF: Über das Volksvermögen. Inhalte und Intentionen dieser »Kulturflora unterhalb der amtlich festgesetzten Tauchtiefen« unterscheiden sich

natürlich von den Gurs-Gedichten, da sie nicht in erster Linie »Autoritätsverletzung« und »Denkmalsschädigung« bezweckten.
[120] Vgl. Anhang.
[121] Herta Steinhart-Freund las auch im Lager ihre Gedichte vor (vgl. SCHRAMM, a.a.O., S. 55).
[122] Vgl. die Kontrafakturen dieses Kindergedichts wie zum Beispiel »Lieber Gott mach mich stumm / Daß ich nicht nach Dachau kumm«, die Rühmkorf zu den »Untergrundversen der Nazi-Zeit« zählt. RÜHMKORF, a.a.O., S. 166.
[123] Ebd., S. 162.
[124] Charles Bloch schreibt zum Beispiel in seinem Bericht über das Weihnachtsfest 1941, daß vor allem die Rezitation der Werke von Heine auf große Resonanz gestoßen sei. (ADPA 269).
[125] Thea Sternheim bemerkt in ihrem Tagebuch am 30. Juli, Lou Albert Lasard sei zu ihr gekommen, um Rilke zu deklamieren, und am 25. Juli schreibt sie: »Die Lasard zitiert das himmlische Gedicht Brentanos an Beethoven.« (DLA)
[126] WALTER GRAB / UWE FRIESEL: Noch ist Deutschland nicht verloren. S. 15.
[127] GRAB / FRIESEL, a.a.O., S. 14.
[128] Vgl. auch ALWIN BINDER / DIETRICH SCHOLLE: Ça ira. Deutsche politische Lyrik vom Mittelalter bis zum Vormärz. S. 6.
[129] Wolfgang Emmerich spielt auf Lyriker wie Johannes R. Becher an, die sich im Exil zu einer »deutschen Sendung« und zur »Wiedergeburt« bekannten. Vgl. EMMERICH, a.a.O., S. 48.
[130] Vgl. Anhang.
[131] SCHMIDT, a.a.O., S. 94.
[132] Tatsächlich setzten die Internationalen Brigaden sich im Lager »Denkmäler«. Aus Lehm fertigten sie Skulpturen an, die Kämpfe und Kämpfer des spanischen Bürgerkriegs und einzelne, gefallene Kommunisten darstellten.
[133] Beide Gedichte sind nur auf französisch überliefert und wurden vermutlich ursprünglich auf deutsch verfaßt (vgl. Anhang). Übersetzung: Monika Lübcke.
[134] Zur Reflexion emigrierter Intellektueller wie Ernst Bloch über den schwierigen poetischen Gegenstand Faschismus und das Scheitern der »überlieferten Sprache« vgl. EMMERICH, a.a.O., S. 32 ff.
[135] Vgl. Anhang.
[136] EMMERICH, a.a.O., S. 33.
[137] In: SCHRAMM, a.a.O., S. 121.
[138] Vgl. dazu RENATE FLAGMEIER: Lou Albert-Lasard. Zeichnungen vom Leben in Gurs. S. 59.
[139] Die Zeichnungen von Lou Albert-Lasard, von Hedda Schatzki und Lili R. Andrieux zeigen die Frauen beim Waschen der Wäsche, beim Aufhängen der Wäsche, beim Kochen, beim Haareschneiden und anderen Alltagsverrichtungen. Besonders zahlreich sind – neben den Portraits einzelner Frauen – die Darstellun-

gen von Frauen bei der Körperhygiene. Offensichtlich war diese »Alltagsszene« besonders geeignet, Aktstudien zu betreiben.

[140] Zu ihnen zählt Renate Flagmeier unter anderem die Darstellung des uniformierten Wachpersonals, die Barackenarchitektur, die hohen Lichtmasten, die Bahnschienen, den Stacheldraht. Vgl. FLAGMEIER, a.a.O., S. 59–61.

[141] Ebd., S. 59.

[142] Sie zeichnete auch kranke und verwundete Menschen, die Strafbaracke und deprimierte Frauen (zum Beispiel die Zeichnung »le cafard«). Im Gegensatz zu den Zeichnungen anderer Malerinnen, hielt sie häufig auch die Arbeit der Spanier im Lager fest und porträtierte auch Männer.

[143] »Menschen und Dinge und Vorgänge sind im Vers niemals so nah wie in der Prosa [...]«. WOLFGANG KAYSER, a.a.O., S. 12.

[144] Wenngleich der Vergleich zwischen Männer- und Frauenzeichnungen problematisch ist, weil sie zu sehr unterschiedlichen Zeitpunkten entstanden sind, fallen ganz unterschiedliche motivische Gewichtungen auf: Während die Malerinnen vor allem die weiblichen Internierten in ihren Baracken bei individuellen Beschäftigungen oder außerhalb der Baracken zeichneten (Männer sind fast nie dargestellt), hielten männliche Künstler sowohl das Leben in den Frauen- wie in den Männerbaracken fest und begaben sich zudem an ganz andere Orte: zu den Schwerkranken in die Krankenbaracken (Karl Schwesig, Löw) und dorthin, wo die Toten abtransportiert wurden (Gert Wollheim).

[145] Das Gedicht wurde der Magdeburger Kauffrau Anne-Lise Eisenstadt gewidmet. Zu ihrer Biographie vgl. GABRIELE MITTAG: Gurs – deutsche Emigrantinnen im französischen Exil, S. 65.

[146] Vgl. FERDINAND HIRTS Berliner Fibel. Berlin 1930. Das Reimpaar »grüne Wiese / Liese« taucht in zahlreichen Kinderfibeln der 20er, 30er Jahre und auch nach 1945 auf, so zum Beispiel im Gedicht »Mitten auf der grüne Wiese« oder der Dialog zwischen »Herr Listig und Fräulein Schnatterlies«. Vgl. ERICH WOLLENZIEN: Ina und Uli. Eine lustige Fibel für Schule und Haus. Für den Hinweis auf die Schulbuchsammlung des Pädagogischen Zentrums in Berlin danke ich Johannes Graf (Berlin).

[147] Die Charakterisierung der Barackenchefin (»sie reget Händ und Füsse«) erinnert an Schillers nie ruhende »züchtige Hausfrau« im »Lied von der Glocke«: »Und regte ohn' Ende / Die fleißigen Hände«.

[148] Vgl. Anhang.

[149] In: WIEHN, a.a.O., S. 224.

[150] Vgl. Anhang.

[151] In: SCHRAMM, a.a.O., S. 130.

[152] Vgl. Anhang.

[153] Vgl. Anhang. Auf meine Anzeige im »Aufbau« antwortete mir Gerald J. Newmann aus New York, daß er sich an den Sänger Nathan erinnern könne, der

das Lied im Lager gesungen habe. Bessingers eigenwillige Grammatik und Ausdrucksweise lassen darauf schließen, daß Deutsch nicht seine Muttersprache war.
154 Vgl. ANDRÉ FONTAINE: Das Theater von Les Milles. S. 307 ff. Aus der Operette ist das Lied »J' voudrais une permission« überliefert. Ob es ursprünglich auf deutsch verfaßt wurde, konnte nicht festgestellt werden. Erstmals abgedruckt wurde es bei GRANDJONC / GRUNDTNER, a.a.O., S. 283.
155 PETER PAN: Lachen – trotz Tod und Teufel. Gesänge hinter Stacheldraht. S. 15.
156 NETER, a.a.O., S. 79. Vgl. ebd., S. 80 ff.
157 »Der jüdische Kultus war durch die unermüdliche Arbeit des sehr verdienten und beliebten Camp-Rabbiners gut ausgebaut. Jedes Ilot hatte seine täglichen Gottesdienste (anfangs sogar viele Baracken für sich allein); auch in den Frauenilots wurden regelmäßig Gottesdienste gehalten. Brithmiloth-Bar Mizwa und Trauungen wurden gefeiert, die hohen Feiertage, Pessah überall gehalten. Eine Beerdigungs-Bruder- und Schwesternschaft übernahm den Ehrendienst bei den Verstorbenen.« Ebd., S. 94.
158 Das schreibt Otto Heymann (LBI AR-C. 694 / 1918). Fanny Zuckermann berichtet in ihren Erinnerungen dagegen, ein Internierter habe aus dem Gedächtnis die Haggada niedergeschrieben. »Es dauerte einige Wochen. Aber es gelang. Es gelang sogar sehr gut. Er vervielfältigte sie, und die Haggada wurde verteilt.« (LBI ME 736, S. 3). Auch Berty Friesländer-Bloch beschreibt in einer St. Gallener Zeitung die Rolle des jüdischen Kultus im Lager: »In dieser Nacht [des Orkans] zündete eine jüdische Frau ein Kerzenstümpfchen an und sprach die Tehillim-Gebete, die man in höchster Not und Gefahr betet.« LBI (AR-C 1696/4237).
159 Tagebucheintragung von Käthe Hirsch am 31. 4. 1941.
160 NETER, a.a.O., S. 94.
161 IDA JAUFFRON-FRANK, a.a.O., S. 30.
162 Ebd., S. 24.
163 STA OG 28.2.11 Bestand Neu, S. 1.
164 Vgl. die Einleitung von »Das Exil der kleinen Leute«: WOLFGANG BENZ, a.a.O., S. 13.
165 Vgl. den Anfang der 1936 im Schocken Verlag erschienen Dichtung »Sfaira« (Erster Teil) von Alfred Mombert.
166 Vgl. die Kapitel »Wir Juden«, »Die Todeslager«, »Unsäglichkeit des Grauens« und »Epiloge« bei EMMERICH, a.a.O., S. 313; Vgl. HEINZ SEYDEL: Welch Wort in die Kälte gerufen. Die Judenverfolgung im deutschen Gedicht.
167 Zur jüngsten Forschungsliteratur zum Thema »Judentum und deutsche Literatur« vergleiche das Literaturverzeichnis.
168 WALTER GRAB: Juden und Demokratie. S. 341.
169 zit. n. WALTER GRAB: »Jüdischer Selbsthaß« und jüdische Selbstachtung in der deutschen Literatur und Publizistik 1890–1933. S. 328.
170 Ebd., S. 329.
171 Ebd., S. 325.

172 ELSE CRONER: Die moderne Jüdin. S. 148.
173 HERBERT FREEDEN: Jüdischer Kulturbund ohne »Jüdische« Kultur. S. 55.
174 C.V.-Zeitung vom 12. 3. 34. Zitiert n. ebd., S. 57.
175 Ebd., S. 60.
176 Ebd., S. 61.
177 HENRYK R. BRODER / HILDE RECHER: Jüdisches Lesebuch 1933–1938. S. 8.
178 Alle hier erwähnten Gedichte sind abgedruckt bei MARTIN RUCH: Familie Cohn. S. 43.
179 Zitat aus dem Tagebuch von Clementine Neu vom 7. März 1933. Ebd., S. 63.
180 RUCH, a.a.O., S. 70.
181 Das undatierte Gedicht trägt den Titel »In Memoriam Theodor Herzl (Begründer des Zionismus) und Chaim Nachman Bialik (jüdischer Dichter)«. Ebd., S. 46.
182 Die fünfte Strophe des Gedichtes »An Deutschland« (6. August 1933) lautet: »Der Scholle, die mir Heimat ist, / Der vielgeliebten Erde, / Und die nun nicht in schroffer Frist / Mir kann zur Fremde werden!« (Ebd., S. 69).
183 Ebd., S. 72.
184 Ebd., S. 70.
185 Ebd., S. 72.
186 FAMILIE COHN, a.a.O., S. 189.
187 Ebd., S. 190 ff. »Schevuos« (hebräisch: Schawuoth) ist das eingedeutschte Wort für das Wochenfest, das an die Gottesoffenbarung (Empfang der Tora am Berg Sinai) erinnert und das 49 Tage nach Pessah gefeiert wird. Schawuoth ist auch das Fest der 2. Ernte.
188 Ebd., S. 196.
189 Vgl. das Gedicht »Chanukka 1940« von Trude Rothschild (WIEHN, a.a.O., S. 176).
190 Vgl. WIEHN, a.a.O., S. 221.
191 Vgl. Anhang.
192 Daß eine deutsche Jüdin einen Dichter der Befreiungskriege zitiert, ist bemerkenswert, da diese Dichter als »deutsche Patrioten« nicht nur gegen die französische Besatzung waren, sondern auch gegen die napoleonische Gesetzgebung, die den Juden erstmals mehr Rechte zubilligte.
193 Vgl. den Bildteil bei ANNE GRYNBERG, a.a.O.
194 Vgl. Philo-Lexikon (1936). Handbuch des jüdischen Wissens.
195 Vgl. Anhang.
196 In: WIEHN, a.a.O., S. 221.
197 Ebd., S. 176.
198 Vgl. Anhang.
199 Vgl. Anhang.
200 Die letzten drei Worte sind nicht zu entziffern.
201 Das Tagebuch Rosenthals enthält außerdem zahlreiche Fotografien (darunter Familienbilder). Im Tagebuch von Dr. Otto Heymann, über den mir nichts bekannt ist, befinden sich zwei Theaterprogramme (»Die Grenze« und »Gespenster«) und

Clementine Neus Tagebuch überliefert die Noten, Text und Autornamen des »Lied von Gurs«.
[202] Der Name ist nicht eindeutig zu entziffern. Mit großer Wahrscheinlichkeit handelt es sich jedoch um den Maler Berkfeld, über dessen Leben fast nichts in Erfahrung zu bringen war. Die Sammlung Kasser enthält Bilder von ihm.
[203] DB / Exil (Sign EB autogr. 130).
[204] »Ein Tagebuch von Dr. Bachrach, ehemaliger Spanienkämpfer und Arzt in Gurs, wurde mir seinerzeit anvertraut, das ich vernichten musste. Einige gerettete Bilder daraus sind meiner Sammlung einverleibt.« (Briefliche Auskunft von Elsbeth Kasser.)
[205] Zumeist wurden die Bilder Mitarbeiterinnen von Hilfsorganisationen anvertraut, zum Beispiel Elsbeth Kasser. Sie schmuggelte die ihr anvertrauten Bilder aus dem Lager, verwahrte sie in einer Scheune und holte sie später in die Schweiz.
[206] Vgl. SCHMITT / LANDAU, a.a.O., S. 207.
[207] Die Tagebücher von Hans O. und von Clementine Neu sind bisher in Auszügen veröffentlicht worden. Vgl. PAUL ASSALL: Juden im Elsaß. S. 196 ff. und FAMILIE COHN, a.a.O., S. 169 ff.
[208] Hans O. (der vollständige Name wird vom Herausgeber Max Ludwig nicht genannt) stammte aus einer alteingesessenen Heidelberger Familie. Er wollte wie sein Vater Hoch- und Tiefbauingenieur werden. 1935 mußte er die Schule verlassen und begann notgedrungen eine kaufmännische Lehre. Nach dem Novemberpogrom arbeitete er auf dem Land und bereitete seine Auswanderung vor. Im Oktober 1940 wurde er mit seinen Eltern deportiert. 1942 wurde er nach Oberschlesien zur Zwangsarbeit deportiert. Beim Vormarsch der Roten Armee kam er ins KZ Buchenwald, wo er starb. (Vgl. MAX LUDWIG: Das Tagebuch des Hans O.).
[209] Dies trifft auf Thea Sternheim, Clementine Neu und wahrscheinlich auch auf Otto Heymann zu. Oftmals wurden die Tagebücher auch nach der Entlassung fortgeführt wie im Fall von Hans O.
[210] Das Tagebuch Rosenthals »Baden-Baden – Camp de Gurs. 1940–1941« umfaßt zwei Schulhefte (180 Seiten). Die letzten Eintragungen stammen aus dem Jahr 1944. Bezüglich des Tagebuchs (1941–1942) von Dr. Otto Heymann (LBI), das insgesamt 44 beschriebene Din-A5-Seiten umfaßt, beziehen sich 12 Seiten nicht auf die Erfahrungen im Lager. Die erste datierte Eintragung stammt vom 6. Mai 1941. Am 11. 6. 1941 wurde er bereits aus dem Lager entlassen und in eine Arbeitskompagnie eingegliedert. Das zweite Heft beginnt am 2. 10. 1941 und endet am 29. 7. 1942 mit einer Reflexion über das zukünftige Europa.
[211] Im Fall der Aufzeichnungen von Steinitz und Rosenthal kann nicht mit Gewißheit gesagt werden, ob es sich tatsächlich um Tagebücher im engeren Sinne handelt. Die ersten Eintragungen von Rosenthal (die Schilderung der Deportation nach Gurs im Oktober 1940) wirken zum Beispiel wie »nachgetragen«. Erst nach etlichen Seiten taucht ein Datum auf.
[212] DB / Exil (Sign EB autogr. 130).

213 Der Freiburger Curt Lindemann wurde 1940 nach Gurs deportiert, dann nach Récébédou, Nexon, Noé und Le Vernet. Der Deportation entging er nach seiner Überlieferung, weil er sich als Epileptiker verstellte und ein französischer Lagerarzt ihn für transportunfähig erklärte. Sein 1946 in Lourdes veröffentlichter Bericht »Mein Campleben« über die Zeit in den französischen Lagern umfaßt 12 Seiten.
214 LANDAU / SCHMITT, a.a.O., S. 216.
215 Vgl. die Bilder von Löw und Bodek (abgedruckt im Ausstellungskatalog »Gurs – ein Internierungslager in Südfrankreich«) und den Zyklus »Au secours de Gurs« von Max Lingner (MAX LINGNER: Bericht und Aufruf).
216 Vgl. »Gurs VI: Ein Mann versucht durch den Stacheldraht zu entkommen« von Gert H. Wollheim (GERT H. WOLLHEIM: Eine Retrospektive. S. 157).
217 Vgl. die Bilder von Julius C. Turner und von Kurt Löw in: Gurs – Ein Internierungslager in Südfrankreich.
218 Um ihre Ernährungssituation zu verbessern, nahmen KünstlerInnen zuweilen auch »Aufträge« an, bei deren künstlerischer Ausführung sie sich nach den »Auftraggebern« richteten. Elsbeth Kasser berichtete mir, daß KünstlerInnen gelegentlich »schmeichelhafte Portraits« von Angestellten erstellten. Auch Karl Schwesig erstellte im Lager Noé zahlreiche Porträts dieser Art: »Das brachte gehaltvollere und umfangreichere Rationen und gelegentlich eine Extramahlzeit«. (KARL SCHWESIG: Der Pyrenäenbericht. S. 37).
219 Die Sammlung Kasser enthält eine Reihe von Zeichnungen von einem namentlich nicht einwandfrei zu bestimmenden Künstler (Karl Borg), der die von ihm festgehaltene Situation von Menschen in Gurs mit einem politischen Kommentar versah. So lautet der Titel einer Zeichnung, auf der eine alte Frau hinter Stacheldraht zu sehen ist, »Staatsgefährlich« und der Text zu einer anderen Zeichnung, die einen alten Mann hinter Stacheldraht darstellt, »... von Hitler befreit«.
220 Hedda Schatzki hatte beispielsweise kein Interesse daran, daß ihre im Lager entstandenen Skizzen öffentlich wurden, weil sie die porträtierten Frauen »nicht gerade vorteilhaft, sondern karikierend gezeichnet« hatte.
221 Sowohl das »Liederbuch« wie auch der auf französisch verfaßte »Führer« befinden sich in der Sammlung Kasser und sind unveröffentlicht. Transkription oder Kopieren war leider nicht gestattet.
222 »Arbeiten und nicht verzweifeln muß bis dahin [bis zur Rückkehr in die Heimat, G.M.] mein Wahlspruch sein«, schreibt Hans O. in sein Tagebuch. (LUDWIG, a.a.O., S. 28.) Renata Laqueur hat Ähnliches für die Tagebücher aus den SS-KZs festgestellt: »Unablässig hämmerten sich die Autoren ein, noch ein wenig länger auszuhalten: ›non‹, ›ne pas‹, ›not‹, ›not now‹, ›nicht ohnmächtig werden‹, ›nicht aufgeben‹, heißt es in den Tagebüchern.« (RENATA LAQUEUR: Schreiben im KZ. Tagebücher 1940–1945. S. 38.)
223 LBI (AR-C 684).
224 Vgl. LAQUEUR, a.a.O., S. 89.

225 »Ich machte schnelle Skizzen und skizziere auch heute noch schnell, obwohl ich es gar nicht mehr muß«, berichtet Osias Hofstätter (Vgl. MARY CONSTANZA: Bilder der Apokalypse. S. 88.). Noch in anderer Weise beeinflußten die katastrophalen Lebensbedingungen die Art der Kunst, die in Gurs entstand, denn aufgrund des Mangels an Zeichenmaterial und Papier wurden die »schnellen Techniken« (Bleistift, Feder, Aquarell) und kleine Formate bevorzugt. Kleinformatige Bilder ließen sich leichter verstecken und leichter transportieren.

226 Tagebucheintragung von Käthe Hirsch vom 16. 7. 1941: »Immer wieder Nachrichten vom ›Radio-Mann‹«. Auch andere Quellen bestätigen, daß im Lager ein Radio installiert wurde und ein »Radio-Mann« die Internierten regelmäßig mit Nachrichten versorgte. Im Gurs-Roman »Die Beherbergten« von Helmut Lindt heißt es: »Einer der Sprecher, welche die politischen und militärischen Tagesneuigkeiten von Baracke zu Baracke brachten, hatte soeben seinen Bericht beendet. Drei Mann hoch sassen sie allnächtlich bis zum Morgen an dem heimlichen Radiogerät, das in Block zwei verborgen aufgestellt war.« (LBI AR 5596, S. 8). Der bereits erwähnte karikierende Stadtführer Gurs (»Kleiner Führer durch das Lager Gurs 1942«) von Horst Rosenthal zeigt einen Mann mit Antenne. Der Text lautet: »Ruhe bitte! Antenne Gurs – Achtung, Achtung! Hier spricht das Radio Weil und bringt die neuesten Falschmeldungen des Tages« (Sammlung Kasser, unveröffentlicht).

227 Hirsch notiert am 9. 12. 1940 in ihr Tagebuch, daß sich eine Mutter geweigert habe, ihr Kind in die »Judenschule« zu schicken.

228 Eintragung vom 13. 11. 1941.

229 Sie sollte unter anderem der Verringerung von Geschlechtskrankheiten dienen. Eintragung vom 26. 8. 1941.

230 »Lene E. soll eine Baracke für Asoziale leiten.« Eintragung vom 27. 7. 1941.

231 Eintragung vom 9. 7. 1941.

232 »Alle Ausgänge gesperrt« schreibt sie am 6. 12. 1940 und berichtet, dies sei die Folge von Beschwerden der Einwohner gewesen.

233 DB / Exil (Sign EB autogr. 130)

234 Eintragung vom 1. Oktober 1941. LUDWIG, a.a.O., S. 28.

235 Das Typoskript des Tagebuchs, das mir dankenswerterweise von Dr. Erwin Neu (Paris) überlassen wurde und von dem sich auch ein Exemplar im STA OG befindet, umfaßt 37 Seiten.

236 Nachlaß Neu / Paris, S. 14.

237 LUDWIG, a.a.O., S. 30.

238 Ebd., S. 32.

239 »Meine Sozialarbeit betrifft meistens die Zurückweisung von Anträgen von Kameraden« (Eintragung vom 24. 5. 1941; LBI AR-C 684).

240 Kapitel XII des Tagebuchs. (DB / Exil Sign EB autogr. 130)

241 LUDWIG, a.a.O., S. 26.

242 Nachlaß Neu (Paris), S. 14 / 15.

[243] Eintragung vom 15. 2. 1941.
[244] Über den Alltag in den Männerbaracken geben andere autobiographische Texte Aufschluß, zum Beispiel »Barackenkameraden« von Samuel W. Schmitt, einem gläubigen Christen und heutigen Verleger in der Schweiz. Im Sammelband »Lager in Frankreich« wird dieser Text als »Gurser Tagebuch« bezeichnet, obwohl er keine Datumangaben enthält und sich wie ein Bericht liest. (Vgl. SCHMITT / LANDAU, a.a.O., S. 200.) Weitere Texte, die als Pendants zu den Frauen-Tagebüchern bezeichnet werden können, sind der »Pyrenäenbericht« von Karl Schwesig und der Roman »Die Beherbergten« von Helmut Lindt.
[245] Sie erschien 1917 unter dem Namen ihres Mannes in seinem Novellenband »Mädchen«, 1920 auf ungarisch in Timisoara unter ihrem Namen.
[246] Zwischen 1917 und 1922 war sie gelegentlich Mitarbeiterin der expressionistischen Zeitschrift »Die Aktion« sowie von »Der Querschnitt«.
[247] THEA STERNHEIM: Leo Tolstoi. S. 68.
[248] Nizza, den 21. 9. 1940. Kommentar zu den englischen Radiosendungen, die ihre Gastgeber, Bussy, abhörten.
[249] Tagebucheintragung vom 5. 10. 1940 (DLA).
[250] Ebd., 20. Juni 1940.
[251] »In der Nacht ertaste ich das kleine Kruzifix, das hinter einigen Kleidungsstücken versteckt an dem Holzpfeiler hängt, der sich rechts von meinem Bein befindet.« (24. Juni 1940)
[252] »Das Wort Kameradschaft wird hier so viel gebraucht. [...] Ich habe genug von den Menschen. Ja, früher hat man sie nicht so gesehen. Sie wußten sich zu verstellen. Sie spielten Rollen. Aber jetzt sind die Masken gefallen. [...] Ekel erfaßt mich nicht nur allein vor den anderen, sondern auch vor mir selbst.« SAMUEL SCHMITT: Barackenkameraden. S. 198.
[253] Ebd., S. 200.
[254] 27. Juni 1940.
[255] 2. Juli 1940.
[256] Offensichtlich hatten Bodek und Schwesig die gleiche Idee: »Bei den französischen Bogen besteht der weiße Rand des Bogens aus leeren Briefmarkenfeldern. Diese Blanko-Briefmarken schauten einen so unschuldig an, daß Dr. Stern zu mir sagte: ›Karl, kannst Du die nicht gebrauchen?‹ Sofort blitzte es bei mir in der Abteilung Improvisation, und ich zeichnete schöne Briefmarkenentwürfe auf diese Blankofelder. [...] Das war ein Coup, das war ein Gaudium. Jeder wollte jetzt Briefmarkensammler sein [...] und jetzt verdiente ich sehr viel Geld [...]. Die sureté nationale merkte nichts. Jetzt konnte ich mir auch alles mögliche kaufen.« (SCHWESIG, a.a.O., S. 22/23.)
[257] 16. Juni 1940.
[258] Allerdings berichten autobiographische Texte von »Flirts« zwischen dem Kommandanten und Frauen, die auf diese Weise versuchten, ihre Forderungen durchzusetzen.

259 21.7.1940.
260 14.6.1940.
261 In allen Gesprächen, die ich mit ehemaligen Emigrantinnen führte, betonten die Frauen, daß die Spanier sich sehr für die internierten Frauen eingesetzt haben, ohne die geringste Gegenleistung zu fordern.
262 29. Juni 1940. Aus den Begegnungen der Spanier mit den Frauen gingen zahlreiche Ehen und eine heute nicht mehr zu beziffernde Anzahl von Kindern hervor. Lili R. Andrieux lernte in Gurs beispielsweise ihren zukünftigen Ehemann kennen.
263 Hinweise zur Biographie von Käthe Hirsch verdanke ich Irma Ineichen (Luzern), Herta Hausmann, Anne-Lise Eisenstadt, Else Schönberg und Ruth Fabian (alle Paris).
264 Vgl. KÄTHE HIRSCH: Im Pariser Sammellager Vélodrome d'Hiver. S. 332ff.
265 DB / Exil (Sign EB 70/711). Zum literarischen Preisausschreiben vgl. DEUTSCHE INTELLEKTUELLE IM EXIL, a.a.O., S. 370ff.
266 A. Bermann, der zuständige Gutachter des Literaturwettbewerbs, urteilt über »Die Golems«, es handle sich um eine »ziemlich [...] phantastische Geschichte ohne Phantasie, die in der Pariser Emigration spielt und die Erschaffung von künstlichen Menschen zum Gegenstand hat. Wirr, dilettantisch, mässiges Deutsch.« DB / Exil (ebd.)
267 Auch diese Erzählungen, die sich in Form von Typoskripten im Nachlaß (Luzern / Paris) befinden, wurden für diese Arbeit von der Rechtsnachfolgerin leider nicht zur Verfügung gestellt.
268 »Wenn ich keine Bücher zu lesen habe, bin ich unglücklich,« sagte sie in einem Interview mit Janet Galze am 21.4.1983 (CDJC DLXXVI-7).
269 So äußert sich Käthe Hirsch am 14.7.1941 zu Radclaff Halls Roman »Quell der Einsamkeit« (1928), einem der bekanntesten Romane über weibliche Homosexualität während der Weimarer Republik, über den Frauen im Lager offensichtlich diskutierten.
270 Doktoren wurden auch im Lager mit »Doktor« angeredet.
271 Falls die in den Deportationslisten genannte Adèle Marx mit der hier Genannten identisch ist, wurde diese am 24.6.1888 in Berlin geboren und am 10.8.1942 von Drancy nach Auschwitz deportiert.
272 Am 26.10.1941 heißt es zum Beispiel, es gehe das Gerücht, daß die Berliner Juden nach Polen deportiert werden sollen.
273 »Heppke hat Jeanne Saueracker geschrieben. Sie ist tatsächlich im unbesetzten Gebiet, im Straflager für politisch belastete Frauen [...]. Die Lage soll gut sein, schöner Park, Behandlung gut; aber trotzdem ist sie traurig.« (26.9.1941)
274 Über eine Madeleine Landsberg heißt es am 21.12.1940, sie sei wahnsinnig geworden.
275 So notiert sie zum Beispiel am 1.8.1941, daß einer Internierten an ihrem Geburtstag ein »Ständchen« und »Blümchen« gebracht wurden.
276 8.10.1941.

Anmerkungen zu:
Lachen – trotz Tod und Teufel

1 Tagebucheintragung Otto Heymanns vom 29. 6. 1941. LBI (Otto Heymann AR-C. 684/1918).
2 »Toujours la même chose« lautet der Titel einer Zeichnung von Karl Bodek. (Vgl. CLAUDE LAHARIE: Le camp de Gurs. S. 163).
3 Orginaltitel auf französisch.
4 Das Programm dieser Revue ist abgedruckt bei CLAUDE LAHARIE, a.a.O., S. 216/217.
5 Marianne Berel berichtet zum Beispiel von Lili R. Andrieux, die Entwürfe für Applikationen für einen Wandteppich anfertigte. Berel brachte das auf die Idee, mit ähnlichen Motiven ihr Abendkleid zu verzieren. »Wir machten mit ihrer Idee ein wunderbares kleines Buch mit Abendkleiderentwürfen.« (LBI ME 48). Vgl. auch SCHRAMM, a.a.O., S. 55/56.
6 Hella Tarnow, in den 20er Jahren Schülerin der Berliner Ausdruckstänzerin Jutta Klamt, tanzte so radikal modern, daß sich nur wenige Internierte damit anfreunden konnten. (Briefliche Auskunft von Lili R. Andrieux; vgl. SCHRAMM, a.a.O., S. 56ff.).
7 Käthe Hirsch berichtet am 15. 2. 1941 in ihrem Tagebuch von der Planung eines Kostümfestes, bei dem jede nur das tragen sollte, was sie bei der Ankunft im Lager von der Lagerverwaltung erhalten hatte.
8 LBI (Marianne Berel ME 48, S. 92).
9 Auskunft von Ingo de Croux.
10 Vgl. dazu RENATE FLAGMEIER: Lou Albert-Lasard. Zeichnungen vom Leben in Gurs. S. 59–61.
11 Während männliche Künstler Waschszenen selten festgehalten haben, ist dies eines der häufigen Motive bei Malerinnen, zum Beispiel bei Lou Albert-Lasard, Lili R. Andrieux und einer Malerin, deren Namen mit Helga Cazas Treuherz entziffert werden könnte (sieben Skizzen von ihr befinden sich im LBI (Concentration and internment camps Box III AR 2273).
12 Dies schreibt die Fotografin und seit 1922 mit Alfred Döblin befreundete, wahrscheinlich in Berlin geborene Yolla Nicolas-Sachs in ihrer »autobiographischen Skizze« »Rückblick und Blick in die Ferne« (LBI ME 475, S. 15).
13 LBI (Marianne Berel ME 48, S. 94).
14 WEINSTOCK, a.a.O., S. 43.
15 Dies wird auch durch die Memoiren von Lili R. Andrieux bestätigt. Vgl. das Kapitel »Kultureller Aufschwung« in: SCHRAMM, a.a.O., S. 115–132.
16 LILI R. ANDRIEUX: Memoiren.
17 Laut Hanna Schramm soll Hanna Zweig in Gurs ein Kindertheater geleitet haben.
18 Auskunft von Edith Aron. Ihr Mann wurde deportiert und ermordet. Vgl. EDITH ARON: Wenn das Leben jeden Augenblick bedroht ist. S. 52–54.

19 Auskunft von Ilse Wassermann.
20 Tagebuch Käthe Hirsch.
21 »Eines ist gewiss«, notiert Otto Heymann, ständiger Benutzer der Bibliothek im Lager, am 8. 9. 1941, »unter Hitlers direkter Herrschaft konnte man diese Bücher nicht lesen.« LBI (Otto Heymann AR-C. 684/1918).
22 LAHARIE, a.a.O., S. 218. Zur Kulturpolitik vgl. MICHÈLE CONE: Artists under Vichy.
23 Daß die Revuen immer sehr gut besucht und auch beim französischen Personal beliebt waren, wird sowohl durch CLAUDE LAHARIE bestätigt (a.a.O., S. 215) als auch durch die Memoiren von LILI R. ANDRIEUX.
24 Antwortschreiben des Präfekten in Pau vom 7. Februar 1941. ADPA 269.
25 Schreiben vom 23. Januar 1941, ADPA M provisoire 500/6.
26 Im Gegensatz zu allen autobiographischen Quellen behauptet S. A. W. Schmitt: »Weil die Franzosen es so wünschten, wurden Cabaret-Vorstellungen veranstaltet. Die Schauspielerinnen wurden bald ›krank‹ und bekamen Kinder« (S. A. W. SCHMITT: X, mein Kamerad. S. 43). Lili R. Andrieux äußerte sich auf meine Anfrage hin zu dieser Behauptung: »Dies ist eine Verdrehung der Wahrheit. Die Initiative ging ursprünglich von den Internierten aus. Die französischen Autoritäten haben dem zugestimmt. Sie hatten ihre eigenen Gründe.«
27 CLAUDIA MAURER ZENCK: Erich Itor Kahn. Ein früh Unvollendeter. S. 246. Vgl. auch VARIAN FRY: Auslieferung auf Verlangen. S. 150/222.
28 LBI (Otto H. Brunner A-R 1696/4237).
29 PAN, a.a.O., S. 56. Die Memoiren von Andrieux bestätigen, daß französische Besucher des Kabaretts, beispielsweise ein ehemaliger französischer Militär, offen mit de Gaulles Widerstandsbewegung sympathisierten.
30 SCHRAMM, a.a.O., S. 42–43.
31 Abgedruckt bei LAHARIE, a.a.O., S. 216.
32 Merle d'Aubigné bezeichnet sie als eine mit dem Vichy-Regime sympathisierende Frau (Vgl. MERLE D'AUBIGNÉ: Gurs. La faim. L'attente. S. 77).
33 SCHRAMM, a.a.O., S. 96.
34 ADPA 265.
35 SCHRAMM, a.a.O., S. 129.
36 Pfingsten 1941 wurde das erste französische Programm aufgeführt. Weitere – ausschließlich für das Lagerpersonal und ihre Familien – folgten am 20. Juli 1941 und am 10. Oktober 1941 ein drittes, das wahrscheinlich auch für Internierte zugänglich war. Ob Revuen mit französischen Titeln wie »L'auberge aux illusions«, »Folies-(Hé)-Bergères« und »Mieux vaut en rire« sowie andere Programme mit französischen Titeln vor einem »gemischten« Publikum oder nur vor dem Lagerpersonal gespielt wurden, läßt sich heute nicht mehr feststellen.
37 HORST ROSENTHAL, a.a.O., (Sammlung Kasser).
38 Am 2. Januar 1941 schreibt Helmut Lindt an einen Schweizer Freund: »Ihr könnt euch nicht vorstellen, was man hier sieht. Zu Neujahr haben wir ein Caba-

rett gemacht, zu dem auch Damen aus anderen Ilots erschienen. Entsetzliche Gesichter. Wegen derer ich mir es nicht wieder ansehe.« LBI (Helmut Lindt AR 5596).
39 ADPA 269.
40 LBI (Concentration and internment camps Box III/Heinz Behrendt AR 2273). Diese Aussage deckt sich mit der von Alfred Nathan in »Lachen – trotz Tod und Teufel«.
41 Vgl. SCHRAMM, a.a.O., S. 120.
42 CLAUDE LAHARIE, a.a.O., S. 215.
43 Brief von Harry Schulze vom 5. Juli 1941 an den Präfekten. Antwortbrief vom 19. 8. 1941. ADPA M provisoire 500/6.
44 ADPA 269.
45 So geschehen beim Weihnachsfest 1941, als der Sous-Préfet den »Kindergarten« besuchte. Ebd.
46 Vgl. das Kapitel »Les derniers accords des violons« bei ANNE GRYNBERG, a.a.O., S. 251–271.
47 Das berichtet EUGEN NETER (a.a.O., S. 93).
48 Die Lagerleitung hatte sich gegenüber dem Präfekten bereits 1941 für Filmvorführungen ausgesprochen, da der Lageraufenthalt sich längerfristig negativ auf die Stimmung des Wachpersonals auswirken könne. Einige der Filmvorführungen waren ausschließlich für das französische Personal gedacht. In diesen Fällen wurde streng darauf geachtet, daß Internierte keinen Zugang zu den Vorführungen hatten. (Brief des Präfekten vom 26. September 1942 / ADPA 269).
49 Vgl. SCHRAMM, a.a.O., S. 105.
50 Ebd.
51 Auskunft von Ilse Wassermann.
52 In einem Interview mit Janet Glazer vom 21. 4. 1983 sprach Hirsch von zwei Bibliotheken im Lager: »One of Swiss, and one private one.« CDJC (DL XX VI–7).
53 LBI (AR 5596).
54 Vgl. SCHRAMM, a.a.O., S. 117.
55 Dies geht unter anderem aus einem namentlich nicht gekennzeichneten, undatierten Bericht eines Amerikaners hervor. (LBI; Max Grünwald Collection BOX VI AR 155).
56 Vgl. dazu auch MERLE D'AUBIGNÉ, a.a.O., S. 71.
57 In einem Zensurbericht vom 30. 11. 1941 heißt es, Friedrich Brunner, Hans Ebbecke, Margot Rauch und der Maler Julius Turner würden sich ganz der Kunst hingeben. (ADPA [M 500/6]).
58 Eintragung vom 10. 8. 1941. MAX LUDWIG, a.a.O., S. 26.
59 Auskunft von Herta Hausmann.
60 Auskunft von Elsbeth Kasser. Vgl. ANDRÉ JACQUES: Madeleine Barot. S. 54; vgl. MERLE D'AUBIGNÉ, a.a.O., S. 77ff.
61 In einem Brief Lindts heißt es: »Gestern war ein Beethovenkonzert. Es war sehr

schön, bis auf den Floh im Adagio. Welch ein Erlebnis. Das müsstet ihr mal sehen, so eine Veranstaltung.« LBI (AR 5596).

[62] Tagebucheintragung von Käthe Hirsch am 20. 7. 1941.

[63] Tagebucheintragung vom 30. 5. 1941.

[64] Ilse Wassermann erinnerte sich noch nach 50 Jahren an Jan Meyerowitz: »Wir hatten einen fantastischen Pianisten und Komponisten im Lager, Meyerowitz hieß er. Der konnte ganze Opern von A bis Z auswendig und alle Rollen spielen.« Einige – wie die gebürtige Mannheimer Pianistin Ida Jauffron-Frank – setzten sich nur gelegentlich ans Klavier, um ihre Kameradinnen erfreuen. (IDA JAUFFRON-FRANK, a.a.O., S. 33 / STA Mannheim.)

[65] Ebd., S. 123.

[66] In den Baracken fanden gelegentlich auch Jazz-Konzerte statt. Am 1. 3. 1941 lud das Ilot M zu einer »soirée jazz-band« ein. Es ist anzunehmen, daß es sich hier um das Jazzorchester »Tommy Green and the camping boys« handelt.

[67] Für die Revue »L'auberge aux illusions« übernahm er zum Beispiel die »direction de la partie classique« (ADPA 269). 1941 kam er nach Les Milles.

[68] Dies bemerkt Hanna Schramm in ihren Erinnerungen »Menschen in Gurs«.

[69] Einige dieser Chansons erschienen in den 60er Jahren in der DDR auf Schallplatte.

[70] Dies geht aus den Memoiren von Lili R. Andrieux hervor, die sich besonders an den Tango »Consuelo, tu eras linda flor«, der beispielsweise Bestandteil der Revue »Mieux vaut en rire« war, erinnert.

[71] Lili R. Andrieux nennt den Willen der KünstlerInnen, auch im Lager ihren künstlerischen Neigung weiter nachgehen zu wollen, als eines der Hauptmotive künstlerischen Schaffens in Gurs. Das war auch ihre »Antwort« auf die Internierung (Brief an die Verfasserin).

[72] Brief von Max Lingner vom 27. 8. 1958 an das Institut für Marxismus-Leninismus in Berlin (AKA, Lingner-Archiv. I.A.1a). Einige dieser Kinderzeichnungen befinden sich noch im Lingner-Archiv.

[73] Zahlreiche Beispiele dieser »Gebrauchskunst« sind Teil der Sammlung Kasser. Vgl. ELSBETH KASSER: Die Künstler in Gurs. S. 10; vgl. SCHRAMM, a.a.O., S. 103.

[74] Vgl. GRYNBERG, a.a.O., S. 258.

[75] Der 1908 in Hamburg geborene Pianist und Komponist nahm durch seine Heirat mit einer Französin den Namen Charles Leval an.

[76] ADPA 265.

[77] Die Sammlung Kasser enthält ein Foto, auf dem Edith Auerbach mit dem Esel zu sehen ist und auch Käthe Hirschs Tagebuch berichtet von den Einkäufen Auerbachs.

[78] Dies geht aus ihren Memoiren hervor.

[79] ADPA M provisoire 500/6. Der in den Akten befindliche »laissez-passer permanent« ist undatiert.

[80] LBI (Concentration and internment camps Box III AR 2273).

81 Karl Schwesig bot Upton Sinclair Werke zum Tausch gegen Konsumgüter und Gebrauchsgegenstände an: »Ich habe eine Menge Zeichnungen machen können. Soll ich sie schicken? Hier gibt es keine Seife, kein Soda, keine Wäsche. Wir können nicht schlafen, wegen der Flöhe, da wir auf der Erde im Stroh schlafen.« (KARL SCHWESIG: Leben und Werk. S. 88). Wahrscheinlich hofften einige auch, durch den Verkauf von Bildern leichter ein Affidavit zu erhalten.

77 »Nathans Truppe, einige Künstler, Tänzerinnen [...] [lebten] im sogenannten Hopital besser und freier als die Allgemeinheit« (Auskunft von Lili R. Andrieux). Vgl. SCHRAMM, a.a.O., S. 42–43.

83 In einem Brief des Brigadier-Chef Ledeux an den Lagerkommandanten vom 17. Dezember 1941 ist zum Beispiel speziell von einem »Essen für die Künstler« die Rede. (ADPA 269).

84 Dies wurde mir auch von Elsbeth Kasser bestätigt.

85 Zur Bedeutung Buschs für das Theaterleben vgl. KARL SIEBIG: »Ich geh mit dem Jahrhundert«. S. 219.

86 Vgl. SCHRAMM, a.a.O., S. 119. Mit Bezug auf den 3. August 1942 schreibt die ehemalige Münchner Sozialdemokratin Hedwig Kämpfer: »Nathan machte noch immer neue Kabarettprogramme mit Tommy Green und Ernst Busch.« (SCHRAMM, a.a.O., S. 138)

87 Programmzettel für beide Aufführungen befinden sich im LBI (Otto Heymann AR-C 684 294).

88 Der Hinweis auf die Wilde-Inszenierung geht aus den Lagerakten hervor (»Programme des Fêtes de Noël le 26. Dèc. 1941« ADPA 269).

89 SCHRAMM, a.a.O., S. 121.

90 Die Rollen der beiden Stücke wurden mit folgenden Personen besetzt: Günther H. Wolff, Thea Stoiber, Max Friedmann, Fritz Emmel, Hedwig Salomon, Lotte Sondheimer, Albert Peters, Robert Adler, Annemarie Joseph. (LBI Otto Heymann AR-C. 684/1918).

91 Käthe Hirsch datiert die Premiere vom »Sommernachtstraum« auf den 5.9.1941.

92 Helmut Lindt teilt seinem Schweizer Freund am 2. 12. 1941 mit, er habe einer Züricher Zeitung entnommen, daß sein »alter Freund Wolfgang Langhoff in dem Stück ›Leuchtfeuer‹ spielt, das uns von dort zuging und [...] [das] auch hier vorbereitet wird. Auch hier spielt die Hauptrolle einer, der mit mir befreundet und euch wohlbekannt ist, Ernst Busch, einst am Bülowplatz.« (LBI Helmut Lindt A 26/6). »Leuchtfeuer«, ein »Schauspiel in drei Akten«, wurde 1939 in New York uraufgeführt, erschien 1942 in Zürich in deutscher Übersetzung und wurde in Deutschland nach 1945 zum Publikumserfolg.

93 Vgl. vorherige Anmerkung.

94 Vgl. LAHARIE, a.a.O., S. 215.

95 Sie ist möglicherweise identisch mit Steffi Smith, der »artiste musicale«.

96 Die meisten der 22 Mitglieder gaben gegenüber der Lagerverwaltung als Berufsbezeichnung »artiste« oder »musicien« an.

[97] Das DÖW und das KABA teilten mir auf Anfrage mit, daß ihnen nichts über diese KünstlerInnen bekannt sei. Nur im Fall des Malers Kurt Conrad Loew war die Nachfrage erfolgreich. Im DÖW befinden sich auch Korrespondenzen zwischen Loew und Nathan. Reinhard Hippen vom KABA verdanke ich Hinweise bezüglich Kurt (Charles) Leval, Guy Walter und Max Bertuch.

[98] Aus der Lagerkartei geht hervor, daß er vom 25. 10. 1940 bis zum 28. 3. 1943 in Gurs interniert war und dann nach Les Milles kam.

[99] Auskunft von Lili R. Andrieux.

[100] So lautete eine seiner Lebensmaximen, die über seinem Schreibtisch hing. Das zweite Motto lautete: »Ab morgen wird gespart.« (Auskunft von Michael Pan-Nathan).

[101] »Er war in meinem Leben ein wichtiger Mensch. Er schenkte uns glückliche Stunden.« (Auskunft auf Wunsch anonym).

[102] Vgl. LUDWIG TUREK: Mit Peter Pan im ›drôle de guerre‹. S. 16–18; LILI R. ANDRIEUX: Memoiren.

[103] Sonderbeilage der »Berliner Zeitung« vom 29. 11. 1957.

[104] Dies wird in den einschlägigen Nachschlagwerken, biographischen Handbüchern und Kabarettgeschichten behauptet. In Wolfgang Schüttes detaillierter Darstellung über »Die Wespen« taucht sein Name jedoch nicht auf. Auch die Tänzerin Julia Marcus-Tardy und früheres Mitglied dieses Kabaretts kann sich an ihn nicht erinnern.

[105] RUDOLF HÖSCH: Kabarett von gestern und heute. Bd. II. 1933–1945. S. 43.

[106] Auskunft von Michael Pan-Nathan.

[107] HÖSCH, a.a.O., S. 42.

[108] PAN, a.a.O., S. 78.

[109] Brief Alfred Nathans an Kurt Conrad Loew (Wien) vom 27. 12. 1959 (DÖW 16635/1).

[110] Ebd.

[111] Dafür spricht auch, daß er das Tucholsky-Archiv aufsuchte und Mary Tucholsky 5später ein Exemplar seiner »Gesänge hinter Stacheldraht« schenkte. Es enthält folgende Widmung: »Frau Mary Tucholsky in herzlicher Dankbarkeit zum Andenken an ›grosse Zeiten‹ und an meinen Besuch im ›Tucho‹ Archiv.« (April 1973).

[112] Vgl. S. 11.

[113] Brief vom 20.7.1960 (DÖW 16635/1).

[114] Vgl. HÖSCH, a.a.O., S. 309.

[115] Auskunft von Michael Pan-Nathan.

[116] In der 1931 im Tingel-Tangel-Theater aufgeführten Revue »Spuk in der Villa Stern«, in der in einem stärkeren Maße als bisher politische Töne angeschlagen wurden, trat Hans Hermann Schaufuss mit Hitlermaske als »Münchhausen« auf.

[117] WOLFGANG SCHÜTTE: »Mit Stacheln und Stichen«. Beiträge zur Geschichte der Berliner Brettl-Truppe »Die Wespen«. S. 46.

118 Karl Schnog. Zit. n. ebd., S. 20.
119 REINHARD HIPPEN: Satire gegen Hitler. S. 99.
120 Textabdruck bei VOLKER KÜHN: Deutschlands Erwachen. Kabarett unterm Hakenkreuz. S. 280.
121 Groß in Mode waren Jazzorchester, zum Beispiel beim Leipziger Kabarett »Die Retorte«. Vgl. WERNER PREUSS: Erich Weinert. Bildbiografie. Vgl. S. 25–44.
122 ALFRED POLGAR: Im Lauf der Zeit. S. 121.
123 Ebd.
124 VOLKER KÜHN: Spötterdämmerung. Vom langen Sterben des Grossen Kleinen Friedrich Hollaender. S. 28.
125 »Folies Bergère« ist außerdem der Titel eines Marsches von Paul Lincke, der 1910 als einer von 62 Musikstücken (die für die Tanzsäle geschrieben wurden) beim Globusverlag erschien.
126 »Radio Polyglotte« kann gleichzeitig als eine Anspielung auf das mehrsprachige Publikum verstanden werden.
127 Bekannt wurde vor allem »Das Fragment vom Schneider«, vorgetragen von Werner Finck 1935 in der »Katakombe«.
128 Zum Beispiel: »Die Liebe macht gewöhnlich blind« von Rudi Godden, 1938 im kurzlebigen Programm der »Acht Enfesselten«. Zu den größten Unterhaltungsbetrieben zählten während der NS-Zeit der Wintergarten« und »Die Scala«.
129 Zum Beispiel »Gleichgeschaltet, gleichgeschaltet« von Weiss Ferdl. Vgl. VOLKER KÜHN: Deutschlands Erwachen. Kabarett unterm Hakenkreuz 1933–1945. S. 102.
130 REINHARD HIPPEN: Sich fügen heißt lügen. S. 119.
131 FRIEDRICH HOLLAENDER: Cabaret. S. 170.
132 Aus dem Bericht des Wieners Max Strassberg, abgedruckt am 22. 8. 1941 im »Aufbau«.
133 Dies geht auch aus dem Memoiren von Lili R. Andrieux hervor.
134 PAN, a.a.O., S. 55 ff. Die Sammlung Kasser enthält ein Probenfoto Nathan/Leval, abgedruckt wurde es bei PHILIPP, a.a.O., S. 58. Ob Adrienne Rosenthal, die auf Programmzetteln als »costumeuse« bezeichnet wird, regelmäßig Theaterkostüme anfertigte, ist heute nicht mehr zu rekonstruieren. (Vgl. LAHARIE, a.a.O., S. 216).
135 Käthe Hirsch datiert die Aufführung dieser Revue auf den 31. 8. 1941.
136 PAN, a.a.O., S. 56.
137 ADPA 269.
138 Aus: SCHRAMM, a.a.O., S. 120.
139 Briefliche Auskunft vom 1. 10. 1992.
140 SCHRAMM, a.a.O., S. 120.
141 Das Duett ist der einzige überlieferte Text der Revue »Radio Polyglott«. Szenenfotos oder Schallplattenaufnahmen existieren nicht.
142 PAN, a.a.O., S. 58.
143 Ebd., S. 60.
144 Ebd., S. 58.

[145] Diese Verbindung zieht Reinhard Hippen.
[146] Zu den Lebensläufen von Fritz Grünbaum und Karl Farkas vgl. KLAUS BUDZINSKI: Das Kabarett. 100 Jahre literarische Zeitkritik. S. 73 u. S. 88.
[147] HANS VEIGL: Karl Karkas. Ins eigene Nest. Sketche, Bilanzen, Doppelconférencen. S. 208.
[148] Der jüdische Name Cohn wurde in der Geschichte der Kabarettchansons oft als Metapher für jüdisches Klein-Bürgertum gebraucht. Auch in »Jacques Manasse« von Willi Hagen, vorgetragen 1907 von Käthe Erlholz im Berliner »Chat noir«, und in »An das Publikum« von Kurt Tucholsky wird dieser Name verwendet.
[149] Zur Konzeption der beiden Figuren schreibt Alfred Nathan: »Herr Krause war das Sinnbild des politisch bewußten Kumpels; Herr Cohn, der meist kleinbürgerlich engstirnige Wirtschaftsemigrant, der vor Hitlers arischem Rassenwahn nach Frankreich, in das ›klassische Land der Freiheit‹ geflohen war, um vom Regen in die Traufe zu kommen«. (PAN, a.a.O., S. 58.)
[150] Ebd., S. 73.
[151] Ebd., S. 74.
[152] Ebd.
[153] Ebd., S. 76.
[154] Ebd.
[155] Ebd.
[156] Ebd.
[157] Michael Pan-Nathan berichtet, daß sein Vater »manchmal jiddelte und hervorragend jüdische Witze erzählen« konnte. Zum Judentum habe er insgesamt ein lockeres Verhältnis »gehabt«.
[158] Ebd.
[159] GERO VON WILPERT: Sachwörterbuch der Literatur. S. 64.
[160] Vgl. VOLKER KÜHN: Deutschlands Erwachen. Kabarett unterm Hakenkreuz. S. 280.
[161] Ebd.
[162] Ebd., S. 281.
[163] Ebd.
[164] Das Wort Schmock leitet sich aus dem Slowenischen (smok) ab und bedeutet »Narr, Spaßmacher«. Ursprünglich soll dies ein Schimpfwort aus dem Prager Ghetto für den »verschrobenen, (jüdischen) Phantasten« gewesen sein. Seit Ende des 19. Jahrhunderts wurde die Bedeutung des Wortes jedoch durch Freytags Drama geprägt. Die literarische Gestalt des jüdischen Journalisten Schmock ist das Porträt eines »komischen, menschlich gewinnnenden Virtuosen des Zeitgeschehens.« (HEINZ KUPPER: Wörterbuch der deutschen Umgangssprache. S. 727.)
[165] In Friedrich Hollaenders programmatischem Text »Cabaret« heißt es zum Beispiel im Abschnitt über den »königlichen Witz«, den die Kleinkunst gekonnt verwenden sollte: »Jedem, dem es etwa in dieser Zeit der Moden und Rekorde einmal passiert, gelegentlich snobistischer als der Snob, verschmockter als der Schmock,

verliebter als Goethes Werther zu sein, wird sein Steckenpferd aufs lustigste vorgeritten, und er darf dabeisitzen und sich als Reiter sehen.« (a.a.O., S. 170).
166 Der Text erschien erstmals 1962 bei PAN, a.a.O., S. 69/70) mit einem Szenenfoto.
167 HIPPEN, a.a.O., S. 104.
168 Alle biographischen Hinweise zu Guy Walter verdanke ich Reinhard Hippen (KABA).
169 PAN, a.a.O., S. 68.
170 Das metaphorische Thema der Revue war der Zoo, schreibt Lili R. Andrieux in ihren Memoiren. Sie erinnert sich daran, daß auf der Bühne (gemalte) Tierkäfige zu sehen waren sowie flanierende Zoobesucher, Eisverkaufsstände und Eisverkäufer. Eine der satirischen Szenen bestand aus Anspielungen auf jüdische Namen wie Wolf, Löwe, Fuchs, Adler. Diese noblen Tiere befanden sich hinter Gittern, während sich andere Tiere wie Geier und Hyänen frei bewegen durften.
171 Nathan übernimmt hier die Anfangszeile »Es braust ein Ruf wie Donnerhall« des deutsch-nationalen Gedichtes »Die Wacht am Rhein« von Max Schneckenberger.
172 HÖSCH, a.a.O., S. 47. »Papa Brehm« ist eine Anspielung auf den Verfasser eines Nachschlagewerks über das Leben der Tiere.
173 Ebd., S. 70.
174 Ebd., S. 71.
175 PAN, a.a.O., S. 60–66 (Szenenfoto S. 65). »Mars« wurde nachgedruckt bei HIPPEN, a.a.O., S. 106 und Auszüge aus »Walkürengesang« bei HIPPEN, a.a.O., S. 102.
176 PAN, a.a.O., S. 60.
177 Ebd., S. 61.
178 Zit. n. JOACHIM HEINZLE und ANNELIESE WALDSCHMIDT: Die Nibelungen. S. 130.
179 Ebd.
180 PAN, a.a.O., S. 61.
181 Ebd., S. 61.
182 Ebd.
183 Ebd., S. 63.
184 Ebd., S. 63/64.
185 Italien hatte sich durch den Kolonialkrieg gegen Abessinien außenpolitisch isoliert und war aufgrund des durch den Krieg verursachten Mangels an Rohstoffen auf Deutschland stärker als zuvor angewiesen.
186 Ebd., S. 64.
187 Ebd.
188 Ebd., S. 66.
189 Ebd.
190 Ebd.
191 Aus: »Komm mit, Kamerad!«. Ebd., S. 42.
192 Zum Beispiel heißt es in Georg Herweghs »Bundeslied für den Allgemeinen deutschen Arbeiterverein«: »Brecht die Sklaverei der Not! Brot ist Freiheit, Freiheit Brot.«

[193] Zit. n. KARLHEINZ FINGERHUT und NORBERT HOPSTER: Politische Lyrik. S. 60.
[194] Aus: »1. Mai 1941«. Ebd., S. 52. Die dritte Strophe der »Nationalhymne der Deutschen Demokratischen Republik« von Johannes R. Becher lautet: »Laßt uns pflügen, laßt uns bauen,/ Lernt und schafft wie nie zuvor,/ Und der eigenen Kraft vertrauend/ Steigt ein frei Geschlecht empor.« Zit. n. FINGERHUT/HOPSTER, a.a.O., S. 47.
[195] Ebd., S. 68.
[196] Ebd., S. 37.
[197] Ebd.
[198] HANS REICHEL: Briefe an Herta Hausmann. S. 133.
[199] Vgl. WEINSTOCK, a.a.O., S. 52.
[200] Auskunft von Hella Bacmeister-Tulman.
[201] Zum Beispiel Weinstocks Überlebensbericht sowie die bei SCHRAMM veröffentlichten Erinnerungen zahlreicher Überlebender von Gurs (S. 138–150) und Edith Arons Bericht (a.a.O., S. 52ff.).
[202] In den Lagerakten befinden sich nur wenige Hinweise auf Kulturveranstaltungen im Jahr 1943. Für den 16. 8. 1943 wurde im »Foyer du Personel« ein »soirée recréative« angekündigt. Und für einen »soirée théâtre« am 18. 8. 1943 wurden »amateurs bénévoles« gesucht. Es ist sehr wahrscheinlich, daß es sich hier um Veranstaltungen handelt, die ausschließlich von und für das französische Personal durchgeführt wurden. Als Veranstalter tritt ein »Conseil d'administration de la Societé de Secours Mutuels du Camp de Gurs« auf. (ADPA 289).
[203] SCHRAMM, a.a.O., S. 139. Dies wurde mir von Elsbeth Kasser bestätigt.
[204] WEINSTOCK, a.a.O., S. 53.
[205] LBI (ME 752, S. 2).

Anmerkungen zu:
Zwischen Fiktion und Zeitzeugenschaft

[1] GERTRUD ISOLANI: Kein Blatt vor den Mund. S. 14.
[2] Eine deutsche Ausgabe erschien erst 1959.
[3] Aus dem Briefwechsel zwischen Gertrud Isolani und Heinrich Eduard Jacob, die nach 1945 eine intensive Korrespondenz über »Stadt ohne Männer« führten, geht hervor, daß diese Übersetzungen nicht immer dem Orginal entsprachen. Mit Rücksicht auf den »französischen Geschmack« strich Isolani zum Beispiel eine Passage des Romans. Amerikanischen Verlagen bot sie an, den Roman dem »amerikanischen Geschmack« anzugleichen. (Nachlaß Jacob). Vgl. ANJA CLARENBACH: Gertrud Isolani und Heinrich Eduard Jacob – Korrespondenz über »Stadt ohne Männer«.
[4] Ein amerikanischer Filmagent bemühte sich 1946 um die Filmrechte. Immer wie-

der ist in den Briefen von Verfilmungsplänen die Rede. Jacobs Part bestand darin, Isolani über die harten Realitäten der amerikanischen Filmindustrie aufzuklären und ihr Vorschläge zu unterbreiten, wie man den Roman »amerikanisieren« könne. Isolani wollte Mitautorin des Drehbuchs sein.

5 Das Entstehungsjahr geht aus dem Brief Jacobs vom 31. Oktober 1947 hervor.
6 Analog zu den Autoren der frühen KZ-Romane der 30er Jahre und den Überlebenden des Holocaust, wollten Gurs-Überlebende – wenn sie sich dazu entschlossen, ihre Lagererfahrungen aufzuschreiben – keine Romane verfassen, sondern authentische »Tatsachenberichte«. Das Geschriebene sollte nicht in Verdacht geraten, »erdichtet« zu sein.
7 Vgl. Gertrud Isolani im Gespräch mit Dr. Lee von Dovski. S. 5.
8 »Einen Erfolg mit einem Lagerroman zu erzielen, bedeutet etwas ganz Außerordentliches, denn nichts ist momentan so eisern wie der Widerstand der Verleger und Leser gegen alles, was mit Krieg, Flucht, Lager usw. zusammenhängt.« Ebd.
9 Brief vom 18. November 1945. (Nachlaß Jacob)
10 Vgl. WALTER BERENDSOHN (1976): Die Humanistische Union. Bd.II. S. 55.
11 Vgl. PHILIPP, a.a.O., S. 30.
12 Ebd.
13 GERTRUD ISOLANI: Kein Blatt vor den Mund. S. 106.
14 Ebd., S. 64.
15 GERTRUD ISOLANI: Stadt ohne Männer (Vorwort zur zweiten Auflage 1979). S. 8.
16 Brief Isolanis vom 6. August 1946 an Heinrich Eduard Jacob.
17 Vgl. zu diesem Problem SONJA HILZINGER: Antifaschistische Zeitromane von Schriftstellerinnen. S. 32/33. Obwohl in vielen Exilromanen von Frauen eine »politisch-soziale Faschismuskritik« geübt und in ihnen »humanistische Positionen« verteidigt wurden, gelangten sie auch in den 70er Jahren – als Teile der westdeutschen Germanistik sich explizit mit der »antifaschistischen Literatur« beschäftigten – nicht in den Blick der Exilliteraturforschung. Zur Definition »antifaschistischer Literatur« vgl. LUTZ WINKLER, a.a.O. (Bd. I.), S. 1–52.
18 IRMELA VON DER LÜHE: Erika Mann. S. 60.
19 ISOLANI, a.a.O., S. 33.
20 1938 wurde die Zeitung in »Pariser Tageszeitung« umbenannt.
21 Mehr als die Hälfte der 100 Journalistinnen, die für das PTB arbeiteten, veröffentlichten innerhalb dieses Zeitraums nur einen Artikel. Außerdem war sie die einzige Frau, die vom Anfang bis zum Ende für diese Exilzeitung arbeitete. Die Ausführungen über Gertrud Isolani als Mitarbeiterin des PTB sind Forschungsergebnisse von Ute Lemke, die sie 1991 im Rahmen der ersten, von Beate Schmeichel-Falkenberg oganisierten Tagung »Frauen im Exil« der Gesellschaft für Exilforschung in Bad Münstereifel vortrug. Ute Lemke stellte mir freundlicherweise ihren Vortrag »Exilpresse als Quelle zur Erforschung des weiblichen Exils am Beispiel des Pariser Tageblatts / Pariser Tageszeitung« zur Verfügung.
22 Ausnahmen sind Erika Mann, Helen Beck, Lili Körber und Oda Olberg.

[23] GEORG BERNHARD am 22. 3. 1934 im PTB. Ebd., S. 14.
[24] Ebd., S. 16.
[25] Der Chefredakteur hatte sich aufgrund der »schlechten Erfahrung in Deutschland« (ebd., S. 16) in seiner Zeitung gegen das Wahlrecht für Französinnen ausgesprochen. Nach dem Krieg setzte sich Gertrud Isolani vehement gegen die Auffassung zur Wehr, daß das Beispiel Deutschland gezeigt habe, daß Frauen keine Bürgerinnenrechte (Wahlrecht) zugesprochen werden sollten. Vgl. Gertrud Isolani im Gespräch mit Dr. Lee von Dovski, S. 5 ff.
[26] Diesen Bericht hat sie in ihrem Roman »Stadt ohne Männer« wiederverwendet. Die in dieser Reportage porträtierte Französin Nicole ist das Vorbild gewesen für die gleichnamige Romanfigur. Über diese Figur berichtet Gertrud Isolani 1948 in einem Interview (vgl. ebd., S. 6.)
[27] GERTRUD ISOLANI: Kein Blatt vor den Mund. S. 177.
[28] Vgl. die Briefe Leitners an Loewenstein. In: Deutsche Intellektuelle im Exil, a.a.O., S. 508ff.
[29] GERTRUD ISOLANI (1959): Stadt ohne Männer. S. 136.
[30] Wie aus einem Brief an Heinrich Eduard Jacob hervorgeht, taucht eine vor 1940 fertiggestellte Novelle im 16. Kapitel (die Geschichte von Irene und Lilli) des Romans wieder auf. Zur Begründung schreibt Isolani, die Novelle sei bisher noch nicht auf deutsch veröffentlicht worden.
[31] ISOLANI, a.a.O., S. 8.
[32] Auch Frieda Stern schreibt in ihren unveröffentlichten, in San Domingo zwischen 1940–1943 verfaßten Erinnerungen »Zwei Jahre Frankreich und die damit verbundenen Erlebnisse« über eine »Frl. Sanders«, die den internierten Frauen geraten habe, sich »schön« zu kleiden«, da die Erfahrung gezeigt habe, daß »Franzosen wenig Interesse an schlecht aussehenden Frauen haben«. Stern berichtet weiterhin, daß diese Frau Sanders dem »Commandanten« assistiert habe und es nur eines Blickes bedurft hätte, um ihn bei seinen Entscheidungen zu beeinflussen. (LBI ME 174, S. 13).
[33] »Mein Roman STADT OHNE MÄNNER ist ein Tatsachenroman. So entsprechen die meisten Ereignisse, die ich darin schildere, wirklichen Tatsachen. Ich habe einfach, wie ich das in allen meinen Büchern getan habe, Erlebnisse weitergesponnen und in meiner Phantasie erweitert. (GERTRUD ISOLANI: Kein Blatt vor den Mund. S. 181; vgl. auch ebd., S. 107).
[34] Ebd., S. 97.
[35] Ebd., S. 132.
[36] Ebd., S. 257.
[37] Ebd., S. 215.
[38] Bei Grüber löst der Roman sogar eine Stellungnahme zur »Frauenfrage« aus: »Ich bin der Meinung, dass man an der Frauenfrage bisher vorübergegangen ist, ohne sie ernstlich anzufassen, und ich sehe vor allen Dingen auch eine grosse Schuld der Kirche darin, dass sie in der Frauenfrage nie ein klares Wort gesprochen hat.«

39 GERTRUD ISOLANI (1959): Stadt ohne Männer. S. 132.
40 MARTA FEUCHTWANGER: Nur eine Frau. S. 271.
41 LBI Marianne Berel (ME 48 S. 74).
42 Vgl. dazu auch das Tagebuch Sternheims. Zu den Frauen, die früher als andere entlassen wurde, gehörte Herta Liebknecht, deren Mann Robert Liebknecht Prestataire war. Marianne Berel schreibt:»Im Lager wurde es auf einmal sehr wichtig, verheiratet zu sein. Frauen wie wir, die mit Soldaten verheiratet waren, hinter Stacheldraht zu sperren – dafür gab es keinen Grund.« (Ebd.).
43 Ebd. S. 215.
44 Ebd. S. 63.
45 GERTRUD ISOLANI: Kein Blatt vor den Mund. S. 130.
46 Brief Isolanis vom 13. 1. 1947 (Nachlaß Jacob).
47 ADRIENNE THOMAS: Eine Lebensrettung dank der stillen Résistance des französischen Volkes. S. 101.
48 Ebd., S. 102. Vgl. auch BRINKLER-GABLER / LUDWIG / WÖFFEN: Lexikon deutschsprachiger Schriftstellerinnen 1800–1945. S. 310/311.
49 Als spezifisch »französische« Eigenart von Frauen betrachtet die Erzählerin die »Leichtigkeit und [den] Anmut des Ausdrucks« und bei Männern das Kokettieren, den Respekt und die Freundlichkeit Frauen gegenüber. Französische »Nationaltugenden« wie die »politesse française« sind aber gleichzeitig der Stoff von Gesprächen, in denen diese als »faustdicke Lügen« entlarvt werden. Über Wenzels Freund Karli heißt es, in »seinen schmalen, blitzenden Augen war die ganze tschechische Gutmütigkeit« zu sehen und von der Schauspielerin Viviane Ferrier heißt es, sie sei rumänischer Herkunft, was man an den »dunklen, feurigen Augen« erkennen könne.
50 Diese »operativen Tendenzen« kennzeichnen auch andere Exilromane von Frauen, vor allem die der kommunistischen Schriftstellerinnen. Vgl. HILZINGER, a.a.O., S. 30–48.
51 Vgl. GABRIELE KREIS: Frauen im Exil. S. 222.
52 Ebd., S. 221.
53 KLAPDOR, a.a.O., S. 16.
54 GERTRUD ISOLANI: Stadt ohne Männer. S. 259.
55 Allerdings ist auch hier die Darstellung von Zeitgeschichte bei Thomas weitaus differenzierter. Denn sie dokumentiert auch die Bereitschaft großer Teile der nichtjüdischen französischen Bevölkerung, sich den neuen Verhältnissen anzupassen.
56 Vgl. bei ISOLANI, a.a.O., S. 213; vgl. THOMAS, a.a.O., S. 293.
57 Zur Bedeutung der Widerstandsthematik nach 1945 für die nationale Identität Frankreichs vgl. AHLRICH MEYER: »Fremde Elemente.« Die osteuropäisch-jüdische Immigration, die ›Endlösung der Judenfrage‹ und die Anfänge der Widerstandsbewegung in Frankreich. S. 82 ff.
58 FRITHJOF TRAPP: Zeitgeschichte und fiktionale Wirklichkeit: »Transit«. S. 5.

[59] Zur Flucht Isolanis vgl. GERTRUD ISOLANI: Kein Blatt vor den Mund. S. 190ff.
[60] LBI (ME 780 S. 2).
[61] Vgl. biographisches Handbuch; vgl. MAAS, a.a.O.; vgl. das Namensregister vom »Verzeichnis deutscher literaterischer Zeitschriften 1880–1945« bei: THOMAS DIETZEL / HANS-OTTO HÜGEL: Deutsche Literarische Zeitschriften 1880–1945.
[62] Das Typoskript umfaßt 36 Seiten (LBI ME 780).
[63] Das Typoskript umfaßt 25 Seiten (LBI ebd.)
[64] Vgl. BARBARA VORMEIER: Die Deportierungen deutscher und österreichischer Juden aus Frankreich. S. 89 und Gedenkbuch: Opfer der Verfolgung. Juden unter der nationalsozialistischen Gewaltherrschaft 1933–1945. Bd. I.
[65] Vgl. MANFRED H. BURSCHKA: Indices zu »Die Literarische Welt 1925–1933«. 2 Bde.
[66] DERS.: Alkohol. S. 10.
[67] DERS.: Der große Brockhaus Bd. X–XI. S. 6.
[68] DERS.: Eine Insel heisst Korsika. S. 7/8.
[69] DERS.: Alexander von Russland. Einst war ich ein Grossfürst. S. 5.
[70] DERS.: Wagner-Parodien. Nr. 5.
[71] Dies geht aus in Brüssel 1939 verfaßten Briefen an Fritz Bernheim (Basel) hervor.
[72] LBI (AR 5596).
[73] Undatierter Brief an Fritz Bernheim aus Gurs, aufgrund der Eingriffe der Zensur nur teilweise entzifferbar. Ebd.
[74] Ebd.
[75] In einem Brief vom 29. 10. 1942 kündigt Nina Gourfinkel einem Schweizer Verwandten von Helmut Lindt die baldige Übersendung eines »Buches Ihres Cousins« an (LBI A 26/6). Handelte es sich hier um den Gurs-Roman? Vertraute Lindt, als er das Lager verlassen konnte oder später, als er von Südfrankreich nach Drancy deportiert wurde, den Roman Nina Gourfinkel an?
[76] LBI AR 5596.
[77] Alexandre Glasberg (geb. 1902) war ein katholischer Geistlicher, der die Betreuung von Flüchtlingen jeder Konfession, vor allem jüdischer, in der unbesetzten Zone Frankreichs leitete (Organisation Amitié Chrétienne). In Le Pont-de-Manne-en-Royans befand sich eines dieser »maisons d'accueil«. S. 371. Vgl. E. C. FABRE: Le Pont-de-Manne-en-Royans. S. 155ff.
[78] LBI (AR 5596).
[79] Ebd. (Brief »für meine Frau Illa«, S. 1).
[80] Dies geht aus dem Brief vom 24. 12. 1947 des Abbé A. Glasberg vom »Centre d'orientation sociale des étrangers« hervor (LBI AR 5596).
[81] Aus Gründen der Lesbarkeit wurde Zeichensetzungs- und Rechtschreibfehler des Typoskripts korrigiert.
[82] Zu Felix Nussbaum und seinen Werken, seiner Flucht und Internierung in St. Cyprien vgl. FELIX NUSSBAUM: Verfemte Kunst. Exilkunst. Widerstandskunst. S. 323–339. Vgl. WALTER MEHRING: Camp de Saint-Cyprien, September 1940.

S. 125–128. Weitere Berichte über St. Cyprien vgl. SCHMIDT, a.a.O., S. 75–81. Zur Entstehung und Geschichte des Lagers vgl. ANNE GRYNBERG: Les camps de la honte. S. 40–91.

[83] Während bei Lindt lediglich von der Verhaftung »in den ersten Kriegstagen« im Mai 1940 die Rede ist, bringt Schwesig die Massendeportation von Anfang an in Verbindung mit dem »Vormarsch der Hunnen.« SCHWESIG, a.a.O., S. 3.

[84] Vgl. LAQUEUR, a.a.O., S. 63–65.

[85] HANS OTTO HORCH: Heimat und Fremde. Jüdische Schriftsteller und deutsche Literatur oder Probleme einer deutsch-jüdischen Literaturgeschichte. S. 44.

[86] KETELSON: Literatur und Drittes Reich. S. 73.

[87] Ebd.

Textsammlung: Gedichte

Kampf-Lyrik der Internationalen Brigaden

Die Neunte!
Wir sind eine Gemeinschaft
ehrlicher Antifaschisten.
Wir wollen keinen Terror
machtgieriger Stalinisten.
Sie mögen uns beschimpfen als Feinde
der werktätigen Massen.
Doch nie wird sich verbieten lassen
   Wir – »Die Neunte«.

Wir sind nicht viele.
Doch wir sind entschlossen
als Kampfgenossen
zu erreichen das Ziel:
Dass bald die Freiheit für alle erscheint!
Gegen Lagerelend und Parteidiktatur
kämpft erfolgreich nur
   Wir – »Die Neunte«.

Wir werben aber wir betteln nicht.
Wir fürchten nur ein Gericht.
Das Gericht der werktätigen Massen.
Mögen Diktatoren heute uns auch hassen.
Wir sprechen nur aus,
was jeder von uns meinte.
So entstand und wächst daraus
   Wir – »Die Neunte«.

Verfasser: Jan Aage. »Gewidmet der unabhängigen 9. Kompanie freier Antifaschisten im Ilot F!«. Datiert auf den 20. Juni 1939.« – *Quelle:* AN

Lyrik der Exilierten und Deportierten

So ist es

Im Camp von Gurs, Baracke vier,
    hoppla, da leben wir.
Wir sind jetzt vierzig Frauen, die
    hier zusammen sind,
Wir schlafen auf harten Säcken,
    und nachts da heult der Wind.
Wir träumen von unseren Männern
    und von verflossenem Glück.
Wir denken oft beklommen, kommt das
    nochmal zurück?
Im Camp von Gurs, Baracke vier
    hoppla, da leben wir.
Wir neiden uns jetzt das Fressen, wir
    neiden uns das Brot.
Und haben schwere Herzen, wir
    fühlen unsere Not.
Die strahlende Schönheit der Berge im
    goldenen Sonnenlicht,
Vergrössert nur unsere Misere, und es
    berührt uns nicht.
Im Camp de Gurs, Baracke vier,
    hoppla, da leben wir.
Wir kennen ja die Leiden und Folgen
    der Emigration.
wir tragen dies Schicksal jetzt, sieben
    Jahre schon.
Wir fürchten unsere Freiheit, es fragt
    sich der Verstand
Wo gibt es denn auf Erden, für uns
    ein Heimatland.
Im Camp von Gurs, Baracke vier,
    hoppla, da leben wir.

Verfasserin: Herta Steinhart-Freund. Camp de Gurs, Juli 1940. – *Quelle:* Helene Weiler (Saarbrücken).

Der Baracke Nachtgebet

Hungrig bin ich geh zur Ruh
Dünne Decke deck mich zu.
Meine armen, armen Knochen
Tun mir weh seit vielen Wochen. –

Werdet Ihr mich heute beissen
Läuse, Wanzen und Ameisen?
Macht mir nicht den grossen Kummer
Stört nicht meinen süssen Schlummer.

Magen, Du mit Deinem Krachen
Mach mir nicht die Leute wachen.
Hör jetzt auf mit Deinem Wühlen.
Lass mich nicht die Erbsen fühlen.

Stinkt es noch so sehr vom Clo?
Schlaf, halt mich gesund und froh.
Lieber Gott, hör meinen Schrei,
Mach mich endlich lagerfrei.
   Amen.

Verfasserin: Herta Steinhart-Freund. Camp de Gurs, Juli 1940. –
Quelle: Helene Weiler (Saarbrücken).

Hassgesang

Wir hassen Dich, wie wir nie gehasst!
Wir sind davon besessen.
Wir fluchen Dir, Du sei'st verflucht!
Wir haben nichts vergessen.
Nicht unsere Leiden, unsere Qual
Und niemals diesen Krieg!
Wir fühlen jetzt, es war einmal:
Denn unser wird der Sieg!
Die Freiheit und die Menschlichkeit
Muss wieder auferstehen.
Die Stunde naht, sie ist nicht weit,
Du wirst zugrunde gehen!
Stimmt an mit mir den Hassgesang,
Tragt ihn von Mund zu Munde!
Singt dieses Lied die Welt entlang,
Ein Hitler ging zugrunde!

Wir hassen Dich, wie wir nie gehasst!
Wir sind davon besessen!
Wir fluchen Dir, Du sei'st verflucht!
Krepier! Und bleib vergessen!

Verfasserin: Herta Steinhart-Freund. – *Quelle*: Helene Weiler (Saarbrücken).

Unser Sous-Chef Anneliese
träumt nicht auf der grünen Wiese,
nein, sie reget Händ und Füsse
und passt auf, dass das Gemüse

man uns richtig zubereitet
und dass keiner Hunger leidet.
Niemand geht hier unbekleidet,
und sie sorgt und rennt und streitet

für die Mütter, Töchter, Tanten
all die armen Emigranten,
die bis jetzt den Weg nicht fanden
in den USA zu landen.

Verfasserin: Unterschrieben mit: »Mit vielen Grüssen von Gertrud Schweizer und Wölfchen«. – *Quelle:* Privatbesitz Anne-Lise Eisenstadt (Paris). Das Papier, auf dem das Gedicht geschrieben ist, kann man wie eine Ziehharmonika aufziehen. Das eine Ende des Papiers ist an einem Stück Pappe befestigt, die die Form einer Baracke hat. Zieht man das Papier auseinander, um das Gedicht zu lesen, »öffnet« man die Tür der Baracke.

Ich kann sie nicht mehr sehen, die Pyrénéen

1
Tausend wilde * schwirren durch St. Cyprien
4000 Ehrenwörter um die Weite täglich renn'
Tausende die tausend Andere fragen
Ihnen was vom Onkel Joint zu sagen
Tausende, die schwuren darauf jetzt kommen sie bald weg
Wieder andere 1000 wussten auch nen grossen Dreck
Eins nur wussten alle und ich sag es frank und frei
Dass es bald in aller Munde sei:

Refrain:
Ich kann sie nicht mehr sehen, die Pyrénéen
So durch den Stacheldraht
Weil wie ein Stacheldraht ist meine Seel'
Ich möchte wieder einmal freie, frohe Menschen sehn
Auf beiden Strassen gehn, ohne Befehl!
Ich möcht noch einmal gerne an nem andern Busen
Wie ausgerechnet hier am Meeresbusen schmusen
Ich kann sie nicht mehr sehen, die Pyrénéen
Sogar bei Alpenglühn,
Ist mir stark mies vor ihn, stark mies vor ihn!

2
Vor dem Ehrenwort da flitzte Kohn aus Reihe K.
Das ging unser Lagerleitung wirklich furchtbar nah.
Denn die eben oben hier Genannten
Zittern Nebbich doch vorm Kommandanten
Melden wirs? Und wenn wirs melden, melden wir es wie?
Doch da kam ne Ansichtskarte tagsdrauf in der Früh
Cohn sand viele Grüsse und schrieb drauf ganz ungeniert.
Den Grund warum er selbst sich liberiert:

Refrain:
Er konnt' sie nicht mehr sehn, die Pyrénéen

3
Sind Sie über 50 oder enden Sie mit K?
Dann ist die Befreiungsstunde auch für Sie bald da.
Oder sind sie etwa Apatride?
Dann ist ihr * (Entlassungsgrund?) solide
Schreibt nur weiter Listen aus, ihr listenreichen Herrn
Uns könn' sie nicht nutzen, und ihr schreibt sie doch so gern'!
Statt der ganzen Listen, nehmt den Bleistift mal zur Hand
Und schreibt lieber Mal dem Kommandant.

Refrain:
Wir könn' sie nicht mehr sehn, die Pyrénéen.

4
Eines Tages hiess es, Cyprien adieu, wir gehn,
Gurs, die Interniertenstadt, war für uns ausersehn
Und wir zogen aus in Viererreihen
Hoffend, dass wir nun zufrieden
So nach 15 Stunden warn wir da. Der Zug hielt an

Und ich dachte schon, ich leide an Verfolgungswahn
Als ich dem Waggon entstieg, wass musst ich da erspähn?
Die andre Seite von den Pyrénéen!

Refrain:
Ich kann Sie nicht mehr sehn, die Pyrénéen
So durch den Stacheldraht
Weil wie ein Stacheldraht ist meine Seel'
Und ob es nun die rechte oder gar die linke Seite sei
Das ist mir einerlei, sags ohne Hehl
Ich hatte nie was gegen dieses Berggelände
Doch was mich störte, waren die Begleitumstände
Ich kann auch nicht mehr sehn, der Pyrénéen
Schönstes Bergesjoch
Ich frag nur Tag und Nacht, wie lange noch?

Verfasser: William Bessinger. Unter dem Gedicht steht: »St. Cyprien und Gurs Oct / Nov 1940. Alle Rechte vorbehalten«.
Quelle: LBI. – *Anmerkung:* Fehlende Akzente wurden stillschweigend gesetzt. Der Name Kohn wird sowohl mit K als auch mit C geschrieben. Nicht zu entziffernde Worte werden mit * gekennzeichnet.

Ruf aus dem Camp
Im Frauen Ilot November 1940

»Frisch auf mein Volk, die Flammenzeichen rauchen
Hell aus dem Norden bricht der Freiheit Licht.«
So sang einst Körner, doch die Juden singen nicht.
Die Juden beten, glauben, hoffen
Dass auch für sie dereinst das Tor der Freiheit offen
Ist der Pfad auch lang und dornenvoll und schwer
Den Weg zurück gibts für uns Juden niemals mehr
Die Juden waren immer Gottesstreiter
Und jüdische Frauen mit die Wegbereiter
Denkt nur an Ruth, die ährenlesend ging wohl übers Feld
In ihrem Wirken, Schaffen, Sorgen war auch sie ein Held
Von Rachel, Esther, könnt ich noch erzählen
Die jüdische Frau mag sie zum Vorbild wählen
Vermag auch hinter Stacheldraht das Leben
Uns wirklich wenig Schönes nur zu geben
So dürfen dennoch wir nicht resignieren
Es heißt gesund zu bleiben und die Nerven nicht verlieren

Auf Regen folgt Sonne – so war es immer dar
Vielleicht auf sieben magere nun sieben fette Jahr!
Wenn dann vom Mast des Schiffes das Freiheitsbanner weht
Dann fühlen wir es alle – es ist niemals zu spät
Von neuem zu beginnen im fernen fremden Land
Reicht uns nur bald herüber die hilfsbereite Hand.

Verfasserin: Von Tilly Rapp. – *Quelle*: Margot Seewi (Köln). Dieses und weitere Gedichte sind von der Tochter der Verfasserin, Margot Seewi, nach 1945 in Frankreich bei Freunden gefunden worden. Ein anderes ist identisch mit einem Gedicht, das sich im Sta M befindet und das ohne Angabe einer Verfasserin von Oskar Althausen überliefert wurde.

O Camp de Gurs

1. Wie schön ist's hier,
Du kannst mir wohl gefallen.
Dein Schlamm ist braun zu jeder Zeit,
Beschmutzt Strumpf, Schuh + auch das Kleid. –

O Camp de Gurs,
Wie mies ist mir's,
du kannst mir nicht gefallen.

2. Die Wohnungen, baraque genannt,
sind comfortabel, elegant.
durch Lucken, Ritzen dringt herein
Sturm, Regen, Sonn' + Mondenschein.
Drin schlafen wir lala soso
auf üppgen * (couches?) aus Haferstroh.

3. Ein ganz besonderer Genuß
Ist, wenn man etwas machen muß.
Ein guter Schütze muß man sein,
Sonst trifft man nicht ins Ziel hinein.
Und ausserdem die gute Luft
Ersetzt Parfum + andern Duft.

4. Die Nahrung ist nicht minder fein,
Nur darf man nicht zu * (schnäckig?) sein:
Kaffee, Brüh mit Gemüse drin,
Mal ist sie dick, mal ist sie dünn.
Und wer davon wird noch nicht satt,
Ißt von dem Vorrat, so man hat.

5. Das Schönste ist das Lavabo.
Man wäscht vom Kopf sich bis zum Po.
Das Wasser ist gar eisigkalt,
Erfrischet Jung, erfrischet Alt.
Drum kann ich jedem raten nur:
Mensch, kehr zurück Du, zur Natur!

6. Die Berge winken uns von fern,
Wie lieb ich euch, + ach! wie gern
Möcht'ich hinauf zu euren Höhn,
Von dort dies Jammertal besehn.
Wann wird das sein?
Wann wirst befrein
Allmächtger, Du, uns aus der Pein?

7. Der einzige Trost in dieser Welt
Sind die Pakete + das Geld,
Gesandt von edlen Menschen her
Aus allen Ländern übers Meer.
Der liebe Gott vergelt es Euch,
Wir sind so arm + Ihr so reich!

8. Genossinnen, ich bitte Euch
Sind wir auch arm + Alle gleich,
Kriegt Ihr auch manchmal Euch am *
Verliert nur ja nicht den Humor,
Und haltet still
Wie Gott es will,
Er wird uns helfen, Allen! –

9. Drum lasset uns jetzt feiern heut
Das Lichterfest, das Fest der Freud.
Es strahlet heller Kerzenschein,
Vergangenes laßt begraben sein.
Habt frohen Mut,
's wird alles gut,
Nacht muß in Tag sich wandeln!

Verfasserin: »Helene Süß, früher Mannheim, z.Zt. Camp de Gurs. Ilot K / 23.
24. Dezember 1940«. – *Quelle*: StA M.

Totenwache

Neben dem Sarg aus Rohholz gezimmert
Und einer Bahre, die schlecht nur bedeckt
Halte ich Wacht, wenn der Morgenstern schimmert
Der tiefe Gedanken in mir weckt –

Da ruhen sie, Männer und Frauen
Von roher Gewalt in die Fremde gehetzt
Jetzt haben die sonst so gefürchteten Klauen
Des Todes all ihren Plagen ein Ende gesetzt.

Fast neidvoll schaue ich auf die, die hier liegen
Weltabgewandt und daseinsentblösst
Während die Seelen gen Himmel fliegen
Hat sich ihr Zukunftsproblem gelöst.

Und ich muß kämpfend mein Schicksal gestalten
Muss leben und leiden in drückendem Joch
Wie lange kann dieser Zustand noch halten
Herrgott ich frage Dich, wie lange noch?

So spricht Verzweiflung in meiner Brust.
Doch eine mahnende Stimme spricht
Der Tod ist immer ein Verlust
Drum lebe und verzage nicht.

Sie, die jetzt hier so reglos liegen,
Sie sind durch Mord dahingerafft
Unrecht, Schikane und Intrigen
Beraubten sie der Lebenskraft.

Sie hätten gerne noch erlebt
Wie Wahrheit in Europa waltet
Wie sich der Freiheit Baum erhebt
Wie Menschenrecht wird gleichgeschaltet.

Dann wärn sie froh zurückgegangen
In ihre Heimat der Befreiten
Sie hätten erneut an ihrem Leben gehangen
Und gierig verfolgt die Entwicklung der Zeiten.

Die Toten ruhen, dem Schicksal ergeben
Der Erde von Gurs auf ewig verbunden
Wir, die leben können, wollen leben
Das Leben birgt noch köstliche Stunden.

Verfasser: Hellmuth Bernstein. – *Quelle:* Musée de Gurs, Oloron. Den Museumsangaben zufolge entstand das Gedicht am 29. September 1941.

Geliebte ... über Land und Meer
Euch gelten diese Worte, hört man her:
Um 1 Uhr nachts bei Sturmgebraus
Ich leer mein schweres Herz Euch aus.

Mit den Schwestern aus Baden, Pfalz und Saar
von zwanzig bis achtzig Jahr
Ist Eure Marta eng verbunden
Im hölzernen Haus seit Tagen und Stunden.
An Omas 80. (22. Okt 1940) reisten wir ab
Mit wenig Hab', die Zeit war knapp
20 Minuten mit meinen 2 Alten,
Da hiess es, meine fünf Sinne behalten.
Jetzt rasch herbeiholen warme Decken und Schuh
und Achile für 3 Tage dazu.
Oma war kopflos, ich musste mich plagen
Nur Traueralbums und Bilder mit Rahmen wollte sie tragen.
Auch wegen dem * (Sterbehemd?) tat sie die Männer fragen,
Gott half mir.
Ich weiss es heute noch nicht, wie es kam.
dass ich mich ein bisschen zusammennahm.
Und dann mit beiden unter Gejohl,
Ich sagte dem Chevel Lebewohl.

Im Auto gings zur Residenz,
Dort war versammelt Rhein und Enz.
Um 9 Uhr abends ging es ab.
Die Wach(t)e setzte uns unter Trab.
Im Trubel hatte ich alles verloren,
Ich schwitzte und habe dabei gefroren.
Um 1 Uhr nachts wurde ich gesucht.
Oma hatte inzwischen das Clo gepachtet.
Sie erbrach sich dauernd und wurde beachtet.
Opa war inzwischen auch nicht faul
Er erteilte Ohrfeigen direkt aufs Maul.
Er war wild, ich kann es Euch nicht beschreiben.
Wollte die Leute aus seinem Bett vertreiben.
Er promenierte nur im Hemd,
Und könnt Euch denken, wie ich mich geschämt.

Zum Glück der Zug brauste weiter,
wohin ... das wusste keiner.

Vorbei an Rastatt, Offenburg, Breisach, Grenze
Dort gab es 2000 Francs, für Arm und Reich,
Das andere blieb dort, mir war es gleich.
Belfort, Besançon, Montpellier, Avignon, Lyon,
Perpignan, Toulouse, Orleans
Erreichten wir zum Schluss
Nach 70 Stunden war es gelungen.
Es hatte aber auch viel Kraft verschlungen.
Wir wurden aber auch entschädigt
Durch eine herrliche Gegend.
Jeder hat es bestätigt.
Gebirge u. Wälder, Hügel und Meer,
Vor lauter Wachen wurden die Augen schwer,
erreichten wir Gurs, unser neues Heim
Bei Regen und nicht bei Sonnenschein.
Baracke 13 war öde und leer,

Aber bald kamen Matrazen und Strohsäcke her.
Eine heisse Suppe nach all der Qual
Mundete besser als das feinste Mahl.
Tisch und Teller sind hier Tand,
Uns schmeckt's mit der Blechbüchse aus der Hand.
Suppe und Brot bekommen wir so,
Auch Kaffee, der macht das Herze froh
Sogar mit Bohnen, besser als Malz oder
Holder, den schlechten.
Äpfel und Käse gibt es aus der Kantine,
Marmelade, Gelee und Apfelsinen.

Frau Doktor und Magd sind hier alle gleich
Hier gibt es weder Arm noch Reich.
Könntest du mir ein paar Strümpfe pumpen,
Ich gebe dir dafür Butter, einen Klumpen.
Gibst Du mir Tee, dann gebe ich Dir Fleisch,
Wer Cognac hat, ist hier reich.

Ihr braucht nicht denken, dass wir hier weinen,
Gott lässt die Sonne so herrlich scheinen.
Waschen und Duschen ist hier reine Freude,
Man fühlt sich dann wohl wie in köstlicher Seide.
Auch Sabattfeier mit Kerzen und Lied,

Und Witze und Schelten und Wassertragen,
Das gibt es alles in unseren Tagen.

Am Nachmittag steht alles am Draht,
zu schauen, ob der Mann nicht naht.
Unbeschreiblich die Freud, als ich meinen gefunden
Wir hatten Urlaub von 2 bis sechs,
Die Unterhaltung kann ich Euch nicht beschreiben
Es ist auch besser, ich lasse es bleiben.
Diese Woche putzte ich das Clo,
Für doppelte Kost, doch das nicht allein,
Ich durfte zu Hermann und das war fein.
Um das Vergnügen haben mich alle beneidet,
Zum Putzen aber hat mich nur eine begleitet.

Opa ist im Roten Kreuz.
Er weint, wenn ich komme, doch nicht vor Schmerz,
Im Gegenteil, ihm lacht das Herz.
Er freut sich wie ein Kind,
Bis wir in New York sind.
Hilde, Helene, Frieda und Nettel lassen Euch grüssen.
Wir helfen einander das Leben versüssen.
Die eine gibt Kaffee, die andere Gelee
Eine heisses Wasser, die andere Tee.
Schreibt recht bald und gute Nacht,
Ich habe es so gut wie möglich gemacht.

Verfasserin: Unbekannt. »Camp de Gurs, 12. November 1940«. –
Quelle: StA M. Überliefert durch Oskar Althausen.

Nekrolog (Für R. R.)
Wo bist Du, kleines Mädchen mit den grossen Augen,
Dem hellen Lachen und dem Kinderblick?
Wer scheucht die Schreckensbilder mir zurück
Die sich wie Gift in meine Seele saugen...

Nahst Du mir wieder, grauenvolle Stunde
Die ihren Stempel mir ins Hirn gebrannt –
»Daddy, leb wohl«, du reichtest mir die Hand,
Und alles drehte sich mir in der Runde...

Ob Du noch lebst? Was red ich da von »Leben«.
Du, die vom Leben fast noch nichts gekannt

In Ghetto, Eis und Hungersnot verbannt
Sadistenknechten hilflos preisgegeben...

Im Angesichte tausendfacher Schmerzen
Kann mein privater Jammer nicht besteh'n.
Der Tag der Rache soll mich fühllos seh'n,
Wir schmieden und erhärten unsere Herzen.

Im grossen Triebwerk bin ich nur ein Rädchen
Wenn falsches Mitgefühl mich jemals übermannt
Für die Erinn'rung sicher meine Hand:
Für euch, Kam'raden!
und für Dich, mein kleines Mädchen.

Verfasser: Alfred Nathan. Geschrieben nach der Deportation von Ruth Rauch.
Quelle: Nachlaß Nathan, Berlin

Zensierte Gedichte

Cette vie m'a tellement fatigué
que je renonce à suivre
ainsi que je préferai
de terminer à vivre
si étranger si solitaire
Jamais on est chez soi
mon destin est si amer
me donnant plus de toit
Je suis si seul que je péris
Chère vie, quand même je l'aime

So müde bin ich dieses Lebens,
daß ich entsage
und lieber ihm ein Ende setze
als weiter ein Leben in Fremde
und Einsamkeit zu führen.
Nie ist man daheim,
mein so bitteres Schicksal
gibt mir kein Dach mehr über den Kopf.
Vor Alleinsein vergehe ich noch,
geliebtes Leben, trotz allem
lieb' ich dich doch

Verfasser: Westerfeld. – *Übersetzung*: Monika Lübcke. – *Quelle*: ADPA. Dieses Gedicht wird im Zensurbericht vom 15. Dezember 1941 unter der Rubrik »*antinationale Aktivitäten*« aufgeführt. Es äußere sich »tendenziös« über »les camps d'hérbergement«.

A nos Pères

Brutalement arrachés à notre terre,
nous avons pris le baton du voyageur.
Abondonnant nos morts
dans leurs vieilles tombes cassés
vers un but inconnu.
Les morts seuls sont restés
au sein de la patrie abandonnée.
Vous qui jamais n'avez cessé, sans repos
perpétuer la generation,
vous qui avez donné votre sang au pays
pour le droit sacré de la patrie,
vous qui avez donné pour la famille un durable foyer,
vous qui, continuellement cherchiez
à nous procurer un sort assuré.
Écoutez, Écoutez mes paroles:
Dans ce cimetière calme,
même si les hordes de vandals
ont profané nos tombes,
restez vigilants, restez vigilants,
pour la génération future,
car notre »cause« est sacrée.
Plus tard nous retournerons.
Le bâton de voyageur rompu
sera consumé par la flamme.
L'heure de la relève aura sonné * * *.

Unseren Vätern

Unserer Erde grausam entrissen
nahmen wir des Wanderers Stab
auf den Weg zu einem unbekannten Ziel.
Unsere Toten ließen wir in
ihren alten, verwüsteten Gräbern zurück
Im Herzen des verlassenen Vaterlandes

sind allein die Toten verblieben.
Ihr, die ihr ohne Unterlaß
und ruhelos die Nachkommenschaft erneuert habt,
Ihr, die ihr um des Vaterlandes
heiligem Rechts willen
dem Land euer Blut gegeben habt,
Ihr, die ihr der Familie
ein beständiges Heim geschaffen habt,
Ihr, die ihr stets um unser
sicheres Glück bemüht wart.
Hört, hört meine Worte:
Bleibt wachsam auf jenem
stillen Friedhof
Für die nach uns Kommenden
bleibt wachsam,
auch wenn die vandalisierenden
Horden unsere Gräber geschändet haben,
denn unsere »Sache« ist heilig.
Eines Tages kehren wir heim,
Verzehren wird die Flamme des
Wanderers zerbrochenen Stab.
Die Stunde der Wachablösung
wird geschlagen haben.

Verfasser: Westerfeld. – *Übersetzung:* Monika Lübcke. – *Quelle*: ADPA (269). Über dieses Gedicht heißt es im Zensurbericht vom 15.1.1942 unter der Rubrik »*projüdische Propaganda*: »In einem kleinen Gedicht in deutscher Sprache bringt der Beherbergte Westerfeld, der sich in der zentralen Krankenbaracke befindet, seine Gewißheit zum Ausdruck, daß das jüdische Volk wie in vergangenen Zeiten das Leid überwinden und triumphieren wird.«

Tagebuch von Thea Sternheim (Auszug)

Paris Vélodrome d'Hiver, Freitag, 7. Juni 1940

Ich denke beim Aufwachen: Freitag; der siebente...eines von beiden wäre genug gewesen. Alles ist übrigens von mir aus geheimnisvollen Ursachen vorausgewusst und hingenommen. Und was Herman, letzthin vom Exodus aus Belgien in meiner Wohnung ankommend, ausrief – ich denke es längst: »Ich sterbe gern...« Meine Gleichgültigkeit gegen die Dinge dieser ganz von Gott verlassenen Welt ist grenzenlos. [...] Punkt vier stehe ich mit meinen dreissig Kilo Gepäck vor dem Vélodrome. »Vor allem keine Träne«, sage ich Mopsa. »Alles das ist mehr grotesk als tragisch. Que Dieu te benisse.« [...]
Da sitzt, da wartet man nun sein Schicksal ab.

8. Juni 1940

[...]
Bei der ärztlichen Untersuchung schreiben mich die Ärzte sofort als »inapte pour chaque travail« [ab].

Im Zuge nach Tours, 10. Juni 1940

Helene, die Frau des Verlegers Kurt Wolff, kommt an. Sie will wissen (immer weiss sie alles aus sicherster Quelle), dass Paris bis aufs letzte Haus verteidigt werden soll. Ich denke: Der Himmel schütze die über alles geliebte Stadt. [...]
Auf den Trottoirs liegen sie [die Menschen], aneinandergelehnt, übereinander. Was geht vor, denke ich zitternd. Der Mangel jeder Nachricht wird schmerzhaft. [...]
Im Abteil neben dem unseren befindet sich auch die polnische Nutte, die mir gestern durch ihren Fleiss beim Matrazenschleppen auffiel. Sie steht am offenen Fenster. Ich sehe, dass sie Blut spuckt. Das hindert den grossen hübschen Soldaten im weinroten Hemd nicht im geringsten daran, den Rest der Nacht in innigster Umarmung mit ihr auf der Holzbank zusammenzuliegen. Helene Wolff, die sich mit Frau Maes zu den Jungen gesellt hatte, wird von den Soldaten »wegen Puritanismus« in ein entlegeneres Abteil befördert. Während sich nebenan Orgien abspielen, wird in der schwülen Nacht (die alten Frauen haben Angst, sich zu erkälten) der Geruch der nur notdürftig Gewaschenen unerträglich. [...]
Als der Morgen dämmert, durchfahren wir die Touraine. Felder, früchtetragende Bäume, so wie Gott es den Menschen gegeben hat.

Gurs, 12. Juni 1940
[...]
Nach einem Städtchen, das St. Jean Pied de Port ähnelt, gelangen wir zu dem berüchtigten Lager Gurs, in dem die spanischen Republikaner wie die Fliegen starben, in dem sich auch heute noch eineinhalb Jahre nach dem Sieg Francos, noch Tausende Spanier befinden sollen. Der langgestreckte Friedhof, an dem wir vorbeikommen, spricht Bände.
Der erstaunliche Anblick: Auf einem baumlosen Hochplateau eine unendlich scheinende Barackenstadt zwischen Drahtverhauen. Durchfahrend lese ich Ilot M. Ilot B. usw. Hunderte, Tausende Frauen hinter Stacheldrähten, die uns zuwinken.
Endlich hält unsere Fuhre beim Ilot K. Gleichzeitig beginnt es zu regnen. [...]
Anja Pfemfert, vor Aufregung ausser sich einen Platz zu bekommen, verzieht sich mit Frau Dr. Loewensohn.
Ich bleibe als letzte, die untergebracht werden muss, übrig. Eine kleine Person, die eine Brille trägt und über eine sanfte Stimme verfügt, dabei wie ein Kind aussieht, ergreift meine Hand. »Kommen Sie in unsere Baracke. Sie ist verhältnismässig angenehm. Vor allem kinderlos.«
Von der sanften Stimme angezogen, entschliesse ich mich kurzerhand, mit ihr zu gehen. Später stellt sie sich als Gustl Bachmann* [oder: Rachmann], Chefin der Baracke M (1) heraus.
In der Baracke M (1) werde ich in der Nähe der Tür zwischen zwei andere Schicksalsgenossinnen eingefügt: Rechts von mir die etwa 30jährige Erna Goldschmidt aus Frankfurt, links die zwar Zwanzigjährige, aber wie ein Kind aussehende Maria Salomon aus Berlin, Muckelchen genannt.
Jemand gibt mir ein Glas Tee zu trinken.
Zum Umfallen erschöpft, werfe ich mich, ohne mich zu waschen oder auszuziehen, auf den Strohsack. Während ich nach fünf schlaflosen Nächten endlich in Bewusstlosigkeit sinke, fühle ich wie mir Erna Goldschmidt die Hand drückt.

Gurs, 13. Juni 1940

In der verschmutzten Wäsche, in dem seit 60 Stunden nicht ausgezogenen Kleid, verschlafe ich die kalte Nacht. Es gibt einen Grad der Ermattung, wo einem alles gleichgültig wird. Diesen Grad hatte ich erreicht.
Um sechs Uhr wache ich auf. Ich betrachte meine Nachbarinnen. Linkerhand die drei Töchter Salomon. Maria, Ruth, Erika, neben ihrer Mutter eine besonders sympathische Berlinerin, mit der ich mich bald anfreunde. Mir gegenüber eine schlanke, rassige Frau, irgendwie an Mahant* erinnernd, Maria von Haniel, Westfälin und Witwe eines preussischen Staatssekretärs. Neben der Haniel, gleich an der Tür, Frau Morgenstern, die Frau eines Wiener Artisten, zuckerkrank, in allen Sätteln geritten, in allen Wassern gewaschen mit ihrem Käterchen Masch. Die schlagfertige, immer zu Spaß aufgelegte und manchmal reichlich anzügliche Morgenstern wird von zwei

Schwestern betreut, die wie sie selbst aus Wien kommen. [...]
Dann kommt die Barackenchefin Gustl Bachmann* [oder: Rachmann] und die zahllos schwer auseinanderzuhaltenden Wienerinnen [...]
Im Hintergrund das Camp der Spanier. Erde jedenfalls über die die übelsten Gerüchte im Umlauf waren und der jene Trübsal anhaftet, das den von Menschen verursachten Vergewaltigungen eignet.
Erheben sich morgens in unserer Baracke die 60 Frauen von dem auf die Erde gelagerten Strohsack, fallen einem unwillkürlich die mittelalterlichen Darstellungen des Wachwerdens beim jüngsten Gericht ein.
[...] Kein Spiegel, keine Schere, keine Nagelfeile. In der Kantine machte ich einige Einkäufe. Teller und Kaffeebol, ein Stück Kernseife, zwei Handtücher – alles zu schwindelerregenden Preisen.
[...] »Es ist gar nicht so schlimm, dass Du schwerhörig bist,« denke ich vor dem nie aussetzenden Geschnatter der Frauen.
[...]

Gurs, Ilot K. 14. Juni 1940

Frau Professor Landsberg, im Nebenilot untergebracht, lässt mich ans Telefon, »d. h. an den Stacheldraht bitten«. In dem nebenanliegenden Hof befindet sich (natürlich ist sie Ilotchefin) Frau Käthe Perls.
[...]
Maria von Maes, die sichtlich meine Gesellschaft sucht, erklärt mir katholisch und eine begeisterte Anhängerin Francos zu sein.

Gurs, Ilot H. 16. Juni 1940

[...]
Manchmal kommt während man sich wäscht der patrouillierende Soldat vorbei; anfangs sah er neugierig hin, inzwischen haben aber auch unsere Reinigungsprozeduren jedes Interesse für ihn verloren.
Das Gerücht geht, Paris sei als offene Stadt erklärt und von den Deutschen besetzt worden.

Gurs, Ilot H. 17. Juni 1940

[...]
Überall begegnet man Weinenden, die der Nervenspannung nicht mehr gewachsen scheinen. Andere, die schon länger da sind, versichern, daß diese Abstumpfung von dem dem Essen untermischten* Brom herrühre. Was immer die Ursache sein mag, es kann kein Zweifel sein, dass man uns etwas einflöst, was sich als sanfte Verblödung auswirkt.
[...]

Gurs, Ilot H. 19. Juni 1940

Gegen Mittag bricht ein unbeschreiblicher Jubel aus. »Alle Österreicherinnen können nach Hause fahren!«
Was hat sich ereignet, dass die Österreicherinnen entlassen werden?«
[...]

Gurs, Ilot H. 20. Juni 1940

In einer leerstehenden Baracke wird eine Messe gelesen. In Ermangelung eines Ministranten gibt die Haniel die lateinischen Antworten. Der fette Geistliche, der zelebriert, hält eine Ansprache, die die durch die Liturgie ausgelöste Bewegung alsbald in Ablehnung verwandelt. »Ihr müsst die über euch hingehenden Prüfungen als gerechte Strafe hinnehmen. Ihr wart zu leichtfertig, zu lebensfroh. Jetzt kommen die mageren Jahre, die Jahre der Trübsal.«
»Aber die letzten Jahre waren für die Mehrzahl der hier Versammelten eine Kette der Leiden«, denke ich nicht ohne ein Gefühl der Bitterkeit. Hätte dieser Sadist doch der Liturgie nichts zugefügt – wie tröstlich wären die Stunden gewesen!
[...]

Gurs, Ilot H. 21. Juni 1940

Criblage der Deutschen. Mir wird mit zwei anderen Frauen der Freilassungsschein aus unerklärlichen Gründen verweigert. Die Tatsache dass ich geschieden bin, streng gerügt. »Was hat das mit meiner Loyalität gegen Frankreich zu tun?« frage ich bis zu Tränen gekränkt. »Diese Sittenstrenge ausgerechnet in Gurs, wo sieben Zehntel der jüngeren Frauen nicht verheiratet sind, wo sich nachts ein regelrechter Bordellbetrieb abspielt!«
[...]

Gurs, Ilot H. 22. Juni 1940

Das nicht aussetzende Geschnatter der Frauen. Ein Abendspaziergang mit Irmgard Ulmer auf dem Weg, den wir »La Promenade des Pyrénées« nennen.
Gerüchte über Waffenstillstandsverhandlungen.

Gurs, Ilot H. 23. Juni 1940

[...]
Die Haniel schwärmt unverdrossen von Franco und wünscht, da »sie sich nun einmal in der Nähe befände«, einen Abstecher nach Lourdes zu machen. Hin und wieder trällert sie mit ihrer Soubrettenstimme ein Liedchen.
Gebete.

Gurs, Ilot H. 24. Juni 1940

[...]
Natürlich hebt alsbald zwischen den Spaniern und den jüngeren ein heftiger Liebesbetrieb an.
Die ganze Nacht hat es weitergeregnet. Der Schlamm wird zum Tümpel, die hindurchwatenden Gestalten sorgenvoller und düsterer. Die Egalité der Trübsal, die Fraternité des mühseligen Lebens, die Liberté zwischen Stacheldraht. [...]
In der Nacht ertaste ich das kleine Kruzifix, das hinter einigen Kleidungstücken versteckt an dem Holzpfeiler hängt, der sich rechts von meinem Bett befindet.

Gurs, Ilot H. 25. Juni 1940

[...]
Was sich die temperamentvollen Jugendlichen nicht alles vorwerfen: Geiz, Diebstahl – Mädchenhandel.
Der Schmutz ausserhalb der Baracke wetteifert mit der Verkommenheit der Herzen.
Der Gang zur Latrine wird wirklich ein Gang nach Canossa.
[...]

Gurs, Ilot H. 27. Juni 1940

Die gestern verabreichte Suppe hat mehrere in unserer Baracke krank gemacht. Auch Maria von Haniel hat Fieber, bleibt liegen. Erna Goldschmidt versucht durch eine Öffnung im Stacheldraht zu entkommen, im benachbarten Dorf, etwas Essen zu kaufen.
Im Hintergrund die Pyrenäenkette, ein Paradies jenseits des Schweinestalls! Wenn ich nachts schlaflos liege, denke ich mit unendlicher Verantwortung an meinen Roman.

Gurs, Ilot H. 29. Juni 1940

In unserem Ilot wurden heute zwei Kinder geboren. Kinder im Stall wie der Heiland geboren.
[...]
Die Spanier [...] bringen noch genug Traum auf, um romantische Liebesbriefe an die jüngeren Lagerinsassinnen zu richten. Die blonde Ruth Salomon, die einen der jungen Burschen bezauberte (er war früher Medizinstudent) bekommt hin und wieder einige Lebensmittel von ihm. Arm wie er ist besteht er dennoch darauf, ihr die Lebensmittel zu schenken. Sie aber besteht darauf, dieselben nur gegen Zahlung zu nehmen. [...]
Plötzlich Geschrei in der Nacht. Am anderen Ende der Baracke versichern drei Frauen, dass eine Ratte über sie gelaufen sei.

Gurs, Ilot H. 30. Juni 1940

[...]
Die Ankunft der Deutschen dient zum Vorwand, uns von 12-4 trotz der Brüllhitze in die unerträglich heissen Baracken zu sperren.

Gurs, Ilot J. 1. Juli 1940

Gespräch mit Erna Goldschmidt.
Erna: »Wie kam die Haniel eigentlich dazu, sich plötzlich, ohne die Änderung mit einem von uns zu bereden, zwischen Dir und mir zu legen?«
Ich: »Du überfragst mich. Mit einem Mal lag sie da.«
Erna: »Sie, die über keinen roten Heller verfügte, hat durch den Umzug ihr Leben empfindlich verbessert, indem sie von dem, was wir hin und wieder zu ergattern vermochten, den Löwenanteil bekam.«
[...]

Gurs, Ilot J. 2. Juli 1940

Es gelingt mir ein Buch, Mereschkowskys »Napoleon« aufzutreiben.
Den heissen Nachmittag verdöse ich mit Gilda Poldi und Charlie auf einem zwischen den Stacheldrähten graswachsenem Dreieck, das mit Decken verhangen eine Spur Schatten bietet.
Frau Lou Albert Lazard humpelt vorbei. Auch Frau Fischer begrüsst mich. Aber der von ihr eingenommene Posten an der Post macht sie offenbar grössenwahnsinnig.

Gurs, Ilot J. 5. Juli 1940

Sehe ich übrigens im Abstand zu dem in den Baracken verteilten Frass die Schüssel mit gemischten Salaten im Postbüro auf ihre Vertilgerinnen warten, wundert es mich schon weniger, dass es der Fischer in Gurs so vorzüglich gefällt. Wie überall in der Welt teilen sich auch in diesem Camp die Insassen in Sonnen- und Schattenseiten auf. Man kann von der kleinen Korruption auf die grosse schliessen.
[...]

Gurs, Ilot J. 6. Juli 1940

[...]
Da erwartet eine junge schwangere Frau ihre Erlösung. Vor vier Wochen ist sie mit ihrem gepolsterten Bauch aus dem bretonischen Vannes nach Gurs verschleppt worden. Wie Maria im Stall von Bethlehem hat sie keine Windel, ihr Kindchen hineinzuwickeln. Alles ist unverändert geblieben. Auch der bethlehemsche Kindermord.

Gurs, Ilot J. 7. Juli 1940

[...]
Lou Albert Lazard liest mir den von ihr im Vélodrome d'Hiver verfassten lyrischen Erguss vor. Es wäre mir unmöglich, auf die militärischen Verfügungen sentimental zu reagieren. Mein Herz, das keine Ranküne kennt, lehnt die militärischen Massnahmen ab. Sogar der Stacheldraht reizt mich weniger als meine Leidenskameradinnen. Die Ablehnung der Mächte, die ein derartiges Camp aushecken ist so, dass es ihnen nicht einmal gelingt, mich mit ihrer Absicht zu treffen. Kreischen die weiblichen Sberren, höre ich vorbei. Aber machen wir nun auch endlich Tabula rasa mit den abgestandenen Metaphern wie »männliche Courtoisie«, »Ehret die Frauen« und »Mütterfesten«. Die Peitsche bleibt der rundeste Ausdruck für das, was die meisten Männer im Unterbewusstsein wunschträumen.
In der Baracke XIX befinden sich an die zwanzig Frauen von deutschen Spanienkämpfern. Sie werden dort seit achtzehn Monaten gefangen gehalten. Eine von ihnen hat einen Knaben Johnny geboren, der ganz und gar wie der Jesusknabe von Raffaels Sistina aussieht.

Gurs, Ilot J. 9. Juli 1940

Nach dem Abendessen begleite ich die Lazard, die dort zu zeichnen beabsichtigt, zu den Zigeunerinnen im Ilot M. Wie viel freundlicher sieht es in diesem Ilot als in den unseren aus! Nicht nur reicht die Landschaft bis an den Stacheldraht, aber die Zigeunerinnen verfügen auch über Bettstellen, Stühle und sonstigen von uns entbehrten Komfort. Vor allem beeindruckt mich ihr von dem unseren so verschiedener Lebensrhythmus, die Farbenpracht ihrer Kleidung, die von ihnen auf dem Kopf getragenen Eimer [...].
Eine der jungen Frauen ist schöner als die andere gewachsen. Ihre Bewegungen sind die einer Panther-Katze. Zutrauliche Kinder mit Augen, die so schwarz sind, dass man die Pupille vom Augapfel nicht zu unterscheiden vermag. Sie kommen von Clignancourt, wo sie am Stadtrand leben, sprechen teils russisch, teils spanisch, einige Brocken deutsch. Die Kinder, die die französische Schule besucht haben, tragen Medaillen und kleine Kreuzchen um den Hals.
Eine der älteren Frauen (sie behauptet 45 Jahre zu sein und zehn Kinder geboren zu haben) ergreift meine linke Hand, meint, ich hätte noch an die zwanzig Jahre zu leben und würde stets über genügendes Geld verfügen. Auch sei mir ein später Erfolg beschieden.
Möchte es sich um mein Buch handeln! denke ich.

Gurs, Ilot J. 10. Juli 1940

[...]
Vor all diesen Ängsten exzellieren leider die meisten Frauen, die im Camp ein Pöstchen ergattern konnten, das ihnen Vorrechte einräumt durch Unduldsamkeit gegen

die weniger begünstigten Schicksalsgenossinnen – Frau Fischer ist vor lauter Wichtigkeit kaum wiederzuerkennen.
[...]
Für die Wucherpreise aber erhält man den Abhub der Waren! Steinharte Birnchen, noch härtere Pfirsiche. Trotzdem lebt der Mensch nicht ausschließlich vom Brot. Sogar nicht in diesem Augiasstall.

Gurs, Ilot J. 13. Juli 1940

[...]
Betty Stern, vom hereingeschmuggelten Wein offenbar angeheitert, umarmt mich spontan.

Gurs, Ilot J. 14. Juli 1940

Der diesjährige quatorze Juillet wird als Trauertag erklärt.[...]
Die Zigeunerinnen werden wie an jedem Sonntag wie die Kühe zum Stier zu ihren Männern geführt.

Gurs, Ilot J. 15. Juli 1940

[...]
Meine Fähigkeit, die Tatsachen ohne Beeindruckung hinzunehmen, ist eine zweifellos seltene Eigenschaft.

Gurs, Ilot J. 16. Juli 1940

[...]
Vorliebe und Abscheu beim Anhören der verschiedenen deutschen Dialekte. Am unausstehlichsten der einem Kauvorgang ähnelnde schleswigholsteinische Tonfall der neuen Barackenchefin Annie Möllers [...]. Der entnervende österreichische Jargon [...] Seltsamerweise scheinen die Temperamente in enger Beziehung zu den Dialekten zu stehen.
[...]
Aufeinanderprall der Barackenchefin Möllers, die im Privatleben Köchin war, mit der durchaus zurückgezogen lebenden Frau Dr. K. aus Berlin. Welche Canaille der Mensch ohne Gott!
[...]

Gurs, Ilot J. 17. Juli 1940

Was sich beim Kampf um den Entlassungsschein nicht alles unter den zu Hyänen verwandelten Frauen abspielt! Das kann man in keinem Fall mitmachen.
[...]

Viele Entlassungen. Obwohl die Ordnungsorgane behaupten, dass zuerst die Frauen der Prestataires, die Alten und Kranken in Betracht kämen, ergibt die Wirklichkeit, dass vorzüglich die Jugendlichen, die Flirts mit den Offizieren unterhielten, das Camp als Erste verlassen.

Gurs, Ilot J. 18. Juli 1940

Gides Brief.
Ich bemerke, dass in dem nebenliegenden Hof eine Baracke mit Stacheldraht umzogen wird. [...]

Gurs, Ilot J. 19. Juli 1940

Zu meinem Erstaunen stelle ich fest, dass die polnische Prostituierte, die noch immer ihr schwarzseidenes Fähnchen trägt, mit einer gleichaltrigen Komparsin in die mit Stacheldraht versehene Baracke des sonst menschleeren Ilots gebracht wird. Ein Wachposten mit Stahlhelm und aufgepflanztem Gewehr wird davor gestellt. Was die Unbändige nicht abhält, alsbald das Dach der Baracke zu erklettern, einige Pfähle, an denen der Stacheldraht befestigt ist, rumzuwerfen. [...]

Gurs, Ilot J. 20. Juli 1940

[...] Die polnische Prostituierte zetert und schreit.

Gurs, Ilot J. 21. Juli 1940

Sombre dimanche.
Die widrige Nathan, früher bei uns, jetzt Chefin in einer der Nebenbaracken, erzählt mir empört, dass mehrere Frauen beobachtet hätten, wie sich der fünfzehnjährige Riess unter der Decke masturbiert hätte.

Gurs, Ilot J. 25. Juli 1940

Abfahrtstaumel in der Strafkolonie. Einige, die auf den heute herauskommenden Listen noch nicht vermerkt werden, brechen in Tränen aus. Überhaupt nimmt in der sengenden Hitze [...] die Hysterie bedenkliche Formen an. [...]
In meiner Baracke, von 66 auf 6 Insassen zusammengeschrumpft, befindet sich niemand mehr, mit dem ich zu reden verlangte. Faute de mieux verbringe ich den Nachmittag mit der Lazard auf dem schmalen Schattenstreifen hinter der Infirmerie. Die Lazard zitiert das himmlische Gedicht Brentanos an Beethoven.

Gurs, Ilot J. 27. Juli 1940

Die Baracken gleichen Backöfen. Ohne Unterlass kriecht und fliegt das Geschmeiss. Ameisen, Wespen, tausende Fliegen, die jede Gelegenheit wahrnehmen, ihre Stachel

in unser Fleisch zu bohren. In anderen Baracken gibt es Läuse und Wanzen. Unmöglich, das sich im Verlauf von ein paar Stunden zu Stein verhärtete Brot anders als in Wasser getunkt zu essen.
Mein Versuch, mir unter der Dusche den Kopf zu waschen, ergibt Kopfschmerz und Übelkeit. Schon um acht falle ich wie hingemäht auf den Strohsack.

Gurs, Ilot J. 30. Juli 1940

Durchfall, Leibkrämpfe und jene von den letzten Krankheitsattacken gefürchtete Verelendung. [...]
Während meine Temperatur schon vormittags auf 40 Grad steigt, ich wirklich nach nichts anderem, als nach einem schattigen Winkel verlange, in dem ich hinzudösen vermag, findet mich die Lazard, die infolge meiner Begeisterung über die Brentanoschen Verse, mir nun auch Rilke deklamieren will. Doch nicht nur das. Sie besteht darauf von den zehn zitierten Gedichten auch die von ihr verfertigte Übersetzung ins Französische zu geben.
[...]

Gurs, Ilot J. 31. Juli 1940

Erlauschte Gespräche. [...]
A: »Was wirst Du tun, wenn Du freikommst?«
B: »Dann gehe ich zum Komitee oder auf den Strich.«
A: »Weshalb nicht gleich beides.«
[...]

Gurs, Infirmerie, 3. August 1940

[...]
An der Wand hängt die Reproduktion der Madonna [...]. Dieser Holbein gehört auch zu meinen besonders geliebten Bildchen, aber nach den fürchterlichen Entbehrungen der Augen mutet der Anblick wie ein Gruss aus besseren Welten an. [...]

Gurs, Infirmerie, 5. August 1940

Plötzlich geht ein Freudenrausch durch die stagnierende Trübsal des Ilots. Sämtliche Prestatairefrauen werden frei. Sogar in der Infirmerie beginnen einige Kranken ihre Siebensachen zu packen. Ich kann mir nicht vorstellen, wie bei dem Durchfall der meisten so eine Abreise vor sich gehen soll. Vielleicht wird dem Augiasstall zu entkommen, ihre Därme so anspannen, dass sie dichthalten. Nie ist mir übrigens wie in dieser Ansammlung von Frauen bewusst geworden, wie das schwache Geschlecht von Ponderabilien abhängt. Und da wollen die Totalitären ohne Gebet und Handauflegen auskommen!

Gurs, Infirmerie, 8. August 1940
[...]
Ich lese Henri Bordeaux's »La robe de lains«. [...] Mit Rührung erinnere ich mich an die anfangs in Gurs gelesene überaus zarte Erzählung Dostojewskis »Netotschka«.

Gurs, Infirmerie, 11. August 1940
Werde ich wirklich frei? Selbst im Besitz des Entlassungsscheins wage ich noch nicht auf eine Wendung zu hoffen.
[...]

Toulouse, Bahnhof, 12. August 1940
Ich schliesse kein Auge. [...] aber die Vorstellung, diesem Augiasstall lebendig zu entkommen, beflügelt meine brachliegende Lebenslust. [...]
Während des Wegs zur Kommandatur wieder der Schweissausbruch. Beine wie Gummi [...].
Während die Wagen in der noch dunklen Nacht vor der Strafkolonnie warten, wasche ich im Gebet meine Seele von allen Gefühlen der Gehässigkeit rein. [...]. Tränen. Die ersten, die ich in Gurs vergiesse. [...]
Der Zug ist besetzt. Aber die Basken, sofort auf dem laufenden, von woher wir kommen, machen so willfährig Platz, dass ich mich trotz der abkühlenden Eindrücke des Konzentrationslagers gleich wieder in die mit so viel Humanität durchsetzte Seinsweise der Franzosen einfüge.
Ein bißchen Vertrauen, ein bißchen Güte – und der Himmel sinkt auf die Erde.
Am Bahnhof von Pau kann man – auch das mutet mich wie ein Märchen aus 1001 Nacht an – Kaffee mit Milch trinken, ein Butterbrot essen! [...]

Nice, 14. August 1940

Den Kopf waschen lassen. Einkauf der notwendigen, so lange entbehrten Toilettenartikel. Ich gebe meine Kleider, denen der Gestank des Konzentrationslagers anhaftet, in die Reinigung, aber ich bin wie jemand, dem man auf den Kopf geschlagen hat und der nicht zur Besinnung kommt. Selbst die rührende Fürsorge Bussys läßt mich ohne Hoffnung.

Nice, 26. August 1940

Früh am Morgen kommt Gide an mein Bett. Umarmung. Gleichzeitig die Gewissheit, dass er alle meine Gefühle errät. Gelächter. Wahrscheinlich aber errate auch ich, was er denkt.
Wie jung der Siebenzigjährige aussieht!
Er ist breiter, robuster geworden.

Überflüssig die Zeitereignisse* mit ihm zu bereden. Offenbar berühren sie ihn [...] weniger als sie Bussys, Martin du Gard und mich berühren.
[...]

Nice, 1. September 1940

[...]
Jedenfalls wollen die Marcus Frankreich verlassen. Wie in Deutschland würde es in Frankreich zu Progromen kommen.
[...] erzählt mir von Hasenclevers tragischem Freitod im Camp von Mil[l]es. Er habe sich [...] vergiftet und sei im Krankenhaus von Aix gestorben.
[...] Bei dem Gespräch denke ich, dass es für uns alle schliesslich keinen anderen Ausweg geben wird als den, den Hasenclever wählte.
[...]

Nice, 10. September 1940

Himmlischer Herbst, der die im Hochsommer oft dunstige Atmosphäre dieser Regionen in blaue, fast stählernde Klarheit verwandelt. Aber diese manchmal an Glück grenzende Wahrnehmung vermag sich nicht zu entfalten. Unaufhörlich kreisen meine Gedanken um den Krieg.
[...]

Nice, 14. September 1940

Martin du Gard: »Ich komme zu Ihnen, um einige Auskünfte zu holen.« Er liest mir den am Morgen erhaltenen Brief Rudolf Leonards vor, der in einem französischen Internierungslager festgehalten, den Kollegen in pathetischen Worten die furchtbare Lage der politischen Emigranten darstellt. »Was tun« fragt der durch den Brief aufgewühlte du Gard. [...]
Aber was kann du Gard schon tun? Wer in der neuen Regierung kümmert sich um die Todesangst eines Emigranten, der noch dazu Kommunist und Jude ist?
[...]

Nice, 21. September 1940

[...]
Abend für Abend hören Bussys die englischen Radiosendungen. So sehr mich die offiziellen Berichte interessieren, so zuwider sind mir die daran geknüpften Erläuterungen. Das Patriotische, in welcher Sauce auch immer serviert, dreht mir den Magen um.

Nice, 1. Oktober 1940

[...]
Als der Abend fällt, denke ich fortwährend an den heiligen Franz, dessen Todestag morgen ist. Lebte er heute, würde er nicht nur den Vögeln aber auch den Steinen predigen müssen.
[...]

Nice, 5. Oktober 1940

Während ich bei der Fremdenpolizei auf die Verlängerung meiner Aufenthaltserlaubnis warte, werde ich zum unfreiwilligen aber entsetzten Zeugen der sadistischen Ausweismethode, die die Nizzaer Sberren gegen die aus Mitteleuropa geflohenen Juden und Politischen anwenden. Die Behauptung, dass der bisher siegreiche Deutsche sie als Bedingung des Waffenstillstands forderte, kann nicht zur Entschuldigung für die hämische Schadenfreude geltend gemacht werden, mit der die Franzosen die Forderung ausführen. Die halbe Stunde Wartens, während der die aus dem Département des Alpes Maritimes Auszuweisenden vor ihren Henkern vorbeidefilieren, erklärt mir die zahlreichen Selbstmorde, von denen tagtäglich die Zeitungen berichten. Deutsche, ungarische, polnische, tschechische Juden – da stehen sie wie die biblischen Sündenböcke vor dem Polizeigewaltigen, ehe er sie mit Beschimpfungen beladen in die Wüstenei der Verzweiflung treibt.
Die Sünde und Schande der Christenheit hat ihren Kulminationspunkt erreicht. Unwillkürlich beginne ich für die Verfolgten zu beten. Nur eines tut der Welt not: Der Heilige, der von neuem die alte Wahrheit des Evangeliums predigt.

Nice, 7. Oktober 1940

[...] Nein, ich verstehe die Welt nicht mehr! Die christlichen Tendenzen meiner Natur leiden unsagbar mit den Beleidigten und Verfolgten. Was tun? Wäre man tot!

Quelle: DLA. Mit freundlicher Genehmigung von Dr. Hans Eckert (Basel) und des Deutschen Literaturarchivs (Marbach).
Anmerkung: Auslassungen werden durch [...] gekennzeichnet. Wenn die gesamte Eintragung eines Tages ausgelassen wurde, wurde dies nicht gekennzeichnet. Im Fall von Lou Albert Lasard wurde die Schreibweise vereinheitlicht. (Sternheim schreibt sowohl »Lu Albert Lazare« wie auch »Lou Albert Lasard«.) Wenn Sternheim erwähnt, in welcher Baracke Frauen untergebracht waren, notierte sie das (zum Beispiel) so: »Baracke M = [oder ein ähnliches Zeichen] 1«. Damit ist »Ilot M, Baracke 1« gemeint. Um die Lesbarkeit zu erleichtern, wurde diese Angabe folgendermaßen transkribiert: Baracke M (1).

Kurzbiographien

Aufgrund der großen Zahl der Internierten, der vielen im Lager künstlerisch Aktiven und der zahlreichen VerfasserInnen retrospektiver, autobiographischer Texte über die Lagerzeit ist ein vollständiges Personenverzeichnis unmöglich. Zudem existieren die Lagerakten vom April 1939 bis Juni 1940 nicht mehr, da sie im Sommer 1940 vernichtet wurden. Bis auf wenige Ausnahmen können hier auch die Biographien jener Internierten nicht berücksichtigt werden, die im Frühjahr 1940 nur sehr kurz in Gurs interniert waren wie Hannah Arendt, Babette Gross, Hilde Walter, Elsbeth Weichmann, Maria Leitner, Martha Feuchtwanger, Louise Ernst-Strauss.
Wichtigste Quelle für die Erstellung der Kurzbiographien waren die Lagerakten, die im Archiv von Pau (ADPA) erhalten sind, zu denen auch die Kartothek (der »fichier«) und die »Personalakten« (dossier) gehören. Diese Dokumente enthalten zumeist zwar nur spärliche biographische Informationen (Geburtsdatum, Geburtsort, Familienstand, Ankunft im Lager, Beruf, Internierungsdauer und das Deportationsdatum). Aber angesichts der Tatsache, daß oft zwar Werke überliefert sind, aber nichts über den biographischen Hintergrund der KünstlerInnen, tragen selbst diese wenigen Informationen dazu bei, den durch Emigration, Tod und Deportation Verschwundenen wenigstens ansatzweise eine Lebensgeschichte zurückzugeben. Was die Angaben zur Religion im *fichier* betrifft, so ist anzunehmen, daß die Bezeichnung »Jude« nicht gleichzusetzen ist mit dem Bekenntnis der Internierten zur jüdischen Religion oder zum Judentum im allgemeinen. Die häufigste Berufsbezeichnung bei KünstlerInnen lautete »artiste« oder »artiste peintre«.

ALBERT-LASARD, LOU: Malerin. Geboren 1885 in Metz, lebte in den 20er Jahren in Berlin, siedelte 1928 nach Paris über. Sie wurde gemeinsam mit ihrer Tochter, der Tänzerin und Malerin Ingo de Croux, im Mai 1940 interniert. Während ihrer mehrwöchigen Internierungszeit entstanden zahlreiche Zeichnungen. Da sie zu den prominentesten Frauen im Lager gehörte, wird sie in verschiedenen autobiographischen Berichten über Gurs sowie in dem Tagebuch von Thea Sternheim beschrieben. Sie verließ am 12. 8. 1940 mit ihrer Tochter das Lager und lebte die Kriegszeit über in Paris, wo sie 1969 verstarb.

ANDRIEUX, LILI R.: Malerin. Geburtsname: Lili Abraham. Bürgerlicher Name: Andrieux-Ester. Geb. am 10. 10. 1914 in Berlin als Tochter des Rechtsanwalts und Notars Hans Fritz Abraham und seiner Frau Margarethe, geborene Landau. Aufgewachsen in einer wohlhabenden, an Kunst und Kultur interessierten jüdischen Familie. Zu Hause verkehrten zahlreiche Intellektuelle und Künstler, unter anderem Albert Einstein, der Musikkritiker James Simon und Paul Simmel. Ausbildung an der Staatlichen Hochschule für Kunsterziehung in Berlin (1933–1937), der Acadamie Ranson in Paris (1938/39) und bei Eugen Spiro, sowie an der School of Fine Arts in Boston (1946–47). 1938 Emigration nach Frankreich. Im Mai 1940 wurde sie in Alençon interniert und kam von dort im Juni 1940 nach Gurs, wo sie bis zum März 1941 blieb. März–Sept. 1941 im »centre de transit«, dem Hôtel Terminius du Port in Marseille. September bis November 1941 nach Gurs strafversetzt. Im Herbst 1941 erhielt sie ein Visum für die dominikanische Republik und kam nach Marseille, wo sie vom November 1941 – August 1942 erneut im Hôtel Terminus du Port untergebracht wurde. Vom 2. August bis Ende September 1942 war sie im Camp Les Milles. Dann wurde sie wegen Typhus in ein Krankenhaus nach Aix-en-Provence gebracht, wo sie bis zum Ende des Jahres blieb. Bis zur Befreiung von Aix-en-Provence tauchte sie mit Hilfe der Résistance unter. Vom September 1944 bis zum Sommer 1946 arbeitete sie als Übersetzerin und Fremdsprachensekretärin für die in Aix-en-Provence stationierte amerikanische Armee und konnte zwei Ausstellungen mit ihren Bildern organisieren. 1946 Emigration in die USA. In den nachfolgenden Jahren lebte sie abwechselnd in New York, Mexico City und Madrid. 1981 ließ sie sich in San Diego nieder. Einzelausstellungen in Aix-en-Provence, Melbourne, San Diego. Teilnahme an Gruppenausstellungen unter anderem in New York und Boston. Der überwiegende Teil ihrer Lager-Zeichnungen befindet sich im Holocaust Museum in Washington.

ANSBACHER, JEHUDA/LEO: Rabbiner. Geb. am 3. 12. 1907 in Frankfurt am Main. Studium an der Jeschiwa in Frankfurt sowie an den Universitäten Frankfurt und Berlin. Im März 1933 Emigration nach Brüssel, wo er ein Jugendpensionat und eine Religionsschule leitete. Er war Rabbiner der Gemeinde K'hal Adass Yeschurun. Am 29. 10. 1940 Ankunft in St. Cyprien. Von 1940 bis 1942 spielte er in Gurs als Rabbiner für das religiöse Leben, für die deportierten badischen Juden und bei der Verbesserung der Lagerbedingungen (Initiator des Comité central d'assistance) eine große Rolle. Er erhielt mehrmals die Erlaubnis, das Lager zu verlassen. Am 27. 12. 42 wurde er als geflüchtet gemeldet. Von 1943 bis 1944 war er im Sozialbeirat des Hilfsbüros des Joint und der Quäker in Madrid tätig, bis 1957 engagierte er sich besonders im pädagogischen Bereich und in der Sozialarbeit. Ab 1957 wirkte er als Rabbiner der Synagogen-Gemeinde Ichud-Zion in Tel Aviv. Er ist Mitglied des religiösen Zentralrates von Tel Aviv-Jaffa.

ANSBACHER, MAX: Geb. am 6. 12. 1906. 1940 wurde er von Belgien nach St. Cyprien deportiert, wahrscheinlich gemeinsam mit seinem Bruder Leo. Im Lager bemühte er sich nach eigener Auskunft darum, das Verhältnis zwischen den Internierten und der Lagerverwaltung zu verbessern. Am 26. 8. 1942 wurde er entlassen, doch bald wieder interniert. Er gehörte zu den 16 Männern, die von dem Lagerkommandanten eigenhändig von der Deportationsliste gestrichen wurde. Am 6. 9. 1943 verließ er das Lager. Er kam in ein »centre d'accueil« im Département Haute Vienne.

AUERBACH, EDITH: Zeichnerin. Geb. am 11. 3. 1899 in Köln. Wird als »deutsche Israelitin« und »ledig« registriert. Seit 1926 in Paris. Von dort nach Gurs deportiert, Ankunft im Lager am 23. 5. 1940. Elsbeth Kasser: »Ihr künstlerisches Temperament machte es ihr schwer, sich in die strenge Lagerordnung zu fügen. Zu unser aller Erstaunen erlangte sie die Erlaubnis, mit einem Eselskarren ausserhalb des Lagers Gemüse kaufen zu dürfen.« In einem »Gutachten«, das an die Lagerleitung von Nexon geschickt wurde, heißt es, E. Auerbach sei durch häufiges undiszipliniertes Verhalten aufgefallen. So soll sie sich angeblich eine Baracke eingerichtet, anderen den Zutritt verboten und sich mit einem Tischmesser bewaffnet haben. Es wurde sogar überlegt, sie in eine Anstalt zu überführen. Der »médecin-chef« riet davon jedoch ab. Es wurde auch vorgeschlagen, sie ins Frauenlager Brens zu transferieren, weil man sie dort besser überwachen könne. Auch in einem Brief des Lagerkommandanten an die Präfektur vom 2. 12. 1942 wird über sie geklagt. Es heißt, sie habe einen Hungerstreik vorgetäuscht, sich heimlich aber weiterernährt. Am 28. 1. 1943 Überführung ins Lager Nexon. Aus einem Brief der Polizeiabteilung des Innenministeriums vom 9. 1. 1943 geht hervor, daß Auerbach das Lager verlassen hatte. Man war offensichtlich auf der Suche nach ihr. Das Internationale Rote Kreuz fahndete am 21. 12. 1944 nach E. Auerbach. Weiterhin geht aus den Archivbeständen hervor, daß ihre Eltern in New York lebten und daß sie selbst versuchte, dorthin auszuwandern. Aufgrund der sich ändernden Einreisebedingungen mußte sie 1941 jedoch alle Démarchen neu beginnen. Laut Kasser lebte sie nach dem Krieg wieder in Paris.

BACHRACH, JAKOB: Lettisch-russischer Arzt. Geb. am 10. 11. 1903 in Riga. Teilnahme am spanischen Bürgerkrieg. Flüchtete am 9. 2. 1939 von Spanien nach Frankreich. Vom Januar 1940 an gehörte er im Lager zum Arbeitsbataillon. Am 8. 9. 1942 wurde er deportiert, kam jedoch wieder nach Gurs zurück. Aus einem Schreiben des Lagerkommandanten an die *Commission spéciale de Police* à Limoges geht hervor, daß Bachrach das Lager mit einem Deportationszug ausländischer Juden verlassen hatte und auf dem Bahnhof in Limoges aus dem Zug genommen wurde. Er führt diesen Vorgang auf eine Intervention aus Vichy zurück. Unter Eskorte wurde er am 16. 9. 1942 wieder nach Gurs zurückgebracht. Am 15. 12. 1942 sollte er in ein Arbeitsbataillon eingegliedert werden. Am 5. 1. 1943 flüchtete er. Zuvor übergab er Elsbeth Kasser sein Tagebuch und seine Zeichnungen. Elsbeth Kasser vernichtete es aus Angst, bewahrte jedoch die Zeichnungen, die Bachrach im Lager von Künstlern gesammelt hatte. Bachrach hatte offenbar einen guten Kontakt mit den Künstlern. Nathan widmete dem »Körper und Seelenarzt Dr. Bachrach zum neuen Jahr in Kameradschaft« sein Gedicht »nocturno«. Bei der Revue »L'auberge aux illusions« übernahm er selbst die »direction générale«. Laut Kasser wurde Bachrach durch die Quäker gerettet. Er soll nach Spanien geflohen sein und dort überlebt haben.

BACMEISTER-TULMAN, HELLA: Ausdruckstänzerin, »professeur de concentration«. Geboren 1913 als Hella Tarnow in Essen. 1920 Übersiedlung nach Berlin. Besuch der

Jutta-Klamt-Schule. Begegnung mit dem Tänzer Raden Mas Jodjana aus Java, der ihr Lehrer wird und dem sie vor 1933 erst nach Holland, dann nach Frankreich folgt. Entstehung von Tanzzyklen. Von 1940–1943 in Gurs interniert, wo sie auch als Tänzerin auftrat (bei der von Else und Martha Liefmann als »Helga« bezeichneten Ausdruckstänzerin handelt es sich wahrscheinlich um H. Bacmeister-Tulman). Vor allem arbeitete sie jedoch in den Krankenbaracken. Im Lager lernte sie einen osteuropäischen Juden kennen, den sie heiratete. Nach 1945 konvertierte sie zum Judentum. Sie arbeitete in Paris als »professeur de concentration« und behandelte unter anderem KZ-Überlebende. 1985 veröffentlichte sie mit ihrer Tochter das Buch »Le mouvement de vie«. 1989 siedelte sie mit ihrer Tochter nach Jerusalem über, wo ihr Ehemann auf dem Ölberg begraben liegt.

BARBAKOFF, TATJANA: Jüdische Tänzerin. Eigentlich: Cilly Waldmann. Seit 1933 in Paris. Gefährtin von Gert Wollheim. Internierung in Gurs. 1944 deportiert.

BAROSIN, JACOB: Jüdischer Maler aus Osteuropa. Studium an der Kunstakademie, Kunstgeschichte in Freiburg und Berlin. 1933 nach Paris. Konnte sich während der deutschen Besatzungszeit verstecken. Frühjahr 1943 Internierung in Gurs. 1947 Auswanderung nach Amerika.

BEHRENDT, HANS: Regisseur. Geb. am 28.9.1889 in Berlin. Ankunft in Gurs am 29.10.1940, am 3.2.1941 nach Les Milles. Autobiographische Notizen über die Zeit im Lager befinden sich im LBI.

BENJAMIN, DORA: Wissenschaftlerin. Geb. 1901 in Berlin. Sie studierte in Berlin, Jena und Greifswald Psychologie und Nationalökonomie. Sie promovierte 1925 über *Die soziale Lage der Berliner Konfektionsheimarbeiterinnen mit besonderer Berücksichtigung der Kinderaufzucht*. Sie arbeitete in der Sozialfürsorge und als Psychologin. 1928 erschien in Jena *Der Stand der Heimarbeit in Deutschland. Ergebnisse der deutschen Heimarbeiterausstellung* und 1931 ihr Aufsatz über die *Verbreitung und Ausweitung der Frauenerwerbsarbeit in Deutschland*, veröffentlicht in dem Buch *Die Kultur der Frau*, das von Ada Schmidt-Beil herausgegeben wurde. 1932 erschien in Berlin das gemeinsam mit Fritz Fränkel verfaßte Buch *Erfahrungen und Ergebnisse einer offenen Trinkerfürsorge*. 1933 Emigration nach Paris. Internierung der gesundheitlich Geschwächten in Gurs. Nach der Entlassung Begegnung mit ihrem Bruder in Lourdes. Sie versteckte sich auf einem kleinen Bauernhof in der Nähe von Aix-en-Provence und bemühte sich vergeblich um ein amerikanisches Visum. Flucht in die Schweiz, wo sie 1946 verstarb.

BEREL, MARIANNE: Musiktherapeutin und -pädagogin. Geb. 1911 in Breslau. In den 30er Jahren Emigration nach Frankreich. 1940 Internierung. 1941 Emigration in die USA. Ausbildung zur Musiktherapeutin in den USA, arbeitet vorwiegend mit behinderten Kindern. Sie lebt heute in New York. Eine Liste ihrer Publikationen befindet sich im LBI.

BERKEFELD, HARRY: Maler. Geb. am 7. 4. 1898. Ankunft aus Brens am 4. 3. 1941. Am 4. 7. 1941 verließ er Gurs mit der GTE Gurs. Eventuell handelt es sich um den »Berkfeld« oder »Berkefeld«, der das Tagebuch von Theodor Rosenthal illustrierte und dessen Zeichnungen sich heute in der Sammlung Kasser befinden.

BERNDT, HERBERT: Schauspieler? Geb. am 28. 2. 1908 in Berlin. Gehörte der *troupe théâtrale* Alfred Nathans an. Verließ mit der GTE am 5. 8. 1941 das Lager.

BERNDT, OTTO: Maler? Geb. 1898 in Düsseldorf. Ankunft in Gurs am 4. 3. 1941 aus Albi. Verließ am 3. 8. 1941 mit der GTE Gurs. Aquarelle aus Gurs befinden sich in der Landesbildstelle Baden, im Musée de la résistance et de la deportation (Besançon) und wurden in einem Pforzheimer Ausstellungskatalog abgedruckt.

BERNSTEIN, HELLMUTH: Geb. am 20. 9. 1910 in Berlin. Verfasser des Gedichts »Totenwache.« Deportiert am 10. 8. 1942.

BERTUCH, MAX: Dramatiker. Geb. am 28. 6. 1890 in Frankfurt. Von ihm stammt die Operette »Die Liebesfahrt«, ein Reservistenmarsch für Gesang und Klavier aus dem Jahr 1915. Führte im Lager Les Milles Regie bei der Aufführung des Stücks »Im nicht ganz weißen Rössl« (September 1939). Ankunft am 17. 11. 1942 in Gurs aus Rivesaltes. Am 3. 3. 1943 deportiert.

BESAG, TRUDL: Graphikerin und Malerin? Geb. am 23. März 1916 in Frankfurt am Main. »Ohne Beruf« und »Jüdin« heißt es in den Lagerakten, an anderer Stelle »katholisch« und »Gebrauchsgraphikerin«. Ankunft am 25. 10. 1940 aus Freiburg. Am 26. 7. 1941 verließ sie Gurs und versuchte nach Marseille zu gelangen, denn sie wollte in die USA emigrieren. E. M. Landau (Zürich) erhielt nach dem Krieg von ihr aus Holland einen kleinen Band mit Fotos aus dem Lager. Sie soll Landau zufolge in die USA emigriert sein.

BIEBER, KURT: Musiker. Geb. am 9. 4. 1910 in Schoenau. Laut Lili R. Andrieux lebte Bieber 1928 in Berlin. Internierung in Gurs. Andrieux zufolge gehörte er zu den bekannten Pianisten im Lager. Bei der Revue »L'auberge aux illusions« übernahm er die »direction de la partie classique«. 1941 Entlassung nach Les Milles.

BODEK, KARL: Maler. Geb. am 13. 9. 1905. Lili R. Andrieux zufolge soll Bodek sich als Tscheche betrachtet haben. 1940 wurde er von Brüssel nach St. Cyprien deportiert, am 29. 10. 1940 kam er nach Gurs. Er arbeitete eng mit dem Maler Loew zusammen, zahlreiche Zeichnungen sind signiert mit »Loew Bodek«. Elsbeth Kasser berichtet, daß Bodek in diesem Künstler-Team die treibende Kraft war. »Bodek malte oft in der Totenkammer, der Baracke, in der die Leichen aufgebahrt wurden. Dort konnte er ungestört arbeiten. Er war ein stiller, zurückhaltender Mann.« Wie Schwesig fertigte er auch Bilder in Briefmarkengröße an, mit denen tatsächlich Briefe frankiert wurden. Auf diese Weise sollte die Weltöffentlichkeit über die verzweifelte Lage der Internierten informiert und aufgerüttelt werden. Im Lager war Bodek ein sehr beschäftigter Künstler. Lili R. Andrieux, die sich im Lager mit ihm anfreundete und die ihn in ihren Memoiren porträtiert, erwähnt auch Bilder, die vielleicht verloren gegangen sind (zum Beispiel »le camion de la mort«). Bodek war gemeinsam mit Loew auch für die Theaterdekorationen der Revuen zuständig. Am 25. 4. 1941 kam er nach Les Milles. Die Tatsache, daß sein Geburtsort zwischen 1918 und 1940 erst zu Ungarn, dann zu Rumänien gehörte, erschwerte die Ausreiseformalitäten. Er wurde von Les Milles deportiert.

BREUER, LEO: Maler. Geb. am 21. 9. 1893 in Bonn. Er wurde sowohl als katholisch als auch als Jude registriert. Elsbeth Kasser beschreibt ihn als religiösen Menschen. Gilt als Vertreter der »École de Paris«. Von 1930–1934 in Berlin, Holland. 1935 Belgien. Ankunft in Gurs aus St. Cyprien am 29. 10. 1940. Zahlreiche Zeichnungen entstanden in Gurs. Arbeitete im Lager für den katholischen Hilfsdienst. Am 25. 11. 1941 verließ er das Lager und kam in das Glasberg-Haus Château de Chansaye (Rhône). Er verstarb 1975 in Frankreich. Zeichnungen befinden sich heute in der Sammlung Kasser und im Yad Vashem.

BRUNNER, FRITZ: Geiger. Geb. am 22. 9. 1890 in Wien. Erster Geiger bei den Wiener Philharmonikern. 1938 Emigration nach Brüssel. 1940 dann Deportation nach St. Cyprien, von dort am 29. 10. 1940 nach Gurs. Er spielte als Musiker eine wichtige Rolle im Lager, zahlreiche Auftritte. Er gehörte zu den 16 Männern, deren Namen vom Lagerkommandanten von der Deportationsliste gestrichen wurden. Am 15. 10. 1943 »liberé«. Die Genehmigung wurde bis zum 16. 11. 1943 erteilt und dann verlängert.

BUSCH, ERNST: Schauspieler, Sänger. Geb. am 22. 1. 1900 in Kiel. Emigration 1933 nach Holland. Deportation im Mai 1940 nach St. Cyprien, von dort am 29. 10. 1940 nach Gurs. Auf seiner Kartei wurde das »J« durchgestrichen und ein »A« danebengeschrieben. Busch versuchte nach Les Milles zu kommen, um von dort in die USA zu emigrieren.
Im Lager war Busch sehr aktiv. Er führte dort die Wallenstein-Trilogie von Schiller und den *Sommernachtstraum* auf und arbeitete als Verwalter der Leihbibliothek. Er trat auch selbst als Schauspieler auf. Hedwig Kämper erinnert sich daran, daß zu Beginn der Deportationen »Nathan noch immer Kabarettprogramme mit T. Green und Ernst Busch« machte. Die Tatsache, daß Heini Walfisch sein Gedicht »Theater in Gurs« Ernst Busch widmete, ist ein Hinweis für seine Rolle im Lager. Auf die Bitte Nathans, Busch möge für seine »Gesänge hinter Stacheldraht« eine Einleitung schreiben, antwortete ihm Busch 1961, Walfischs Gedicht sei die beste Einführung. Am 29. 12. 1942 flüchtete er, im Janur 1943 wurde er an der Grenze verhaftet, an die Gestapo ausgeliefert und in Berlin verurteilt. 1945 Befreiung aus dem Zuchthaus Brandenburg. 1980 starb er in Ost-Berlin.

COHN, SYLVIA: Geb. am 5. 5. 1904 in Offenburg. Geborene Oberbrunner. Sie schrieb seit ihrer Jugendzeit Gedichte, später auch ein Theaterstück. 1925 heiratete sie Eduard Cohn, mit dem sie die drei Töchter Esther, Myriam und Eva hatte. 1938 wurde ihr Mann nach Dachau gebracht, nach seiner Entlassung emigrierte er. Im Oktober 1940 wurde sie mit den Töchtern Myriam und Eva nach Gurs deportiert. Ihre dritte Tochter blieb in einem jüdischen Kinderheim in München. Esther wurde 1942 nach Theresienstadt, 1944 nach Auschwitz deportiert.
Myriam und Eva, die in einem frz. Kinderheim versteckt werden konnten, gelang die Flucht in die Schweiz. Sylvia Cohn wurde im September 1942 deportiert.

EBBECKE, HANS: Pianist aus Karlsruhe. Geb. 1911. Emigrierte 1935 mit seiner jüdischen Frau Anni nach Brüssel. Arbeitete dort als Dirigent. Im Mai 1940 Internierung in St. Cyprien, im Oktober 1940 Ankunft in Gurs. Dort spielte er für die Internierten eine große Rolle. Hugo Stein berichtet von dem »wundervollen Männerchor«, den Ebbecke zusammengestellt hatte. Er organisierte Gesangsdarbietungen in den Ilots, hielt Vorträge, begleitete Gottesdienste musikalisch. Am 7. 5. 1942 verließen beide das Lager und gelangten in ein Glasberg-Haus (Camp de Pont-de-Manne). Im September flüchteten sie in die Schweiz und wurden von der Polizei wieder zurückgeschoben. Mit Hilfe der CIMADE gelang ihnen beim zweitenmal die Flucht in die Schweiz. Dort wurden sie jedoch sofort interniert. Erst 1944 konnten sie das Lager verlassen. Hans Ebbecke starb 1946 an den Folgen von Flucht und Internierung.

FELSENTHAL, LIESEL: Geb. 1924 in Mannheim. Im Oktober 1940 von Mannheim nach Gurs deportiert. Von ihr stammt das »Stundenbuch Gurs 1941«, 5 × 7,5 cm große Zeichnungen, die den Lageralltag festhalten. Heiratete Walter Basnizki (der auch in Gurs interniert war), mit dem sie nach 1945 nach Israel ging.
1991 wurde das »Stundenbuch« erstmals in Deutschland – im Rahmen der Ausstellung »Gurs – deutsche Emigrantinnen im französischen Exil« – ausgestellt.

FITTKO, LISA: Geb. 1909 Uzhorod. Sie wuchs in Wien als Tochter des aus Böhmen stammenden Ignaz Ekstein, sozialdemokratisch gesinnter Herausgeber der Zeitschrift *Die Waage*, und einer Pragerin heran, 1921 Übersiedlung nach Berlin. Dort schloß sie sich der SAJ an. Besuch einer Handelsschule. 1933–1935 in der Illegalität. Emigration nach Frankreich. Im Mai 1940 Internierung in Gurs. Dann Fluchtarbeit für das ERC. 1941 Emigration nach Kuba, seit 1948 in den USA. Sie lebt heute in Chicago.

FREUNDLICH, OTTO: Maler. 1878 im pommerschen Stolpe geboren. Studierte in Hamburg, München, Berlin und Florenz und ließ sich in Paris nieder. Spielte eine wichtige Rolle in der Sezession und für den Dadaismus. Gehörte zu den Verfechtern der abstrakten Bewegung in Europa. Freund von Picasso, Braque, Klee und Gropius. Deportation nach Gurs, Drancy und Majdanek, wo er am 9. März 1943 umgebracht wurde.

FRIEDBERG-KAUFMANN, GERTRUD: Geboren am 6. 3. 1889 in Freiburg. Deportiert von Gurs nach Auschwitz am 10. 8. 1942.

GÖTZ, ERWIN: Jüdischer Zeichner. Geb. am 27. 7. 1916 in Wien. Kam am 29. 10. 1940 von St. Cyprien nach Gurs und verließ am 28. 7. 1941 als Prestataire das Lager. Von ihm ist aus Gurs das Zeichenheft »Liederbuch – nach bekannten Melodien« aus dem Jahre 1941 überliefert.

GRINBAUM, KURT: Jüdischer Künstler aus Berlin. Kam am 13. 8. 1940 aus Pau. Gehörte zu Nathans Theater-Truppe. Am 24. 3. 1943 deportiert.

HAUSMANN, HERTA: Malerin. Geb. am 2. 12. 1916 in Nürnberg. Ausbildung an der Keramikschule in Krefeld. 1935–1937 besuchte sie – zunächst aufgrund der Rassengesetze abgelehnt, dann zugelassen – die Kunstgewerbeschule in München. Am 4. 8. 1937 Emigration nach Frankreich. Im Mai 1940 wurde sie interniert. Am 7. 5. 1942 gelangte sie in ein Glasberg-Haus im Département Drôme (Ponte-de-Manne). Sie überlebte die Zeit der Verfolgung in verschiedenen Verstecken in Südfrankreich. Seit 1945 lebt sie wieder in Paris. Einzelausstellungen in Frankreich und Italien. Sie war befreundet mit Hans Bellmer, Hans Reichel und Nicolas de Staël.

HEINEMANN, ROLF: Jüdischer Musiker. Geb. am 12. 4. 1908 in Berlin. Wurde am 29. 10. 1940 von St. Cyprien nach Gurs transferiert. Mitglied der Nathan-Truppe. Verließ am 5. 8. 1941 mit einer GTE das Lager.

HILGER, FRITZ: Maurer aus Mönchengladbach. Ankunft am 25. 10. 1940 aus Les Milles. Mitglied der Nathan-Truppe. Am 29. 12. 1942 wurde er ausgeliefert.

HIRSCH, KÄTHE: Geb. 1892 in Berlin. Tochter von Rosa Götz und Ernst Hirsch, dem Inhaber einer Berliner Nachrichtenagentur. Studium in Frankfurt und Freiburg. Die Juristin Ruth Fabian, die K. H. während ihrer Studienzeit Ende der 20er Jahre kennenlernte, hat sie als Frau mit einem »sehr intelligenten Kopf« in Erinnerung. 1930 veröffentlichte sie das Kinderbuch *Die Geschichte von Otto*. 1932 ging sie nach Paris, wo sie unter anderem für die Leihbibliothek Biblion und vorübergehend als Schreibkraft für Hannah Arendt arbeitete. 1938 bewarb sie sich beim »Literarischen Wettbewerb« der AmG mit zwei Erzählungen (»Die Golems« und »Würstchen und Kartoffelsalat«) unter den Pseudonymen Elisabeth Koch und M. Goetz. Aus der Beurteilung von A. Bermann vom AmG geht hervor, daß »Die Golems« die künstliche Erschaffung von Menschen zum Gegenstand hatte. Die Erzählungen gelten als verloren.
Im Mai 1940 wurde Hirsch als »feindliche Ausländerin« nach Gurs gebracht. Im Juni 1940 konnte sie das Lager verlassen und verbrachte drei Monate in einem Kinderheim in Limoges. Im September kam es zu einer erneuten Internierung in Gurs. In der Lagerkartei wurde sie als »ohne Beruf« und als »Jüdin« registriert. Während ihrer 14monatigen Internierung schrieb sie ein Tagebuch, das einen lebendigen Einblick in das Alltagsleben und die Kulturaktivitäten in den Frauen- und Männerbaracken

verleiht. Daß das Tagebuch zur Veröffentlichung gedacht war, ist anzunehmen, denn 1942 verfaßte sie eine »Vorrede«, in der sie als Intention des Tagebuchschreibens angibt, eine »unverfälschte Darstellung des berüchtigte[n] Lager[s] [...] aus der Perspektive eines simplen Barackeninsassen« geben zu wollen. Am 26. 11. 1941 gelangte sie gemeinsam mit anderen Frauen nach Chansaye in eines der Glasberg-Flüchtlingshäuser. Nach Kriegsende kehrte K. H. nach Paris zurück, wo sie 1984 verstarb.

In dem Nachlaß befinden sich neben dem bereits erwähnten Gurs-Tagebuch zahlreiche unveröffentlichte Erzählungen, die zum Teil während der Internierungszeit bzw. während des Zweiten Weltkrieges entstanden sind. Eine dieser Erzählungen »Die Mütze« berichtet von dem internierten Maler Bosch. »Träume« entstand im April 1944 in Chansaye, »Hannchen's Ofen« am selben Ort 1945. Weitere Titel lauten »Die Wände« (1945) und »Mademoiselle Marie« (Paris 1945). Es existieren weiterhin das Theaterstück »Fünfzig Rappen« und ein Tagebuch aus ihrer Jugendzeit.

FREUND, RICHARD PETER: Musiker? Geb. am 6. 8. 1919 in Breslau. Jude. Am 29. 10. 1940 von St. Cyprien nach Gurs. Am 9. 5. 1941 nach Les Milles. Wollte nach Philadelphia auswandern.

HOFSTÄTTER, OSIAS: Geb. 1905 in Polen. Im Mai 1940 von Brüssel nach St. Cyprien, dann nach Gurs. Während seiner Internierung 1940–1941 begann er zu zeichnen. Flucht in die Schweiz. Später kurze Rückkehr nach Polen, dann Auswanderung nach Israel, wo er als Maler lebt. Mehr als 100 Arbeiten aus der Internierungszeit befinden sich im Ghetto Fighters House (Sammlung Novitch), andere sind im Kunstmuseum des Yad Vashem in Jerusalem ausgestellt.

HOROWITZ, ELISABETH: Tänzerin. Geb. am 30. 6. 1913 in Budapest. Am 23. 5. 1940 von Anvers nach Gurs. Sie trat dort häufig (gemeinsam mit ihrer Schwester) als Tänzerin auf. 1943 gelangte sie ins Département Haute Vienne. Sie überlebte die Zeit der Verfolgung und lebte in den 80er Jahren in einem westeuropäischen Land (auf Wunsch anonym).

HOROWITZ, KLARA: Tänzerin. Geb. am 11. 6. 1906 in Budapest. Sie emigrierte höchstwahrscheinlich gemeinsam mit ihrer Schwester und wurde innerhalb des gleichen Zeitraums interniert. Die Schwestern Horowitz waren als Tänzerinnen im Lager sehr bekannt.

ISOLANI, GERTRUD: Journalistin, Schriftstellerin. Geb. 1899 in Dresden. Während ihrer Berliner Zeit zahlreiche publizistische Tätigkeiten, seit 1920 für den Berliner Rundfunk tätig. Emigration 1933 nach Frankreich. Internierung 1940 in Gurs. Nach der Entlassung versteckte sie sich und konnte 1942 in die Schweiz fliehen. Verfasserin des Gurs-Romans *Stadt ohne Männer*. Andere Romanveröffentlichungen. Sie verstarb 1988 in Riehen b. Basel.

JAUFFRON-FRANK, IDA: Pianistin und Musikpädagogin. Geb. am 6. 7. 1891. Besuch der Hochschule für Musik. I. Jauffron-Frank, die sich nie als Jüdin fühlte, die sich evangelisch taufen ließ und 1939 versucht hatte, nach England zu emigrieren, wurde im Oktober 1940 gemeinsam mit ihrer Mutter von Mannheim nach Gurs deportiert. Ihre Mutter starb im Lager. Im März 1941 kam sie nach Marseille und war im Foyer der CIMADE auch als Musikerin aktiv. Da sie sich »unerlaubterweise« einmal für kurze Zeit vom Foyer entfernt hatte, um einen Sänger am Klavier zu begleiten, mußte sie zurück nach Gurs. 1942 befand sie sich im Deportationszug nach Drancy, wurde jedoch in Lyon gemeinsam mit anderen aus dem Zug genommen. 1943 kam sie ins Lager Septfonds, später erhielt sie Kontakte zur Résistance. Dadurch lernte sie auch ihren zukünftigen Mann, Marius Jauffron, kennen. Insgesamt war sie zwischen 1940 und 1945 in vier Lagern interniert, was lebenslange gesundheitliche Schäden nach sich zog. Von 1947 an lebte sie in Paris, später in der Provence, von 1970 an in einem Altersheim in Dieulefit. 1970/71 verfaßte sie ihre (bisher unveröffentlichten) Erinnerungen »Rückblick, Erinnerungen und Gedanken einer alten Mannheimerin.« Sie verstarb 1982 in Frankreich.

KOREF, GERTRUD: Malerin. Geb. am 4. 11. 1889 in Aschaffenburg. Noch 1933 nahm sie in Berlin an einer Ausstellung des Vereins der Berliner Künstlerinnen teil. Laut Lagerkartei war sie keine Jüdin, emigrierte 1939 von Berlin nach Frankreich und wurde als »ohne Beruf« registriert. Ankunft am 23. 10. 1940 in Gurs, ihr Mann Fritz Koref war ebenfalls im Lager interniert. Am 25. 11. 1941 kam sie von Gurs nach Chansaye. Laut Ilse Wassermann soll sie nach 1945 in der Schweiz gelebt haben.

LANDAU, EDWIN M.: Geb. 1904 in Koblenz. Studium der deutschen Literaturgeschichte, Kunstgeschichte und Philosophie. Promotion 1927 in Breslau über Karl Wolfskehl. 1931 gründete er den Verlag »Die Runde«, der »vornehmlich den jüngeren Dichtern aus dem Stefan-George-Kreis offenstand« (Landau). 1935 mußte er den Verlag verlassen, 1938 emigrierte er nach London. Bei einem Besuch in Paris wurde er von den Kriegsereignissen überrascht und interniert, u. a. in Gurs vom 28. 8. 1940 bis zum März 1941. Im November 1941 kam er nach Les Milles und hoffte, in die USA auswandern zu können. Im Lager hielt er zahlreiche Vorträge und begann, Werke Paul Claudels zu übersetzen. Überführung in ein Arbeitslager. Er entkam den Deportationen durch Flucht aus dem Lager, später gelang ihm die Flucht in die Schweiz, wo er zunächst ins Gefängnis kam, dann wieder nach Frankreich abgeschoben wurde. 1943 gelang ihm erneut die Flucht und er wurde danach interniert. Nach seiner Entlassung 1945 übersetzte er Texte von Paul Claudel und wurde einige Zeit später aufgefordert, eine sechsbändige deutsche Werkausgabe Paul Claudels herauszugeben. Aus dieser Arbeit ging 1974 das Internationale Claudel-Forschungszentrum (Universität Zürich) hervor. Neben seiner Übersetzungsarbeit widmete sich E. Landau auch der Reinhold-Schneider-Gesellschaft und betreute die Herausgabe des Gesamtwerkes von Reinhold Schneider. Zahleiche Ehrungen und Auszeichnungen. 1990 gab er mit S. Schmitt den Sammelband *Lager in Frankreich* heraus. E. Landau lebt heute in Zürich.

LANDE, HANNA (JEANNE): Sängerin. Geb am 15. 10. 1899 in Neustadt. Kam am 23. 5. 40 von Paris nach Gurs. Interpretierte im Lager deutsche Lieder des 19. Jahrhunderts und war in einer der »Kulturbaracken« aktiv. Am 6. 7. 1943 verließ sie das Lager und kam nach Chalon-sur-Saône.

LESCHNITZER, FRED: Tänzer. Geb. in Neisse. Weitere Namen: Fred Lenné sowie wahrscheinlich Fred Lennox. Er war Mitglied der Nathan-Truppe. 1960 schreibt Nathan an Loew : »Fred Lenné, unser schwuler Tänzer aus Gurs, war auch zwei Jahre hier in Berlin von wegen ›Wiedergutmachung‹ (sprich: Absahnung). Nach den letzten Ereignissen im deutschen Wunderland hat er wieder Angst bekommen und fährt im März wieder nach Israel, wo er hergekommen ist. Flucht vor den Nazis zu den Arabern, man möchte lachen, wenn es nicht so traurig wäre.« Laut Pan-Nathan nannte er sich in Westberlin auch »Frieda von der roten Laterne«. Michael Pan-Nathan zufolge soll Leschnitzer mit Nathan 1942 über die Pyrenäen geflüchtet sein.

LEVAL (LÉVY), KURT (CHARLES): Komponist und Pianist. Geb. am 16. 8. 1908 in Hamburg. Emigrierte nach Paris und arbeitete dort für »Radio Paris«. Nach Kriegsausbruch wurde er in Les Milles interniert. Mit Alfred Nathan arbeitete er in verschiedenen Lagern eng zusammen. Während seiner langen Internierungszeit (26. 10. 1940 bis zum 1. 12. 1943) vertonte er die Chansons und Revuen Nathans und begleitete die Aufführungen am Klavier. Leval gehörte zu jenen 16 Internierten, die von den Deportationslisten gestrichen wurden. Er verließ das Lager mit einer GTE. Er heiratete eine Französin und überlebte in Südfrankreich. Nach dem Krieg lebte er wieder in Paris. Gemeinsam mit Walter Guy erstellte er nach 1945 für deutsche Sender Rundfunk- und Fernsehsendungen. Mit Alfred Nathan ging er Ende der 50er Jahre in der DDR auf Tournee. Er verstarb 1990 in Paris.

LEWIN, HEINZ: Musiker. Geb. am 14. 7. 1903 in Halle oder Görlitz. Kam 29. 10. 1940 von St. Cyprien nach Gurs und verließ am 19. 2. 1941 mit einer GTE das Lager. Mitglied der Nathan-Truppe.

LIEFMANN, ELSE: Kinderärztin und Pädagogin. Geb. 1881 in Hamburg. In den 20er Jahren gehörte sie zu den Mitbegründerinnen des »Internationalen Ärztinnen- und Akademikerinnenbundes«. »Von 1919 bis 1922 war sie Stadtverordnete in Freiburg. Sie erarbeitete eine wissenschaftliche Studie an Freiburger Schulen, bei der sie die Beurteilung der Begabung auch nach sozialen Bedingungen forderte. Engagiert in der Sozialpolitik schlug sie im Inflationsjahr 1923 vor, für die hungernde Bevölkerung fahrbare Suppenküchen einzurichten.« (Heinz Dieter Popp). Im Oktober 1940 wurde die gläubige Protestantin von Freiburg nach Gurs deportiert. Im Lager arbeitete sie als Ärztin und für die Genfer Ökumene, für die ihr Vetter, Adolf Freudenberg, sich engagierte. Sie bemühte sich um die Befreiung ihres Bruder und ihrer Schwester. Am 7. 3. 1941 wurde sie beurlaubt und kam nach Morlaas (Basses-Pyrénées). Mit Hilfe der Quäker in Toulouse gelangte sie später ins Département Drôme, wo sie in Dieulefit unterkommen konnte. Mit Unterstützung ihres Vetters in der Schweiz gelang ihr im September 1942 die Flucht in die Schweiz. Nach dem Krieg lehnte sie das Angebot ab, die deutsche Staatsangehörigkeit wiederzuerwerben. Sie starb am 24. 5. 1970 in Zürich. 1993 wurde ein Platz in Freiburg nach ihr benannt.

LIEFMANN, MARTHA: Geb. 1876. Verfasserin von *Kunst und Heilige* (1911) und »kleiner kunsthistorischer Schriften« (Dorothee Freudenberg-Hübner). Sie lebte gemeinsam mit ihrer Schwester und ihrem Bruder Robert in Freiburg, für die sie den Haushalt führte. Deportation im Oktober 1940 nach Gurs. Am 16. 3. 1941 nach Morlaas beurlaubt, im April 1941 Emigration in die Schweiz. Sie starb 1952 in der Schweiz.

LIEFMANN, ROBERT: Geb. 1874 in Hamburg. Professor für Nationalökonomie in Freiburg. Im Oktober 1940 nach Gurs. Am 16. 3. 1941 nach Morlaas »beurlaubt«. Am 20. 3. 1941 starb er an den Folgen der Deportation und der Internierung. Etwa zeitgleich war es gelungen, ihm eine Professur an einer New Yorker Universität zu verschaffen.

LINDT, HELMUT: Geb. 1901 in Wiesbaden. In den 20er Jahren lebte er unter anderem in Berlin, wahrscheinlich insgesamt sechs Jahre. Dort nahm er aktiv am Kulturleben teil und veröffentlichte 1932 und 1933 Rezensionen, eine Glosse und einen Aufsatz über Wagner-Parodien in der *Literarischen Welt*. Den Selbstzeugnissen zufolge war er mit Wolfgang Langhoff befreundet und kannte wahrscheinlich aus den Berliner Jahren Betty Stern und Ernst Busch. In den 30er Jahren emigrierte er nach Belgien und arbeitete dort unter anderem als Masseur. Im Mai 1940 wurde er verhaftet und nach St. Cyprien deportiert. Im Oktober 1940 kam er nach Gurs. Dort verfaßte er den fragmentarisch gebliebenen Roman *Die Beherbergten*. Wahrscheinlich im Mai 1942 kam er in eines der Glasberg-Häuser nach Chansaye. Am 2. September 1942 wurde er über Drancy nach Osteuropa deportiert und mußte dann in Oberschlesien Zwangsarbeit in einer Schuhfabrik verrichten. Er verstarb auf dem »Todesmarsch« nach Buchenwald, wahrscheinlich am 8. Februar 1945 in der Nähe vom Lager Groß Rosen.

LINGNER, MAX: Pressezeichner und Maler. Geboren 1898 in Leipzig. Studium in Dresden, nahm am 1. Weltkrieg, aber auch am Kieler Matrosenaufstand teil. Danach zog er sich aufs Land zurück, es entstanden politische und sozialkritische Zeichnungen. Ab 1928 in Paris, arbeitete bis zur Internierung im September 1939 für die kommunistischen Blätter *Monde, Avant-garde* und *L'humanité*. 1934 trat er der PCF bei und wurde Mitglied der Künstlervereinigung AEAR. Internierung in den Lagern Céoy, Villerbon, St. Nicolas, Les Milles. Fresken in der Ziegelei »Les Milles« werden ihm zugeschrieben. Ankunft in Gurs aus Les Milles am 25. 11. 1941. In Gurs entstanden zahlreiche Zeichnungen, die teilweise von ihm selbst aus dem Lager geschmuggelt oder aber durch Schenkung an andere (Ninon Hait und Elsbeth Kasser) überliefert wurden. Neben dem sechsteiligen Zyklus »Au secours de Gurs«, den er Ninon

Hait aus Dankbarkeit widmete (sie hatte ihm das Zeichenmaterial verschafft), entstanden »Le livre d'heures du travailleur« und zahlreiche andere Zeichnungen, die sich heute in der Sammlung Kasser und im Besitz der Akademie der Künste befinden. Lingner leitete auch im Lager Kinder zum Zeichnen an, ihre Zeichnungen befinden sich heute im Lingner-Archiv (AKA). Nach Aussagen von Jean Dorval soll ein ganzer Koffer mit Zeichnungen aus Gurs verloren gegangen sein.

Im Lager verfaßte er auf französisch seine Erinnerungen »A la recherche du temps présent«, die jedoch verschollen sind. 1945 schrieb er sie noch einmal auf, sie erschienen zehn Jahre später in der DDR.

Mit Hilfe von Ninon Hait kam er am 25. 11. 1941 in eines der Glasberg-Häuser, ins »Château de Chansaye« im Département Rhône. Dort wurde ihm ein Zwangsaufenthalt zugewiesen.

Nach 1945 lebte er bis zu seinem Tod in Berlin (Ost), wurde Mitglied der Akademie der Künste und wurde von der DDR mit Auszeichnungen gewürdigt. 1982 erschienen seine Zeichnungen (»Au secours de Gurs!«), die zu den eindrucksvollsten künstlerischen Dokumenten aus Gurs gehören.

In der DDR malte er (u. a.) die vom Staat in Auftrag gegebenen großflächigen historischen Wandgemälde im Stil des verordneten sozialistischen Realismus.

LOEW, KURT (CONRAD): Maler, Gebrauchsgraphiker, Architekt. Geb. am 6. 1. 1914 in Wien. Arbeitete als Textildesigner und besuchte die Wiener Kunstgewerbeschule. 1938 wurde er aus politischen Gründen verhaftet, konnte jedoch nach Belgien fliehen. 1939–1940 an der Akademie der Schönen Künste in Antwerpen eingeschrieben. Im Mai 1940 Deportation nach St. Cyprien, im Oktober 1940 nach Gurs. Aus der Internierungszeit in Gurs stammen zahlreiche Aquarelle, vor allem aber Gebrauchszeichnungen, die anläßlich von Feiertagen, Geburtstagen etc. angefertigt wurden. Er erstellte gemeinsam mit Bodek die Bühnenbilder für die Nathan-Revuen. Lili R. Andrieux, die ihn in ihren Memoiren erwähnt, erinnert sich daran, daß er »sharper, more commercially astute« war als Bodek und daß er sich deshalb besser verkaufte. Der Fonds Européen de Secours aux étudiants in Genf setzte sich während des Krieges für Loew ein und verpflichtete sich am 5. 9. 1942, für seinen Unterhalt aufzukommen. Vermutlich sollte dies seine Entlassung aus Gurs ermöglichen. Er kam zunächst nach Rivesaltes und mußte dort vor der *Commission de criblage* erscheinen. Er wurde am 30. 10. 1942 aufgrund einer ministeriellen Entscheidung vom 26. 10. 1942 aus dem Lager entlassen. Es gelang ihm, in die Schweiz zu kommen. Von 1943–1945 war er an der Ecole des Beaux-Arts et des Arts Industriels in Genf eingeschrieben. Gelegentlich Ausstellungen in der Schweiz. 1952 Rückkehr nach Wien. Er starb 1980.

Werke von ihm befinden sich heute in der Sammlung Kasser und im DÖW.

MARGULIES, MAX: Schildermaler. Wiener Jude. Ankunft in Gurs am 29. 10. 1940 aus St. Cyprien. War Mitglied der Theatertruppe von Nathan. Deportiert am 8. 8. 1942.

KURZBIOGRAPHIEN

MAERKER, LEONHARD KARL: (Operetten-)Komponist. Verfasser des oftmals abgedruckten »Lied von Gurs«. Text und Noten befinden sich im Tagebuch von Clementine Neu. Teile dieses Lieds wurden von Rolf Weinstock und von Hanna Meyer-Moses überliefert, jedoch ohne Angabe des Verfassers. Diese Überlieferungen von Weinstock/Meyer-Moses weichen nur gering von der durch Clementine Neu überlieferten Fassung ab. Von ihm stammt auch Text und Musik des Liedes »J'voudrais une permission«, das im Januar 1942 im Lager Les Milles als Teil der Operette »Les Milles et une Nuit« aufgeführt wurde. Auch in Gurs soll er gelegentlich die Musik zu den Revuen Nathans geschrieben haben.

MESSERSCHMIDT, STEFFI: »Artiste musicale.« Geb. am 13. 6. 1920 in Berlin. Zuvor in Brüssel. Mitglied der Nathan-Truppe. Deportiert am 10. 8. 1942.

MEYEROWITZ, JAN (HANS): Komponist. Geb. am 23. 4. 1913 in Breslau. Studium in Berlin, emigrierte 1933 nach Rom und studierte bei Respighi und Casella. 1938 über Belgien nach Frankreich. Internierung in Les Milles. Er war in Gurs einer der beliebtesten Musiker im Lager und trat häufig als Pianist auf. »Er konnte ganze Opern von A bis Z auswendig spielen« (Ilse Wassermann). Seine sonntäglichen, anspruchsvollen Konzerte (Bach, Beethoven) in der protestantischen Baracke waren immer sehr gut besucht. Der Zeitpunkt seiner Emigration in die USA wird unterschiedlich datiert. Eine Vermutung lautet, er sei am 1. 4. 1941 in die USA emigriert. Dem Lexikon *Verdrängte Musik* zufolge geschah dies erst 1946. Er arbeitete in den USA als Pädagoge und als Komponist.

MOMBERT, ALFRED: Dichter. Geb. 1872 in Karlsruhe. Sein umfangreiches Werk hatte vor allem um die Jahrhundertwende literarischen Einfluß und gilt als Wegbereiter des Expressionismus. Studium in Heidelberg, Leipzig, München, Berlin. Promovierte 1897 zum Dr. jur.; 1899–1906 Rechtsanwalt beim Landgericht Heidelberg. Kriegsteilnehmer 1915–1918. Mitglied der Preussischen Akademie der Künste, Sektion Dichtkunst. Deportiert am 22. 10. 1940 nach Gurs, im April 1941 konnte er mit Hilfe von Freunden aus Deutschland und der Schweiz das Lager verlassen. Er verstarb 1942 im Schweizer Exil an den Folgen des Lageraufenthaltes, konnte zuvor den zweiten Teil seines Alterswerk *Sfaira der Alte. Mythos* noch beenden.

NATHAN, ALFRED: Sänger, Kabarett-Texter (Künstlername nach 1957: Peter Pan. Pseudonym in Frankreich/Spanien: Pierre Michel).
Geb. 1909 als Sohn einer gutbürgerlichen Familie in Berlin. In den 20er Jahren Veröffentlichung erster literarischer Versuche in *Berlin am Morgen*, Auftritte im »Küka« und möglicherweise auch bei den »Wespen«. 1931 Reise in die Sowjetunion. In der Nacht, in der der Reichstag brannte, verließ er Deutschland. In Paris arbeitete er für die Emigrantenpresse, wirkte beim Emigrantenkabarett »Die Laterne« mit und trat auch im »Chez elle«, dem Nachtclub für junge Talente, auf. Während seiner Pariser Zeit traf er Kurt Tucholsky und Erich Weinert. Ernst Busch, mit dem er in der DDR sehr befreundet war, kannte er möglicherweise noch aus Berlin.

Zwischen dem September 1939 und Ende 1942 war er in insgesamt elf Lager interniert. »Schon in den ersten Lagern wurden Bunte Abende organisiert. So in einem alten Geräteschuppen im Lager Villemard, auf der Laderampe einer ehemaligen Glasfabrik von Cépoy, in den unterirdischen Laufgängen der Ziegelfabrik Les Milles und auf einer Freilichtbühne im Zeltlager von St. Nicolas.« (Hösch).
Als Unterhaltungskünstler (Sänger, Texter, Conferencier, Theaterleiter) kam Nathan in all diesen Lagern eine bedeutende Rolle zu. In Gurs befand er sich seit Oktober 1940. Dort organisierte er mindestens drei französische Programme und neun deutschsprachige Zeitrevuen. Außerdem trat er im *Sommernachtstraum* als »Zettel« auf und arbeitete mit Ernst Busch zusammen. Manchmal konnte er das Lager verlassen. So wurde ihm am 18. 4. 1941 die Genehmigung erteilt, für einen Tag das Lager zu verlassen. Finanzielle Unterstützung erhielt er gelegentlich von der »Commission des Camps«. Er konnte das Lager rechtzeitig mit einem Arbeitsbataillon verlassen und im Dezember 1942, gemeinsam mit Fred Leschnitzer, nach Spanien fliehen. In Barcelona und Spanien war er künstlerischer Direktor mehrerer Music-Halls, hatte ein eigenes Orchester und trat auch als Sänger auf. Er nahm die Identität des »französischen Chansonniers« Pierre Michel an und lebte in den folgenden Jahren mit falschem Paß zwischen Spanien und Portugal. Er trat auch in Spanien weiterhin mit Kurt Leval auf, teilweise mit Programm-Nummern aus Gurs.
Hals über Kopf mußte er in den 50er Jahren mit seiner Familie Spanien verlassen, wahrscheinlich weil er von der Franco-Polizei gesucht wurde. 1957 Rückkehr nach Deutschland, zunächst nach München. Nach sechsmonatiger Erfahrung hatte er, so Nathan in einem Brief an Loew, genug vom »Wirtschaftswunderland« und siedelte in die DDR über. Seine politische Einstellung sowie die Aussicht, in der DDR ohne großen bürokratischen Aufwand eine VDN-Rente gewährt zu bekommen und so sich und seine Familie finanziell abzusichern, waren sicherlich Gründe für seine Übersiedlung.
Die Lieder und Texte seines ersten DDR-Programms (1958), mit dem er erfolgreich war, sind identisch mit jenen der 1962 veröffentlichten Sammlung aus der Emigration *(Gesänge hinter Stacheldraht)*. In den 60er Jahren erschienen Schallplatten von ihm. Er betreute eine Kabarettgruppe der NVA (»Die Kugelspritzer«) und trat vor Soldaten auf.
1959 bestritt er vier »Grossprogramme«, durch die er sich »schon wieder einen grossen Namen« gemacht habe. 1958 begleitete ihn sein »Gurs-Komponist« Charles Leval sechs Wochen auf einer erfolgreichen Tournee durch die DDR. Eine Revue mit Kompositionen von Leval hieß »vom Rummelplatz des Lebens«. Sie stellte den ersten Versuch dar, auf die für ihn neue Umgebung mit den Mitteln der Satire zu reagieren. »Obwohl ihm ein kabarettprobtes Ensemble mit Karin Karina, Ingeborg Nass, Werner Röwekamp, Herbert Manz und Fritz Ramann am Flügel zur Seite stand, war der Revue kein Erfolg beschieden.« (Hösch) In den Kritiken wurde immer wieder hervorgehoben, daß Nathan als »Westemigrant« die »Höherentwicklung der Gesellschaft« noch nicht erkannt habe. Ein Blick in das Pressealbum Nathans, in das er die

Kritiken zu »Meck, meck, hurra« einheftete und kommentierte (»moderato«, »crescendo«, »allegro furioso« etc.) zeigt jedoch, daß es ausschließlich die Berliner Presse war, die seine neue Revue in Grund und Boden stampfte. Nathan protestierte gegen die niederträchtigste Kritik, die im *Eulenspiegel* veröffentlicht worden war. Daraufhin erschien ein erneuter Artikel. Die Kritik von Paul Biesdorfer in der Zeitschrift *Artistik* erläuterte, woran Pan »gescheitert« war: Pan sei »mit zwei Dingen noch nicht genügend vertraut«: »mit der Vielfalt unserer Probleme und der Form, die wir ihnen in der kabarettistischen Widerspiegelung verleihen« (zit. nach Hösch).
Trotzdem trat Pan im Alleingang weiterhin mit einem Kuba- und einem Paris-Programm sowie mit einer Reihe literarisch-satirischer Programme auf. Dazu gehörte ein Querschnitt durch das internationale Chanson der zwanziger und dreißiger Jahre unter dem Titel »Hoppla, wir leben! – Hoppla, wir lieben« und »Deutschland, Deutschland einmal anders« mit Satiren und Chansons aus eigener Feder und von Klassikern der Kabarettliteratur.
Obwohl er als »Westemigrant« in der DDR einen schweren Stand hatte und ihm auch die Mitgliedschaft in der SED und die üblichen Kunstpreise verweigert wurden, war er als Direktor der »Distel« im Gespräch, Mitglied des Schriftstellerverbandes und gehörte zum Reisekader. Er reiste nicht nur nach Kuba, sondern trat auch in der jüdischen Gemeinde in (West-)Berlin auf, bemühte sich 1960 um Gastspiele in Wien und plante Reisen nach Prag und Budapest. Er schrieb gelegentlich für den *Eulenspiegel*, für die *Weltbühne* und für die *Junge Welt*.
Über seinem Schreibtisch in der DDR hingen zwei Sprüche, die sich wie Lebensmotti lesen: »Lebe heute. Es ist später als Du denkst« und »Ab morgen wird gespart.«
1976 verstarb er in Thüringen und wurde in Bernburg begraben. Ein Teilnachlaß mit Fotos, Texten, Partituren, vor allem aus der Zeit seit 1940, befindet sich in Privatbesitz.

NETER, EUGEN JIZCHAK: Dr. med. Geb. 1876 in Gernsbach. Seit 1905 Kinderarzt in Mannheim; Mitbegründer und Lehrer des Fröbelseminars für Kindergärtnerinnen; im Ersten Weltkrieg als Stabsarzt an der Front, danach Vorsitzender des Reichsbundes Jüdischer Frontsoldaten in Mannheim; nach 1933 Leiter der Akademikerhilfe. Nach dem Pogrom vom 10. November 1938 Vorsitzender der Jüdischen Gemeinde Mannheim. Entschloß sich – obwohl er in einer »Mischehe« lebte und daher von der Deportation ausgenommen wurde – im Oktober 1940 nach Gurs mitzufahren. Arbeitete im Lager Gurs als Arzt. Seit 1945 in einem Kibbuz, wo er 1966 verstarb.

NEU, CLEMENTINE: Geb. 1886 in Wangen. Schulausbildung in der Schweiz. Ihr Sohn beschreibt sie als »sehr kultivierte Frau«. Vor dem Ersten Weltkrieg lebte sie mit ihrer Familie im Elsaß, wo sie aufgrund ihrer deutschnationalen Gesinnung vertrieben wurden. In Offenburg war sie mit dem Wäschefabrikanten Neu verheiratet, der zeit-

weise Vorsteher der Jüdischen Gemeinde war. In den 30er Jahren wurde sie Schriftführerin und Vizepräsidentin des Jüdischen Frauenbundes. 1940 Deportation nach Gurs. Befreiung durch den in Paris lebenden Sohn Erwin. Später Flucht in die Schweiz. Sie verstarb 1971.
Von ihr stammt ein Tagebuch, das Einblick verleiht in den Alltag einer Jüdin in Deutschland vor und während der NS-Zeit sowie in das Leben in Gurs.

PETERS: Sänger der Berliner Krolloper? Trat im Lager auf. »Bariton Peters sang die Kindertotenlieder von Mahler und Schuberts Winterreise«, schreibt Hanna Schramm. Mit Hilfe des Abbé Glasberg kam Peters mit seiner Frau im Mai 1942 in das Flüchtlingsheim in Le Pont-de-Manne. Er wurde von Nazis ermordet.

RADO, DESIDER: Wiener Musiker. Kam am 4.3.1941 aus Albi in Gurs an, Mitglied der Nathan-Truppe. Am 17.1.1942 entlassen.

RAPP, TILLY: 1940 von Baden nach Gurs deportiert. Ihr Sohn konnte von Gurs aus in ein Kinderheim der O.S.E. gerettet werden. Margot Seewi, ihre Tochter, wurde im Januar 1940 durch einen Kindertransport nach Palästina gerettet. Tilly Rapp und ihr Ehemann wurden 1942 nach Auschwitz deportiert. Ihre Tochter entdeckte nach 1945 bei französischen Freunden Gedichte ihrer Mutter. Zwei von ihnen wurden im Mitteilungsblatt der Amicale de Gurs abgedruckt.

RAUCH, MARGOT: Pianistin. Geb. am 23.12.1902 in Berlin. Internierung in Gurs gemeinsam mit ihrer Tochter Ruth. Sie trat im Lager häufig auf. Ihr psychischer und physischer Zustand war sehr schlecht, mehrmals befand sie sich im »hôpital central«. Dem *fichier* zufolge kam sie am 26.1.1942 ins Lager Récébedou. Aus einer Korrespondenz der O.S.E. mit der Präfektur vom 26.6.1945 geht jedoch hervor, daß Margot Rauch bis zu Beginn der Deportationen in Gurs blieb. Laut Elsbeth Kasser wurde sie gemeinsam mit ihrer Tochter Ruth deportiert. Sie überlebte. Nach Kriegsende kehrte sie nach Paris zurück und arbeitete weiterhin als Pianistin, unter anderem während der Filmfestspiele in Cannes. Sie verstarb in den 80er Jahren.

RAUCH, RUTH: Tänzerin. Geb. am 25.1.1922 in Berlin. Tochter von Margot Rauch. Bis Januar 1938 in Berlin. Dann Emigration nach Rom, vom 25.5.1939 an in Frankreich. Wurde am 25.5.1940 in Limoges interniert, Ankunft in Gurs am 1.6.1940. Viele Auftritte als Tänzerin als Mitglied der Nathan-Truppe. Deportiert am 6.8.1942. Alfred Nathan, der mit Ruth Rauch im Lager sehr befreundet war und von ihrer Deportation tief erschüttert war, widmete ihr kurz nach ihrem Abtransport ein Gedicht.

REICHEL, HANS: Abstrakter Maler. Geb. am 9.8.1892 in Würzburg. Begann im Alter von 17 Jahren zu malen. Verweigerte 1914 den Kriegsdienst. 1917 Übersiedlung nach München, Freundschaft mit Paul Klee und Rainer Maria Rilke. Ausstellungen in Deutschland. 1928 Übersiedlung nach Paris. 1930 lernte er die Galeristin Jeanne

Bucher kennen. Im September 1939 interniert, wieder freigelassen mit Hilfe von Herta Hausmann. 1940 Prestataire. Von 1940 bis 1944 Internierung in den Lagern Meslay du Maine, Albi, Gurs, Meudon. Aus der Gurs-Zeit stammen zahlreiche, zum Teil unveröffentlichte Briefe an die Malerin Herta Hausmann sowie das *cahier de Gurs*. In Gurs lernte er auch seine zukünftige Frau, Lucy Schimek, kennen. Am 25. 2. 1943 Ankunft im Château de Bégue-Cazanbau im Département Gers. 1949 erhielt er die französische Staatsbürgerschaft, zahlreiche Ausstellungen in Paris, Brüssel und London. 1958 starb er.

ROSENTHAL, HORST: Zeichner. Geb. am 19. 8. 1915 in Breslau. Internierung am 28. 10. 1940 in Gurs. Verließ am 4. 8. 1941 als Prestataire das Lager. Verfasser des »Kleinen Führers durch das Lager Gurs 1942«. Er befindet sich heute in der Sammlung Kasser.

ROTHSCHILD, TRUDE: Geboren in Konstanz. 1938 vom Gymnasium relegiert. Am 22. 10. 1940 gemeinsam mit der Mutter nach Gurs deportiert. Anfang März 1942 nach Casablanca, dann in die USA emigriert.

SCHATZKI, HEDDA: Malerin. Künstlerin-Name: Hedo. Geb. 1909 in Berlin. 1932 nach Paris. 1940 Internierung in Gurs. Nach der Entlassung im Juni 1940 Aufenthalt in Südfrankreich und erneute Einweisung nach Gurs. Zahlreiche Lagerskizzen. Entlassung nach zwei Wochen. Versteckte sich die gesamte Kriegszeit über in Frankreich und lebte nach 1945 in verschiedenen Ländern, u. a. Israel und den USA. Heute lebt sie in Kalifornien (Palo Alto). Ihre Autobiographie »Hedo'story« ist unveröffentlicht.

SCHMIDT, EBERHARD: Komponist. Geb. 1907. Emigration 1935 nach Frankreich. Als Kommunist schloß er sich den Internationalen Brigaden in Spanien an. Internierung in Gurs 1939 und anderen Lagern. In Gurs leitete er ein Orchester und komponierte unter anderem »Wir hinterm Draht«. Deportation nach Sachsenhausen. Nach dem Krieg aktive Teilname am Musikleben der DDR. Erhielt 1953 den Nationalpreis.

SCHMITT, SAMUEL: Geb. am 20. 9. 1920 in Viernheim. Verließ 1935 aus religiösen Gründen Deutschland. Aufgrund seiner christlichen Überzeugung weigerte er sich, unter nationalsozialistischen Verhältnissen zu leben. Zwischen 1936 und 1938 besuchte er in der Schweiz die Handelsschule. Da er dort als Deutscher keine Lehrstelle fand, ging er nach Deutschland zurück, verließ das Land jedoch kurze Zeit später als Schiffsjunge. Bis Mai blieb er in Belgien, dann wurde er nach Südfrankreich deportiert und kam in verschiedene Lager. Gurs konnte er nach 5 Monaten verlassen und kam erneut ins »Transitlager« Les Milles. Im Frühjahr 1942 wurde er »beurlaubt« und blieb kurze Zeit in Chambon sur Lignon. Danach sollte er zurück nach Les Milles, wurde jedoch von einem Wächter gewarnt und entging so den Deportationen. Er konnte sich bei einem Studenten, der im Büro des YMCA arbeitete, verstecken und dann in die Schweiz flüchten. 1945 veröffentlichte er seinen autobiographischen Bericht *X, mein Partner*, war u. a. Redaktionsmitglied der Flüchtlingszeitung *Über die Grenzen* und gründete den »Viernheim-Verlag-Viernheim«. 1990 gab er gemeinsam mit Edwin M. Landau den Sammelband *Lager in Frankreich* heraus. S. Schmitt lebt in Zürich.

SCHÖNBERG, ELSE: Volkswirtin. Geb. 1901 in München. Dort promovierte sie zur Volkswirtin. 1933 Emigration nach Paris, wo sie sich bereits 1927/28 aus beruflichen Gründen aufgehalten hatte. Besuch einer Wirtschaftsschule. Sie qualifiziert sich auch als Finanzberaterin und absolviert ein Jura-Studium. Vom Mai 1940 bis Juni 1941 wird sie in Gurs interniert. Von 1941 bis 1945 versteckt sie sich an verschiedenen Orten in Südfrankreich. Von 1946 bis 1969 übernimmt sie als Assistentin der Direktion des jüdischen Kinderhilfwerks OSE vorwiegend juristische Aufgaben. Sie lebt in Paris.

SCHWESIG, KARL: Maler. Geb. 1898 in Gelsenkirchen. Nach dem Ersten Weltkrieg Studium an der Düsseldorfer Akademie. Mitglied des »Jungen Rheinland«. Ende der 20er Jahre trat er der KPD bei. 1933 verhaftet und 16 Monate Folterungen ausgesetzt. 1935 Flucht nach Belgien. 1936 erschien in Amsterdam *Schlegelkeller* (mit einer Einführung von Heinrich Mann), Dokument der erlittenen Folter. 1940 Flucht aus Belgien, Internierung in St. Cyprien, Gurs und am 27. 2. 1941 in Noé, dann in Nexon. Transport nach Paris und dann in die Festung Romainville. Rücktransport nach Deutschland und Gefangenschaft in verschiedenen Gefängnissen. Zwangsarbeit, Freilassung, nochmalige Untersuchungshaft. 1945 Befreiung durch die US-Truppen. 1955 verstarb er in Düsseldorf.
Aus der Zeit seiner Internierung stammen rund 300 Zeichnungen (darunter die karikierenden, anklagenden Briefmarken, mit denen tatsächlich Briefe frankiert wurden). Diese Lagerzeichnungen sind von einer großen motivischen Bandbreite. »Sie reicht von der Landschaftsimpression zu Lagerszenen, von Notaten der Verzweiflung zu Blättern des Aufbegehrens, von der Selbstbefragung und Isolation zu Kampf und Agitation« (Ulrich Krempel). Andere Zeichnungen beziehen sich nicht unmittelbar auf das Lagerdasein (zum Beispiel ›Besetzung einer Stadt‹, ›Geiselerschießung‹, ›Der Widerstandskämpfer‹, ›Der Geist von Vichy‹). Über die Bilder Schwesigs, die in der ersten Gurs-Ausstellung zu sehen waren, schreibt Hanna Schramm: »Die Bilder und Miniaturen des Expressionisten Karl Schwesig gaben die Nachtseiten von Gurs so gespenstisch kraß wieder, daß er zögerte, sie auszustellen.« Nach dem Krieg entstand der auf seine Internierungszeit Bezug nehmende Zyklus »Les inutiles«. Sein autobiographischer, 1948 verfaßter *Pyrenäenbericht* über die Zeit der Deportation und Internierung ist bis heute nur in Auszügen veröffentlicht worden.

SONDHEIMER, LOTTE: Schauspielerin. Den Angaben von Else Schönberg zufolge stammte sie aus Frankfurt, lebte in den 30er Jahren in Paris, arbeitete dort beim Institut Phonétique und wollte gemeinsam mit ihrem ägyptischen Verlobten nach Kairo emigrieren. Internierung in Gurs, wahrscheinlich im Mai 1940. Sie soll dort mit einer »one-women-show« aufgetreten sein, war in einer der Kulturbaracken aktiv und leitete auch eine der Leihbüchereien. Im *Sommernachtstraum* trat sie als Titania auf. Bei dem Stück *Die Grenze* übernahm sie die Rolle der »Frau Kommerzienrat Fehlinger«. Nach Informationen von Else Schönberg wurde Lotte Sondheimer deportiert.

STEINHART-FREUND, HERTA: Über sie ist kaum etwas bekannt, jedoch sind 14 Gedichte überliefert, die Helene Weiler (Saarbrücken) nach 1945 bei einem Besuch in den USA bei ihr abschrieb. Sie stammen größtenteils aus dem Zeitraum 1940–1943, fünf von ihnen entstanden in Gurs. Aus den Gedichten geht hervor, daß sie 1933 emigrierte, sich einige Zeit in Gurs, Toulouse, Pau und Guidalos(?) aufhielt. Zwei Gedichte (»Ein Emigrantenkind spricht« und »Was nun«) wurden im New Yorker *Aufbau* abgedruckt.

STEINITZ, HANS: Wissenschaftler und Journalist. Geb. 1912 in Berlin. Studierte Jura und Volkswirtschaft an der Berliner Universität. Mitbegründer der SAP. Da er einer der Führer der sozialistischen Studentenbewegung war, wurde er im Januar 1933 bei einer Straßendemonstration verhaftet, floh dann nach Prag, kehrte aber nach Berlin zurück. Nachdem er 1933 relegiert worden war, setzte er sein Studium in Basel fort und promovierte 1934. Dann wechselte er nach Paris und begann als Journalist zu arbeiten. Er schrieb sowohl für Schweizer Blätter und die Emigrantenpresse als auch für französische Zeitungen. Mitglied des Volksfront-Komitees. 1939 kurze Internierung im Stade Colombes, 1940 erneute Internierung und Arbeit als Prestataire. Im Juni 1940 begab er sich nach Marseille, dann nach Vichy und ließ sich beim Außenministerium als Korrespondent registrieren. Das hatte die Internierung in Gurs zur Folge. Er blieb dort zwei Jahre: »Die letzte Zeit war ich der Arbeitskompanie zugeteilt und konnte, als Protokollführer des Lagers, einige polizeilich gesuchte ›Politische‹ rechtzeitig warnen [...].« Im Juli 1942 wurde er nach Les Milles transferiert. Der Versuch, in die USA zu emigrieren, scheiterte. Er floh aus dem Lager und begab sich über Aix-en-Provence nach Marseille. Von Lyon aus gelang ihm die Flucht in die Schweiz. Dort wurde er in ein Flüchtlingslager eingewiesen. Nach 1945 begann er wieder als Journalist zu arbeiten und unternahm auch Vortragsreisen in die französische Besatzungszone in Deutschland. 1947 Ankunft in New York, wo er als Korrespondent für verschiedene Blätter arbeitete. 1965 wurde er Chefredakteur vom *Aufbau*. Ende 1985 trat er von dieser Funktion zurück und arbeitete weiterhin freiberuflich. Er veröffentlichte mehrere Sach- und Reportagebücher und war Mitherausgeber des Buches *Aufbau – Dokumente einer Kultur im Exil*. 1990 erschien sein Gurs-Tagebuch *Der Tod in Gurs*. Ein besonderes Verdienst kommt ihm »wegen seines Einsatzes für die Einladungen deutscher Städte an ihre früheren jüdischen Bürger zu, insbesondere die gewaltige Ausdehnung des Berlin-Programms nach 1970 geht auf sein Konto«. (*Aufbau*). Er starb 1993 in den USA.

STERN, BETTY: Theateragentin. Geb. am 15. 8. 1886 in Berlin. In den 20er Jahren führte sie einen Salon und unterhielt möglicherweise bereits eine Theateragentur. Aus den Briefen, die sie nach dem Krieg aus Paris an Ferdinand Bruckner und Erwin Piscator schrieb, geht außerdem hervor, daß sie besonders enge Beziehungen zum Renaissance-Theater besaß. Seit dem 15.5.1933 in Frankreich. Auch in Paris soll sie in den 30er Jahren eine Schauspieleragentur geführt haben. Im Mai 1940 Internierung in Gurs. Versuche in die USA zu emigrieren, scheiterten am fehlenden Ausreisevisum. War im Lager unter anderem mit Ernst Busch und Helmut Lindt in Kontakt. Am 7. 5. 1942 verließ sie das Lager und gelangte ins Glasberghaus Camp de Pont-de-Manne.

Aus ihren Pariser Briefen aus den 50er Jahren geht jedoch hervor, daß sie nach dem Krieg eine internationale Künstleragentur betrieb. In ihren Briefen an Autoren, deren Rechte sie in Paris vertrat, schreibt sie immer wieder über ihre Sehnsucht nach Berlin und über den Schmerz der Entwurzelung. »Ich war ein alter Baum, den man verpflanzt hat, das tut allen Wurzeln weh [...]«, schrieb sie am 11. 2. 1958 an Ferdinand Bruckner.

STERNBACH, MAX: Zeichner. Geb. am 18. 2. 1906 in Wien. Ankunft in Gurs am 29. 10. 1940 aus St. Cyprien. Elsbeth Kassser: »Er war auch immer schnell zur Hand mit Plakaten oder Kärtchen für Einladungen und Grüsse. Ein Banjo bemalte er wunderschön als Gabe für mich.« Verließ am 9. 6. 1942 das Lager. Von ihm ist das Bild »Gesegnete Umstände, 1941« überliefert.

STERNHEIM, THEA: Geb. 1883 in Köln. Tochter des Fabrikanten Georg Bauer und von ihren Freunden »Stoisy« genannt, schrieb in ihrer Jugend Dramen, träumte von einem eigenen Theater und von der Arbeit als Regisseurin. Doch die Verhältnisse im Kaiserreich verhinderten die Entfaltung der Künstlerin. »Wenn ich ein Mann geworden wäre,« schrieb sie 1906 an Carl Sternheim, »hätte ich es zu etwas bringen können! Aber so!« Im Alter von siebzehn Jahren heiratete sie in London heimlich den zehn Jahre älteren Rechtsanwalt jüdischer Abstammung Arthur Löwenstein, mit dem sie in Düsseldorf-Oberkassel zusammenlebte. 1902 wurde die Tochter Ines geboren.

1903 begegnete sie Carl Sternheim. Es entwickelte sich eine leidenschaftliche, zunächst nur heimlich gelebte Liebesbeziehung. Allein aus dem Zeitraum 1904–1906 sind 285 Briefe Th. St.s erhalten und 250 von Carl Steinheim. 1905 wurde die gemeinsame Tochter Dorothea (»Mopsa«) geboren. Durch den Tod ihres Vaters erbte Th. St. ein Vermögen, das ihr zu finanzieller Unabhängigkeit verhalf. 1906 verließ sie ihren Ehemann. Beide Töchter wurden bei der Scheidung im folgenden Jahr Löwenstein zugesprochen. Erst fünf Jahre später, 1912, konnte Th. St. die gemeinsame Tochter Dorothea zu sich holen.

Während sich Th. St. in den folgenden 20 Jahren nur gelegentlich der Verwirklichung der eigenen schriftstellerischen Pläne widmen konnte, entstanden in dieser Zeit St.'s erfolgreichste und beste Werke. Für den psychisch labilen Dramatiker war Th. St. aufgrund ihres existentiellen Interesses an Kunst und Literatur, ihrer Bildung sowie ihrer intellektuellen und emotionalen Fähigkeiten geradezu die ideale Partnerin. Sie war für ihn Mäzenatin, Muse, Beraterin, Geliebte und Bewunderin in einem. Sie ermöglichte ihm das unabhängige Leben, dessen er bedurfte, um zu schreiben und schuf den gesellschaftlichen Rahmen, nach dem er sich gesehnt hatte. Für Th. St. bedeuteten diese zwei Jahrzehnte »gräßliche Anpassung« (Th. St. in einem Brief an Sternheim 1927). 1920 unternahm sie einen Selbstmordversuch. Erst 1927 wurde die Ehe geschieden.

Obwohl die Ehe von Anfang an problematisch war, eröffnete sie Th. St. gleichzeitig die Möglichkeit, die bürgerlichen Kreise, aus denen sie kam, zu verlassen und in die Welt der Kunst und Literatur einzutauchen. Seit ihrer Ehe mit Sternheim knüpfte sie ein Netz an Kontakten zu Galeristen, Künstlern, Verlegern und Intellektuellen in Europa. Als Übersetzerin, (gelegentliche) Publizistin, Kunstkritikerin und -förderin gehört sie zu den Frauen dieses Jahrhunderts, die über mehrere Jahrzehnte als aktive Vermittlerinnen zwischen der deutschen und französischen Kultur, zwischen Künstlern, Verlagen und der literarischen Öffentlichkeit wirkten.

Während des Ersten Weltkrieges lebte das Paar die meiste Zeit über in der Nähe von Brüssel, wo 1916 Th. St.'s erste Novelle, *Anna*, entstand. Sternheim verschwieg die wahre Autorenschaft und integrierte die Novelle in seinen 1917 erschienen Novellenband *Mädchen*. Unter ihrem eigenen Namen erschien der Text 1920 in Timisoara (Temeschvar), in ungarischer Sprache. Zwischen 1919 und 1922 veröffentlichte sie vereinzelt Essays und Kunstkritiken in *Die Aktion* und in der ersten Ausgabe des *Querschnitt*. Th. St. sammelte nicht nur moderne Kunst, sondern schrieb auch über sie. Zu den Künstlern, die sie verehrte, gehörte der belgische Maler Frans Masereel, dessen Kunst sie als »Fanfare der Menschlichkeit« bezeichnete. Der 50 Jahre umfassende Briefwechsel zwischen beiden ist Dokument dieser Freundschaft.

Im Scheidungsjahr 1927 übersetzte sie das Theaterstück Saul von André Gide, dessen Werke sie bewunderte. Obwohl es zu einem Vertragsabschluß zwischen dem Chronos Verlag (Stuttgart) und Th. St. kam, wurde die im Nachlaß erhaltene Übersetzung nie gedruckt. Th. St. bemühte sich intensiv, jedoch vergeblich, um eine Berliner Aufführung. Erst 1948, bei der deutschen Erstaufführung in Hamburg, konnte sich ihre Übersetzung bewähren.

Während ihrer Berliner Zeit (1928–1932) verkehrte sie u. a. mit engagierten Katholiken sowie mit Gottfried Benn, der ihr »menschlich und allgemein viel zu danken« hatte (Benn in einem Brief 1932 an Th. St. anläßlich ihrer Emigration). Nach dem Krieg wurde die Freundschaft fortgesetzt.

1932 siedelte sie nach Paris über. Schon ein Jahr später wurde Frankreich für sie zur *terre d'asyl*. Obwohl sie dort politisch nicht organisiert war, nahm sie an den literarischen und politischen Exildebatten teil und verkehrte sowohl in französischen Künstlerkreisen wie auch unter den deutschen EmigrantInnen. Eine Pariser Tagebucheintragung lautet: »Ich frage mich von morgens bis abends: Was tun? Wie kann ich weniger nutzlos sein?« Eine Rückkehr ins »stinkende Schlachthaus« Deutschland (Th. St. in einem Brief an André Gide 1933) kam für die praktizierende Katholikin nie in Frage. Zu ihrem Pariser Bekannten- und Freundeskreis zählten neben Gide, Roger Martin du Gard, Julien Green und Annette Kolb.

Während ihre Tochter »Mopsa« gemeinsam mit der Familie Masereel im Juni 1940 aus Paris floh, wurde Thea Sternheim im gleichen Monat als »feindliche Ausländerin« im Pyrenäenlager Gurs interniert. André Gide bemühte sich um ihre Freilassung. Nach dreimonatiger Internierung konnte die stark geschwächte Th. St. bei ihrer Freundin und Gide-Übersetzerin Dorothea Bussy in Nizza unterkommen. Auch nach der französischen Niederlage blieb sie weiterhin in Kontakt mit französischen Intellektuellen wie Roger Martin du Gard und André Gide, die sie beide nach der Entlassung aus Gurs in Nizza besuchten. Die Kriegszeit verbrachte sie in Paris. Ihre Tochter Dorothea beteiligte sich am französischen Widerstand und wurde 1943 ins KZ Ravensbrück deportiert. 1945 kam die gesundheitlich schwer Geschädigte frei. Sie verstarb 1954. Dem Sohn Klaus gelang die Flucht in die USA. Er beendete sein Leben in Mexiko-City durch Freitod.

1952 erschien Th. St.'s einziger Roman, *Sackgassen*, der eine Fortsetzung ihrer autobiographisch gefärbten Novelle *Anna* darstellt. Sie selbst bezeichnete ihn als »Entwicklungsroman«. 1963 zog sie nach Basel, wo sie 1971 verstarb.

Ihr Vermächtnis sind ihre sieben Jahrzehnte umfassenden Tagebücher (1905–1971), die auch Abschriften von abgesandten Briefen und Zeitungsartikel enthalten. Auf der Grundlage dieser Tagebücher verfaßte sie einen Lebensbericht, der Kindheit, Jugend und ihr Leben bis hin zum Jahr 1930 umfaßt. Ihre Tagebücher sind als Quelle für die Literaturgeschichte von Interesse, da sie nicht nur Th. St.'s Rezeption zeitgenössischer Literatur und Kunst enthalten, sondern in ihnen auch Begegnungen mit Schriftstellern und KünstlerInnen beschrieben werden. Vor allem aber verleihen sie Einblick in die Hoffnungen und Verzweiflungen einer Europäerin, die eine scharfe Kritikerin ihrer Zeit war. Wie auch in einigen ihrer Briefe und ihren Essays attackiert sie in ihrem Tagebuch den Militarismus, die »abgefeimten Fälscher in Presse und Politik« (Thea Sternheim 1922 in *Die Aktion*), den Nationalsozialismus ebenso wie den Stalinismus, aber auch die Geschlechterbeziehungen, die Gewaltbereitschaft von Männern und die traditionelle Frauenrolle. Kunstverständnis, Antimilitarismus und ihre Zeitkritik im allgemeinen leiten sich bei Th. St. aus ihrer tiefen Religiosität ab. *Die Falschmünzer* von André Gide interpretiert sie als »victoire de l'immanent« und vergleicht diese Lektüreerfahrung mit dem religiösen Erlebnis beim Gebet. Ob Tolstoi, Dostojewski oder Frans Masereel – wo immer sie die »Flamme der Menschenliebe« (1917 im *Aktionsbuch*) erleuchten sah, bekannte sie sich zu dieser Kunst. Franz von Assisi, der den christlichen Wert der Nächstenliebe aus Th. St.'s Sicht am reinsten verkörperte, blieb Zeit ihres Lebens eine ihrer wichtigsten moralischen Leitfiguren.

STRASSBERG, MAX: Schauspieler aus Wien. Jude. Ankunft in Gurs am 29. 10. 1940 aus St. Cyprien; Mitglied der Nathan-Truppe. Er verließ am 19. 2. 1942 mit einer GTE das Lager.

SUSSMANN, CHARLOTTE: Geb. am 17. 8. 1915 in Berlin. Laut *fichier* »ohne Beruf« und »Halbjüdin«. Ankunft aus Toulouse in Gurs am 21.10. 1940. Kurzer Aufenthalt im Lager Noé, gemeinsam mit ihrer Schwester. Rückkehr nach Gurs am 9. 8. 1941. Sie gehörte zur Nathan-Truppe und trat in Revuen wie »Confetti. Non-Stop-Revue en 20 tableaux« als Chansonnette auf. Deportiert am 6. 8. 1942.

SUSSMANN, DORIS: Revuetänzerin? Geb. am 7. 8. 1914 in Berlin. Laut *fichier* Halbjüdin. Kam gemeinsam mit ihrer Schwester Charlotte von Toulouse nach Gurs. Lili R. Andrieux berichtet, sie sei eine professionelle Tänzerin gewesen, die vor ihrer Emigration vorwiegend im Unterhaltungsbetrieb beschäftigt gewesen sei. Deportiert am 6. 8. 1942.

THOMAS, ADRIENNE: Schriftstellerin. Geb. am 24. 6. 1897 in St. Avold / Lohringen. Während des Ersten Weltkrieges kam sie nach Berlin, arbeitete als Rotkreuzschwester und absolvierte eine Gesangs- und Schauspielausbildung. 1930 erschien ihr Roman *Die Katrin wird Soldat*. Emigration zuerst nach Österreich, dann nach Frankreich. Internierung 1940 in Gurs. Emigration in die USA und Rückkehr 1947 nach Wien. Während des Exils verfaßte sie mehrere Romane, u. a. den autobiographisch gefärbten Roman *Fahren Sie ab, Mademoiselle* (1944), in dem sie ihre Exil- und Lagererfahrung verarbeitet. 1980 starb sie in Wien.

TURNER (-COLLEN), JULIUS: Jüdischer Maler. Geb. am 19. 8. 1881. Über ihn schreibt Elsbeth Kasser: »Er kam aus Deutschland und war eigentlich ein glücklicher, froher Mensch.«
Am 29. 10. 1940 wurde er von St. Cyprien nach Gurs gebracht. Eine Reihe von (Portrait-)Zeichnungen sind durch Elsbeth Kasser überliefert. Er verließ am 20. 2. 1943 das Lager und kam ins Département Drôme, ins »centre d'accueil, Pont-de-Manne«.

UHDE, ANNEMARIE: Malerin. Geb. 1889. Internierung in Gurs. Da die Lagerverwaltung am 29. Juli 1940 der Präfektur in Pau mitteilte, daß sich im Lager keine Annemarie Uhde befindet, war A. Uhde wahrscheinlich nur wenige Wochen interniert. Gemeinsam mit ihrem Bruder, Wilhelm Uhde, kam sie ins Département Gers, wo sie sich vier Jahre verstecken konnten. Lebte von 1952 bis 1982 mit ihrer Freundin Helen Hessel in Paris zusammen. Verstarb 1988 in Paris.

WALTER, GUY: Sänger. Geb. am 17. 3. 1909 in Hamburg als Walter Lindenberg. Kabarettförderer und Vaterfigur vieler Rundfunk-Redakteure. Seine Liebe galt dem deutschen und französischen Chanson. Seine Jugend verbrachtete er überwiegend in Berlin, wo er als Regieassistent bei Klemperer und Gründgens an der Kroll-Oper beschäftigt war. Anfang der 30er Jahre ging er nach Frankfurt, wo er als Sänger im

Frankfurter Rundfunkchor und in kabarettistischen Revuen von Mischa Spoliansky mitwirkte, mußte jedoch sein Gesangs- und Musikstudium wegen der politischen Verhältnisse in Deutschland abbrechen. Zuvor hatte er sich durch ein Jurastudium gequält, daß er zugunsten eines Literatur- und Theaterwissenschaftsstudiums abbrach. Für den Juden Guy Walter folgten dann 13 Jahre Exil in Frankreich, wo er sich bis zur Internierung im Lager Gurs als Kirchen- und Straßensänger durchschlug. Außerdem trat er in einem Pariser Emigrantenkabarett auf, das von Dr. Karl Wilzynski (ehemalige graue Eminenz des Berliner Rundfunks) geleitet wurde, gemeinsam mit Lilli Palmer und anderen. Im September 1939 kam er ins Stadion Colombes, wurde Prestataire und organisierte in den Arbeitsbrigaden gemeinsam mit Alfred Nathan und anderen Kabarett-Vorstellungen. Nach der Besetzung Frankreichs wurde er »demobilisiert«, hielt sich kurze Zeit in Südfrankreich in den Pyrenäen auf und ging dann zurück nach Paris. Er sang wieder in Kirchen und erhielt falsche französische Papiere. Im Lager Gurs wirkte er in der Kabarettgruppe von Alfred Nathan mit und trat zum Beispiel in der Revue »Schmocks höhnende Wochenschau« auf. Nach dem Zweiten Weltkrieg berief ihn die Radiodiffusion Française an den neugegründeten Südwestfunk. Seine eigene Sängerkarriere gab er zugunsten seiner fördernden Tätigkeit auf. Er unterstützte angehende Kleinkünstler wie Hüsch, Walter Andreas Schwarz, Kristin Horn, Melitta Berg. Gleichzeitig »ließ [er] die Größen der 20er Jahre wiederauferstehen und arbeitete mit Claire Waldorf und Trude Hesterberg, Blandine Ebinger und Dora Dorette, Max Hansen und Willi Schaeffers zusammen« (Hippen). Er widmete sich der Pflege des klassischen Kabaretts. 1962 übernahm er beim ZDF die Abteilung Kabarett / Kleinkunst und leitete sie bis zur Pensionierung 1974. Walter gehörte zu den ersten Trägern des Deutschen Kleinkunstpreises und war zehn Jahre Vorsitzender des Förderkreises für das Deutsche Kabarett Archiv in Mainz, das seinen Nachlaß verwaltet. Am 13.8.1992 starb Guy Walter in München.

WASSERMANN, ILSE: Geboren 1919 in Berlin. Im Alter von 15 Jahren mußte sie das Gymnasium verlassen, weil sie Jüdin ist. 1939 wird sie über die Grenze geschmuggelt, um von Luxemburg aus ihre Emigration nach Griechenland vorzubereiten. Aufgrund von Visumschwierigkeiten scheitert dieser Versuch. Bis zum »Blitzkrieg« bleibt sie in Brüssel und flieht dann zu ihrer Schwester nach Paris. Von dort wird sie nach Gurs gebracht und 1942 nach Rivesaltes transferiert. Durch einen Lagerbeamten wird sie vor den Deportationen gerettet. Ende 1942 verschafft dieser ihr auch eine Stelle in einem Hotel. Bald daraufhin Flucht nach Spanien. Dort wird sie von der Franco-Jugend denunziert und kommt ins Gefängnis. Danach Zwangsaufenthalt, u.a. in Barcelona. 1943 Emigration von Lissabon in die USA. Ilse Wassermann, die eigentlich Archäologin werden wollte, wird nach der Annahme verschiedener Brotberufe Buchhändlerin und arbeitet für Ernst Fuhrmann, den sie 1953 heiratet. 1975 zieht sie nach Kalifornien, wo sie heute in Oakland lebt.

WEINSTEIN, OTTO: Schuster. Wiener Jude. Am 7.11.1940 kam er von Nizza nach Gurs und war dort Mitglied der Nathan-Truppe. Am 3.3.1942 verließ er mit einer GTE das Lager.

WEINSTOCK, ROLF: Geb. am 8.10.1920 in Freiburg. Nach dem Volksschulabschluß absolvierte er eine kaufmännische Lehre. Im Alter von 20 Jahren wurde er nach Gurs deportiert und kam von dort nach Auschwitz. Er überlebte das Vernichtungslager und kehrte 1945 in seine Geburtsstadt zurück. Noch im gleichen Jahr legte er Zeugnis ab von der Zeit der Verfolgung. Der Text erschien erstmals 1948 in Singen und 1950 unter dem Titel *Rolf, Kopf hoch*.

WOLLHEIM, GERT: Maler. Geb. 1894 in der Nähe von Dresden. Studierte mit Unterbrechung in Weimar und Berlin. Kriegsteilnahme. 1919 nach Berlin. Von 1920–1925 Zusammenarbeit mit Dix, Ernst, Schwesig in Düsseldorf. Mitbegründer der Gruppe »Junges Rheinland«. Von 1925–1933 in Berlin. 1933 Flucht aus Berlin nach Paris. Von 1933–1939 lebte er dort mit der Tänzerin Tatjana Barbakoff, die später von Gurs aus deportiert wurde. Er gehörte in Paris zum »Bund freier deutscher Künstler«. Ab 1939 Internierung in verschiedenen Lagern, u.a. in Gurs, wo mindestens vier Bilder entstanden. 1943 Flucht nach Nay, wo er – von einer Französin versteckt – bis zur Befreiung lebte. Von 1945 bis 1947 in Paris, danach bis zu seinem Tod 1974 in New York.

Quellenverzeichnis

1. Archive, Sammlungen und Bibliotheken

Frankreich

Archives Départementales des Pyrénées-Atlantiques, Pau (ADPA)
In diesem Archiv befinden sich die Bestände des Lagers (»les Fonds du Camp de Gurs«). Teil dieser Bestände sind unter anderem Zensurberichte, Unterlagen über die Kulturaktivitäten und die Arbeit der Hilfsorganisationen, Briefwechsel mit dem Innenministerium oder mit dem Präfekten, die Kartothek *(fichier)*, in der – fast alle – seit Juli 1940 Internierten registriert sind sowie »Personalakten« *(dossiers)*, die bei besonderen Vorkommnissen (Beurlaubung, Flucht, Krankenhausaufenthalt in Pau, aufständiges Verhalten etc.) angelegt wurden.

Archives Départementales des Alpes de Haute Provence, Dignes
Briefe von Internierten an die »Commission de Camps«, darunter zahlreiche von badischen Juden und Jüdinnen. Von Christian Eggers (Paris) ausgewertet. Sein Bericht befindet sich im CDJC.

Centre de Documentation Juive Contemporaine, Paris (CDJC)
Umfangreiches Text- und Fotomaterial (größtenteils bereits veröffentlicht).

Archives Nationales, Paris (AN)
Section contemporaine, F7 (Police Générale)
(u. a. die Berichte des Lagerbeauftragten des Vichy-Regimes)

Féderation Nationale des Déportés et Internés Résistants et Patriotes, Paris
Die Bibliothek enthält eine Reihe von Primär- und Sekundärliteratur sowie zahlreiche Zeitungsartikel über Gurs.

La Solidarité, Paris
Der sich hier befindende Nachlaß von Margot Rauch war leider nicht auffindbar.

Archiv der OSE, Paris
Die Archivbestände wurden von Sabine Zeitoun sowie von Anne Grynberg ausgewertet.

Musée de la Résistance et de la Deportation, Besançon
Das Museum verfügt über Zeichnungen und andere Kunstwerke aus französischen Internierungslagern (Gurs, Le Vernet), vor allem jedoch aus den deutschen Vernichtungs- und Konzentrationslagern.

Nachlaß Neu, Paris
Tagebuch von Clementine Neu, Briefe aus Gurs und anderen Lagern, Zeichnungen und Noten.

USA

Leo Baeck-Institut, New York (LBI)
Umfangreiche Sammlung (Memoiren, Briefe, Berichte und Zeichnungen), u. a. Selbstzeugnisse von Jacob Barosin und Frieda Stern, Marianne Berel, der Billigheimer Family, Emily Braun-Melchior, Berty Friesländer-Block, Claire Wolf, Luis Stern, Fanny Zuckermann, Yolla Nicolas-Sachs, Alfred Schwerin, Otto Heymann, Helmut Lindt, der Mosevius-Bloch Family. Außerdem: Concentration and internment Camps; die Max Grunewald Collection, die Beck Family Collection und die Frederick Brunner Collection.

Holocaust Museum, Washington
91 Zeichnungen von Lili R. Andrieux, entstanden in französischen Lagern.

Lili R. Andrieux, San Diego
Memoiren. Zeichnungen

Deutschland

Stadtarchiv Mannheim (STA M)
Unter anderem Gedichte, Berichte und die Erinnerungen von Ida Jauffron-Frank.

Schiller-Nationalmuseum, Deutsches Literaturarchiv, Marbach am Neckar (DLA)
A: T. Sternheim (Verschiedenes. Autobiographisches. Tagebücher 1903–1970).

Deutsche Bibliothek, Abteilung IX. Exilliteratur, Frankfurt / Main (DB / Exil)
Tagebuch von Theodor Rosenthal, Korrespondenz zwischen dem ERC und Lagerinsassen.

Nachlaß Heinrich Eduard Jacob, Berlin
Briefwechsel zwischen Gertrud Isolani und Heinrich Eduard Jacob.

Militärhistorisches Museum, Dresden
Fotos aus Gurs aus der Zeit des Spanienlagers.

Akademie der Künste, Berlin (AKA):

Max Lingner-Archiv:
Gurs-Zeichnungen und Kinderzeichnungen, die unter Anleitung von Lingner entstanden sind. Außerdem: Brief vom 27. 8. 1958 an das Institut für Marxismus-Leninismus und das Manuskript »A la recherche du temps présent«.
(Westberlin): Vier Briefe von Betty Stern aus den 50er Jahren.

Institut für die Geschichte der Arbeiterbewegung, Berlin (IfGA)
Umfangreiches Material, unter anderem Berichte der in Gurs internierten Kommunisten und die Ausgaben der »Lagerstimme« aus der Zeit des Spanienlagers.

Stadtarchiv Offenburg (STA OG)
U.a. Dokumente und autobiographische Texte der Familie Cohn sowie eine Kopie des Tagebuchs von Clementine Neu.

Kabarett-Archiv, Mainz (KABA)
U.a. Noten von Max Bertuch, Dokumente zu Kurt (Charles) Leval und Guy Walter.

Sammlung Mittag, Berlin
Oral-history-Sammlung; Gedichte (von Herta Steinhardt-Freund, überlassen von Helene Weiler / Saarbrücken), von Tilly Rapp, (überlassen von Margot Seewi, Köln); Memoiren/Typoskripte (u.a. von Hedda Schatzki/Palo Alto/USA: »Hedo's story«); Briefe und Fotos.

Nachlaß Karl Schwesig, Wuppertal
»Der Pyrenäenbericht«. Im Besitz von Antje Schwesig.

Nachlaß Lou Albert-Lasard, Berlin
Die Gurs-Zeichnungen befinden sich im Privatbesitz von Detlef Gosselck.

Nachlaß Nathan, Berlin
Privatbesitz Dagmar Krüger (Revueprogramme, Texte und Fotos aus Gurs und Spanien).

Israel

Yad Vashem, Jerusalem
Im Kunstmuseum befinden sich 35 Kunstwerke aus Gurs (meist in Postkartengröße, Glückwunschkarten, Einladungen, satirische Zeichnungen), unter anderem von Osias Hofstätter, Leo Breuer und Fritz Schleifer. Zahlreiche dieser Zeichnungen und Bilder wurden bereits veröffentlicht, u.a. 1983 in der Publikation »Das Kunstmuseum« des Yad Vashem und 1990 bei E. Wiehn (»Oktoberdeportation«). Das Yad Vashem enthält auch zahlreiche Berichte, u.a. das Tage- und Erinnerungsbuch von Liselotte Walz (1922–1984).

Ghetto Fighters House / Lohamei Haghehaot
Von Miriam Novitch begonnene Sammlung von Zeichnungen aus west- und osteuropäischen Vernichtungs-, Arbeits-, und Internierungslagern, u.a. zahlreiche Zeichnungen von Karl Schwesig, Lili R. Andrieux und einer als »Mabull« identifizierten Malerin.

Dänemark

Schon zu Lebzeiten übergab Elsbeth Kasser ihre Sammlung dem »Skovgaard Museet« in Viborg. Die umfangreiche Sammlung umfaßt Zeichnungen, Fotos und Texte. Sie wurden teilweise 1989 in dem Ausstellungskatalog »Gurs – Ein Internierungslager in Frankreich 1939–1944« veröffentlicht.

Österreich

Dokumentationszentrum des österreichischen Widerstandskampfes, Wien
Zeichnungen von und Materialien zu Curt Konrad Loew.

Schweiz

Nachlaß Käthe Hirsch, Luzern / Paris
Ungefähr 10 Erzählungen, Tagebücher und ein Kinderbuch.
Nicht zugänglich.

2. Mündliche Quellen

Folgende Personen – zum größten Teil ehemalige Internierte von Gurs – haben mir über ihre Exil- und Lagererfahrung Auskunft gegeben. In einigen Fällen beschränkte sich die Kommunikation auf einen schriftlichen Austausch (s). Einige Frauen wollten anonym bleiben. Gespräche fanden auch mit Personen statt, deren Verwandte oder Eltern in Gurs interniert waren.

A. R. Alexander, London (s)	25. 1./20. 3.1991
Anne-Lise Eisenstadt, Paris	2. 8. 1990/Mai 1992
Herta Liebknecht, Paris	18. 8. 1990/12. 11.1990
Hella Bacmeister-Tulman, Paris/Jerusalem	Juni 1989
Edit Aron, Paris, *verstorben* am 26. 8. 1994	25. 8. 1990
Marthe Deloire, Paris	17. 8. 1990
Sarah Dajez, Paris	23. 8. 1990
Marguerite Altschul, Paris	17. 8. 1990
Ingo Albert-Croux, Paris	12. 8. 1990/Mai 1992
Elsbeth Kasser, Mannheim/Offenburg schriftliche Auskunft vom 12. 10. 1991 *verstorben* 1992	Okt. 1990/Okt.1991
Herta Hausmann, Paris	Seit 1985 ständig in Kontakt
Else Schönberg, Paris	14. 8. 1990
Hanna Meyer-Moses, Bremgarten (s)	4. 11. 1991
Margot Seewi, Köln (s)	1990

304 ANHANG: QUELLENVERZEICHNIS

Charlotte Jablonsky, Paris	15. 11. 1990
Renée Karl, Lyon	12. 11. 1990
Hannelore Haguenauer, Lyon	12. 11. 1990
Ruth Fabian, Paris	1. 8. 1990 / Mai 1992
Gisèle Freund, Paris November	1988 / Mai 1992
M. G., Paris	17. 11. 1990
A. P., Paris	4. 8. 1990
E. G., Saarbrücken	18. 8. 1990
Ruth Kallmann, Berlin	5. 12. 1990
verstorben 1991	
Dora Schaul, Berlin	Mai 1991
Steffi Spira, Berlin	Mai 1991
verstorben 1994	
Sophie Marum, Berlin	15. 8. 1991
Helene Weiler, Saarbrücken	2. 9. 1990
Gisela Eggers, Berlin	15. 8. / 22. 8. 1991
Erika Lingner, Berlin	16. 9. 1991
Irene Gysi, Berlin	10. 9. 1991 / 14. 10. 1991
Eva Mendelsson, London	7. 1. 1992
Erwin Neu, Paris	Mai 1992
Arcadio Dunjo Berta, Barcelona	Juli 1990
Arnold Lederer, Paris	August 1990
Alfred Frisch, Boisset	18. 8. 1990
Edwin Maria Landau, Zürich	November 1990
Ulrich Hessel, Paris	Juli 1990
Oskar Althausen, Mannheim	August 1990
Eberhard Schmidt, Berlin	25. 11. 1991 / 23. 1. 1992
Ilse Wassermann, Oakland	Januar 1991
Hedda Schatzki, Palo Alto	Januar 1991
Ingrid Altman, Los Angelos	Januar 1991
Lisa Fittko, Chicago	Februar 1991
Ilse Bing, New York	Februar 1991
Lili R. Andrieux, San Diego	In Korrespondenz seit dem 30. 5. 1991
Gerald J. Newman, New York (s)	7. 2. 1992
Julia Marcus-Tardy, Paris	2. Mai 1993
Michael Pan-Nathan, Berlin	April und September 1993
Antje Schwesig, Berlin / Wuppertal	16. 3. 1993
Dagmar Krüger, Berlin	21. 3. 1994
Arnold Lederer, Paris	1990
Amira Gezow, Elon / Israel	18. 9. 1991
Uri Landau, Israel	6. 6. 1991

Abbildungsnachweise

Abb. 1	Privatbesitz Herta Hausmann, Paris.
Abb. 2	Privatbesitz Lili R. Andrieux, San Diego.
Abb. 3	IfAG, Berlin.
Abb. 4	Privatbesitz Eberhard Schmidt, Berlin.
Abb. 5	Aus: Anne Grynberg: Les camps de la honte. Paris 1991. S. 9.
Abb. 6	Stadtarchiv Mannheim.
Abb. 7	Privatbesitz Anne-Lise Eisenstadt, Paris.
Abb. 8	Holocaust Museum, Washington.
Abb. 9	Holocaust Museum, Washington.
Abb. 10	Holocaust Museum, Washington.
Abb. 11	Privatbesitz Detlef Gosselck, Berlin.
Abb. 12	Max Lingner: Gurs. Bericht und Aufruf. Berlin 1982. Mit freundlicher Genehmigung von Dr. Erika Lingner, Berlin.
Abb. 13	Holocaust Museum, Washington.
Abb. 14	DLA, Marbach am Neckar. Mit freundlicher Genehmigung von Dr. Hans Eckert, Basel.
Abb. 15	Holocaust Museum, Washington.
Abb. 16	ADAP, Pau.
Abb. 17	Privatbesitz Herta Hausmann, Paris.
Abb. 18	Privatbesitz Lili R. Andrieux, San Diego.
Abb. 19	Nachlaß Nathan. Privatbesitz Dagmar Krüger, Berlin.
Abb. 20	Ebd.
Abb. 21	Ebd.
Abb. 22	Privatbesitz Michael Pan-Nathan, Berlin.
Abb. 23	ADAP, Pau.
Abb. 24	Nachlaß Nathan. Privatbesitz Dagmar Krüger, Berlin.
Abb. 25	Nachlaß Nathan. Privatbesitz Dagmar Krüger, Berlin.
Abb. 26	Ebd.
Abb. 27	Aus: Gurs – Ein Internierungslager in Südfrankreich. Sammlung Kasser. Viborg 1989.
Abb. 28	Ullstein – Regine Will, Berlin.

Literaturverzeichnis

1. Handbücher, Lexika, Zeitschriften, Jahrbücher

Bulletin de l'Amicale de Gurs, Pau.
BUDZINSKI, KLAUS: Das Kabarett. 100 Jahre literarische Zeitkritik gesprochen – gesungen – gespielt. Düsseldorf 1985.
BRINKLER-GABLER, GISELA / LUDWIG, KAROLA / WÖFFEN, ANGELA: Lexikon deutschsprachiger Schriftstellerinnen 1800–1945. München 1986.
BURSCHKA, MANFRED H.: Indices zu »Die Literarische Welt« 1925–1933. 2 Bde. Nendeln 1976.
DIECK, JUTTA / SASSENBERG, MARINA (Hg.): Jüdische Frauen im 19. und 20. Jahrhundert. Lexikon zu Leben und Werk. Hamburg 1993.
DIETZEL, THOMAS / HÜGEL, HANS-OTTO: Verzeichnis deutscher literarischer Zeitschriften 1880–1945. Ein Repertorium. 5 Bde. Hg. vom Deutschen Literaturarchiv Marbach am Neckar. München / New York / London 1988.
Exil. Forschung. Erkenntnisse. Ergebnisse. Exil 1933–1945. Hg. von JOACHIM H. KOCH / EDITA KOCH. Maintal 1981–1995.
Exilforschung. Ein internationales Jahrbuch. Hg. im Auftrag der Gesellschaft für Exilforschung von CLAUS-DIETER KROHN, ERWIN ROTERMUND, LUTZ WINCKLER und WULF KOEPKE. Bd. 1–12. München 1983–1994.
Harenbergs Lexikon der Weltliteratur. Autoren – Werke – Begriffe. Bd. 2. Dortmund 1989.
KÜPPER, HEINZ: Wörterbuch der deutschen Umgangssprache. Stuttgart 1900.
LEIMBACH, BERTHOLD: Tondokumente der Kleinkunst und ihre Interpreten 1898–1945. Göttingen 1991.
MAAS, LISELOTTE: Handbuch der Exilpresse 1933–45. Hg. von Eberhard Lämmert. 4 Bde. Sonderveröffentlichungen der deutschen Bibliothek. München, Wien 1976–1990.
Philo-Lexikon. Handbuch des jüdischen Wissens. Frankfurt am Main. 1992 (Erstdruck: Berlin 1936).
RÖDER, WERNER / STRAUSS, A.: Biographisches Handbuch der deutschsprachigen Emigration nach 1933. Hg. vom Institut für Zeitgeschichte in München und von der Research Foundation for Jewish Immigration. Unter Mitwirkung von Dieter Marc Schneider und Louise Forsyth. 3 Bde. München / New York / London / Paris 1980–1983.
TRABER, HABAKUK / WEINGARTEN, ELMAR: Verdrängte Musik. Berliner Komponisten. Berlin 1987.

WALL, RENATE: Verbrannt, Verboten, Vergessen. Kleines Lexikon deutschsprachiger Schriftstellerinnen 1933 bis 1945. Köln 1989.

WILPERT, GERO VON: Sachwörterbuch der Literatur. Stuttgart 1979.

2. Autobiographisches / Fiktionales über Gurs von ehemaligen Internierten sowie Biographisches (einschließlich der MitarbeiterInnen von Hilfskomitees)

ALTHAUSEN, OSKAR: Interview. In: EDWIN M. LANDAU / SAMUEL SCHMITT (Hg.): Lager in Frankreich. Mannheim 1990. S. 108–113.

ANSBACHER, JEHUDA LEO: In Frankreich 1940–1943. In: ERHARD R. WIEHN (Hg.): Oktoberdeportation. Konstanz 1990. S. 429–438.

ARENDT, HANNAH: Wir Flüchtlinge (1943). In: HANNAH ARENDT: Zur Zeit. Politische Essays. Berlin 1986. S. 7–22.

ARON, EDITH: Wenn das Leben jeden Augenblick bedroht ist. In: GABRIELE MITTAG (Hg.): Gurs – Deutsche Emigrantinnen im französischen Exil. Berlin 1991. S. 52–54.

BENJAMIN, DORA: Brief an Walter Benjamin. In: ROLF TIEDEMANN, CHRISTOPH GÖDDE, HENRI LOHNITZ: Walter Benjamin. Marbacher Magazin Nr. 55 (1990). Stuttgart 1990. S. 22.

BESAG, MARTHE / EBBECKE, ANNIE ET DOCTEUR MAYER: Les victimes du drame ont la parole. In: Les Clandestins de Dieu. CIMADE 1939–1945. Paris 1989. S. 182–188.

BUSCH, ERNST: Biographie in Texten, Bildern und Dokumenten von Ludwig Hoffmann und Karl Siebig. Berlin 1987.

BUSCH, EVA: Und trotzdem. Eine Autobiographie. München 1991.

D'AUBIGNÉ, MERLE: Gurs, la faim, l'attente. In: Les Clandestins de Dieu. CIMADE 1939–1945. Paris 1989. S. 61–75.

– Déportations. In: Ebd. S. 76–85.

EISENBERG, SUSANNE: Im Schatten von Notre Dame. Worms 1986.

– [Bach]: Karussell. Von München nach München. Eingeleitet von Rosalind Arndt-Schlug und Rosanne Vitale. Nürnberg 1991.

EISNER, LOTTE: Ich hatte einst ein schönes Vaterland. Memoiren. München 1984.

FAMILIE COHN: Tagebücher, Gedichte, Briefe einer jüdischen Familie aus Offenburg. Hg. und kommentiert von Martin Ruch. Mit einem Vorwort von Eva Mendelsson (London). Offenburg 1992.

FEUCHTWANGER, MARTHA: Nur eine Frau. München 1985.

FITTKO, LISA: Mein Weg über die Pyrenäen. München 1985.

FREUDENBERG-HÜBNER, DOROTHEE / WIEHN, ERHARD ROY (Hg.): Abgeschoben. Jüdische Schicksale aus Freiburg 1940–1942. Briefe der Geschwister Liefmann aus Gurs und Morlaas an Adolf Freudenberg in Genf. Konstanz 1993.

Gide, André: Thea Sternheim. Une correspondance 1927–1950. Edition Etablie, presentée et annnotée par Claude Foucart. Collecton Gide / Textes Nr. 6. Centre d'études Gidiennes Université Lyon II. Lyon 1986.

Hirsch, Käthe: Im Pariser Sammellager Vélodrome d'Hiver. In: Hanna Schramm: Menschen in Gurs. Worms 1977. S. 332–335.

Isolani, Gertrud: Stadt ohne Männer. Basel 1945 (ND: Hamburg 1959; Basel 1979).

- Kein Blatt vor dem Mund. Briefe-Gespräche-Begegnungen. 1. Teil der Memoiren: Berlin, Frankreich, Schweiz. Basel 1985.
- Gertrud Isolani im Gespräch mit Lee von Dovksi. In: Der Silberstreifen. Eine Zeitschrift für die deutsche Frau. Jg. 2 (1948). H. 1.
- Gertrud Isolani und Heinrich Eduard Jacob – Korrespondenz über »Stadt ohne Männer«. Kommentiert von Anja Clarenbach. In: Exil (2). 1995.

Kaim-Siemens, Herta: Deutsche Frauen hinter Stacheldraht. Ein Kapitel französischer »Menschlichkeit«. In: Neue Gartenlaube. Jg. 1940, H. 37, S. 572–573.

Kesten, Hermann (Hg.): Deutsche Literatur. Briefe europäischer Autoren 1933–1945. Frankfurt am Main 1973.

Krehbiel-Darmstädter, Maria: Briefe aus Gurs und Limonet (1940–1943). Hg. von Werner Schmitthenner. Heidelberg 1970.

Kreis, Gabriele: Das Leben und das Schreiben (Nachwort). In: Adrienne Thomas: Fahren Sie ab, Mademoiselle. Frankfurt am Main 1985. S. 383–388.

Les Clandestins De Dieu. CIMADE 1939–1945. Textes rassamblés par Merle d'Aubigné et V. Mouchon. Paris 1989.

Liefmann, Martha und Else: Helle Lichter auf dunklem Grund. Bern 1966.

- Briefwechsel mit Adolf Freudenberg. Das Schicksal der Geschwister Liefmann nach ihrer Deportation nach Gurs. Zusammengestellt und kommentiert von Dorothee Freudenberg-Hübner. Typoskript. Hamburg 1992.

Lindemann, Curt: Mein Campleben. Bericht über die französischen Lager Gurs und Récébédou. Lourdes 1946.

Lingner, Max: Mein Leben und meine Arbeit. Dresden 1955.

Ludwig, Max: das tagebuch des Hans O. Dokumente und berichte über die deportation und den untergang der heidelberger juden. Mit einem Vorwort von Hermann Maas. Heidelberg 1965.

Mittag, Gabriele: »Vous n'êtes pas très bavarde, Madame«. Herta Liebknecht über ihre Zeit im französischen Exil. In: Gabriele Mittag: Gurs – Deutsche Emigrantinnen im französischen Exil. Berlin 1991. S. 54–56.

- »Wir waren ja Deutsche«. Herta Hausmann, Emigrantin im französischen Exil. In: Hamburger Rundschau, 17. Mai 1990.
- Fotografin, Wissenschaftlerin. Gisèle Freund wird achtzig. In: Hamburger Rundschau, 15. 12. 1988.
- Balance zwischen Leben und Tanz. Auf den Spuren der Tänzerin Hella Bacmeister-Tulman. In: Der Tagesspiegel, 13. 8. 1989.

- »Ich habe meine Familie über Wasser gehalten.« Deutsche Emigrantinnen im französischen Exil. In: Freitag, 17. 5. 1991.
- »Eigentlich wollte ich Rechtsanwältin in einer proletarischen Gegend werden.« Über die deutsch-französische Juristin Ruth Fabian. DS-Kultur. (30. 8. 1993).

MOMBERT, ALFRED: Briefe 1893–1942. Ausgewählt von B. J. Morse. Heidelberg / Darmstadt 1961.

NETER, EUGEN: Bericht. In: JOACHIM FLIEDNER: Die Judenverfolgung in Mannheim 1933–1945. Hg. vom Stadtarchiv Mannheim. Bd. 2: Dokumente. Stuttgart/Berlin/Köln/Mainz 1971. S. 78–94.

PAN, PETER: Lachen – trotz Tod und Teufel, Gesänge hinter Stacheldraht. Kriegsnotizen eines Kabarettisten 1939–1945. Leipzig 1962.

REICHEL, HANS: Briefe an Herta Hausmann. In: EDWIN M. LANDAU / SAMUEL SCHMITT (Hg.): Lager in Frankreich. Mannheim 1990. S. 132–135.

SCHMIDT, EBERHARD: Ein Lied – ein Atemzug. Erinnerungen und Dokumente. Berlin 1987.

SCHMITT, SAMUEL: X, mein Partner. Zürich 1945.
- Barackenkameraden. In: EDWIN M. LANDAU / SAMUEL SCHMITT (Hg.): Lager in Frankreich. Mannheim 1990. S. 184–190.

SCHRAMM, HANNA: Menschen in Gurs. Erinnerungen an ein französisches Internierungslager (1940–41) mit einem dokumentarischen Beitrag zur Emigrationspolitik (1933–44) von Barbara Vormeier. Worms 1977.

SCHWESIG, KARL: Pyrenäenbericht (zum größten Teil unveröffentlicht). Auszüge sind abgedruckt bei: MICHAEL PHILIPP (Hg.): Gurs – ein Internierungslager in Südfrankreich 1939–1943. Literarische Zeugnisse, Briefe und Berichte. Hamburg 1991. S. 65–71; KARL SCHWESIG: Leben und Werk. Gemälde-Graphik-Dokumente. Hg. von Herbert Remmert und Peter Barth. Düsseldorf 1984. S. 86 ff.

SIEBIG, KARL: »Ich geh mit dem Jahrhundert«. Ernst Busch, eine Dokumentation. Hamburg 1980.

STEINITZ, HANS: Der Tod in Gurs. In: EDWIN M. LANDAU / SAMUEL SCHMITT (Hg.): Lager in Frankfurt. Mannheim 1990. S. 213–219.

THOMAS, ADRIENNE: »Eine Lebensrettung dank der stillen Résistance des französischen Volkes«. In: WALTER ZADEK: Sie flohen vor dem Hakenkreuz. Selbstzeugnisse der Emigration. Ein Lesebuch für Deutsche. Reinbek 1981. S. 101–105.
- Reisen Sie ab, Mademoiselle. Mit einem Vorwort von Peggy Parnass und einem Nachwort von Gabriele Kreis. Frankfurt am Main 1985.
- Nein und Ja. In: ADRIENNE THOMAS: Fahren Sie ab, Mademoiselle. Frankfurt am Main 1985. S. III–X.

TUREK, LUDWIG: Mit Peter Pan im ›drôle de guerre‹. In: PETER PAN: Lachen trotz Tod und Teufel, Gesänge hinter Stacheldraht. Kriegsnotizen eines Kabarettisten. Leipzig 1962. S. 16–18.

VOGELSINGER, WILLY: Nicht verloren gegangen. Mit einem Nachwort von Wolfgang Benz. Berlin 1988.

WALTER, HILDE: Brief an eine Freundin in Verbannung. In: SCHWARZ, EGON / WEGNER, MATTHIAS (Hg.): Aufzeichnungen deutscher Schriftsteller im Exil. Hamburg 1964.
WEICHMANN, ELISABETH: Zuflucht – Jahres des Exils. Hamburg 1983.
WEINSTOCK, ROLF: Rolf, Kopf hoch. Berlin-Potsdam 1950.
WICIKI-SCHWARZSCHILD, HANNELORE: Auch mir steigen Erinnerungen auf. In: ERHARD R. WIEHN: Oktoberdeportation. Konstanz 1990. S. 555–566.

3. Weitere (Exil-)Autobiographien, autobiographische Berichte, literarische Zeugnisse über andere französische Internierungslager und Biographien über Emigranten und Emigrantinnen

DÖBLIN, ALFRED: Schicksalsreise. In: ders.: Autobiographische Schriften und letzte Aufzeichnungen. Ausgewählte Werke in Einzelbänden. Hg. von Anthony W. Riley. Band 20. Hg. von Edgar Pässler. Olten 1980.
FEUCHTWANGER, LION: Unholdes Frankreich. Mexiko 1942.
KLÜGER, RUTH: Weiter leben. Eine Jugend. Göttingen 1993.
LÜHE VON DER, IRMELA: Erika Mann. Frankfurt 1993.
KANTOROWICZ, ALFRED: Exil in Frankreich, Merkwürdigkeiten und Denkwürdigkeiten. Frankfurt am Main 1986.
KOESTLER, ARTHUR: Abschaum der Erde. Gesammelte autobiographische Schriften. Zweiter Band. Wien, München, Zürich 1971).
MANN, ERIKA und KLAUS: Espace to life. Deutsche Kultur im Exil. Hg. und mit einem Nachwort von Heribert Hove. München 1991.
MANN, HEINRICH: Ein Zeitalter wird besichtigt. Erinnerungen. Studienausgabe in Einzelbänden. Hg. von Peter-Paul Schneider. Bd. 24. Bearbeiter des Bandes: Gotthard Erler. Mit einem Nachwort von Klaus Schröter und einem Materialienanhang, zusammengestellt von Peter-Paul Schneider. Frankfurt am Main 1988.
POLGAR, ALFRED: Im Lauf der Zeit. Hamburg 1954.

4. Andere Primärliteratur

LINDT, HELMUT: Bildnis eines Kolportageschriftstellers. In: Die Literarische Welt. Jg. 9 (1933) H. 3. S. 7/8.
– Alkohol. In: Die Literarische Welt. Jg. 9 (1933). Nr. 6/7. S. 10.
– John Galsworthy: Blühende Wildnis. In: Die Literarische Welt. Jg. 9 (1933). Nr. 11/12. S. 12.
– Der große Brockhaus Bd. X–XI. In: Ebd. Jg. 9 (1933). Nr. 13. S. 6.
– Eine Insel heisst Korsika. In: Ebd. Jg. 8 (1932). Nr. 3. S. 7/8.
– Alexander von Russland. Einst war ich ein Grossfürst. In: Ebd. Jg. 9 (1933). Nr. 5. S. 5.

– Wagner-Parodien. In: Ebd. Jg. 9 (1933). Nr. 6/7. S. 5.
STERNHEIM, THEA: Leo Tolstoi. In: FRANZ PFEMFERT (Hg.): Das Aktionsbuch. Berlin 1917. S. 67–71.

5. Kunst gegen den Faschismus, Lagerkunst, Kunst in Vichy-Frankreich / Zeichnungen aus Gurs, Kunstgeschichte, Künstlerbiographien

ALBERT-LASARD, LOU: 1885–1969. Gemälde – Aquarelle – Grafik. Ausstellungskatalog der Berlinischen Galerie. Berlin 1983.
Art In The Concentration Camp: LBI News No 39, published by Leo Baeck Institute. New York 1980.
BLATTER, JANET / MILTON, SYBIL: Art of the Holocaust. New York 1981.
CONE, MICHÈLE C.: Artists under Vichy. A case of prejudice and persecution. Princeton 1992.
CONSTANZA, MARY: Bilder der Apokalypse. Kunst in KZs und Ghettos. München 1983.
FLAGMEIER, RENATE: Lou Albert-Lasard. Zeichnungen vom Leben in Gurs. In: GABRIELE MITTAG (Hg.): Gurs – deutsche Emigrantinnen im französischen Exil. Berlin 1991. S. 59–61.
FREUNDLICH, OTTO: Retrospektive in der Kunsthalle Dominikanerkirche (Katalog). Osnabrück 1994.
FROMMHOLD, ERHARD: Kunst im Widerstand, Malerei, Graphik, Plastik 1922–1945. Dresden 1968.
Gurs – Ein Internierungslager in Frankreich 1939–1943. Sammlung Kasser. Viborg 1989.
HAFTMANN, WERNER: Verfemte Kunst. Malerei der inneren und äußeren Emigration. Köln 1986.
KASSER, ELSBETH: Die Künstler in Gurs. In: Gurs – Ein Internierungslager in Südfrankreich 1939–1943. Sammlung Kasser. Viborg 1989. S. 10–12.
LINGNER, MAX: Gurs – Bericht und Aufruf. Berlin 1982.
MATHEY, FRANÇOIS: Hans Reichel. Frauenfeld / Stuttgart 1979.
MÜLLER, HEDWIG / STÖCKEMANN, PATRICIA: »... jeder Mensch ist ein Tänzer.« Ausdruckstanz in Deutschland zwischen 1900 und 1945. Gießen 1993.
NUSSBAUM, FELIX: Verfemte Kunst. Exilkunst. Widerstandskunst. Kulturgeschichtliches Museum Osnabrück in Zusammenarbeit mit der Felix Nussbaum-Gesellschaft e. V. Osnabrück. Osnabrück 1990.
OLBRICH, HARALD: Zur künstlerischeren und kulturpolitischen Leistung deutscher bildnerischer Künstler im Exil 1933–1945 mit besonderer Berücksichtigung der Emigration in der Tschechoslowakei. Leipzig 1965.
POHLMANN, ANDREAS: Leo Breuer. Ein Konstruktivist im künstlerischen Aufbruch. Bonn 1994.

- Begegnungen mit Leo Breuer. Hommage zum 100. Geburtstag. Bonn 1993.
Profession ohne Tradition. 125 Jahre Verein der Berliner Künstlerinnen. Berlinerische Galerie. Berlin 1992.
REICHEL, HANS: Le cahier de Gurs. Genf 1974.
SALMON, IRIT: Works from Gurs. In: ERHARD R. WIEHN: Oktoberdeportation. Konstanz 1990. S. 447–486.
SCHNEIDER, WOLFGANG: Kunst hinter Stacheldraht. Ein Beitrag zur Geschichte des antifaschistischen Widerstandskampfes. Leipzig 1976.
SCHRÖDER-KEHLER: Deutsche Künstler im französischen Exil. In: Widerstand statt Anpassung. Deutsche Kunst im Widerstand gegen den Faschismus 1933–145. Berlin 1980. S. 127–153.
SCHWESIG, KARL: Leben und Werk. Gemälde-Graphik-Dokumente. Hg. von Herbert Remmert und Peter Barth. Düsseldorf 1984.
- Schlegelkeller. Mit einem Vorwort von Heinrich Mann. Hg. von der Galerie Remmert und Bart. Düsseldorf 1983.
Spiritual Resistance. Art from concentration camps 1940–1945. A selection of drawings and paintings from the collection of Kibbutz Lohamei Haghetaot, Israel. Philadelphia 1981.
Widerstand statt Anpassung. Deutsche Kunst im Widerstand gegen den Faschismus 1933–1945. Hg. vom Badischen Kunstverein und Elefantenpress. Berlin 1980.
WOLLHEIM, GERT. H.: 1894–1974. Eine Retrospektive. Kunstmuseum Düsseldorf im Ehrenhof. Düsseldorf 1993.
YAD VASHEM: Forschungs- und Gedenkstätte. Das Kunstmuseum. Zeugnis-Kunst des Holocaust. Jerusalem 1983.

6. *Exilforschung, Untersuchungen über französische Lager und Kultur in Lagern*

BADIA, GILBERT et al.: Les barbelés de l'exil. Etudes sur l'emigration allemande et autrichienne (1938–1940) par Gilbert Badia, Françoise Joly, Jean-Baptiste Joly, Claude Laharie, Ingrid Lederer, Jean Philippe Mathieu, Hélène Roussel, Joseph Rovan, Barbara Vormeier. Grenoble 1979.
BENZ, WOLFGANG: Das Exil der kleinen Leute. Alltagserfahrungen deutscher Juden in der Emigration. München 1991.
BERENDSOHN, WALTER A.: Die Humanistische Union. Einführung in die deutsche Emigranten-Literatur. Bd. I. Zürich 1946. Bd. II. Worms 1976.
BETZ, ALBRECHT: Exil und Engagement. Deutsche Schriftsteller im Frankreich der Dreissiger Jahre. München 1986.
Deutsche Intellektuelle im Exil. Ihre Akademie und die American Guild for German Cultural Freedom. Eine Ausstellung des Deutschen Exilarchivs 1933–1945 der Deutschen Bibliothek. München/London/New York/Paris 1993.

DREWS, RICHARD / KANTOROWICZ, ALFRED: Verboten und verbrannt. 12 Jahre unterdrückt. Berlin / München 1947.

EGGERS, CHRISTIAN: Die Reise der Kommission Kundt durch die südfranzösischen Lager. In: JACQUES GRANDJONC / THERESIA GRUNDTNER (Hg.): Zone der Ungewißheit. Paris 1990. S. 235–248.

ELFE, WOLFGANG: Deutsches Exildrama und Exiltheater. Jahrbuch für Internationale Germanistik. Reihe A, Band 3, Akten des Exilliteratur-Symposiums der University of South Carolina 1976. Bern / Frankfurt am Main 1977.

Emigrés Français en Allemagne – Emigrés Allemands en France 1685–1945. Une exposition réalisée par l'institut Goethe et le ministère des Relations Extérieures. Paris 1983 (deutsch: Deutsche Emigranten in Frankreich. Französische Emigranten in Deutschland 1685–1945. Unter der Leitung von Jacques Grandjonc. München 1984).

EMMERICH, WOLFGANG / HEIL, SUSANNE: Lyrik des Exils. Stuttgart 1985.

FLÜGGE, MANFRED: Paris ist schwer. Berlin 1992.

FONTAINE, ANDRÉ: Le camp d'étrangers Les Milles 1939–1942. Aix-en-Provence 1989.

– Le théâtre au camp de Milles (hiver 1939–1940) in: JACQUES GRANDJONC / THERESIA GRUNDTNER: Zone d'ombres. Aix-en-Provence 1990. S. 273–282.

Frauen und Exil. Exilforschung. Ein internationales Jahrbuch. Bd. 11. Hg. von Claus-Dieter Crohn, Erwin Rotermund, Lutz Winkler unter Mitarbeit von Inge Stephan. München 1993.

FREY, VARIAN: Auslieferung auf Verlangen. München 1986.

GILZMER, MECHTHILD: Fraueninternierungslager in Südfrankreich. Rieucros und Brens 1939–1944. Berlin 1994.

GRANDJONC, JACQUES / GRUNDTNER, THERESIA (Hg.): Zone d'ombres. 1933–1944: Exil et internement d'Allemands et d'Autrichiens dans le Sud-est de la France. Aix-en-Provence 1990.

GRANDJONC, JACQUES: Exil, ou le »Jeu de Marseille«. In: Ebd. S. 11–20.

GRYNBERG, ANNE: Les Internés juifs des camps du sud de la France 1939–1942. Paris 1991.

– Das Nîmes-Komitee oder die Grenzen der Philantropie. In: JACQUES GRANDJONC / THERESIA GRUNDTNER (Hg.): Zone d'ombres. S. 474–490.

HILZINGER, SONJA: Antifaschistische Zeitromane von Schriftstellerinnen. In: Exil. Jg. 11 (1992). Nr. 1. S. 30–45.

HIPPEN, REINHARD: Satire gegen Hitler. Kabarett im Exil. Kabarettgeschichten. Zürich 1986.

HÖSCH, RUDOLF: Es liegt in der Luft. Kabarett im Dritten Reich. Zürich 1986.

KLAPDOR, HEIKE: Überlebensstrategie statt Lebensentwurf. Frauen in der Emigration. In: Frauen und Exil. Exilforschung. Ein internationales Jahrbuch. München 1993. S. 12–30.

KLEINSCHMIDT, ERICH: Exil als Schreiberfahrung. Bedingungen deutscher Exilliteratur 1933–1945. In: Exil. Jg. 2 (1982) Nr. 2. S. 24–39.

KOCH, EDITA / TRAPP, FRITHJOF: Exiltheater und Exildramatik 1933–1945. Unter Mitarbeit von Anne-Margarete Brenker. Maintal 1991.

KOEPKE, WULF: Das Frankreichbild des Exils und die Niederlage von 1940. In: HELMUT F. PFANNER (Hg.): Der Zweite Weltkrieg und die Exilanten. Eine literarische Antwort. World War II and the Exiles. A literary response. Bonn/Berlin 1991. S. 53–61.

– Die Flucht durch Frankreich. Die zweite Erfahrung der Heimatlosigkeit in Berichten der Emigration aus dem Jahre 1940. In: Exilforschung. Ein internationales Jahrbuch. Bd. IV. München 1986. S. 229–242.

KRAUSE, ROLF D.: KZ-Wirklichkeit und KZ-Darstellung zwischen 1935–1940. Zu den autobiographischen Berichten des Exils. In: Exil. Sonderband 1: Realismus-Konzeptionen der Exilliteratur zwischen 1935 und 1940/41. Tagung der Hamburger Arbeitsstelle für Deutsche Exilliteratur, hg. von Edita Koch und Frithjof Trapp. Maintal 1991. S. 176–183.

KREIS, GABRIELE: Frauen im Exil. Darmstadt 1988.

LAHARIE, CLAUDE: Le camp de Gurs 1939–1945. Un aspect inconnu de l'histoire du Béarn. Pau 1985.

– Die Internierungslager in Südfrankreich in der Vichy-Zeit (1940–1944). In: EDWIN M. LANDAU / SAMUEL SCHMITT (Hg.): Lager in Frankreich. Mannheim 1990. S. 11–34.

LEMKE, UTE: Exilpresse als Quelle zur Erforschung des weiblichen Exils am Beispiel des »Pariser Tageblatts / Pariser Tageszeitung«. (unveröffentlicht).

MATHIEU, PHILIPPE: Les communistes allemands et leur organisation (avril–août 1939). In: GILBERT BADIA et al.: Les barbelés de l' exil. Grenoble 1979. S. 243–257.

MITTAG, GABRIELE (Hg.): Gurs – deutschsprachige Emigrantinnen im französischen Exil. Katalog der gleichnamigen Ausstellung des Werkbundarchivs mit Beiträgen von Gabriele Mittag, Mechthild Gilzmer, Rose Gauger, Rita Thalmann, Gisèle Freund. Berlin 1990.

– »Wir können uns nur noch an uns selbst festhalten. Kunstproduktion und Künstlerinnen in Gurs. In: HIRSCHBACH, DENNY / SONJA NOWOSELKY (Hg.): Zwischen Aufbruch und Verfolgung. Bremen 1993. S. 39–49.

NOTH, ERNST ERICH: Die Exilsituation in Frankreich. In: MANFRED DURZAK (Hg.): Die deutsche Exilliteratur 1933–1945. Stuttgart 1973. S. 73–89.

Österreich im Exil. Frankreich 1939–1945. Eine Dokumentation. Wien 1984.

PESCHANKSI, DENIS: La France, terre de camps? In: KAREL BARTOSEK, RENÉ GALLISSOT, DENIS PESCHANSKI (Hg.): De l'exil à la Résistance. Paris 1989. S. 111–118.

PHILIPP, MICHAEL (Hg.): Gurs – ein Internierungslager in Südfankreich 1939–1943. Literarische Zeugnisse, Briefe und Berichte. Hamburg 1991.

– Hilfsaktionen für die Internierten von Gurs. Die Berichterstattung im New Yorker Aufbau 1940–1943. In: Exil. Jg. 10 (1990). H. 2. S. 31–44.

Rösler, Walter: Aspekte des deutschen Exils-Kabaretts 1933–1945. In: Edita Koch / Frithjof Trapp (Hg.): Exiltheater und Exildramatik 1933–1945. Maintal 1991. S. 283–293.

Schiller, Dieter / Pech, Karl-Heinz / Herrmann, Regine / Hahn, Manfred: Exil in Frankreich. Kunst und Literatur im antifaschistischen Exil 1933–1945 in sieben Bänden. Band 7: Exil in Frankreich. Leipzig 1981.

Schrimer, Lothar (Hg.): Theater im Exil 1933–1945. Ein Symposium der Akademie der Künste. Berlin 1979.

Thalmann, Rita: Exil in Frankreich. In: Gabriele Mittag: Gurs – deutsche Emigrantinnen im französischen Exil. Berlin 1991. S. 9–14.

– Die Aufnahme der deutschen Emigranten in Frankreich 1933 bis zum Kriegsausbruch 1939. In: Deutsche Emigranten in Frankreich / Französische Emigranten in Deutschland. Paris 1983. S. 122–139.

Theater im Exil 1933–1945. Katalog zur gleichnamigen Ausstellung der Akademie der Künste. Berlin 1973.

Trapp, Frithjof: Deutsche Literatur im Exil. Bern 1983.

– Zeitgeschichte und fiktionale Wirklichkeit: »Transit«. In: Exil. Jg. 13 (1993). H. 1. S. 5–14.

Vormeier, Barbara: Les internés allemands et autrichiens en 1939–1940. In: Badia et al.: Les barbélés de l'exil. Grenoble 1979. S. 224–242.

– Dokumentation zur französischen Emigrantenpolitik (1933–1944). In: Hanna Schramm: Menschen in Gurs. Worms 1977. S. 157–384.

– Die Lage der deutschen Flüchtlinge in Frankreich (September 1939–Juli 1942). In: Jacques Grandjonc / Theresia Grundtner: Zone der Ungewißheit. Exil und Internierung in Südfrankreich 1933–1944. Aix-en-Provence 1990. S. 210–234.

Walter, Hans-Albert: Deutsche Exilliteratur: 1933–1950. Bd. 1: Bedrohung und Verfolgung bis 1933. Darmstadt 1972; Bd. 2: Europäische Appeasement und überseeische Asylpraxis. Stuttgart 1984. Bd. 3: Internierung, Flucht und Lebensbedingungen im Zweiten Weltkrieg. Stuttgart 1988.

Wächter, Hans Christof: Theater im Exil. Sozialgeschichte des deutschen Exiltheaters 1933–1945. München 1973.

Winkler, Lutz: Antifaschistische Literatur. Epochengehalt und ästhetische Perspektiven. In: ders. (Hg.): Antifaschistische Literatur. Kronberg / Ts. 1977–1979. Bd. 1. S. 1–28.

Zenck Maurer, Claudia: Erich Itor Kahn. Ein früh Unvollendeter. In: Manfred Briegel / Wolfgang Frühwald (Hg.): Erfahrung der Fremde. Forschungsbericht der deutschen Froschungsgemeinschaft. Weinheim / Basel / Cambridge / New York 1988. S. 239–254.

7. Jüdische Geschichte, nationalsozialistische Judenverfolgung und -vernichtung in Europa

ALY, GÖTZ / HEIM, SUSANNE: Vordenker der Vernichtung. Auschwitz und die deutschen Pläne für eine neue europäische Ordnung. Frankfurt am Main 1993.

ARNSBERG, PAUL: Die Geschichte der Frankfurter Juden seit der französischen Revolution. Bd. 1–3. Hg. vom Kuratorium für Jüdische Geschichte e. V. Frankfurt am Main. Bearbeitet und vollendet durch Hans-Otto Schimbs. Darmstadt 1984.

ASSAU, PAUL: Juden im Elsaß. Bühl-Moos 1984.

BENZ, WOLFGANG: Das Exil der kleinen Leute. Alltagserfahrung deutscher Juden in der Emigration. München 1991.

BLOCH, ERICH: Geschichte der Juden in Konstanz im 19. und 20. Jahrhundert. Eine Dokumentation. Konstanz 1971.

BRÄNDLE, GERHARD: Antisemitismus in Pforzheim 1920–1980, Gurs – Vorhölle von Auschwitz, Bilder und Dokumente. Hg. von der Stadt Pforzheim. Pforzheim 1980.

– Die jüdischen Mitbürger der Stadt Pforzheim. Hg. von der Stadt Pforzheim. Pforzheim 1985.

Die jüdische Emigration aus Deutschland 1933–1941. Die Geschichte einer Vertreibung. Eine Ausstellung der Deutschen Bibliothek, Frankfurt am Main, unter Mitwirkung des Leo Baeck Instituts, New York, Frankfurt am Main 1985.

FABRE, E. C.: Le Pont-de-Manne-en-Royans. In: Les Clandestins de Dieu. CIMADE 1939–1945. Paris 1989. S. 164–175.

FLIEDNER, HANS-JOACHIM: Die Judenverfolgung in Mannheim 1933–1945. Hg. vom Stadtarchiv Mannheim. Bd. 1: Darstellung. Bd. 2: Dokumente. Stuttgart / Berlin / Köln / Mainz 1971.

Gedenkbuch. Opfer der Verfolgung. Juden unter der nationalsozialistischen Gewaltherrschaft 1933–1945. Koblenz 1986.

Geschlossene Gesellschaft. Der Jüdische Kulturbund in Deutschland 1933–1941. Hg. von der Akademie der Künste. Katalog der gleichnamigen Ausstellung vom 27. Januar bis 26. April 1992 in der Akademie der Künste. Berlin 1992.

HAHN, DOROTHEA: Was von Mitterand bleiben wird – Vichy. In: tageszeitung vom 12. 9. 1994.

– Paul Touvier: Ein Nazi à la française. In: tageszeitung vom 16. 4. 1994.

HILBERG, RAUL: die Vernichtung der europäischen Juden, Bd. 1–3. Frankfurt am Main 1990.

Jüdisches Gemeindezentrum. Sonderveröffentlichung des Stadtarchivs Nr. 17. Festschrift zur Einweihung am 13. September 1987. Hg. vom Oberrat der Israeliten Badens / Karlsruhe, von der Jüdischen Gemeinde in Mannheim und vom Stadtarchiv Mannheim. Mannheim 1987.

KAPS, BETTINA: »Vichy, das war doch nicht die Republik.« In: tageszeitung vom 17. 7. 1992.

KELLER, VOLKER: Bilder vom jüdischen Leben in Mannheim. Sonderveröffentlichung des Stadtarchivs Mannheim Nr. 19. Hg. von Jörg Schalt. Mannheim 1988.

KLARSFELD, SERGE: Le Mémorial de la déportation des Juifs de France. Paris 1978.

– Vichy-Auschwitz. Die Zusammenarbeit der deutschen und französischen Behörden bei der »Endlösung der Judenfrage« in Frankreich. Schriften der Hamburger Stiftung für die Sozialgeschichte des 20. Jahrhunderts. Aus dem Französischen übersetzt von Ahlrich Meyer. Nördlingen 1989.

– 1941 Les Juifs en France. Préludes à la Solution finale. Publié par l'association »Les Fils et Filles des Déportés Juifs de France«. Paris 1991.

KOGON, EUGEN: Der SS-Staat. Das System der deutschen Konzentrationslager. Frankfurt am Main 1961.

LANDAU, EDWIN M. / SCHMITT, SAMUEL: Lager in Frankreich. Überlebende und ihre Freunde. Zeugnisse der Emigration, Internierung und Deportation. Mannheim 1991.

Le temps des rafles. Le sort des juifs en France pendant la guerre. Exposition du CDJC. Paris 1992.

Les camps d'internement du Midi de la France 1939–1944. Livre d'exposition réalisé par la bibliothèque municipale de Toulouse. Toulouse 1990.

LONDON, ARTHUR: Préface. In: CLAUDE LAHARIE: Le camp de Gurs. Pau 1985. S. 9–13.

MEYER, AHLRICH: »Fremde Elemente«. Die osteuropäisch-jüdische Immigration, die »Endlösung der Judenfrage« und die Anfänge der Widerstandsbewegung in Frankreich. In: DIECKMANN, CHRISTOPH / HAMANN, MATTHIAS / HEIM, SUSANNE / MEYER, AHLRICH / KAHRS, HORST (Hg.): Arbeitsemigration und Flucht. Vertreibung und Arbeitskräfteregulierung im Zwischenkriegseuropa. Beiträge zur Nationalsozialistischen Gesundheits- und Sozialpolitik. Berlin, Göttingen 1993. S. 82–129.

MÜHLEN, PATRICK VON ZUR: Spanien war ihre Hoffnung. Die deutsche Linke im Spanischen Bürgerkrieg 1936 bis 1939. Berlin, Bonn 1985.

Repression. Camps d'internement en France pendant la seconde guerre mondiale. Aspects du phénomène concentrationnaire. Université de Saint-Etienne. Centre d'Histoire Régionale. Saint-Etienne 1982.

RUCH, MARTIN: Familie Cohn. Tagebücher, Gedichte, Briefe einer jüdischen Familie aus Offenburg. Offenburg 1992.

SAUER, PETER: Dokumente über die Verfolgung der jüdischen Bürger Baden-Württembergs während der nationalsozialistischen Verfolgungszeit, 1933–1945. Stuttgart 1969.

STEINBACH, LOTHAR: Mannheim. Erinnerungen aus einem halben Jahrhundert. Stuttgart 1984.

TEWARSON, HEIDI THOMANN: Jüdin um 1800. Bemerkungen zum Selbstverständnis der ersten Generation assimilierter Berliner Jüdinnen. In: DIECK, JUTTA / HAHN,

BARBARA (Hg.): Von einer Welt in die andere. Jüdinnen im 19. und 20. Jahrhundert. Wien 1993. S. 47-79.
Verfolgung, Widerstand, Neubeginn in Freiburg 1933-1945. Eine Dokumentation. Hg. von der Vereinigung der Verfolgten des Naziregimes / Bund der Antifaschisten. Freiburg o. J.
WEILL, JOSEPH: Contribution à l'histoire des camps d'internements dans l'anti-France. Paris 1946.
WERNER, JOSEF: Hakenkreuz und Judenstern. Das Schicksal der Karlsruher Juden im Dritten Reich. Karlsruhe 1988.
WIEHN, ERHARD R. (Hg.): Oktoberdeportation 1940. Die sogenannte »Abschiebung« der badischen und saarpfälzischen Juden in das französische Internierungslager Gurs und andere Vorstationen von Auschwitz. 50 Jahre danach zum Gedenken. Mit Beiträgen u. a. von Elsbeth Kasser, Paul Sauer, Oskar Althausen, Ludwig Mann. Konstanz 1990.
ZEITOUN, SABINE: L'Œuvre de secours aux enfants (O.S.E.) sous l'occupation en France, préface de Serge Klarsfeld. Paris 1990.

8. Anthologien, Literaturtheorie, Literaturgeschichten, Untersuchungen zu einzelnen Gattungen

BRODER, HENRYK / RECHER, HILDE: Jüdisches Lesebuch 1933-1938. Nördlingen 1987.
FINGERHUT, KARLHEINZ / HOPSTER, NORBERT: Politische Lyrik. Arbeitsbuch. München 1981.
FREEDEN, HERBERT: Jüdischer Kulturbund ohne »Jüdische Kultur«. In: Geschlossene Gesellschaft. Der jüdische Kulturbund in Deutschland 1933-1941. Berlin 1992. S. 55-66.
GARS, GUSTAV: Das Bild des Juden in der deutschen Literatur des 19. und 20. Jahrhunderts. Freiburg 1989.
GRAB, WALTER: »Jüdischer Selbsthaß« und jüdische Selbstachtung in der deutschen Literatur und Publizistik 1890-1933. In: HANS OTTO HORCH / DENKLER, HORST (Hg.): Conditio Judaica. Tübingen 1988. Bd. 2. S. 313-336.
GRAB, WALTER / FRIESEL, UWE: Noch ist Deutschland nicht verloren. Eine historisch-politische Analyse unterdrückter Lyrik von der Französischen Revolution bis zur Reichsgründung. München 1970.
GRAB, WALTER / SCHOEPS, JULIUS H.: Juden in der Weimarer Republik. Internationales Symposium veranstaltet vom Forschungsschwerpunkt »Religion und Geschichte des Judentums« der Universität Duisburg und dem Institut für Deutsche Geschichte Universität Tel-Aviv Oktober 1984. Stuttgart / Bonn 1986.
GRIMM, GUNTER E. / BAYERDÖRFER, HANS-PETER (Hg.): Im Zeichen Hiobs. Jüdische Schriftsteller und deutsche Literatur im 20. Jahrhundert. Frankfurt am Main 1985.

GRISAR, ERICH (Hg.): Denk ich an Deutschland in der Nacht. Anthologie deutscher Emigranten-Lyrik. Karlsruhe 1946.

HAAS, WILLY: Zeitgenössisches aus der Literarischen Welt von 1925–1932. Stuttgart 1963.

HIRT, FERDINAND: Berliner Fibel. Berlin 1930.

HEINZLE, JOACHIM / WALDSCHMIDT, ANNELIESE: Die Nibelungen. Frankfurt am Main 1991.

HIPPEN, REINHARD: Sich fügen heisst lügen. 80 Jahre deutsches Kabarett. Hg. vom Deutschen Kabarett Archiv. Mainz 1981.

HOLLAENDER, FRIEDRICH: Cabaret. In: Die Weltbühne. Jg. 28 (1932). Nr. 5. S. 169–171.

HORST, EBERHARD: Mythisch verklärte Fahrt. In: Neue deutsche Hefte. 1959/60 (Nr. 6). S. 547–549.

HÖSCH, RUDOLF: Kabarett von gestern und heute. Bd. II 1933–1970. Berlin 1972.

HORCH, HANS OTTO: Heimat und Fremde. Jüdische Schriftsteller und deutsche Literatur oder Probleme einer deutsch-jüdischen Literaturgeschichte. In: Julius Schoeps (Hg.): Juden als Träger bürgerlicher Kultur in Deutschland. Bonn, Stuttgart 1989. S. 41–65.

HORCH, HANS OTTO / DENKLER, HORST: Conditio Judaica. Judentum, Antisemitismus und deutschsprachige Literatur vom 18. Jahrhundert bis zum Ersten Weltkrieg. Zweiter Teil. Tübingen 1989.

KAYSER, WOLFGANG: Kleine deutsche Versschule. Berlin 1980.

KAZNELSON, SIEGMUND: Jüdisches Schicksal in deutschen Gedichten. Eine abschließende Anthologie. Berlin 1959.

KETELSEN, UWE-K.: Literatur und Drittes Reich. Schernfeld 1991.

KISCHKA, KARL HARALD: Typologie der politischen Lyrik des Vormärz. Mainz 1964.

KLEMPERER, VICTOR: LTI. Notizbuch eines Philologen. Berlin 1947.

KÜHN, VOLKER: Hoppla, wir leben. Kabarett einer gewissen Republik. Weinheim und Berlin 1988.

– »Zores haben wir genug.« Gelächter am Abgrund. In: Geschlossene Gesellschaft. Der Jüdische Kulturbund in Deutschland 1933–1941. Berlin 1992. S. 95–112.

– Spötterdämmerung. Vom langen Sterben des Grossen Kleinen Friedrich Hollaender. Frankfurt am Main 1988.

– Deutschlands Erwachen. Kabarett unterm Hakenkreuz 1933–1945. Weinheim und Berlin 1989.

LAQUEUR, RENATA: Schreiben im KZ. Tagebücher 1940–1945. Bearbeitet von Martina Dreisbach und mit einem Geleitwort von Rolf Wernstedt. Bremen 1992.

LAMPING, DIETER (Hg.): Dein Aschenes Haar Sulamith. Dichtung über den Holocaust. München 1992.

MOSES, STÉPHANE / SCHYNE, ALBRECHT (Hg.): Juden in der deutschen Literatur. Ein deutsch-israelisches Symposium. Frankfurt am Main 1986.

OTTO, RAINER / RÖSLER, WALTER: Geschichte des deutschen Kabaretts. Berlin 1977.

PREUSS, WERNER: Erich Weinert. Eine Bildbiografie. Berlin 1976.
RÖTTGER, TILO: Die Stimme Israels. Deutsch-jüdische Lyrik nach 1933. München 1966.
RÜHMKORF, PETER: Über das Volksvermögen. Reinbek bei Hamburg 1969.
SCHLÖSSER, MANFRED (Hg.): An den Wind geschrieben. Lyrik der Freiheit. Gedichte der Jahre 1933–1945. Unter Mitarbeit von Hans-Rolf Opertz. Darmstadt 1960.
SCHÜTTE, WOLFGANG U.: »Mit Stacheln und Stichen«. Beiträge zur Geschichte der Berliner Brettl-Truppe »die Wespen« (1929–1933). Leipzig 1987.
SEYDEL, HEINZ: Welch Wort in die Kälte gerufen. Die Judenverfolgung des Dritten Reiches im deutschen Gedicht. Berlin 1968.
STRAUSS, HERBERT A./HOFFMANN, CHRISTHARD: Juden und Judentum in der Literatur. München 1985.
VEIGL, HANS: Karl Farkas. Ins eigene Nest. Sketche, Bilanzen, Doppelconférencen. Wien 1991.
– Lachen im Keller. Kabarett und Kleinkunst. Wien 1986.
WOLLENZIEN, ERICH: Ina und Uli. Eine lustige Fibel für Schule und Haus. Hannover 1949.

Abkürzungsverzeichnis und Glossar

Verzeichnis der Archiv-Abkürzungen

ADPA	Archives Départementales des Pyrénées-Atlantiques, Pau
AKA	Akademie der Künste (einschließlich: Max-Lingner-Archiv), Berlin
AN	Archives Nationales, Paris
DA	Documenta Artista, Berlin
DB / Exil	Die Deutsche Bibliothek, Exilarchiv Frankfurt am Main
DÖW	Dokumentationsarchiv des österreichischen Widerstandes, Wien
CDJC	Centre de documentation juive, Paris
IFGA	Institut für die Geschichte der Arbeiterbewegung, Berlin
KABA	Kabarett-Archiv, Mainz
LBI	Leo Baeck-Institut, New York
STAOG	Stadtarchiv Offenburg
STA M	Stadtarchiv Mannheim

Glossar

AmG	American Guild for German cultural freedom (Amerikanisches Hilfskomitee zur Unterstützung von SchrifstellerInnen im Exil).
C.C.A.	Comité central d'assistance (Hilfskomitee für Flüchtlinge).
CIMADE	Commission inter-mouvements auprès des évacués (Protestantische Organisation, die sich um Flüchtlinge in den Lagern kümmerte).
E.R.C.	Emergency Rescue Committee. (Amerikanische Organisation zur Rettung deutscher Intellektueller aus Frankreich).
G.T.E.	Groupement de travailleurs étrangers (Fremdarbeiterbataillone, in der Nachfolge der Prestatärformationen, eines paramilitärischen Hilfsdienstes der französischen Armee, Ende 1940 vom Vichy-Regime zwangsweise zusammengeführt).
HICEM	Zusammengesetzt aus HIAS (Hebrew Immigrant Aid and Sheltering Society), JCA (Jewish Colonization Association) und EMIGDIRECT (Vereinigtes Komitee für jüdische Auswanderung).
O.S.E.	Œuvre de secours aux enfants (Jüdisches Kinderhilfswerk)
O.R.T.	Organisation pour la reconstruction et le travail (Organisation für Wiederaufbau und Arbeit).
U.G.I.F.	Union Générale des Israélites de France Commissariat général aux questions juives (französische Zwangsvereinigung jüdischer Organisationen).
YMCA	Young Men Christian Association.

Eine bewegende, eine sensibilisierende Sammlung von Gesprächen mit Töchtern jüdischer Überlebender. Ein »authentisches Geschichtslesebuch«, ein Buch gegen das Vergessen.

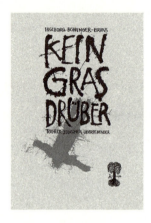

Ingeborg Böhringer-Bruns
Kein Gras drüber.
Töchter jüdischer
Überlebender.
Mit einem Vorwort
von Ignatz Bubis
und einem Nachwort
von Susanne Klockmann

*1995. 196 Seiten, br.
34,– DM / 252,– öS / 33,– sfr
(»Attempto Lebenswege«)
ISBN 3-89308-221-2*

Ingeborg Böhringer-Bruns' Gesprächspartnerinnen – Frauen der sogenannten Zweiten Generation – lebten schon als kleine Kinder mit einem »Grund-Wissen« der Deportationen, der Gaskammern, der Verbrennungsöfen – und lebten gänzlich im Bewußtsein, daß Jüdischsein »Anderssein« heißt, ständiges Gefährdetsein, Ausgesetztsein. Die meisten von ihnen blieben mit ihrem Wissen aber alleingelassen, wissen nicht einmal, von wem sie ihr Wissen damals hatten, denn ihre Eltern schwiegen über ihre Erlebnisse und ihre Verletzungen aus der Nazizeit.

»Ein außerordentliches Buch.« *Israel Nachrichten*

»Ein gutes Buch, ein ›therapeutischer‹ Erfolg.« *Karin Fischer, SWF Kultur*

»Dieses Buch gehört in viele Hände.« *Waltraud Herbstrith, Christ in der Gegenwart*

Attempto Verlag Tübingen

Vier jüdische Philosophinnen:
»Wider die Banalität des Bösen«.

Reiner Wimmer

Vier jüdische Philosophinnen.

Rosa Luxemburg, Simone Weil, Edith Stein, Hannah Arendt.

3. Aufl. 1995.
308 Seiten. kt.
39,– DM / 289,– öS / 38,– sfr
ISBN 3-89308-232-8

Attempto Verlag Tübingen

Rosa Luxemburg, Simone Weil, Edith Stein, Hannah Arendt: noch immer mehr gelobt und zur Zeugenschaft zitiert als wirklich gelesen. Dabei könnten ihr Leben und Werk, ihr Denken und Handeln ein Stachel sein, persönliche und gesellschaftliche Lebensentwürfe aufs neue zu überdenken – und womöglich zu korrigieren.

»Reiner Wimmer ist eine Erinnerungs- und Hoffnungsarbeit gelungen. Hilfreich kommentierend hält er sich aus Respekt vor den vier jüdischen Philosophinnen zurück. Er zeichnet sie in ihrer Nähe und Entfernung von uns nach. Ihr Wirken beschämt und ermutigt uns.« *Deutsches Allgemeines Sonntagsblatt*

»Vier jüdische Philosophinnen: ein herausragendes Buch, das voller Einfühlungskraft ist, sich spannend liest, Denklichter aufsetzt – und zum Weiterdenken zwingt.« *Orientierung*

»Eindrucksvolle Porträts und Skizzen.« *Publik Forum*

Geschichte und Geist

Fünf Essays zum
Verständnis des Judentums

Zum Gedenken
an den fünfzigsten Todestag
von Rabbiner Dr. Leopold Lucas

Herausgegeben von
Franz D. Lucas

Frontispiz; 126 S. 1995 ⟨3-428-08168-4⟩ Lw. DM 28,– / öS 219,– / sFr 28,–

Am 13. September 1943 starb der Rabbiner Dr. Leopold Lucas im Konzentrationslager Theresienstadt an Krankheit und Erschöpfung. Im Gedenken an den fünfzigsten Todestag dieses verdienstvollen Gelehrten und Begründers der „Gesellschaft zur Förderung der Wissenschaft des Judentums" fand an der Tübinger Eberhard-Karls-Universität eine Ringvorlesung statt, in der fünf renommierte Wissenschaftler Aspekte der Geschichte und Religion des Judentums untersuchten. Diese Vorträge bilden die Grundlage für die im vorliegenden Band gesammelten Aufsätze.

Der Band beginnt mit dem Beitrag des Historikers Dieter Langewiesche zur Bedeutung der Revolution von 1848 für die Emanzipation der Juden in Deutschland. Es folgen Aufsätze zur jüdischen Religionswissenschaft und Philosophie: Oswald Bayer beschäftigt sich mit Max Horkheimer, Karl Ernst Nipkow mit Martin Buber, und Stefan Schreiner nimmt Bezug auf die Untersuchungen Leopold Lucas' zum Konflikt zwischen Christentum und Judentum, die dieser in seinem 1910 veröffentlichten Werk „Zur Geschichte der Juden im vierten Jahrhundert" entwickelt hat. Der Band schließt mit einer Untersuchung Anselm Doering-Manteuffels über die Ausstrahlung antisemitischer Ideen über das Ende der NS-Zeit hinaus; er zeigt einen versteckten und offenen Antisemitismus in West- und Ostdeutschland, der auch ohne die Anwesenheit von Juden weiterexistiert.

Duncker & Humblot · Berlin
Postfach 41 03 29 · D-12113 Berlin · Telefax (0 30) 79 00 06 31